U0513799

東亞《近思錄》文獻叢書

性理群書句解後集

【宋】朱　熹　呂祖謙　蔡　模　編
【宋】熊剛大　集解　程水龍　整理

上海古籍出版社

國家古籍整理出版專項經費資助項目

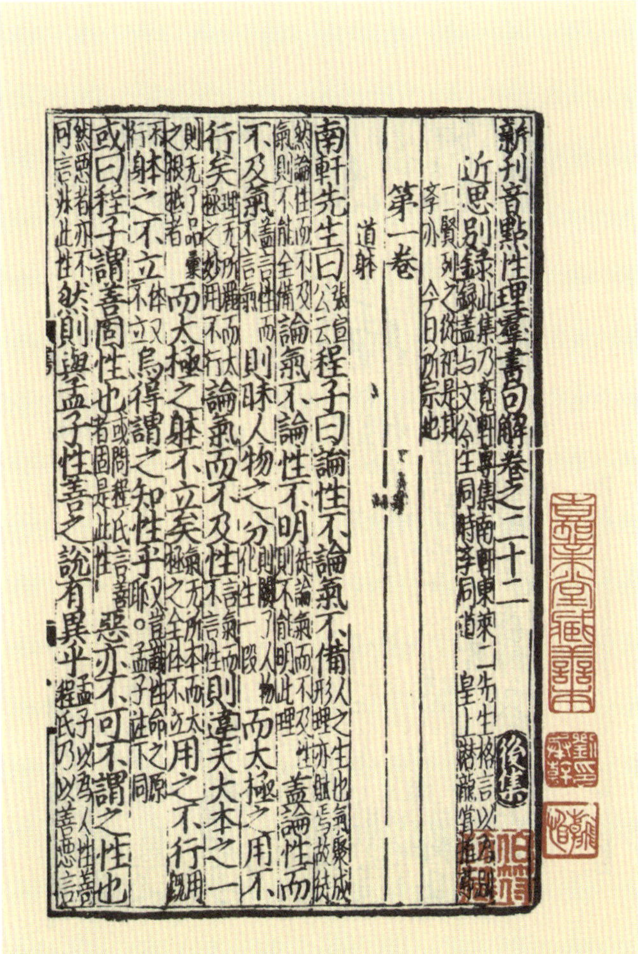
新刊音點性理群書句解卷之二十二　後集

近思別錄

第一卷

道體

南軒先生曰：程子曰：論性不論氣不備，論氣不論性不明。蓋論性而不及氣，則昧人物之分，而太極之用不行矣；論氣而不及性，則迷夫大本之一，而太極之體不立矣。體之不立，烏得謂之知性乎？

或曰：程子謂善固性也，惡亦不可不謂之性也。然則與孟子性善之說有異乎？

元代建陽刊本《性理群書句解》“後集”書影

東亞近思録文獻叢書序

朱熹（一一三〇—一二〇〇），字元晦，號晦庵。祖籍徽州婺源（今屬江西婺源），出生於福建南劍尤溪，爲二程三傳弟子。謚號「文」，世稱朱文公。朱熹爲南宋閩學之傑出代表，其哲學思想後世稱爲朱子學。他吸收了周敦頤、張載、程顥、程頤、邵雍等人的學術思想，揚棄了佛道的哲學，建立了自己的理學體系，成爲宋代理學的集大成者。故全祖望認爲朱子「致廣大，盡精微，綜羅百代」，錢穆説「前古有孔子，近古有朱子」，視爲中國近古最偉大的思想家。其著述宏富，在其一生編撰的二三十種著述中，除四書章句集注之外，與吕祖謙共同編撰的近思録是後世傳刻最多、流播最廣的一種。

南宋淳熙二年，朱熹與吕祖謙「相與讀周子、程子、張子之書，歎其廣大閎博，若無津涯，而懼夫初學者不知所入也。因共掇取其關於大體而切於日用者」，編成近思録十四卷。關於此書，朱熹自己認爲：「近思録好看。四子，六經之階梯；近思録，四子之階梯。」朝鮮半島李朝初年金宗瑞説：「是書所載，皆正心修身之要。」隨即李朝大儒李滉等倡行「洛閩近思之學」，以爲不讀近思録則難以「窮理盡性以至於命」。朝鮮朱子學者一直將此書作爲國民進入聖學的津梁。由於此書在東亞尊崇程朱之學者心中地位甚高，故朝鮮半島不斷有人或注解、或續編、或札録、或宣講此書。

同様身處東亞漢字文化圈中的日本，也把此書視作經典，將其定性爲僅次於五經、四書的讀本，是青少年入道的階梯。日本江户時代中村愓齋説：「天下古今之書，莫貴於六經、四子，而次焉者獨有此篇。」江户會津藩學校奉行山内俊温認爲「此書之爲聖學之階梯、大道之標表」。自江户時代至二十世紀四十年代，日本在受容中國近思録及其注本的同時，通過重刻、注釋、翻譯、講讀、仿編等途徑整理産生了大量「近思録文獻」。

所以，近思録作爲理學經典是毋庸置疑的，梁啓超、錢穆都尊奉此書爲宋代理學的首選經典，以爲「後人治宋代理學，無不首讀近思録」，錢穆還將近思録視作「復興中華文化人人必讀的九部書」之一。當代學者束景南説：「在朱熹以後直到近代，程朱理學在很大程度上是借助於近思録的注釋刊刻流布得到廣泛傳播的，宋、明、清儒者們也多以近思録爲『階梯』，從近思録切入到對程朱理學的認識與接受，因而一部近思録的注釋傳刻流布史，也就是一部宋明到近代的理學接受史。」

在東亞理學發展史上，作爲承傳北宋四子思想兼而體現朱子理學構建理念的近思録，倍受尚儒者推崇，於是近思録不斷被各國注釋、續編、傳抄、刊印，形成多種整理形式的「近思録文獻」。目前存世的東亞近思録文獻版本達六百種之多。其版本形態多姿多彩，文本内容或尊崇中國程朱之學，或將中土與本邦性理之學相融合，或有意體現本邦儒者之思想，因而形成了漢字文化圈中獨特、系統的近思録文獻建構與傳播景觀。

朱子學在近現代經過洗禮之後，依然是學者、政治家推崇的優秀文化思想。被提升到理學經典地位的近思録，至今仍焕發出無限生機。近二十年來以近思録整理、注釋、研究爲對象的著述在國内外出版機構陸續面世，差不多形成一股研究「近思録文獻」的熱潮。其中特别值得肯定的是嚴佐之先生主編的近思録專輯，獲得了海内外學術界的好評。但是此編僅收傳世的部分中國近思録文獻，尚不能全面反映東亞史上宏富的近思録文獻全貌，讀者也難以更多地認知近思録在東亞悠久而廣泛的影響。

考察歷史上東亞區域的「近思録文獻」，我們便會明確認知到近思録所藴藏的理學思想在東方古典學視野中所擁有的歷史影響與不朽魅力。近思録及其後續著述不僅在本土具有强大的生命力、影響力，而且歷史上朝鮮半島、日本的相關文獻也與之存在深厚的淵源關係。對存世的相關文獻稍作探究，不難發現東亞區域的「近思録文獻」存在明顯的共通之處，其中的修身之要、爲學之方、齊家治政之術、入聖之道等有着永恒的生命，其不朽的思想價值是值得世代相傳的。

在上海古籍出版社的積極努力下，我們以「東亞近思録文獻」爲整理對象，申請了「國家古籍整理出版資助項目」，並獲得立項。該項目的設立，極益於东亞儒學思想，特别是程朱理學學術思想史之研究，亦利於當今社會的文化建設與人生修爲。新時期，我國正把文化建設放在全局工作的突出位置，要求堅守中華文化立場，强調不斷提高國家文化軟實力，增强中華文化影響力，發揮文化引領風尚的作用，那麽作爲中華思想文化經典之一的近思録，作爲史上東亞區域的先進文化，曾經惠及了無數讀者，藴含着無限生機與活力，其中之精華依然值得我們繼承與發展。

在該項目立項前後，確定由蘇州大學教授程水龍負責組稿，約請了華東師範大學、上海大學、蘇州大學、温州大學等高校的專家和青年才俊對近思録文獻進行搜集、校點、整理。定名爲東亞近思録文獻叢書。

雖説東亞各國有不同數量的近思録整理文本，但仍有許多工作有待開展，而將我國的近思録各類文本與朝鮮半島、日本相關經典文本匯集一處進行校點整理，史上從未有過，故編校本叢書也是一次有意義的嘗試。考慮到盡量不與已出版的近思録文獻重複，本叢書校點整理的對象會避開華東師範大學出版社出版的近思録專輯，凡專輯已校點出版的中國學者關於近思録的著述不再收録，而是在南宋至二十世紀中期的東亞近思録文獻中選取。

最終我們在前人和當代學者整理近思録文獻的基礎上，剔除重複，精選國内尚存的近思録原文本、注本、續編本之代表，以及現存韓國、日本的具有代表性的「近思録文獻」典籍約三十部，依據古籍整理的規範校點整理。這些校點整理對象的選取，既要力求反映朱、吕編輯近思録之初心，也要展示近思録東亞傳播史上注釋、仿編、講論此書的代表作品。朱熹當初主編近思録，是爲了便利於初學者閲讀周敦頤、張載、程顥、程頤四子的宏富著述，使之近思切問，掌握入道門徑。因而近思録也成爲南宋後期、元、明、清各朝崇儒者家弦户誦之經典，尤爲塾師童蒙所青睞，故朱子再傳弟子熊剛大對近思録、續録、别録逐句進行句解，注文淺近易懂，旨在方便童蒙閲讀理解；南宋佚名所撰文場資用分門近思録，則將近思録按内容分成若干小類進行重新編輯，既滿足童蒙求學之需，又便宜科考之用；清初吕留良的「吕氏家塾讀本」近思録，在原文六百二十二條語録的基礎上稍增注文，以便本族子弟通曉該書；周公恕整理改造葉采近思録集解而成分類經進近思録集解，每卷各立細目，反映了元明之際頗具特色的近思録注本改編類次現象；清代李振裕、高裔重鐫近思録集解則反映出清初對葉采集解的改組類次特色；清末張紹价在前人注解的基礎上，吸納近思録多家注本之精華，亦兼顧晚清時事，對近思録進行了簡明流暢的注解，反映出時代大變革之際的儒者對朱子學的審視與經世致用的情懷。

朝鮮李朝學者的近思録釋義、近思録增解、近思録附注，是注釋近思録之代表，近思録釋疑、星湖先生近思録疾書、近思録集解或問又反映出朝鮮朱子學者對南宋代表性注本葉采近思録集解的推崇與質疑。續近思録、近思續録、海東七子近思録等則是朝鮮學者仿編近思録或汪佑五子近思録而成的本邦文獻，反映出在那個「望道唯憑性理書」的時代李朝社會對朱子學的尊崇。

日本江户、明治時期學術界在推崇近思録之餘，以日本學者特有的方式進行注釋、訓點，近思録備考、近思録欄外書、鼇頭近思録等便是其中的代表。日本學者還有意揭示朱子學、陽明學的異同。他們既注重在童蒙中傳播近思録近思切問之精髓，又不斷講論自己的主張，近思録訓蒙輯疏、近思録説略、近思録鈔説等乃其代表。另外，崇敬程朱之學者遵照近思録體例編撰續編性質的文本，如近思録集説，融中國、朝鮮、日本諸多學者的論述於一書。

這些不同時期的近思録代表注本、續編文本，爲童蒙架設的通向聖賢階梯的「近思録文獻」，反映出史上東亞文化思想深厚的歷史淵源，也是現今我們認知東亞史上程朱理學思想的重要文獻，是程朱理學思想研究中頗爲倚重的一手文獻資料。它們不僅是研究東亞儒學的基礎文獻，社會大衆讀之亦可發揮調攝身心之功用。

對於上述入選本叢書的各書，主編都盡量提供時代較早、内容完整、校刻或抄寫精審的底本給校點整理者，並負責最終統稿。各校點整理者對其整理編校對象，自負其責，比較各種版本，辨其源流，選取校本或相關文獻，在「校點説明」中簡要概述所選底本的内容、版訊、價值等。在編校整理中，對於有價值的序跋、傳記資料，也盡量收集附於書後。最終完成編校的每一部文獻，大體由校點説明、基本文獻、相關附録資料構成。

本叢書從策劃到申請資助，都是上海古籍出版社領導和編輯牽頭完成的，尤其是得到劉海濱先生、徐卓聰先生等的大力支持與幫助。正是因爲有了他們的辛勤付出，方使得本叢書的編撰能有條不紊地按計劃順利實施。因主編和諸位編校者不能遍觀聖賢之書，故而本叢書中難免會有不足之處，敬請賢達指正！

主編　程水龍

二〇二一年三月

校點説明

一、基本情況

南宋時期「性理」之書的注本首推性理群書句解。此書是重要的理學文獻，分前後兩集，各二十三卷。該書之「前集」，南宋熊節編，熊剛大注，按文體分類，收録周敦頤、二程、張載、邵雍、司馬光、朱熹等七位宋代儒者之文，每句之下有注，故稱「句解」。該書之「後集」，收録近思録、近思續録、近思别録三種文獻，每句之下亦有熊剛大之注解。

近思録爲南宋朱熹、吕祖謙選編的北宋儒者周敦頤、二程、張載之語録集，久已成爲理學入門的經典讀物，其價值毋庸贅言。近思續録和近思别録爲朱熹弟子蔡模編，二書均模仿近思録之體例。近思續録係編次朱熹之語而成，共收朱熹語四百三十八條，取材於朱熹文集、語類及各種著作，是一種時代較早的朱熹文獻選編，反映出朱熹後學對其學術的理解，頗具學術史價值。近思别録，係編次南宋儒者張栻、吕祖謙之語而成。其所收語録取材於張栻南軒集、論語解、孟子説，吕祖謙東萊集、麗澤論説集録、吕氏家塾讀書記等。張栻與吕祖謙均爲朱熹的學友，但他們的學術思想各具特色，反映出南宋理學的不同面向。近思别録精選二人言論，分類編纂，可見二人學術之大概，堪稱南宋理學史的重要文獻。

熊剛大，生卒年不詳，建陽（今屬福建省南平市）人，受業於朱熹門人黄榦、蔡淵，學者稱爲古溪先生。熊氏爲南宋嘉定七年（一二一四）進士，曾任建安書院教授。其人問學精專，操行篤至。著述有詩經注解、性理小學集解等。熊剛大不僅將近思録、近思續録、近思别録三書彙爲性理群書句解「後集」，且在每句之下作了注解。與南宋時出現的楊伯嵒泳齋近思録衍注、葉采近思録集解相比，熊剛大之注解頗具特色：其目標讀者爲童蒙初學，故簡明曉暢，便於理解，在當時不僅增辟了理學傳播的新途徑，也擴大了近思録、近思續録、近思别録三書的影響範圍，具有重要的歷史文獻價值。

二、本書採用之底本與校本

性理群書句解「後集」，現存最早的版本爲元代建陽刊本，北京國家圖書館、臺北「中央圖書館」、山東孔子博物館、日本静嘉堂文庫均有收藏。該本每半葉十三行，行二十四字，四周雙邊，上下黑口，順魚尾。書首有近思録編集諸儒注解和目録。目録卷端署「晦庵先生朱文公集編，東萊先生吕成公同編，考亭後學熊剛大集解」。

另外，性理群書句解「後集」影響及於東亞文化圈，故在朝鮮半島和日本也出現過一些版本。如韓國現存有朝鮮李朝太宗十五年（一四一四）平壤府覆刻元刊本、成宗十九年（一四八七）木板本等，日本現存有寬文八年（一六六八）吉野家總兵衛刊本等。

本次整理，以臺北「中央圖書館」藏性理群書句解「後集」元刊本爲底本。而各部分的校本有所不同，兹分別説明如下：

(1) 近思録部分

本次整理，近思録本文，與南宋葉采近思録集解清初邵仁泓刻本（簡稱「葉本」）對校。

(2) 近思續録部分

近思續録在南宋有寶慶四明州學刊本和景定嚴州州學刊本，但均已不傳。其現存最早的版本即爲性理群書句解「後集」元刊本。

近思續録尚有幾種單行版本存世，如清康熙二十八年（一六八九）柯崇樸刻本，藏於吉林省圖書館、嘉興市圖書館。據柯序，此本源自性理群書句解「後集」中的近思續録，僅删去了熊剛大所作注解。此外，還有同治八年（一八六九）刻本、光緒年間刻西京清麓叢書本、光緒三十一年（一九〇五）正誼書院刻本等。除同治八年刻本情況不詳外，其餘各本均源自柯崇樸刻本。海外方面，日本國立公文書館藏有日本寬文八年（一六六八）刻本近思續録，此本時代較柯崇樸刻本更早，亦删去了熊剛大之注解，此本有日文訓點，其各卷標題及條目分合與柯崇樸刻本略有差異。

本次整理，近思續録本文，與嘉興市圖書館藏清康熙二十八年柯崇樸刻本（簡稱「柯氏本」）、日本國立公文書館藏寬文八年刻本（簡稱「寬文本」）對校。另取作爲近思續録文獻來源的朱子文集、語録及著作等作適當他校。

(3) 近思别録部分

國内未見有近思别録的單行版本傳世。日本國立公文書館藏有寬文八年刻本近思别録。此本係與近思續録合刻，删去了熊剛大的注解。此外，韓國高麗大學藏有近思别録抄本十四卷，每半葉十二行二十九字，然不知何時何人所抄。

本次整理，近思别録本文，與日本藏寬文八年刻本（簡稱「寬文本」）對校。並取張栻全集（長春出版社一九九九年版）、吕祖謙全集（浙江古籍出版社二〇〇八年版）等，作適當他校。

三、校勘原則

底本的一個特點是使用了大量的俗體字，如「體」作「躰」、「學」作「斈」等，今皆改爲通行繁體字。底本中因避諱而缺筆的字，今皆予補足。以上兩種情形在校勘記中不再一一注明。校勘時發現底本有訛、脱、衍、倒之處，均修改正文，並出校記説明。底本與校本兩通的，亦出校記説明。底本與校本之條目分合時有異同，並有删省條目的情況，亦出校記説明。

今校點既畢，敬請前輩時賢匡所不逮而教正之。

程水龍於蘇州大學

二〇二〇年十月

目録

近思録編集諸儒注解

晦庵先生朱文公

南軒先生張宣公

東萊先生吕成公

勉齋先生黄文肅公　榦，字直卿，文公門人，又其婿也。以文公捧表賀壽皇登極恩出官，終於寺丞、知潮陽，不赴。

鼇峰先生熊氏　節，字端操，文公門人也。己未省試前名。是時韓侂胄當國，專攻僞學，排此者悉在前列。惟知舉黄公由坐文公僞黨，得先生納諫行仁求賢策，以其學正大，未嘗迎合時好，特置前列，且爲奏御。終於閩清長安，賜緋魚。

節齋先生蔡氏　淵，字伯静，文公門人也，隱德不耀。

果齋先生李氏　方子，字公晦，文公門人也，甲戌廷試第三。

平巖先生葉氏　采，字仲圭，文公門婿也，登進士第，官終於常卿、知邵武軍。

諸儒姓氏終。

新刊音點性理群書句解目録　後集

近思録　一十四卷

晦庵先生朱文公　集編
東萊先生呂成公　同編
考亭後學熊剛大　集解

近思續録第五卷　此卷論力行

卷之十八

近思續録第六卷　此卷論齊家

近思續録第七卷　此卷論出處之道

卷之十九

近思續録第八卷　此卷論治道

近思續録第九卷　此卷論治法

卷之二十

近思續録第十卷　此卷論臨政處事

近思續録第十一卷　此卷論教人

卷之二十一

近思續録第十二卷　此卷論戒謹之道

近思續録第十三卷　此卷辨異端

近思續録第十四卷　此卷論聖賢相傳之統，諸子附焉

卷之二十二　此已下十四卷，係覺軒蔡先生編集南軒、東萊二先生格言也。

近思別録第一卷　此卷論道體

近思別録第二卷　此卷論爲學大要

近思別録第三卷　此卷論致知

近思別録第四卷　此卷論存養

近思別録第五卷　此卷論克己

近思別録第六卷　此卷論齊家

近思別録第七卷　此卷論出處之道

卷之二十三

近思別録第八卷　此卷論治體

近思別録第九卷　此卷論治法

近思別録第十卷　此卷論政事

近思別録第十一卷　此卷論教學

近思別録第十二卷　此卷論警戒

近思別録第十三卷　此卷論辨異端

近思別録第十四卷　此卷論聖賢諸子

已上近思録十四卷，乃文公朱先生、東萊呂先生淳熙乙未夏於寒泉精舍文公葬其母祝夫人所在。相與共讀周、張、二程之書，歎其廣大閎博，懼初學不知所入，因共掇取其關於大體而切於日用者，集爲是編，以謂窮鄉晚進，有志於學而無明師良友，得此玩心，亦足以得其門而入矣。續録十四卷，乃覺軒蔡先生髣髴文公纂集之遺意，即其格言，依其門類編集。別集十四卷，亦覺軒蔡先生編集南軒、東萊二先生格言。學者得是一編，上泝濂洛，近酌考亭，與夫南軒、東萊之浩博，閎辭奥語，盡在是書。

新刊音點性理群書句解卷之一　後集

近思録第一卷

此卷論性之本原、道之體統，蓋學問之綱領也。

伊川先生曰：先生程姓，頤名，伊川其號云。「喜怒哀樂之未發謂之中」，喜怒哀樂，情也；其未發則性也。無所偏倚，故謂之中。中也者，言「寂然不動」者也，中之爲言至静而無所感動也。故曰「天下之大本」。大本者天命之性，天下之理皆由此出，道之體也。「發而皆中節謂之和」，發皆中節，情之正也；無所乖戾，故謂之和。和也者，言「感而遂通」者也，和之爲言是感物而動也。故曰「天下之達道」。「達道者循性之謂，天下古今之所共由，道之用也。」文集。下同。〔一〕

心一也，心無二心，故曰一。有指體而言者，寂然而無所感動，是其體也。有指用而言者，「感而遂通天下之故」，是其用也。惟觀其所見如何耳。觀其「寂然不動」，則見其爲心之體；觀其「感而遂通」，則見其爲心之用。本注。

乾，天也。乾即天也。天者天之形體[二]，以其穹然在上、形體可見曰天。乾者天之性情。以其運行不息是爲性情。乾，健也，乾之道主乎健。健而無息之謂乾。健而無有止息是曰乾。朱夫子以爲性情二者常相參。有性便有情，有情便有性。火之性情則是熱，水之性情則是寒，天之性情則是健。健之體爲性，健之用是情，惟其健，所以不息。夫天專言之則道也，道者，天理當然之路。專言天者，即道也。「天且弗違」是也。易所謂「天且弗違」，此理是已。分而言之，析而論。則以形體謂之天，指其形體高大而無涯，則曰天。以主宰謂之帝，指其主宰運用而有定，則曰帝。以功用謂之鬼神，功用，造化之有跡者，如日月之往來、萬物之屈伸是也。往者爲鬼，來者爲神；屈者爲鬼，而伸者爲神也。以妙用謂之神，妙用，造化之無跡者，如運用無方、變化莫測是也。以性情謂之乾。乾健無息，健之體爲性，健之用爲情，故曰乾。易傳。下同。朱子曰：「功用言其氣也，妙用言其理也。功用兼精粗而言，妙用言其精者。」黄勉齋曰：「合而言之，言鬼神則神在其中矣；析而言之，則鬼神者其粗跡，神者其妙用也。伊川言『鬼神者造化之跡』，此以功用言也。横渠言『鬼神，二氣之良能』，此合妙用而言也。」

四德之元，在天爲四德「元亨利貞」而元之德。猶五常之仁。亦如五常之仁。蓋所謂五常者，仁義禮智信，人之生也。得天之元，則爲此性之仁，故亦如此也。偏言則一事，分而言，則元者四德之一[三]，仁者五常之一。專言則包四者。專言元，則亨利貞在其中；專言仁，則義禮智信在其中。蓋元者天地之生理也，亨者生理之達，利者生理之遂，貞者生理之正；仁亦人心生生之理，禮者仁之節文，義者仁之裁制，知者仁之明辨，信者仁之真實也。朱子曰：「仁之一事所以包四者，不可離其一事，而別求兼四者之仁。」又曰：「仁是生底意思，通貫周流於四者之中，須得辭遜、斷制、是非三者，方成得仁之事。」乾卦彖象。

天所賦爲命，命猶誥敕，天以此理命於人。物所受爲性。性猶職任，人稟受此理則謂之性。熊氏曰：天以元亨利正之理賦予於人則謂命，人稟受此理而爲吾心之仁義禮智則謂之性。

鬼神者，造化之跡也。屈爲鬼，伸爲神，跡者以其著見，如日往月來、萬物屈伸之類。詳見上文「功用」、「鬼神」注。

剥之爲卦，剥，剥落也。其爲卦義。諸陽消剥已盡，乾六陽消剥將盡。獨有上九一爻尚存，所留者，猶有剥卦之終上九一爻之陽。如碩大之果不見食，正如果實剥落，若不取而食之。將有復生之理。則其中生意復萌。上九亦變則純陰矣，若上九一爻亦變，則爲六陰之坤。然陽無可盡之理，但陽無剥盡之理。變於上則生於下，縱上九一爻變而爲純陰，而一陽之生已萌於復。無間可容息也。無間頃可容其止息也。聖人發明此理，聖人推明是理。以見陽與君子之道不可亡也。以見陽固無可盡之理，君子亦陽類，其道亦不可亡。或曰：或人謂。剥盡則爲純坤，六陽剥落已盡而爲純坤。豈復有陽乎？則不復有陽矣。曰：云。以卦配月，一氣無頓消，亦無頓息。以卦配合乎月，積三十日而成一月，亦積三十分而成一爻。九月中於卦爲剥，陽未剥盡，猶有上九一爻，剥三十分。則坤當十月。至十月中，陽氣消盡而爲純坤。以氣消息言，然陽纔盡於上，而已萌於下。則陽剥爲坤，雖自九月中，剥三十分而爲坤。陽來爲復，然積三十分，至十一月中，然後陽氣應於地上，而成復之一爻也。陽未嘗盡也。陽何嘗剥盡也哉！剥盡於上，雖剥卦上九陽爻剥落已盡。則復生於下矣。而復卦一陽又自下生。陰陽二氣，語其流行，則一氣耳。息則爲陽，消則爲陰，消之終即息之始，不容有間斷。故十月謂之陽月，十月於卦爲純陰之坤，故特謂之爲陽月。恐疑其無陽也。恐人疑其無陽，故特曰陽月，所以見陽氣已萌也。陰亦然，四月於卦爲純乾，六陽極於乾，則一陰生於姤，亦是如此。聖人不言耳。但陰之類爲小人，故聖人不言也。

一陽復於下，十月於卦爲坤，六陽剥落已盡。至十一月於卦爲復，一陽已萌於下。乃天地生物之心也。萬物始萌動，天地之心於是可見。先儒皆以静爲見天地之心，復卦彖曰：「復，其見天地之心乎？」王弼以爲静見天地之心。蓋十月積陰，陽氣收斂，天地生物之心固未嘗息，但無端倪可見。蓋不知動之端乃天地之心也。一陽既復，則生意發動，乃始復見其端緒也。非知道者，孰能識之？若非深識陰陽消息之道者，其孰能悟此？

仁者，天下之公，仁者以天地萬物爲一體，故曰「天下之公」。善之本也。四端萬善皆統乎仁，故曰「善之本」。復卦六二傳。[四]

有感必有應。屈伸往來，感應無窮。自屈而伸，則屈者感也，伸者應也；自伸而屈，則伸者感也，屈者應也。凡有動皆爲感，凡見於動者，皆感之事。感則必有應，此有所感，彼必有所應。所應復爲感，應於此，復感於彼。所感復有應，感於彼，復應於此。所以不已也。其機不暫息也。感通之理，感應之妙。知道者默而觀之可也。咸乃無心之感，其感也真，故伊川因九四傳象發明感應之妙。明乎此，則天地陰陽之消長變化、人心物理之表裏盛衰，不外乎感應之理而已。○咸卦九四傳。

天下之理，理在天下。終而復始，既極於終，復肇其始。所以恒而不窮。常常如此，故無止息。恒非一定之謂也，非曰一定不易謂之恒。一定則不能恒矣。纔一定，則非常之理。惟隨時變易，只有因時改易，如日月往來，萬化屈信，無一息之停，亘萬古而常然。乃常道也。乃常之道。天地常久之道，天地運化，萬古常然。天下常久之理，天下之理，萬世常然。非知道者，孰能識之？自非明乎常久之道者，又誰能知此邪？○恒卦彖傳。

人性皆善[五]，性者，理之郛郭，無有不善。有不可革者。何也？又有不能改者，如何？曰：語其性，則皆善也；論其性則皆理，理無有不善。語其才，則有下愚之不移。論其才則性之所能者是合理與氣而成，氣質則有昏明、强弱之殊，其昏弱之極者爲下愚。所謂「下愚」有二焉：但所以爲下愚又有二般。自暴也，人性本善，自暴者咈戾而不信乎善，是自暴害其性也。自棄也。自棄者雖知其善，然怠廢而不爲，是自棄絶其性也。此愚之又下者，不可移矣。故自暴者，剛惡之所爲；自棄者，柔惡之所爲。人苟以善自治，人苟能明善以治其氣質之偏。則無不可移者，未有不可變移而歸諸善。雖昏愚之至，雖是昏暗愚昧之極。皆可漸磨而進。亦可漸染磨厲而進乎善。唯自暴者拒之而不信，自暴害其性者，去其善而不信。自棄者絶之以不爲，自棄絶其性者，絶其善而不爲。雖聖人與居，若此二者，縱與聖人同居。不能化而入也。亦弗能化誘使之入於善也。仲尼之所謂「下愚」也。此即夫子所謂「下愚不移」是也。然天下自暴自棄者，但天下之人自暴害、自棄絶其性者。非必皆昏愚也，亦不必盡是昏弱愚暗之人。往往强戾而才力有過人者，有强暴而材過於人。商辛是也。紂是也。史記稱「紂資辯捷疾，聞見甚敏，材力過人，手格猛獸，知足以拒諫，言足以飾非」，則其天資固非昏愚者。聖人以其自絶於善，聖人以其勇於爲惡，而自遏絶於善。謂之「下愚」，故以「下愚」稱之。然考其歸，則誠愚也。要其終，則真下愚之人也。既曰「下愚」，既是下愚之人。其能革面，何也？又能改其面，如何？曰：心雖絶於善道，革卦上六曰：「小人革面。」下愚小人自棄絶於善。其畏威而寡罪，然畏刑威而欲免於罪。則與人同也。則與人無以異。唯其有與人同，惟其畏懼有與人同者，所以知其非性之罪也。是以知其性之本善也。革卦上六傳。

在物爲理，理即是義，事物各有理。處物爲義。裁制事物而合乎理者爲義。朱子曰：「義者，心之制事之宜。事之宜雖若在外，然所以制其宜則在心也。非程子一語，則後人未免有義外之見。」

動静無端，動静相推，無有止息，故無其端。陰陽無始。陰陽密移，無有間斷，故無所始。非知道者，孰能識之?其所以然者道也,道固一而無間斷也。先生論剥、復之卦,則曰「無間可容息」,又曰「其間無不斷續」,朱子曰「動静相生,如循環之無端」,皆是此意。

仁者,天下之正理,仁乃天理之至正者。失正理則無序而不和。子曰:「人而不仁,如禮何?人而不仁,如樂何?」「人而不仁」,則私慾交亂,害於正理,固宜舛逆而無序、乖戾而不和。序者禮之本,和者樂之本。

明道先生曰:先生諱顥,字伯淳,明道其稱也云。天地生物,天之生人物。各無不足之理。理無虧欠,故無不足。常思天下君臣、父子、兄弟、夫婦,每思天下人倫之中。有多少不盡分處。分者,天理之則。人之處物,不能盡理。如四者之間一毫不當乎理,是爲不盡分。○遺書。下同。

「忠信所以進德」,發乎真心之謂忠,盡乎實理之謂信,忠信乃進德之基。「終日乾乾」,乾乾不息也。君子當終日對越在天也。越,於也。君子一言一動守其忠信,常瞻對乎上帝,不敢有一毫欺慢之意也。以下皆發明所以「對越在天」之義。蓋「上天之載,上天之道。無聲無臭」,無聲可聞,無臭可接。所謂「太極本無極也」。其體則謂之易,體,猶質也。陰陽變易,乃太極之體也。其理則謂之道,其所以變易之理,則謂之道。其用則謂之神。其變易之用,則謂之神。此以天道言。其命於人則謂之性。天理之賦於人則謂之性。率性則謂之道,循性之自然謂之道。脩道則謂之教。因其自然者而脩明之則謂之教。此以人道言。惟其天人之理一，所以「終日對越在天」也。孟子去其中又發揮出「浩然之氣」，浩然，甚大流行之貌。蓋天地正大之氣，人得之以生，本浩然也。失養則餒，而無以配夫道義之用；得養則充，有以復其正大之體。可謂盡矣。盡矣，謂無餘事也。此言天人之氣一，所以「終日對越在天」者也。故說神「如在其上，故君子謹獨，如有神臨其上。如在其左右」，如臨其左右。大小大事，大小，猶多少也。天人多少大事。而只曰「誠之不可揜如此[六]」。中庸論鬼神之盛，而卒曰「誠之不可揜」。誠者實理，即忠信之體。天人之間，通此實理，故君子忠信進德，所以若「對越在天」也。形而上爲道，說見係辭。道者指事物之理，故曰「形而上」。形而下者爲器，器者指事物之體，故曰「形而下」。須著如此說。必欲如此分別。器亦道，其實器本於道，則器亦爲道。道亦器，而道寓於器，是道亦爲器，本不相離也。蓋言日用之間，無非天理之流行，所謂「終日對越在天」者，亦敬循乎此理而已。但得道在，人能體道而不違，則道在我矣。不繫今與後，不係，猶不拘也。不拘今古。己與人。不拘人己，無往而不合，蓋道本無間然也。乾卦九三文言。

醫書言手足痿痺爲不仁，仁者，生生之理，本無間斷。手足痿痺，氣不相貫，疾痛痾癢，皆不相干，此四體之不仁也。此言最善名狀。醫書此語可謂善於形容仁道者。仁者，以天地萬物爲一體，天地萬物與我同體，心無私蔽則自然愛而公矣，所謂「仁」也。莫非己也。無形骸爾汝之分，如己則一。認得爲己，既識得與己則一。何所不至？則仁道充廣，何莫非仁？若不有諸己，苟是理不明而爲私意所隔截，不能一體視之。自不與己相干。則己自己，天地萬物自天地萬物，了無交涉。如手足不仁，猶四肢血脈不能流通無間。氣已不貫，是一氣已不相聯屬。皆不屬己。則手足同一運掉，亦有痾癢不知之處，已不相干，豈仁之道邪？如博施濟衆〔七〕，説見論語。廣其所施以濟於衆。乃聖之功用。乃仁之功用。子貢以是言仁，未識仁之體。仁至難言，仁之道，人未易言也。故止曰：「己欲立而立人，夫子之告子貢，但謂知人之欲無異己之欲。己欲達而達人，施於人者亦猶施於己。能近取譬，近取諸身而譬，譬之於人。可謂仁之方也已。」則得求仁之術。欲令如是觀仁，欲使之即此求仁。可以得仁之體。可見仁之體也。朱子曰：「博施濟衆，是就事上説，却不就心上説。夫子提起，正是就心上指仁之本體而告之。」又曰：「博施濟衆，固仁之極功，但只乍見孺子將入井時有怵惕惻隱之心，亦便是仁，此處最好看。」

「生之謂性」，人之有生，氣聚成形，理因具焉，是之謂性。性即氣，性與氣本不相離，理墮於形氣之中，故云「性即氣」。氣即性，氣所以載夫理，故云「氣即性」。生之謂也。皆有生之後，氣質之性也。人生氣禀，人生而後，氣禀雜揉。理有善惡，善惡由分，此亦理之所有。然不是性中元有此兩物相對而生也。然原是性之本則善而已，非性中元有二者並生也。有自幼而善，如后稷之「克岐克嶷」。有自幼而惡，如子越椒始生，人知其必滅若敖氏之族。是氣禀有然也。禀氣之清者則善，禀氣之濁者則惡，使之然也。善固性也，天命之性，純粹至善，固是此性。然惡亦不可不謂之性也。氣禀拘滯，或流於惡，亦不可謂非此性。蓋「生之謂性」，人生已後方名曰性。「人生而靜」以上不容説，「人生而靜」以上是人物未生時，只可謂之理，未可名爲性，所謂「在天曰命」也。才説性時，才言「性」之一字。便已不是性也。便是人生以後，此理已墮在形氣之中，不至是性之本體，所謂「在人曰性」也。○此重釋「生之謂性」。凡人說性，人之說性。只是說「繼之者善」也，只言上天賦予之初，氣方出而理方行，純粹至善也。孟子言性善是也。孟子道性善是也。夫所謂「繼之者善」也者，夫所言氣方出而理方行，純粹至善者。猶水流而就下也。譬之水焉，流而趍下。皆水也，水一而已。有流而至海，有流而至於海。終無所污，無有污濁。此何煩人力之為也。初非人力之能及。有流而未遠，有流出尚未至遠。固已漸濁；已自漸漸污濁。有出而甚遠，又有流出極遠。方有所濁。方乃污濁。有濁之多者，有污濁之甚者。有濁之少者。有污濁不為多者。清濁雖不同，水之清者濁者雖是不一。然不可以濁者不為水也。然濁者豈非水也哉？係辭曰：「一陰一陽之謂道，繼之者善也。」蓋天道流行，發育萬物，賦受之間，渾然一理，純粹至善，所謂「性善」者也。「繼之」云者，猶水流而就下，其有清濁遠近之不同，猶氣稟昏明純駁有淺深也。水固本清，及流而濁，不可謂之非水。猶性雖本善，及局於氣而惡，不可謂之非性。○此重釋「善固性也，惡亦不可不謂之性」。如此則人不可以不加澄治之功。人雖為氣所昏，而性則未嘗不在其中，故不可不加澄清克治之力。故用力敏勇則疾清，惟能學以勝之，用功敏速勇猛，則清之速。用力緩怠則遲清。用功緩慢怠惰，則清之遲。及其清也，及到清了。則却只是元初水也，則此理渾然，初未嘗損，所謂「元初水也」。不是將清來換却濁，雖濁而清者存，不是將清來換濁。亦不是取出濁水置在一隅也。既清則本無濁，故非取濁置在一邊。水之清，則性善之謂也。如此則性本善也。故不是善與惡在性中為兩物相對，性中豈有善惡二者相對而立？各自出來。相並而行也。○此重釋「不是性中元有兩物相對而生」。但前以其本言，則曰「相對而生」，此以其用言，則曰「相對而各自出來」。此理，天命也。是所謂「天命之謂性」。順而循之，則道也。順而行之，所謂「率性之謂道」。循此而脩之，各得其分，則教也。循此道而品節之，使人倫各盡其分，是所謂「脩道之謂教」。自天命以至教，自天命之性以至脩道之教。我無加損焉，無所增益，無所虧損。此舜有天下而不與焉者也。脩道雖以人事言，然其所以脩之者，莫非天命之本然，非人私智所能爲也。然非聖人有不能盡，故以舜事明之。

觀天地生物氣象。周茂叔看造化流行，發育萬物，溥博周遍，生理條達，觀之使人良心油然而生。此即周子窗前草不除，問之，云「與自家意思一般」。

萬物之生意最可觀，天地以生物爲心，物生之始，此處最可觀。此「元者善之長也」，天有四德，「元亨利貞」。元者生物之始，善之根也。所謂仁也[八]。此即是仁德之流行。蓋物之初生，純粹未散最好看。及榦葉茂盛，便不好看。見孺子入井時，怵惕惻隱之心，只這些子便見得仁。到他發政施仁處，其仁固廣，然却難看。

滿腔子是惻隱之心。腔子，猶軀殼也。惻，傷也。隱，痛也。人之一身，惻隱之心無所不至，故疾痛痾癢，觸之則覺。由是推之，則天地萬物本一體也，無往而非惻隱之心也。

天地萬物之理，天地間萬物之理。無獨必有對，無獨立，必有對待。陰與陽對，動與靜對，以至屈信、消長、左右、上下，或以類而對，或以反而對。皆自然而然，無非自然如此。非有安排也。非待安排而後爾也。每中夜以思，夜半反覆推之，未有兀然無對而孤立者。不知手之舞之，足之蹈之也。有感於心，不覺手舞足蹈。先儒言「惟道無對」，然以形上謂道、形下謂器言之，亦未嘗無對也。

中者天下之大本，喜怒哀樂未發之時，此性渾然在中。天下之理皆出於此，故以大本言。天地之間，上天下地之間。亭亭當當，無偏無倚。直上直下之正理。直而不屈之謂正理。出則不是，心有散逸，則失其所以爲主。唯能「敬而無失」最盡。唯能敬以存此心，則是理之生也，直不爲物慾所屈，有以全其中之本體。

伊川先生曰：公則一，公則視萬物爲一本。私則萬殊。私則分人己爲萬殊。人心不同如面，人一心也，其不相同有如面。只是私心。只是私心未去，故爾汝藩籬也。

凡物有本末，凡事有其本必有其末。不可分本末爲兩段事。本末不可分爲二事。灑掃應對是其然，其然，以其能如此者言也。必有所以然。所以然，以其所以使之能如此者。治心脩身是本，灑掃應對是末，皆其然之本也。至於所以然則理也，理無精粗本末。

楊子拔一毛不爲，楊朱爲我，故以一毫利天下而不爲。墨子又摩頂放踵爲之，墨翟兼愛，故雖摩頂至踵可以利天下而亦爲之。此皆是不得中。楊、墨各守一偏，固皆失其中。至如子莫執中，子莫，魯之賢人也，其所執中。欲執此二者之中，懲二者之偏，欲於二者之間而取中。不知怎麽執得？夫中者隨時而立，不能隨時以權宜，而膠於一定之中，則所執者亦偏矣。識得則事事物物上[九]，識得時中之理於事事物物。皆天然有個中在那上，皆自然有中。不待人安排也，不用着意安排也。安排着則不中矣。若事安排，則或加以意見之私，而非天然之中矣。

問：時中如何？時中者，隨時有中，不可執一也。伊川先生曰[一〇]：中字最難識，「中」之一字最難識得。須是默識心通。須必潛心默會。且試言一廳則中央爲中，以一廳言，則廳中爲中。一家則廳中非中而堂爲中，以一家論，則廳中非中，而堂爲中。言一國則堂非中而國之中爲中，以一國言，則堂又非中，而國中爲中。推此類可見矣。以此類推之，亦自可見。如三過其門不入，禹之治水九年於外，三過其門而不暇入。在禹、稷之世爲中，蓋得時行道，任天下之責，濟斯民之患，如是乃合此時之中。居陋巷，則非中也。若爲顔子之居陋巷，則爲不得其中矣。居陋巷，隱居獨善而簞瓢自樂。在顔子之時爲中，顔子之世，明王不興，以夫子之大聖而不得行其道，則其時可以止矣。如是乃合此時之中。若三過其門不入，則非中也。若爲大禹之三過其門不入，則爲不得其中矣。

无妄之謂誠，无妄者，實理之自然，而無一毫僞妄也，故謂之誠。不欺其次矣。不欺者，知實理之當然而不自爲欺，乃思誠也。朱子曰：「无妄者，自然之誠。不欺是著力處做底，故曰次。」本注云：「李邦直曰不欺之謂誠。徐仲車云不息之謂誠。或以問先生，先生曰云云。」

沖漠無朕，沖漠未形。萬象森然已具，而萬理畢具，即所謂「無極而太極」也。未應不是先，未應者，寂然不動之時，已應之理悉具，故云非先。已應不是後[一一]。已應者，感而遂通之時，未應之理實在，故云非後。朱子曰：「未有事物之時，此理已具。少間應處，亦只是此理。」

近取諸身，近而求之一身。百理皆具。衆理咸備。屈伸往來之義一[一二]，屈伸一往一來。只於鼻息之間見之。只於鼻息呼吸可見。屈伸往來只是理，屈伸往來，皆有理存其中。不必將既屈之氣往而屈者，其氣已散；來而伸者，其氣未生。故不可以氣之已屈者。復爲方伸之氣。而爲氣之方伸者。生生之理，生生之道。自然不息。自然而然，無有止息。如復卦言「七日來復」，日，即月也。以卦配月，則自五月陽始消而爲姤，至十一月陽生而爲復，自姤至復凡七月也。其間之不斷續[一三]，消極而生，無有斷續。陽已復生，陽消則復萌。物極必返，物極其終，必返其始。其理須如此。理之自然。有生便有死，生者必死。有始便有終。始則有終，皆一理也。

明道先生曰：天地之間，上天下地之中。只有一個感與應而已，有感必應，只是一個道理。更有甚事？外此更無別事。

問仁。或問仁之道。伊川先生曰：答云。將聖賢所言仁處即聖賢論仁所在。類聚觀之[一四]，類聚而看。體認出來。體驗以究其實。孟子曰：「惻隱之心，仁也。」惻傷隱痛之心，是仁也。後人遂以愛爲仁。後人遂直指愛名仁。愛自是情，愛乃情之發。仁自是性，仁乃性之德。豈可專以愛爲仁？豈可即以愛便名之曰仁？孟子言「惻隱之心，孟子不直以惻隱爲仁。仁之端也」，而曰仁之端。既曰仁之端，既謂之端，則是仁之端緒發見乎外。則不可便謂之仁。謂之情可也，安得便謂之仁哉！退之言「博愛之謂仁」，非也。韓文公又以博愛爲仁，愈失之矣。仁者固博愛，仁固未嘗不愛，但愛者仁之情。然便以博愛爲仁則不可。若便以愛爲仁，則是指情爲性矣，可乎哉？

問：仁與心何異？或人問仁與心何所異。伊川曰[一五]：心譬如穀種，心猶禾穀種子。生之性便是仁，其中生之性便是愛之理。陽氣發處乃情也。陽氣發處，便是惻隱之情。

義訓宜，訓者，以字義難明，故假一字以訓解之。義者，天理之當然，所以裁制乎事物之宜，故訓宜。禮訓別，禮者，天理之節文，所以别親疏上下之分，故訓别。智訓知，智者，天理之明睿，所以知事物之是非，故訓知。仁當何訓？仁道至大，包乎三者，故難爲訓。説者謂訓覺訓人，皆非也。「訓覺」者，言不爲物欲所蔽，癢痾疾痛，觸之即覺。夫仁者固無所不覺，然覺不足以盡仁。「訓人」者，言天地生人均氣同理，以人體之，則惻怛慈愛之意自然無所間斷。夫仁者固以人爲體，然不可以訓仁。當合孔孟言仁處，大概研窮之，必當合孔子、孟子論仁所在研究窮考。二三歲得之，未晚也。久而得之，未爲遲也。朱子曰：仁是愛之體，覺自是智之用。仁統四德，故仁則無不覺，便以爲仁則不可。[一六]

性即理也。性即是理。天下之理，理在天下。原其所自[一七]，推所從來，皆天所命。未有不善。那得有惡？喜怒哀樂未發，喜怒哀樂未發之前，氣不用事。何嘗不善？所以有善而無惡。發而中節，已發而各中其節。則無往而不善。亦何不善之有？故凡言善惡[一八]，故言善之與惡。皆先善而後惡；善在先，惡在後。言吉凶，言吉與凶。皆先吉而後凶；吉在先，凶在後。言是非，言是之與非。皆先是而後非。是在先，非在後。以此知得其初未有不善，特流而惡耳。朱子曰：「『性即理』，自孔子後惟伊川説得[一九]，攧撲不破。」

問：心有善惡否？或人問「心果有善惡否」。伊川曰[二〇]：在天爲命，天道流行，賦與萬物，謂之命。在義爲理，事物萬殊，各有天然之則，統而名之，謂之理。在人爲性，人得是理以生，謂之性。主於身爲心，是性所存，虚靈知覺，爲一身之主宰，謂之心。其實一也。實則非二也。心本善，心者衆理之所具，故無不善。發於思慮，自七情之發。則有善不善。而後有善惡之分。若既發，則可謂之情，既發雖情，然不可謂之非心。不可謂之心。但有不善，則非心之本體。譬如水，譬之於水。只可謂之水。只名之曰水。至如流而爲派，至於流出而分派。或行於東，或流而東。或行於西，或流而西。却謂之流也。則名之曰流矣，亦猶心之未發則爲心，心之已發則爲情也。

性出於天，性本乎理，理無不善。才出於氣。才本乎氣，氣則不齊。氣清則才清，稟氣之清則才亦清，故善。氣濁則才濁。稟氣之濁則才亦濁，故惡。才則有善有不善，是才因氣所稟，有善有惡。性則無不善。性本乎理，則無有不善也。

性者自然完具，性者，仁義禮智咸具其中，故完具。信只是有此者也。實有此四者，則謂之信。故「四端」不言信。故信無定位，非於四者之外而有信也。孟子論四端而不及信，蓋信在其中矣。李果齋曰：五常言信，配五行而言；故四端不言信，配四時而言也。蓋土分配於四時之季，而已立於四端之中矣〔二一〕。

心，生道也。朱子曰：「謂天地以生物爲心，人得之以爲心者，是爲仁，故生生而不窮也。」有是心，斯具是形以生。既有是心，斯具是形質以生。惻隱之心，惻傷隱痛之心。人之生道也。又仁之發見，是乃人心生生之理也。〔二二〕

横渠先生曰：一故神。横渠此言，一，謂純一也；神，謂神妙而無不通也。譬之人身，譬之人之一身。四體皆一[二三]，四體本一也。故觸之而無不覺，故觸之而即知。不待心使至此而後覺也。不待思慮擬議，而後有知使無有間斷，則痛癢有所不覺矣。此所謂「感而遂通」，是謂有所感觸而自能貫通。「不行而至，不待行而自爾至。不疾而速」。不待疾而自爾速，此皆神之所爲也。易説。

心，統性情者也。統是主宰。性者，心之理。情者，心之用。心者，性情之主。孟子曰「仁，人心也」，又曰「惻隱之心」。「性」「情」上都下個「心」字，可見「心統性情」之義。○語録。下同。

凡物莫不有是性。有是氣必有是理，此人物之所共也。由通蔽開塞，自其稟氣有通閉開塞之異。所以有人物之别；故有若人若物之殊。由蔽有厚薄，自其蔽有厚有薄。故有智愚之别。故人又有智與愚之異。塞者牢不可開，塞者氣拘而填實之也，故不可開，此言物也。厚者可以開，而開之也難，蔽者但昏暗而有所不通。皆可開也，蔽之厚則開之較難。薄者開之也易，蔽之薄者開之也易。開則達於天道，及其既開，則上達天道。與聖人一。雖愚必明，與聖人無以異矣。

【校勘記】

[一] 此條前，熊剛大集解時删除兩條語録，葉本有，分別是：

濂溪先生曰：無極而太極。太極動而生陽，動極而静，静而生陰，静極復動。一動一静，互爲其根，分陰分陽，兩儀立焉。陽變陰合，而生水火木金土。五氣順布，四時行焉。五行，一陰陽也；陰陽，一太極也；太極，本無極也。五行之生也，各一其性。無極之真，二五之精，妙合而凝。「乾道成男，坤道成女」，二氣交感，化生萬物。萬物生生，而變化無窮焉。惟人也，得其秀而最靈。形既生矣，神發知矣，五性感動而善惡分，萬事出矣。聖人定之以中正仁義，而主静，立人極焉。故聖人與天地合其德，日月合其明，四時合其序，鬼神合其吉凶。君子修之吉，小人悖之凶。故曰：「立天之道，曰陰與陽；立地之道，曰柔與剛；立人之道，曰仁與義。」又曰：「原始反終，故知死生之説。」大哉易也，斯其至矣！

誠，無爲；幾，善惡。德：愛曰仁，宜曰義，理曰禮，通曰智，守曰信。性焉安焉之謂聖，復焉執焉之謂賢，發微不可見、充周不可窮之謂神。

［二］天之形體　「天」，葉本作「乾」。

［三］則元者四德之一　「元」原作「言」，據葉本改。

［四］此條語録原緊接於上條末，未單列，據葉本改爲單列。

［五］人性皆善　「皆」，葉本作「本」。

［六］而只曰誠之不可揜如此　「此」下，葉本有「夫徹上徹下不過如此」九字。

[七] 如博施濟衆 「如」，葉本作「故」。
[八] 所謂仁也 「所」上，葉本有「斯」字。
[九] 識得則事事物物上 「事事物物」，葉本作「凡事物」。
[一〇] 伊川先生曰 「伊川先生」四字原無，據葉本補。
[一一] 已應不是後 「後」下，葉本有「如百尺之木，自根本至枝葉皆是一貫，不可道上面一段事無形無兆，却待人旋安排引入來教入塗轍」句。
[一二] 屈伸往來之義一 「一」，葉本無。
[一三] 其間之不斷續 「之」，葉本作「元」。
[一四] 將聖賢所言仁處類聚觀之 「將」上，葉本有「此在諸公自思之」句。
[一五] 伊川曰 「伊川」二字原無，據葉本補。
[一六] 此條語録原緊接於上條末，未單列，據葉本改爲單列。
[一七] 原其所自 「自」下，葉本有「來」字。
[一八] 故凡言善惡 「故」上，葉本有「發不中節，然後爲不善」句。
[一九] 自孔子後惟伊川説得 「得」下，葉本有「盡」字。
[二〇] 伊川曰 「伊川」二字原無，據葉本補。

［二一］而已立於四端之中矣　「而」，葉本作「信」。

［二二］此條下，熊剛大删除六條語録，葉本有，分别是：

横渠先生曰：氣坱然太虛，升降飛揚，未嘗止息。此虛實動静之機，陰陽剛柔之始。浮而上者陽之清，降而下者陰之濁。其感遇聚散，爲風雨，爲霜雪，萬品之流形，山川之融結。糟粕煨燼，無非教也。

游氣紛擾，合而成質者，生人物之萬殊。其陰陽兩端循環不已者，立天地之大義。

天體物不遺，猶仁體事而無不在也。「禮儀三百，威儀三千」，無一物而非仁也。「昊天曰明，及爾出王。昊天曰旦，及爾游衍」，無一物之不體也。

鬼神者，二氣之良能也。

物之初生，氣日至而滋息；物生既盈，氣日反而游散。至之謂神，以其伸也；反之謂鬼，以其歸也。

性者萬物之一源，非有我之得私也。惟大人爲能盡其道，是故立必俱立，知必周知，愛必兼愛，成不獨成。彼自蔽塞而不知順吾理者，則亦末如之何矣。

［二三］四體皆一　「一」下，葉本有「物」字。

新刊音點性理群書句解卷之二　後集

近思録第二卷

此卷總論爲學之要。蓋尊德性矣，必道問學，明乎道體，知所指歸，斯可究爲學之大方矣。

横渠先生姓張名載。問於明道先生曰：定性未能不動，謂性既定矣，未能無所感。猶累於外物，何如？是尚爲外物所牽，如何？明道先生曰：答云。所謂定者，所謂「定性」者，非一定而不應也。動亦定，發而中節，動亦定也。靜亦定，敬而無失，靜亦定也。無將迎，將，送也。事之往也無將，事之來也無迎，動靜一定，何有於將迎！無内外。「寂然不動」者存於内也，「感而遂通」者應於外也，體用一貫，何有於内外！苟以外物爲外，苟以感物而應者爲外。牽己而從之，凡應物者必牽己而從之。是以己性爲有内外也。是以性爲有内有外也。且以性爲隨物於外，若以性爲隨所應於物而在外。則當其在外[一]，如是則方其逐物在外之時。何者爲在内？在内已無此性矣。是有意於絶外誘，蓋有意於絶外物之誘。而不知性之無内外也。而不知性本無内外之分也。既以内外爲二本，既分内外爲兩端。則又烏可語定哉[二]？則人在天地間不能不與物接，是無時能定。夫天地之常，常，常理也。以其心普萬物而無心；天地之心，運用主宰者是也，然而普徧萬物，實未嘗有心焉。聖人之常，常，安常理也。以其情順萬事而無情。聖人之情，應酬發動者是也，然而隨順萬事，亦未嘗容情焉。故君子之學，君子之爲學。莫若廓然而大公[三]，大公，則何嫌於外物？物來而順應[四]。順應，則何往而不定？易曰：咸卦九四爻云[五]。「貞吉悔亡。得其正則吉，其悔可亡。憧憧往來，不絶貌。朋從爾思。」各以朋類從其所思。苟規規於外誘之除，蓋人之一心應感無窮，苟惡外物之誘而欲除滅之。將見滅於東而生於西也。正恐滅於彼而生於此矣。非惟日之不足，非惟日見其用力之不足。顧其端無窮，目其端緒無窮盡。不可得而除也。亦有不可得而除滅者矣。人之心各有所蔽[六]，人心各有所蔽。故不能適道，故不能行此道。大率在於自私而用智[七]。大概在自私與用智之兩端。蓋不能而大公，故自私。不能物來而順應，故用智。自私則不能以有爲爲應迹，自私者則樂於無爲，而不知以有爲爲應迹之當然。用智則不能以明覺爲自然。用智則作意於有爲，而不知以明覺爲循理之自然。今以惡外物之心，今惡外物之累，已是自私之心也。而求照無物之地，而欲洞鑒無物之所，是用智之過也。是反鑑而索照也。猶反鏡而索照，其可得哉！易曰：易之艮卦有云。「艮其背，艮，止也。背，非可見之地。不獲其身；止於不可見之地，則不獲其身。行其庭，不見其人。」止於背則相背，故不見其人。朱子曰：此言「廓然而大公」。孟子亦曰：孟子亦云。「所惡於智，所惡於智之一字。爲其鑿也。」以其鑿真地，此説「物來而順應」。與其非外而是內，與其以外爲非、以內爲是。不若內外之兩忘也。何似無內外之别而忘却耶！兩忘則澄然無事矣，內外兩忘，則此心之清自然無事。無事則定，無事則自然定。定則明，心既定則自然明照。明則尚何應物之爲累哉！能明照則物來能應，何足累之！聖人之喜，聖人之所謂喜。以物之當喜；以物之當喜則喜之。聖人之怒，聖人之所謂怒。以物之當怒。以物之當怒則怒之。是聖人之喜怒，是則聖人之一喜一怒。不繫於心而繫於物也。未嘗心自爲之喜怒，亦因物而發也。是則聖人豈不應於物哉？又何嘗惡於物而不應於物耶？烏得以從外者爲非，又安可以在外者爲非？而更求在内者爲是也[八]？而以在内者爲是，未能内外之兩忘乎？[九]

伊川先生答朱長文書曰：聖賢之言，聖賢立言。不得已也。非其所得已也。有是言則是理明，蓋將發明天理，以覺斯民。無是言則天下之理有闕焉。苟無立言，則天理之奥誰其明之？如彼耒耜陶冶之器，耒之首爲耜，耜之柄爲耒。範土曰陶，具金曰冶。如此等器。一不制則生生之道有不足矣[一〇]。民生日用之不可闕，天理亦猶是也。聖賢之言，聖賢立言。雖欲已，得乎？欲闕此可乎？然其包涵盡天下之理，然其言寡而理無不該。亦甚約也。亦非以多言爲貴也。後之人始執卷，後世之人自初執書卷。則以文章爲先，便以習文辭爲第一事。平生所爲[一一]，動多於聖人。所作之文多似聖人。然有之無所補，但有此文無補於世。無之靡所闕，無此文亦不闕於用。乃無用之贅言也。乃無所用，疣贅之言也。不止贅而已矣，豈特是贅語。既不得其要，言不本於道則失其要。則離真失正，非徒無益，不明乎理。反害於道必矣。未免流於邪僞，反害於正理矣。來書所謂「欲使後人見其不忘乎善」，來緘謂欲俾後世知其心乎爲善。乃世人之私心也[一二]。此不過世俗之私意。夫子「疾没世而名不稱焉」者，夫子嫌終世而名不見稱於人者。疾没身無善可稱之爾[一三]，是嫌没身無爲善之名可稱道。非謂疾無名也。非是病無聲名之名也。名者可以厲中人，聲名之名，但可以激厲中等之人。君子所存，君子胸中所存，學以爲己，苟求人知，則是私心。非所汲汲。故非其所切者也。

内積忠信，不欺之謂忠，以實之謂信，内蘊蓄此德。所以進德也；要日新又新，故曰進。擇言篤志，擇言謂脩辭，篤志謂立誠。所以居業也。業者德之事，要存而不失，故曰居。「知至至之」，至，謂至善之地。知其爲至善而至之。致知也。致知之功也。求知所至而後至之，求知至善之地，而後至其所知。知之在先，所重在知。故「可與幾」，故曰「可與幾」。蓋幾者，動之微，事之先見。所謂「始條理者，知之事也」。致知以正其始，則能得乎事之幾微矣。智者，知之至明也。「知終終之」，終，即至善之盡處。知所終，盡力以終之。力行也。力行之功也。既知所終，則力進而終之，既知至善之盡處，而力行以詣其盡處。守之在後，所重在行。故「可與存義」，故曰「可與存義」。義者當然之則，存者守而勿失。所謂「終條理者，聖之事也」[一四]。力行以成其終，斯能守夫當然之則，聖者行之至盡也。

君子主敬以直其内，敬存主於中，則動静之間，心有戒謹，自然端直，而無邪曲之念。守義以方其外。義見於外，則應酬之際，事當其則，截然方正，可無回撓之私。敬立而内直，敬既立則内自端直。義形而外方。義既形則外自方正。義形於外，然義之用，達於外耳。非在外也。義之體則在心，非在外也。敬義既立，内直外方，敬義交養。

其德盛矣，其德自然盛大。不期而大矣，不期而然也。「德不孤」也。敬義夾持，故「不孤」。無所用而不周，德至於大，則其所行無一而不備。無所施而不利，無往而不順。孰爲疑乎？故曰不疑其所行也。○坤六二文言。[一五]

動以天爲无妄，震下乾上爲无妄。震，動也。乾，天也。妄，邪僞也。動而純乎天理，則無邪僞矣。動以人欲則妄矣。動而純乎人欲，則皆邪僞矣。无妄之義大哉！无妄之義豈不大哉？熊龕峰曰：「動以天，是仁義禮智之德，觸物即形，自無邪僞；動以人，是耳目口鼻之私，隨物而遷，故皆邪妄。」雖無邪心，心雖非出於邪妄。苟不合正理，則妄也，而見理不明，而所爲或乖於正理，是即妄也。乃邪心也。是即邪心也。既已无妄，事至於无妄，則所止矣。不宜有往，不宜有往，往乃過也。往則妄也。過則妄也。故无妄之彖曰：故无妄之彖云。「其匪正有眚，不得其正則有眚，既无妄則不宜匪正矣。不利有攸往。」有往則是匪正，故不利也。

人之蘊蓄，人之蘊蓄其德。由學而大，自以學問充廣，則愈極其大。在多聞前古聖賢之言與行。所以爲學問者，則熟觀古聖賢之立言與其行已者。考跡以觀其用，考聖賢之行，可以觀其用。察言以求其心，察聖賢之言，可以求其心。入而得之[一六]，以蓄成其德。有見於此，則蓄德日大，蓋非徒多聞之爲貴。○大畜卦象傳。

咸之象曰：咸者，感也，故咸卦皆以感爲義。其象云。「君子以虛受人。」惟其虛中，故能受人。傳曰：其傳有云。「中無私主，虛中而無所私主。則無感不通。則物來能應、有感必通也。以量而受之，若夫以量而受則其量必有限。擇合而受之，擇其合而受則必有所不合。非聖人有感必通之道也。」則非聖人感通之道。其九四曰：九四爻云。「貞吉悔亡。貞，正也。得感之正則吉，使在此者有所私係，則爲感之道狹矣，必有所不通，是悔也。得其正則悔可亡矣。憧憧往來，不絶貌。朋從爾思。」各以朋類從其所思。傳曰：傳文云。「感者人之動也，感者，乃人心之有所動。故感皆就人身取象[一七]。故咸六爻皆就人身取象，初爲拇，二爲腓，三爲股，五爲脢，上爲輔頰舌，各有一義。四當心位，惟九四則當心位。而不言咸其心者，而不言心者。感乃心也。感者必以心也。感之道無所不通，有感則有通。有所私係，但係於私。則害於感通，則爲感之道狹，必有所不通。所謂悔也。是謂悔。聖人感天下之心，聖人之感天下。如寒暑雨暘，如天地之氣，一寒一暑，或雨或暘，周徧公溥。無不通、無不應者，無不通應。亦貞而已矣。亦無所私係，得感之正而已。貞者虛中無我之謂也。貞者正也，解爲「虛中無我」何耶？葉平巖云：「諸卦之貞，各隨卦義以爲正。乾以健爲貞，坤以順爲貞，故曰『利牝馬之貞』。『虛中無我』者，咸之貞也。然此與象『以虛受人』異者，蓋象取山澤通氣之義，謂虛中以受人之感；爻取四爲感之主，謂虛中以感人也。惟虛則能應人之感，惟虛則能感人之應，其理亦一也。」若往來憧憧然，「憧憧往來」者，私心也。若無私心，則澄然泰然，何至憧憧也！用其私心以感物，具其私心有係，用以感物。則思之所及者有能感而動，思之所及者，雖能感而通。所不及者不能感也。思之所不能及者，不能感而通也。以有係之私心，以有所牽繫之私心。既主於一隅一事，既主於一偏一件事。豈能廓然無所不通乎？」又安能廓然大公，無所不感通乎？所謂「朋從爾思」者，蓋思惟及其朋類，亦惟朋類乃從其思。舍是具弗能皆感通也。

君子之遇艱阻，此教人以處險難之道。必自省於身，必當自省察其身。有失而致之乎？是吾失處險難之道而致此乎？有所未善則改之，如有不善則當速改，不可以怠而廢。無歉於心則加勉，苟無愧焉，則益當自勉，不可以阻而廢。乃自脩其德也。君子反躬之學，雖遇險阻，莫非進德之地。蹇卦象傳。

非明則動無所之，知行相需，不可偏廢。非知之明，則動將安之，如目盲之人，動則不知所之也。非動則明無所用。非行之力，則明亦無所用，如足痿之人，雖有見焉，亦不能行矣。○豐卦初九傳。

習，重習也。習而又習，曰重習也。時復思繹，繹，往來紬繹也。君子於所學之事，時時思繹，不驟不輟。浹洽於中，則說也。義理久則浹洽其中，自然悦豫也。以善及人，善有諸己，足以及人。而信從者衆，信從則衆，同歸於善。故可樂也。豈不可樂也？蓋與人爲善之意如此。雖樂於及人，故所以謂之君子者，成德之名也。雖樂於以善及人。不見是而無悶，然人或未信，則亦安其在我而已，奚慍焉？乃所謂君子。蓋自信之篤而無待於外，所以爲成德也。論語。下同。

「古之學者爲己」，爲己者，如食之求飽，衣之求温，温飽在己，非爲人也。欲得之於己也；故學而爲己，則得者皆實得。「今之學者爲人」，爲人者，但求在外之美觀，非關在我之實用。欲見知於人也。故學而爲人，則雖或爲善，亦非誠心，況乎志存務外，日爲欺誑[一八]，善日消而惡日長矣！○熊氏曰：「爲己務乎内也，爲人務乎外也。」論語。

伊川先生謂方道輔曰：先生與道輔云。聖人之道，道者日用當行之理，聖人之所謂道。坦如大路，其平坦如大路。學者病不得其門耳，學者患在不得其門而入也。得其門，若得其門而入。無遠之不可到也。雖遠亦可到。求入其門，欲求入此門。不由於經乎？不自聖經始乎？今之治經者亦衆矣，今世之人，學經者亦多。然而轉語。買櫝還珠之蔽，經所以載道，猶櫝所以藏珠。治經而遺其道，正如買櫝而還其珠。其弊已甚。人人皆是也。人皆然也。經所以載道，故經爲載道之文。誦其言辭，誦讀其言。解其訓詁，解剥其訓。而不及道，苟不及道。乃無用之糟粕耳。皆其粗者，猶糟粕也。覬足下由經以求道，願道輔即經以求其所謂道者。勉之又勉，道雖無形之可見，勉力而又勉力，必志道之切，行道之篤，視聽言動、造次顛沛不違乎是。異日見卓然有立於前，用力既久，所見益爲親切。如仰卓然而立於前者。然後不知手之舞、足之蹈，則中心喜樂。不加勉而不能自止矣。自然欲罷不能矣。

明道先生曰：明道云。「脩辭立其誠」，脩省言辭以立在己之實德。不可不仔細理會。不可不細求之。

言能脩省言辭，脩省言辭者，中有其誠，省治之。便是要立誠。將以立實德也。若只是脩飾言辭爲心，脩飾言辭者，中無其誠，虛飾之。只是爲僞也。將以爲誇美也。省、飾之間，乃天理人欲之分。若脩其言辭，敬義説見前，如脩省其言辭。正爲立己之誠意，誠意者，合敬義之實而言，正所以立己之敬義。乃是體當自家「敬以直內、義以方外」之實事。體當，俗語，猶所謂體驗勘當也。蓋脩其言辭者，所以擬議其敬義之實事，而非徒事於虛辭也。道之浩浩，浩浩，流行盛大貌。何處下手？下手，謂用力處。道之廣大，於何用功？惟立誠纔有可居之處。惟立己之誠意，始有可據守之地。則可以脩業也[一九]。此誠既立，則其業之所就，日以廣大。「終日乾乾」，終日自朝及夕乾乾不息，言「君子終日乾乾」，是體天行健之事。大小大事，大小猶言多少也，多少是大事。却只是「忠信所以進德」爲實下手處，然其實則惟忠信積於內，而無一念之不實者，爲用功之地。「脩辭立其誠」爲實脩業處。脩辭立於外，而無一言之不實者，爲見功之地。蓋表裏一於誠，至誠故乾乾而不息。○遺書。下同。

伊川先生曰：伊川云。志道懇切，有志於道，懇惻切至。固是誠意。固誠意也。若迫切不中理，然迫切之過，而至於欲速助長，則反害乎實理。則反爲不誠。則卻非誠意。蓋實理中自有緩急，真實之理不容驟到，其間自有緩有急。不容如是之迫，見不容以迫觀切求之。天地之化乃可知[二〇]。如春生、夏長、秋成、冬實，固不容一息之間斷，亦不能以一日而遽就也。

孟子才高，孟軻天資超邁。學之無可依據。故難學，學孟子則無依憑處。學者當學顏子，顏子天資純粹而功夫縝密。入聖人爲近，進德有序。有用力處。故學者有用力處。又曰：又云。學者要學得不錯，有準的。須是學顏子。須當學顏子。[一一]

學者識得仁體，仁者，天地之生理，人心之全德也。其體具於心。實有諸己，固人之所本有。只要義理栽培。然必内反諸己，察之精，養之厚，有以見仁之全體實爲己有，則吾心所存無非天理。如求經義，而後博求義理以封植之。皆栽培之意。則生理日以生長，而仁不可勝用矣。[一二]

昔受學於周茂叔，明道自謂昔時受學於濂溪。每令尋顏子、仲尼樂處[一三]。每使求孔、顏之樂所在。朱子曰：「按程子之言，引而不發，蓋欲學者深思而自得之。今亦不敢妄爲之説。學者但當從事於博文約禮之誨，以至於欲罷不能而竭其才，則庶乎其可以得之矣。」

所見所期學者志識。不可不遠且大，固不可不以遠大自期。然行之亦須量力有漸。但行亦須量其力之所至，漸次而進。志大心勞，苟悦其高而忽於近，慕於大而略於細，是志雖大而心實勞。力小任重，力之小而任者重。恐終敗事。則無漸次經由之實，而徒有懸想之勞，亦終不能自達矣。

朋友講習，朋友相處，非獨講辨之功。更莫如「相觀而善」工夫多。不如薰陶漸染，得於觀感，自然進益。其工夫尤多也。

須是大其心使開闊。心不開闊，則規模狹陋而安於小成，持守固滯而惰於進善。譬如爲九層之臺，正猶作臺，高及九層。須大做脚方得〔二四〕。大作基址則能乘載九層。〔二五〕

參也，竟以魯得之。程子又曰：「曾子之學，誠篤而已。聖門學者，聰明才辨，不爲不多，而卒傳其道，乃質魯之人。故學以誠實爲貴也。」尹氏曰：「曾子之才魯，故其學也確，所以能深造乎道也。」〔二六〕

明道先生以記誦博識爲「玩物喪志」。人心虛明，所以具衆理而應萬事，有所繫滯，則本志未免昏塞。所貴乎讀書，將以存心而明理也。苟徒務記誦爲博，則書也者亦外物而已，故曰「玩物喪志」。本注：謝顯道録古人善行〔二七〕，別作一册。明道先生見之，曰：「是玩物喪志。」蓋言心中不宜容絲髮事。故安國云：謝先生初以記問爲學，自負該博，對明道舉史書，成篇不遺一字。明道曰：「賢却記得許多，可謂玩物喪志。」謝聞此，汗流，面發赤。

禮樂只在進反之間，樂記曰：「禮減而進，以進爲文；樂盈而反，以反爲文。」減是退讓、撙節、收斂底意思，是禮之體本如此。然非人所樂，故須進步向前，自力去做，故以進爲文。盈是舒暢、發越、快滿底意思，是樂之體本如此。然易至於流蕩，却須收拾向裏，故以反爲文。故只在進反之間。便得情性之正[二八]。減而進則不至失於不及，盈而反則不流於太過，故各得性情之正。

父子君臣，父與子，君與臣。天下之定理，人倫之大端，此天下一定之理。無所逃於天地之間。立於天地之間者，必有所不容廢者也。安得天分，惟能會其天理。不有私心，而無私心者，則處之各當其分。則行一不義，而行一不義之事。殺一不辜，殺一不辜之人。有所不爲。雖可以得天下，亦不爲也。有分毫私，苟有毫髮之私。便不是王者事。便非王者之事。蓋堯舜受禪，無虧父子之恩；湯武征伐，無愧君臣之義，皆無私心。

論性不論氣不備，論性之善而不推其氣禀之不同，則何以有上智下愚之不移，故曰「不備」。論氣不論性不明，論氣禀之異而不原其性之皆善，則是不達其本也，故曰「不明」。二之則不是。是性者氣之理，氣者性之質，元不相離，判而二之，則非矣。朱子曰：「論性不論氣，孟子之性善是。論氣不論性，荀子言性惡、楊子言善惡混是也。」

論學便要明理，論學而不明理，則徒事乎詞章記誦之末，未爲知學也。論治便須識體。論治而不識其體，則徒講乎制度文爲之末，未爲知治也。

曾點、漆雕開已見大意，曾點之志，以爲「暮春者，春服既成。冠者五六人，童子六七人，浴乎沂，風乎舞雩，詠而歸」。蓋有見是道之大，流行充滿，於日用之間從容自得，有與物各適其所之意。「子使漆雕開仕。對曰：『吾斯未能信。』」開於是理必有見焉，顧於酬酢之際，未能自信其悉中乎理。此其所見之大，不安小成，所守之篤，必期自信。二者雖其行未成，要皆有見聖人之大意。故聖人與之。故夫子皆許其見道。

根本須是先培壅，涵養心德，根本深厚。然後可立趍向也。然後立趍向而不差。趍向既正，趍向既出於正。所造淺深，所造或淺或深。則由勉與不勉也。則在於勉與不能勉，又勉勉而不已，乃能深造也。〔二九〕

敬義夾持，敬主乎中，義防乎外，表裏夾持，更無東走西作。直上達天德自此。直上者，不爲物慾所屈，則可上達天德矣。

懈意一生，懈字，從心從解，言心有所解弛，懈心一形。便是自暴自棄。自暴者，剛惡之所爲，咈戾而不信乎善，自暴害其性也；自棄者，柔惡之所爲，雖知其善，然怠廢而不爲，是自棄絕其性也。懈者懈怠而不進於善，與暴棄則一也。

不學便老而衰。學問則義理爲主，故閱理久而益以精明；不學則血氣爲主，故閱時久而益以衰謝。

人之學不進，人之爲學不能加進。只是不勇。只是志氣之不勇。〔三〇〕

學者爲氣所勝，立志之不大不剛，則義理不足以勝其氣質之固蔽。習所奪，學力不足以移其習俗之纏繞。只可責志。故當責志。

內重則可以勝外之輕，道義重則外物輕。得深則可以見誘之小。造理深則嗜欲微。

董仲舒謂：「正其義，不謀其利；義者，當然之理；利者，義之和也。君子惟欲正其義而已，未嘗預謀其利。有謀利之心，則是有所爲而爲之，非正其義矣。明其道，不計其功。」道者，自然之路。功者，行道之效也。君子惟欲明其道而已，未嘗計度其功。有計功之心，則是有私意介乎其間，非明其道矣。孫思邈曰：思邈，隋唐間人。「膽欲大而心欲小，膽大則敢於有爲，心小則密於察理。智欲圓而行欲方。」智圓則通而不滯，行方則正而不流。可以爲法矣。即此可以爲心身之法。朱子曰：「志不大則卑陋，而不通則狂妄，圓而不方則譎詐，方而不圓則執心不小。」

大抵學不言而自得[三二]，學而有得，則暗者忽而明，疑者忽而信，欣然有契於心。蓋有所不能形容者。乃自得也。乃真自得也。有安排布置者，安排布置，即是妄意强爲。皆非自得也。非真自得。

視聽、思慮、動作，皆天也，視聽、思慮、言動，皆天理自然而不容已。人但於其中人當於其間。要識真與妄爾。順理則爲真，從欲則爲妄。

明道先生曰：明道云。學只要鞭辟近裏，著己而已。鞭辟近裏著己者，切己之謂也。故「切問而近思」，切問近思，不泛不遠。則「仁在其中矣」。則心德存而仁在是矣。「言忠信，言必忠信，而無一辭之欺誕。行篤敬，行必篤敬，而無一事之慢弛。雖蠻貊之邦行矣。則以是行於遠方，猶可以誠實感通。言不忠信，苟言不忠信而欺誕。行不篤敬，行不篤敬而慢弛。雖州里行乎哉？則雖近而州里之間，其可得而行乎？立則見其參於前也，然非可以暫焉而强爲之。要必真積力久，隨其所寓，常若有見乎忠信篤敬之道，故立之時則若見此理參於前。在輿則見其倚於衡也，衡，車横木也。在輿之時，若見此理倚於衡。夫然後行。」若此而行，無往不可。只此是學。一於誠實，自然信順，便是學也。以上皆切己之學。切問近思，致知之事。言忠信、行篤敬，力行之事。質美者明得盡，質美是資質之粹美，明得盡是見得透徹。查滓便渾化，查滓是私意人欲之消未盡者，才明得盡則人欲天理截然兩段，更無查滓。却與天地同體。人與天地本同體，只緣查滓未去，所以有間隔。若無查滓，便與天地同體。其次惟莊敬持養，其次未到此，則須莊敬持養，以消去其查滓。及其至則一也。久則亦自明徹矣。明得盡，如顔子「克己復禮」，天理人欲截然界限，了無查滓。其次莊敬持養，如仲弓「出門如見大賓，使民如承大祭」。常如此，久久亦明得盡矣。〔三二〕

「忠信所以進德」，不欺之謂忠，以實之謂信，人能盡此誠實，所以爲進德之地。「脩辭立其誠，脩省言辭以立在己之實德。所以居業」者，乾道也。德乃心之理，業乃德之著。乾主健主動，進德脩業皆進進不息之道，故曰乾道。「敬以直內，敬存於中，自然端直而無邪曲之念。義以方外」〔三三〕，義見於外，截然方正，而無回撓之私。坤道也。坤主順主靜，故敬直義方皆收斂裁節之道，故曰坤道。

凡人才學，凡人始學。便須知著力處；當知用力之地，則有以爲入道之端。既學，既已學。便須知得力處。當知得力之處，則有以爲造道之實。

有人治園圃，役智力甚勞。有人事園圃，用知役力甚勞苦。先生曰：蠱之象易之蠱卦，其象辭云。「君子以振民育德」，振民，興起而作成之。育德，謂涵養己德。君子之事，君子之所謂事。唯有此二者，只有此二件而已。餘無他焉。外此則無益之事，非其所務也。二者，爲己、爲人之道也。振民則成人之事，育德則成己之事，皆吾道之當然也。

「博學而篤志，博其所學，篤其所志。切問而近思」，切於問而近以思之。何以言「仁在其中矣」？子夏如何言「仁在其中」？四者皆學問思辨之事，未及乎力行而爲仁。然從事乎此則心不外馳，而所存自熟，故曰「仁在其中矣」。學者要思得之，學者苟能思而得之。了此便是徹上徹下之道。語此則仁之全體可見，故曰「徹上徹下之道」。

弘而不毅則難立，西銘言弘之道。弘，寬大也。毅，剛强也。「弘而不毅」，則寬大有餘而規矩不足，故不能自立。毅而不弘，毅而不能弘。則無以居之。則剛强有餘而狹陋自足，故無以居之。○論語。

伊川先生曰：古之學者，古之爲學之人。優柔厭飫，優柔而不迫，厭飫而有餘。有先後，其用功有先後。有次序。有漸進之次序。今之學者，今世爲學之人。却只做一場話説，務高而已。徒資口耳之末，躐等務高而已。常愛杜元凱語：杜預，字元凱，作春秋左氏經傳集解。「若江海之浸，序中語也。若江海之浸，則漸深博。膏澤之潤，膏澤潤，則優柔而豐腴。此皆言涵養有漸，而周徧融液。渙然冰釋，至於所見者，明徹而無滓，則渙然猶冰之解。怡然而理順，所存者，安裕而莫逆，則怡然皆理之順。然後爲自得也。」學至是，其深造自得，可知也。今之學者，今世之爲學者。往往以游夏爲小，不足學。言偃，字子游。卜商，字子夏。二子在孔門，固非顔、曾比，然其所言所事皆明辨而力行之，無非實也。人累於好高，則以其爲小不必學。然游夏一言一事，但游夏所言所事。却總是實。無非是實用功者。後之學者好高，後來爲學之人，其心好高。如人游心於千里之外，正如人心馳於千里之外。然自身却只在此。而不知己身只在此，所以喻其好高之弊。

修養之所以引年，人生夭壽有命，而修養之士保煉精氣，乃可以引年而獨壽[三四]。國祚之所以祈天永命，國祚之修短有數，而聖賢之君力行仁義，乃可以祈天之永命。常人之至於聖賢，常人資質，其視夫生知安行者亦遠矣，然學而不已，卒已與聖賢爲一。皆工夫到這裏，凡是三者，皆非一旦之功。苟簡超越，幸而得之者，蓋其工夫至到。則有此應。有此應效耳。所以明學聖人者，當真積力久而得之也。

忠恕所以公平，發乎真心之謂忠，推以及人之謂恕。忠恕則視人猶己，故大公至平。造德則自忠恕，學者進德則自忠恕。其致則公平。致，極至也。其極至則公平。

仁之道，仁之道理。要之只消道一公字。仁者，以天地萬物爲一體，其理公而已。公只是仁之理，言其理則至公而無私。不可將公便喚做仁。但不可即公便謂之仁。公而以人體之，則仁矣[三五]。公而體之以人，則其寬平普博之中，自有惻怛慈祥之意，斯所謂仁也。體猶幹骨也。朱子曰：「克己復禮，不容有一毫之私，豈非公乎？親親仁民，而無一物之不愛，豈非仁乎？」只爲公則物我兼照，惟其能公則物我自然兼照。故仁，所以能恕，恕者推於此。所以能愛。愛者及於彼。恕則仁之施，恕則仁之所施。愛則仁之用也。仁性也，愛情也，故爲仁之用。葉平巖云：「仁譬泉之源也，恕則泉之流出，愛則泉之潤澤，公則疏通而無壅塞之謂。惟其疏通而無壅塞，故能流而澤物。」[三六]

人謂要力行，朱子曰：「知之與行，如車兩輪，如鳥兩翼，闕一不可。」苟無致知工夫，而徒謂要力行。亦只是淺近語。不過只淺近之言。既能知，見一切事皆所當爲，真知事之當然，不容不爲。不必待著意，不待著意，爲自不容已。纔著意纔至著意爲之。便是有個私心。已是私心。所謂私者，非安乎天理之自然，而出乎人力之使然也。這一點意氣，徒以其意氣之使然，則一點意氣。能得幾時子？亦必不能久，故君子莫急於致知。

知之必好之，人之爲學患無真知，苟知之心必好之。好之必求之，心好之，亦必求其義理之指歸。求之必得之。求則必得義理之實。古人此個學古人之爲學。是終身事。學是終身事，不求速成，不容半塗而廢。勉焉孳孳，死而後已可也。顛沛造次必於是，顛沛，傾覆流離之際。造次，急遽苟且之時。必於是，蓋無一事而非學，無一時而不勉。豈有不得道理？能如是，則有得於斯道必矣。〔三七〕

古之學者一，學以講明義理，古之爲學則一。今之學者三〔三八〕，今人之爲學有三。一曰文章之學，第一是皆習爲詞章之學。二曰訓詁之學，釋教言爲訓，釋古言爲詁。爾雅有釋訓、釋詁是也。第二是詁訓之學。三曰儒者之學。儒者之學，所以求道。第三是儒者之學。欲趨道，若欲行道。舍儒者之學不可。則儒者之學爲難棄，文章、訓詁皆末流也。

問：作文害道否？問作爲文辭有害於道否。曰：害也。云如何不害道。凡爲文不專意則不工，凡作爲文辭，不專意而習則不能工。若專意則志局於此，若專意則志有所局，蓋人所以參天地而並立者，惟此心爲之主。苟志有所局。又安能與天地同其大也？又安能與天地參哉？書曰「玩物喪志」，玩習外物，則正志喪失。爲文亦玩物也。專意爲文，亦玩物也。呂與叔詩云：呂大臨，字與叔，張、程門人也。有詩云。「學如元凱方成癖，杜元凱嘗謂有左氏癖，所著訓解凡十餘萬言。文似相如始類俳[三九]。相如作子虛、上林等賦，徒衒文詞[四〇]，務以悦人，故曰「類俳」。俳優，娼戲也。獨立孔門無一事，獨立孔門之中，別無一事。只輸顏子得心齋。」齋，齋肅純一之意。只輸卻顏子，此心齋肅純一。古之學者，古之爲學之人。惟務養情性，如顏子心傳。其他則不學。他則未之學。今爲文者，今之習爲文者。專務章句，專一務爲絺章繪句。悦人耳目。求以悦人之耳目。既務悦人，既是務以悦人耳目。非俳優而何？與娼優無異。曰：古者學爲文否？古人亦學爲文章否？曰：人見六經，人見六經之文。便以爲聖人亦作文，亦言聖人亦事乎文。不知聖人亦攄發胸中所蘊，殊不知聖人非求爲文章，但發出胸中所蘊蓄以詔後世。自成文耳。自然而成文。所謂「有德者必有言」也。是皆道全德盛，非有意於爲文，而文自不可及耳。曰：游、夏稱文學，何也？子游、子夏又在聖門文學之科，如何？曰：游、夏亦何嘗秉筆學爲詞章也？游、夏習於詩、書、禮、樂之文。子游作檀弓，子夏作樂記之類。凡此皆道體之流行，人事之儀則，固未嘗秉筆學爲如此之文，亦非若後世無用之空言。且如「觀乎天文以察時變，說見賁卦。天文謂日月星辰之文，觀之以察天時之變。觀乎人文以化成天下」，人文，人倫禮樂之文。觀此以成其化於天下。此豈詞章之文也？此豈是文章之文也耶？[四一]

涵養須用敬，主敬以立其本。進學則在致知。窮理以進其知，二者不可偏廢。使本立而知益明，知精而本益固，二者亦互相發。

言學便以道爲志[四二]，道者，日用常行之理，人之爲學便當志於道。言人便以聖爲志。爲人便當志聖者之事。

問：「必有事焉」，人之一心酬酢萬事。問孟子謂「必有事焉」。當用敬否？不知當用敬否？曰：敬是涵養一事。敬主乎中，乃涵養此心者。「必有事焉」，動而酬酢必有所事。須用集義。亦須事事集義，各得其當。只知用敬，但知守敬。不知集義，不知應事而集此義。却是都無事也。則是心槁木死灰而已。蓋人之一心，虛靈不昧，虛具衆理，靈應萬事，苟徒知此敬以涵養，不知事事集此義，不過釋氏之虛寂也。問：義莫是中理否？所謂義者，莫是事事中理否？曰：中理在事，中理者，合乎事理之宜。故在事。義在心。義者，吾心之裁制，故在心[四三]。

問：敬義何別？然則敬義何所辨別？曰：敬只是持己之道，敬是操持正己之道。義便知有是有非。義者，裁制是非而得其宜。順理而行，順此理之宜而行。是謂義也。此其所謂義也。若只守一個敬，若徒知守着此敬。不知集義，不能集義。却是都無事也。所謂敬者，亦塊然無所爲而已，烏得心體之周流哉！且如欲爲孝，且如欲盡爲子之孝。不成只守著一個孝字。不是只守一孝字便了。須是知所以爲孝之道，須要推尋所以盡爲子之孝當如何。所以侍奉當如何，所以侍奉父母又如何。温凊當如何，冬温夏凊之禮又當如何。然後能盡孝道也。言此以明集義之道，「必有事焉」者也。[四四]

學者須是務實，學者必須務爲著實之學。不要近名方是。不必志於求名。有意近名，才有意求名。則是僞也。則是虚僞。大本已失，爲學之大本領已失。更學何事？不知所學者何事。爲名與爲利，求名與求利。清濁雖不同，雖皆非實，然求名尚清，求利則濁愈甚。然其利心則一也。有所爲而爲皆是利心，故皆一般。

「回也，其心三月不違仁」，仁者心之德，心不違去其仁，無私欲而有其德也。三月，天道小變之節。不違，言其久也。只是無纖毫私欲[四五]，所以如此，只是無些子私意介乎其間。有少私意才有分毫私意。便是不仁。則害乎仁之全體矣。

「仁者先難而後獲」，説見論語。先難者，存心之篤而不容一念之或間，克己之力而不容一事之非禮。後獲者，順乎天理而未嘗謀其私，發乎誠心而未嘗計其效，此仁者之事也。有爲而作，苟有所爲而爲，則是先有謀私計效之意。皆先獲也。是冀所獲於先，非天理之公矣。古人惟知爲仁而已，古人惟知安行乎天理之公而無計效之心。今人皆先獲也。今人則先萌計效之心，便是己私未克，安能全天理之公？

有求爲聖人之志，學者所以學爲聖人也，有志希聖。然後可與共學；而後可與之共爲學。學而善思，學原於思，善於致思。然後可與適道；而後能通乎道。思而有所得，思而有實得。則可與立；而後可與立，而物欲、異端不能奪之。立而化之，既立矣，又能通變而不滯。則可與權。其可與權。蓋權者，隨時制宜，推變所適，又非執一者所能與也。

古之學者爲己，爲己者，盡吾性之當然，非有預於人也。其終至於成物；究其終則可成物者，道本無外，人己一致，能盡己之性，則能盡物之性。然成物者，又無非盡己之事也。今之學者爲物，爲物者務外也。苟徒悦外，則將陷於邪僞。其終至於喪己。反害其性矣。

君子之學必日新。君子之爲學，當日日新。日新者，日新云者。日進也。日日進而不已也。不日新者必日退，一或自止，則智日昏而行日虧矣。未有不進而不退者。未有不能進而不自退也。唯聖人之道唯聖人之所謂道。無所進退，從容而中，不見其進，又未嘗見其退。以其所造者極也。蓋理造乎極，而行極乎成也。或謂：聖人「純亦不已」，固未嘗不日新也。曰：論其心，則固無時而自已。論進德之地〔四六〕，則至神聖而極，不容有所加損。

明道先生曰：性静者可以爲學。智以静而明，行以静爲主，性静則可爲學矣。〔四七〕

伊川先生曰：人安重則學堅固。躁擾輕浮，則所知者易忘，所守者易隳，故須安重則堅固。

「博學之，說見中庸。學不博，則無以備事物之理。審問之，既博矣，不能無疑，疑則不容不問，人或疏略，則無以決疑而取正。故問又必須審。慎思之，問審矣，又必反之於心，思以驗其實。思不謹，則或泛濫而不切，或穿鑿而過深，則亦不足以揆所聞之當否。明辨之，思謹矣，至於應酬事物，而辨其是非，當極其明。篤行之」，然知之明，行之不力，則其所聞者，尤或奪於物欲之私，故以力行終之。五者廢其一，非學也。此五者雖有次第，實相須而進，不容闕一也。〔四八〕

明道先生曰：人之爲學，人爲學之道。忌先立標準。標，幟。準，的。蓋期望之地也。爲學而先立標準，則必有好高躐等之病。若循循不已，故莫若循序而進，孳孳不已。自有所至矣。自能造於極至之地。〔四九〕

有人説無心。有人言「無心」二字。伊川曰：無心便不是，苟欲無心，則必一切絶滅思慮，槁木死灰而後可，豈理也哉！只當云無私心。故聖賢未嘗無心，特是心之所存所用者，無非本天理之公而絶乎人欲之私耳。〔五〇〕

橫渠學堂雙牖，橫渠學堂有兩窗。右書訂頑，右邊窗書曰訂頑。頑者，暴忍而不仁。主仁而言而義在其中。左書砭愚。左邊書曰砭愚。愚者，昏塞而不智。主智而言而禮在其中。伊川曰：「是起爭端。」如此則是起爭端。改訂頑曰西銘，於是改其訂頑名曰西銘，砭愚曰東銘。改其砭愚名曰東銘。明道先生曰：「訂頑之言，即西銘也。極醇無雜，醇粹而不駁雜。秦漢以來更秦及漢。學者所未到。」以文學名者見識未到此。又曰：「訂頑一篇，西銘一篇。意極完備，推論理一分殊，極是備足。乃仁之體也。仁者本以天地萬物爲一體。學者其體此意，爲學者體認此意，令有諸己，實爲我有，所謂真知而實踐之。其地位已高。至此則其所到處已高遠。到此地位，所到處如此。自別有見處，自有以見夫大本一原之妙。不可窮高極遠，若不由近而推以及乎遠，徒馳高騖遠。恐於道無補也。」故不見有進道之益。又曰：「訂頑立心，西銘立心，弘闊而無私。便達得天德。」普萬物而無私，天德也。又曰：「游酢得西銘讀之，定夫始得西銘一篇而讀。即渙然不逆於心，此心了然無所疑滯。曰『此中庸之理也』，中庸推本天命之性，「致中和」至於「天地位、萬物育」，實原於天命之本然。西銘一視同仁者，亦所以盡一己之性而全天命之本然，又曰此即中庸之理。能求於言語之外者。」是不特有悟於西銘之中，而能遠推於西銘之外也。楊中立問曰：名時，即龜山也。「西銘言體而不及用，西銘言仁之體而不及仁之用。恐其流遂至於兼愛，何如？」恐末流之趍必至兼愛而無別。伊川先生曰：答云。「橫渠立言，橫渠言論。誠有過者，有失之過者。乃在正蒙。是在正蒙一書。西銘之書，西銘一篇。推理以存義，推其自然之理而存其截然之義。擴前聖所未發，是發前聖之所未言。與孟子性善、養氣之論同功，與孟軻氏言性善及論養氣，皆是前聖所未發者。豈墨氏之比哉！墨翟則但知推同然之理，而不復有截然之義矣。西銘明理一而分殊，故西銘以天地爲父母，萬物爲同體，是明理之一。然而貴賤、親疏、上下各有品節之宜，是分殊也。墨氏則二本而無分。墨氏惑於兼愛，則泛然並施而無差等，施之父母者猶施之路人，是親疏無分，並立而爲二本也。分殊之蔽，徒知分之殊不知理之一，則其失也。私勝而失仁；爲己之私勝，而失其公愛之理。無分之罪，徒知理之一而不知分之殊，則其過也。兼愛而無義。兼愛之情勝，而失其施愛之宜。分立而推理一，分立而推其理之一。以止私勝之流，則無私勝之蔽。仁之方也。此爲仁之方，西銘是也。無別而迷兼愛，施無等差而迷於兼愛。以至於無父之極，則其極也至於無父。義之賊也。此害義之賊，墨翟是也。子比而同之，則過矣。」蓋西銘人君家長、長幼殘疾皆自有等差，固是分殊。朱子謂之：「我看天氣地質，與父母固是同是一理，然吾之父母與天地自有個親疏，同胞裏面便有理一分殊，吾與裏面亦便有理一分殊。龜山正是疑『同胞』『吾與』爲近於墨氏，不知『同胞』『吾與』各自有理一分殊在其中，合而言則失之過也。」〔五一〕

橫渠曰：未知立心，立心未定。惡思多之致疑；而多思致惑，則所向或移。既知所立，立心既定。惡講治之不精。而講治粗疏，則所業莫進。講治致思〔五二〕，致思言治，乃窮理之事。莫非術内，皆在吾學術之内。雖勤而何厭？初何厭乎勤？此言用治之貴精。所以急於可欲者，然所以明可欲之善者。求立吾心於不疑之地，先定吾志，無所疑惑。然後若決江河然後能若江河之決。以利吾往。進而不可竭。此言立心之定。遜此志，務時敏，遜，順也。順此志則立心已定，務時敏則講學爲急。厥修乃來。如是則所修乃日見其進。故雖仲尼之才美，雖以夫子之聖。然且敏以求之。尚曰「好古敏速以求之」。今持不逮之資，今以吾不及之資禀。而欲徐徐以聽其自適，而且緩緩以聽其自至於道。非所聞也。此非我所敢聞也。

明善爲本，明善者，爲學之本。固執之乃立，知之既明，由是固守之，則此德有立。擴充之則大，推廣之，則此德日大。易視之則小，苟以忽心視之，則所見者亦寖微矣。在人能弘之而已。亦在夫人充廣此道而已。

今且只將「尊德性而道問學」爲心，尊者，崇尚敬持之意。道，由也。日自求於問學者有所背否，由學問而惟恐背違。於德性有所懈否。崇德性而惟恐懈怠。此義亦是博文約禮，「尊德性」則是約禮之事，「道問學」則是博文之事。下學上達。「尊德性」下達之事，「道問學」上學之事。以此警策一年，日以此自省，積之歲月。安得不長？內外兼進矣。每日須求多少爲益。知所亡，學者日省其身，所以增益其不知者何如。改得少不善，所以改治其不善者爲何如。此德性上之益；以是存心，則德日新矣[五三]。讀書求義理，讀書者，必求其義理，不徒事章句訓詁之末。編書須理會所歸著，編書者，爲求其旨歸，不徒務博洽紀録之功。多識前言往行[五四]，多識前哲之言行，以廣其所知。此問學上益也。則學日進矣。勿使有俄頃閑度，不使頃刻閑過而不用力。逐日似此，日日如是。三年庶幾有進。則三年自然有進。蓋君子之學一有間斷，則此心外馳，德性日隳，而學問日廢矣。[五五]

爲天地立心，天地以生生爲心，聖人參贊化育，使萬物各正其性命，此「爲天地立心」。爲生民立道，建明義理，扶植綱常，此「爲生民立道」。爲去聖繼絶學，纘述道統是也。爲萬世開太平。如有王者起，必來取法，利澤垂於萬世是也。學者以此立志，則所任至大而不安於小成，所存至公而不苟於近用。〔五六〕

須放心寬快公平以求之，人必廣大其心以求道。乃可見道。乃能有見乎道。況德性自廣大。況人之德性本自廣大。易曰周易云。「窮神知化，是窮理盡性以至於命。德之盛也」，此德之盛大如此。豈淺心可得？豈偏狹固滯者所能得？〔五七〕

多聞不足以盡天下之故。故，所以然也。心通乎道，則能盡事物之所以然；不通乎道而從事乎記問，則不足以盡事物之所以然。苟以多聞而待天下之變，苟徒事乎記問，謂足以應不窮之變。則道足以酬其所嘗知。酬，應也。其道雖可以應其記問之可知者。若劫之不測，則遂窮矣。見聞有限而事變無窮，卒然臨之以所未嘗知，則窮矣。

爲學大益，學之大利益處。在自求變化氣質。正欲陶鎔氣質，矯正偏駁。不爾，不然。皆爲人之弊，則非爲己之學。卒無所發明，終無所推闡。不得見聖人之奧。何以推明聖人之奧！朱子曰：「寬而栗，柔而立，剛而無虐，簡而無傲，便是教人變化氣質。」

文要密察，文，文理也。文不密察，則見理麤疏。心要洪放。心不洪放，則所存狹滯。○語録。

不知疑者，始學之士，知必有所不明，行必有所不通，不知有所疑。只是不便實作。是未嘗實用功。既實作，則須有疑。既實用功則必有疑。必有不行處，是疑也。不敢勇，不行處，即疑也。

心大則萬物皆通，心大則寬平弘遠，故處己待人無往而不達。心小則有物皆病。心小則偏急固陋，無所處而不爲病也。[五八]

合内外，表裏一致，就己而言也。平物我，物我一體，合人己而言也。此見道之大端。即此便可見道之大端。

既學而先有以功業爲意者，功業，立言、立事皆是也。爲學而先志於功業。於學便相害。則穿鑿創造，必害於道矣。[五九]

學者大不宜志小氣輕。人之爲學，大是不宜志之狹小、氣之輕盈。志小則易足，志小則易於自足。易足則無由進；故怠惰而無深功[六〇]。氣輕則以未知爲已知、氣輕則易於自大，故未知則云已知。未學爲已學。未學則云已學，故虚誕則無實得。

【校勘記】

［一］則當其在外　「外」下，葉本有「時」字。

［二］則又烏可語定哉　「可」下，葉本有「遽」字。

［三］莫若廓然而大公　「廓」，葉本作「擴」。

［四］物來而順應　「來」原作「外」，據葉本改。

［五］咸卦九四爻云　「爻」原作「象」，據葉采近思録集解元刻明修本改。

［六］人之心各有所蔽　「心」，葉本作「情」。

［七］大率在於自私而用智　「率」下，葉本有「患」字。

［八］而更求在内者爲是也　「也」下，葉本有：「今以自私用智之喜怒，而視聖人喜怒之正爲何如哉？夫人之情，易發而難制者，惟怒爲甚。第能於怒時遽忘其怒，而觀理之是非，亦可見外誘之不足惡，而於道亦思過半矣。」

［九］此條前，熊剛大集解時刪除三條語録，葉本有，分別是：

濂溪先生曰：聖希天，賢希聖，士希賢。伊尹、顔淵，大賢也。伊尹耻其君不爲堯舜，一夫不得其所，若撻於市。顔淵「不遷怒，不貳過」，「三月不違仁」。志伊尹之所志，學顔子之所學，過則聖，及則賢，不及則亦不失於令名。

聖人之道，入乎耳，存乎心，蘊之爲德行，行之爲事業。彼以文辭而已者，陋矣。

或問：聖人之門，其徒三千，獨稱顔子爲好學。夫詩書六藝，三千子非不習而通也，然則顔子所獨好者何學也？伊川先生曰：學以至聖人之道也。聖人可學而至歟？曰：然。學之道如何？曰：天地儲精，得五行之秀者爲人。其本也真而静，其未發也五性具焉，曰仁、義、禮、智、信。形既生矣，外物觸其形而動其中矣。其中動而七情出焉，曰喜、怒、哀、樂、愛、惡、欲。情既熾而益蕩，其性鑿矣。是故覺者約其情使合於中，正其心，養其性；愚者則不知制之，縱其情而至於邪僻，梏其性而亡之。然學之道，必先明諸心，知所養，然後力行以求至，所謂「自明而誠」也。誠之之道，在乎信道篤，信道篤則行之果，行之果則守之固。仁義忠信不離乎心，造次必於是，顛沛必於是，出處語默必於是，久而弗失，則居之安，動容周旋中禮，而邪僻之心無自生矣。故顔子所事，則曰：「非禮勿視，非禮勿聽，非禮勿言，非禮勿動。」仲尼稱之，則曰：「得一善，則拳拳服膺而弗失之矣。」又曰：「不遷怒，不貳過。」「有不善未嘗不知，知之未嘗復行也。」此其好之、篤學之之道也。然聖人則不思而得，不勉而中，顔子則必思而後得，必勉而後中。其與聖人相去一息，所未至者，守之也，非化之也。以其好學之心，假之以年，則不日而化矣。後人不達，以謂聖本生知，非學可至，而爲學之道遂失。不求諸己而求諸外，以博聞强記、巧文麗辭爲工，榮華其言，鮮有至於道者。則今之學與顔子所好異矣。

[一〇] 一不制則生生之道有不足矣　下一「生」字，葉本作「人」。
[一一] 平生所爲　「平生」二字原無，據葉本補。
[一二] 乃世人之私心也　「乃」上，葉本有「此」字。
[一三] 疾没身無善可稱之爾　「之」，葉本作「云」。
[一四] 所謂終條理者聖之事也　「也」下，葉本有「此學之始終也」句。
[一五] 此條原緊接於上條末，未單列，據葉本改爲單列。
[一六] 入而得之　「入」，葉本作「識」。
[一七] 故感皆就人身取象　「感」，葉本作「咸」。
[一八] 日爲欺誑　「日」，葉本作「自」。
[一九] 則可以脩業也　「則」上，葉本有「有可居之處處」六字。
[二〇] 天地之化乃可知　「天」上，葉本有「觀」字。
[二一] 此條下，熊剛大集解時删除一條語録，葉本有：

　　明道先生曰：且省外事，但明乎善，惟進誠心，其文章雖不中不遠矣。所守不約，泛濫無功。

[二二] 此條原緊接於上條末，未單列，據葉本改爲單列。

［二三］每令尋顔子仲尼樂處　「處」下，葉本有「所樂何事」四字。

［二四］須大做脚方得　「方」，葉本作「始」。

［二五］此條下，熊剛大集解時删除一條語録，葉本有：

明道先生曰：自「舜發於畎畝之中」至「孫叔敖舉於海」，若要熟，也須從這裏過。

［二六］此條原緊接於上條末，未單列，據葉本改爲單列。

［二七］本注謝顯道録古人善行　「顯」原作「鎮」，據葉本改。

［二八］便得情性之正　「情性」，葉本作「性情」。

［二九］此條原緊接於上條末，未單列，據葉本改爲單列。

［三〇］此條原緊接於上條末，未單列，據葉本改爲單列。

［三一］大抵學不言而自得　「得」下，葉本有「者」字。

［三二］自「質美者」至「亦明得盡矣」，原本單列，據葉本改歸本條語録。

［三三］敬以直内義以方外　「外」下，葉本有「者」字。

［三四］乃可以引年而獨壽　「而獨」二字原在下條句解「國祚之修短有數」七字前，「壽」字原無。按本條句解採自葉采近思録集解，葉書原作「乃可以引年而獨壽」。今據葉書補正如此。

〔三五〕則仁矣　此三字，葉本作「故爲仁」。
〔三六〕此條下，熊剛大集解時删除一條語録，葉本有：

今之爲學者，如登山麓。方其迤邐，莫不闊步，及到峻處便止。須是要剛決果敢以進。

〔三七〕此條原緊接於上條末，未單列，據葉本改爲單列。
〔三八〕今之學者三　「三」下，葉本有「異端不與焉」句。
〔三九〕文似相如始類俳　「始」原作「殆」，據葉本改。
〔四〇〕徒衒文詞　「徒」原作「待」，據葉本改。
〔四一〕此條原緊接於上條末，未單列，據葉本改爲單列。
〔四二〕言學便以道爲志　「言」上，葉本有：「莫説道將第一等讓與别人，且做第二等。才如此説，便是自棄。雖與『不能居仁由義』者差等不同，其自小一也。」
〔四三〕自「問義莫是中」至本條末，原本單列，據葉本改歸於本條。
〔四四〕此條原緊接於上條末，未單列，據葉本改爲單列。
〔四五〕只是無纖毫私欲　「欲」，葉本作「意」。
〔四六〕論進德之地　「德」，葉本作「退」。
〔四七〕此條下，熊剛大集解時删除兩條語録，葉本有，分别是：

弘而不毅則無規矩，毅而不弘則隘陋。

知性善以忠信爲本，此先立其大者。

〔四八〕此條原緊接於上條末，未單列，據葉本改爲單列。且此條下，熊剛大集解時删除一條語録，葉本有：

張思叔請問，其論或太高，伊川不答，良久曰：「累高必自下。」

〔四九〕此條下，熊剛大集解時删除一條語録，葉本有：

尹彦明見伊川後，半年，方得大學、西銘看。

〔五〇〕此條下，熊剛大集解時删除十二條語録，葉本有，分别是：

謝顯道見伊川。伊川曰：「近日事如何？」對曰：「天下何思何慮？」伊川曰：「是則是有此理，賢却發得太早在。」伊川直是會鍛煉得人，説了又道：「恰好著工夫也。」

謝顯道云：昔伯淳教誨，只管著他言語。伯淳曰：「與賢説話，却似扶醉漢，救得一邊，倒了一邊。」只怕人執著一邊。

横渠先生曰：「精義入神」，事豫吾内，求利吾外也。「利用安身」，素利吾外，致養吾内也。「窮神知化」，乃養盛自至，非思勉之能强。故崇德而外，君子未或致知也。

形而後有氣質之性，善反之則天地之性存焉。故氣質之性，君子有弗性者焉。

德不勝氣，性命於氣；德勝其氣，性命於德。窮理盡性，則性天德，命天理。氣之不可變者，獨死生脩夭而已。

莫非天也，陽明勝則德性用，陰濁勝則物欲行。「領惡而全好」者，其必由學乎？

大其心則能體天下之物。物有未體，則心爲有外。世人之心，止於見聞之狹。聖人盡性，不以見聞梏其心，其視天下無一物非我。孟子謂盡心則知性知天，以此。天大無外，故有外之心，不足以合天心。

仲尼絶四，自始學至成德，竭兩端之教也。意，有思也；必，有待也；固，不化也；我，有方也。四者有一焉，則與天地爲不相似矣。

上達反天理，下達徇人欲者歟！

知崇天也，形而上也。通晝夜而知，其知崇矣。知及之，而不以禮性之，非己有也。故知禮成性而道義出，如天地位而易行。

困之進人也，爲德辨，爲感速。孟子謂「人有德慧術智者，常存乎疢疾」，以此。

言有教，動有法。晝有爲，宵有得。息有養，瞬有存。

［五一］此條熊剛大集解時進行了删改，葉本此條如下：

横渠先生作訂頑曰：「乾稱父，坤稱母。予兹藐焉，乃混然中處。故天地之塞，吾其體；天地之帥，吾其性。民吾同胞，物吾與也。大君者，吾父母宗子；其大臣，宗子之家相也。尊高年，所以長其長；慈孤弱，所以幼吾幼。聖其合德，賢其秀也。凡天下疲癃殘疾、惸獨鰥寡，皆吾兄弟之顛連而無告者也。于時保之，子之翼也；樂且不憂，純乎孝者也。違曰悖德，害仁曰賊，濟惡者不才，其踐形惟肖者也。知化則善述其事，窮神則善繼其志。不愧屋漏爲『無忝』，存心養性爲『匪懈』。惡旨酒，崇伯子之顧養；育英材，潁封人之錫類。不弛勞而底豫，舜其功也；無所逃而待烹，申生其恭也。體其受而歸全者，參乎？勇於從而順令者，伯奇也。富貴福澤，將厚吾之生也；貧賤憂戚，庸玉汝於成也。存，吾順事；没，吾寧也。」明道先生曰：「訂頑之言，極醇無雜，秦漢以來學者所未到。」又曰：「訂頑一篇，意極完備，乃仁之體也。學者其體此意，令有諸己，其地位已高。到此地位，自别有見處，不可窮高極遠，恐於道無補也。」又曰：「訂頑立心，便達得天德。」又曰：「游酢得西銘讀之，即涣然不逆於心，曰『此中庸之理也』，能求於言語之外者也。」楊中立問曰：「西銘言體而不及用，恐其流遂至於兼愛，何如？」伊川先生曰：「横渠立言誠有過者，乃在正蒙。西銘之書，推理以存義，擴前聖所未發，與孟子性善、養氣之論同功，豈墨氏之比哉！西銘明理一而分殊，墨氏則二本而無分。分殊之蔽，私勝而失仁；無分之罪，兼愛而無義。分立而推理一，以止私勝之流，仁之方也。無别而迷兼愛，以至於無父之極，義之賊也。子比而同之，過矣。且彼欲使人推而行之，本爲用也，反謂不及，不亦異乎？」又作砭愚曰：「戲言出於思也，戲動作於謀也。發於聲，見乎四支，謂非己心，不明也。欲人無己疑，不能也。過言非心也，過動非誠也。失於聲，繆迷其四體，謂己當然，自誣也。欲他人己從，誣人也。或者謂出於心者，歸咎爲己戲；失於思者，自誣爲己誠。不知戒其出汝者，歸咎其不出汝者。長傲且遂非，不智孰甚焉？」橫渠學堂雙牖，右書訂頑，左書砭愚。伊川曰：「是起争端。」改訂頑曰西銘，砭愚曰東銘。

按，此條下，熊剛大集解時删除兩條語録，葉本有，分别是：

將脩己，必先厚重以自持。厚重知學，德乃進而日固矣。忠信進德，惟尚友而急賢。欲勝己者親，無如改過之不吝。

橫渠先生謂范巽之曰：「吾輩不及古人，病源何在？」巽之請問。先生曰：「此非難悟。設此語者，蓋欲學者存意之不忘，庶游心浸熟，有一日脱然如大寐之得醒耳。」

[五二] 講治致思　「致」原作「之」，據葉本改。

[五三] 則德日新矣　「德」原作「得」，據葉本改。

[五四] 多識前言往行　「多」上，葉本有「勿徒寫過又」五字。

[五五] 此條原緊接於上條末，未單列，據葉本改爲單列。

[五六]此條下，熊剛大集解時刪除一條語録，葉本有：

載所以使學者先學禮者，只爲學禮，則便除去了世俗一副當習熟纏繞。譬之延蔓之物，解纏繞即上去。苟能除去了一副當世習，便自然脱灑也。又學禮，則可以守得定。

[五七]此條下，熊剛大集解時刪除一條語録，葉本有：

人多以老成則不肯下問，故終身不知。又爲人以道義先覺處之，不可復謂有所不知，故亦不肯下問。從不肯問，遂生百端，欺妄人我，寧終身不知。

[五八]此條下，熊剛大集解時刪除一條語録，葉本有：

人雖有功，不及於學，心亦不宜忘。心苟不忘，則雖接人事，即是實行，莫非道也。心若忘之，則終身由之，只是俗事。

[五九]此條原緊接於上條末，未單列，據葉本改爲單列。且此條下，葉本尚有「既有意，必穿鑿創意，作起事端也。德未成而先以功業爲事，是代大匠斲，希不傷手也」句。

另外，此條下，熊剛大集解時刪除四條語録，葉本有，分別是：

竊嘗病孔孟既没，諸儒囂然，不知反約窮源，勇於苟作，持不逮之資，而急知後世。明者一覽，如見肺肝然，多見其不知量也。方且創艾其弊，默養吾誠。顧所患日力不足，而未果他爲也。

學未至而好語變者，必知終有患。蓋變不可輕議，若驟然語變，則知操術已不正。

凡事蔽蓋不見底，只是不求益。有人不肯言其道義所得所至，不得見底，又非「於吾言無所不説」。

耳目役於外，攬外事者，其實是自惰，不肯自治，只言短長，不能反躬者也。

［六〇］故怠惰而無深功　「深」，葉本作「新」。

新刊音點性理群書句解卷之三　後集

近思録第三卷

此卷論致知。知之至，而後有以行之[一]。

伊川先生答朱長文書曰：心通乎道，道者，事物當然之理。通，曉達也。心曉達此理。然後能辨是非，而後能辨古人之是與非。如持權衡以較輕重，權，稱錘也。衡，稱取平之物也。猶執此以較物，輕重不差。孟子所謂「知言」者也。「知言」者，天下之言無不究明其理而識其是非之所以然也。心不通乎道，心不能曉達事物當然之理。而較古人之是非，而欲論古人之是與非。猶不持權衡而酌輕重，如未嘗執權衡，則必不知物之輕重。竭其目力，縱盡其目之力。勞其心智，役其心之智。雖使時中，借曰有時而中之。亦古人所謂「億則屢中」，亦不過古人所謂以意揣度而中，則非明理之所致也。君子不貴也。君子不重於此。文集。下同。

伊川先生答門人曰：孔孟之門，游孔子、孟子之門。豈皆賢哲？豈皆是賢材明智之士？固多衆人。亦多有未能超於群衆之人。以衆人觀聖賢，但以衆人之目而究觀聖賢之氣象。弗識者多矣。則不能知其爲聖賢。惟其不敢信己而信其師，惟衆人不敢自信而求正於師以取信。是故求而後得。亦必求師問道而後有所得。今諸君於頤言，纔不合頤，先生名也。今門弟衆於我之言才有不合處。則置不復思，則棄而不復致思。所以終異也。所以不相合。不可便放下，才不合，不可便棄不復思。更且思之，於此愈思之以求其通。致知之方也。此乃推極其知識之道也。

伊川答横渠先生曰：所論大概，有苦心極力之象，所言雖有苦其心志、竭其心力之象。而無寛裕温厚之氣，而無寛容、優裕、温和、深厚之氣。非明睿所照，自非明所照者，如目所覩，纖毫盡識之。而考索至此，徒强索以至，如揣料於物，約見彷彿，則必有差。故意屢偏而言多窒，所以意屢流於偏私而言多窒礙。小出入時有之。小小出入亦有時有。更愿完養思慮，苦思强索，則易至於鑿而不足以達於理，是必保養心思。涵泳義理，涵泳深厚。它日自當條暢。則明睿自生也。

欲知得與不得，欲知知得此理與不曾知得此。於心氣上驗之。於人之心氣可以驗見。思慮有得，夫學固原於思，然所貴從容饜飫而自得，若思而有所得。中心悦豫，則此心和樂。沛然有裕者，實得也。充然自足，是實有所得也。思慮有得，如曰思而有所得。心氣勞耗者，實未得也，至勞心極慮而强通，實無所得也。强揣度耳。不過牽强揣度而然耳。嘗有人言，曾見有人説。比因學道，近因求學於道。思慮心虚。因思慮之過以致心之疾。

曰：人之血氣謂人一身之氣血。固有虛實，固自有虛有實。疾病之來，凡疾病之加於身。聖賢所不免，雖是若聖若賢也不免此。然未聞自古聖賢但不聞古之人。因學而致心疾者。因苦學而致成心疾者也。遺書。

雜信鬼怪異説者，大凡雜信鬼怪與妖異之言者。只是不先燭理[二]。只是不曾明得理，理明而怪妖不足以惑之。

學原於思。學以明理爲先，善思則明睿生，而物理可格。

所謂「日月至焉」者，仁猶宅也，學者於仁，或日一至此宅，或月一至此宅。與久而不息者，與顔子三月不違去，久於此仁者。所見規模所造所見。雖略相似，亦無以異。其意味迴別[三]。但其意味氣象，則淺深厚薄迴然不同。須心潛默識，須沉潛此心，默而識之。玩索久之，玩味思索之久。庶幾自得。則自有得於心。學者不學聖人則已，學者若不學爲聖人則可。欲學之，如欲學爲聖人。須熟玩味聖人之氣象，則當潛玩聖人意象，庶養之厚而得之深。不可只於名上理會，不可徒然理會其名。如此只是講論文字。若然則考論文字抑末矣。

問：忠信進德之事，盡己爲忠，以實爲信，進德力行也。固可勉强，行可以强而進。然致知甚難。但知得方行得，而知不可以强而至。伊川先生曰：學者固當勉强，爲學固當勉强以求進。然須是知了方行得。亦須知了方行。若不知，如無所知。只是覷却堯，便是看著那堯。學它行一事〔四〕，學它所行之事。無堯許多聰明睿智，明有所不至，是無堯之真知。怎生得如它動容周旋中禮？如何得如堯之舉動容貌悉合乎禮？如子所言，如爾所謂忠信可勉强，而致知甚難。是篤信而固守之，是勉强而堅執者。非固有之也。非從容而自得也。未致知，便欲誠意，忠信，即誠意之事。未致知而欲誠其意。是躐等也。是超越等級也。勉强行者，而勉强以爲忠信。安能持久？其能久乎？除非燭理明，自非見理明，真知而實信之。自然樂循理。自然樂於循理。性本善，蓋人性本善。循理而行，順理而行之。是順理事，宜無待於勉强。本亦不難，何難之有？但爲人不知，惟於理有未知，或知其未盡。旋安排着，臨事布置。便道難也。故覺其難。知有多少般數，一物一理皆要知得，故知之般數爲多。煞有深淺。有知之深者，有知之淺者。學者須是真知，爲學必須知得真實。纔知得是，真知者，知之至也。真知其是。便泰然行將去也。則順而行之，莫能遏矣。某年二十時，先生自言二十時。解釋經義解析聖經文義。與今無異。與今時無以異，可見致知之功。然思今日，但以今日思之。覺得意味自覺意思氣味。與少時自別。與前時不同。此可見先生於聖經玩味積久，知之真而養之厚，亦不徒在於解釋文義而已。

凡一物上有一理，一物各有一理。須是窮致其理。須是窮極其理以推吾之知。窮理亦多端：但窮極其理般數亦多。或讀書講明義理，或讀書而窮其理之指歸。或論古今人物，或究論人物。別其是非，而考其人之非是。或應事接物而處其當[五]。或處事而究其事之當否。三者，窮理之本，當隨遇而究竟。或問：格物或人問窮物理之至。須物物格之，必須物物而窮其至。還只格一物而萬理皆知？只是窮一物之理而極其至，復類推以及其餘。曰：怎得便會貫通？云：如何得便能融貫通徹？若只格一物若只須窮一物而極其至。便通衆理，便能通貫衆物之理。雖顏子亦不敢如此道。雖是顏回明睿，也不敢如此說。須是今日格一件，須是今日窮一物之理而極其至。明日又格一件，明日窮一物之理而極其至。積習既多，積久習熟既多。然後脱然自有貫通處。而後灑然，自能融會而貫通也。又曰：所務於窮理者，所務於窮天下之理者。非道盡窮了天下萬物之理，非謂務博，卻要盡窮天下萬物之理。又不道是窮得一理便到。又非務約，謂反身而誠則天下之物無不在我。只要積累多後，只是積久習熟，窮極既多。自然見去。自能脱然融會。

「思曰睿」，致思則通微。睿，通微也。思慮久後，蓋人心虛靈，本然明德，致思窮理，既極其久。睿自然生。自然通微。若於一事上思未得，或於一件事上思未得。且别換一事思之，又别換一事而致其思。不可專守著這一事。不可堅守這一件。蓋人之知識，蓋人心之知。於這裏蔽著，亦有偏暗處，且置之，庶不滯於一隅。雖强思亦不通也。不則强思，亦未必能通也。

問：人有志於學，人有志於爲學。然知識蔽固，但其識知蔽塞固執。力量不至，用力不進。則如之何？又將何如？曰：只是致知。只是推極吾之所知。若智識明，則力量自進〔六〕。若真知事理之當然，則自有不容已者。

問：觀物察己，或問：觀乎物以察乎己。還因見物反求諸身否？還是因物之理以驗吾身之理否？曰：不必如此說。不須爲此言。物我一理，天下無二理，物之理即吾身之理。纔明彼即曉此，纔明物之理，便達吾身之理。此合内外之道也。内而吾身此道，外而物亦此道，合而言之一也。因見物而反求諸身，則是以物我爲二致。又問：致知，又問：推極吾之所知。先求之四端如何？四端：惻隱，乃仁發見之端；羞惡，乃義發見之端；辭遜，乃禮發見之端；是非，乃知發見之端。還是自此四端先推將去。曰：求之情性，仁義禮智，性也。四端，情也。求之此情此性。固是切於身。固切吾身。然一草一木皆有理，但草木微物莫不有理。須是察。皆所當察。又曰：自一身之中，自吾一身。以至萬物之理，以至萬物。但理會得多，隨事窮格，積習既多，相次自然豁然有覺處〔七〕。於天下事物，各有以見其當然之則，一旦融會貫通，表裏洞徹，覺斯道之大原，全吾心之本體，物既格而知且至矣。

「思曰睿」，致思則能通乎理。「睿作聖」。通乎理則可以入聖域。致思如掘井，但致思之始有如開井。初有渾水，疑慮方生，所以溷濁。久後稍引動得清者出來。及其久也，積習既熟，自然明了。人思慮始皆溷濁，人之思慮，初則未通，故溷濁。久自明快。久後疑慮既消，自然明快。此由思而生睿也。

問：如何是「近思」？「近思」二字是如何？曰：以類而推。思慮泛遠而不循序漸進，則勞心而無得。即吾所知，以類推之，則心路易通而思有條理，是謂近思。

學者先要會疑。朱子曰：「書始讀未知有疑，其次漸有疑，又其次節節有疑。過了此一番後，疑漸漸釋，以至融會貫通，都無可疑，方始是學。」

横渠先生答范巽之曰：張子厚答范氏云。所訪物怪神姦，物異爲怪，神妖爲姦。見理不明，則不能無疑。此非難語，此非難言者。顧語未必信耳。雖得於人言，亦未必信。孟子所論知性、知天，孟子所言知性、知天之學。學至於知天，爲學而至於知天。則物所從出，天者物理之自出，知乎天。當源源自見。則通乎幽明之故，察乎事物之原。知所從出，莫不出於天。則物之當有當無，而妖異之所由興，果有果無。莫不心諭，自皆可識。亦不待語而後知。初不待言而知之。諸公所論，學者知有未至。但守之不失，且堅守正論〔八〕。不爲異端所劫，不爲妖異所奪。進進不已，又能進於學而不已。則物怪不須辯，物之怪者不必辨。異端不必攻，神之妖者不必攻。不逾朞年，遲之周歲。吾道勝矣。將自識破，而吾道足以勝其邪妄矣。若欲委之無窮，若委之無窮盡。付之以不可知，付之以爲不可知。則學爲疑撓，不能堅守正論，内懷疑端。智爲物昏，外爲邪蔽。交來無間，二者沓至，無所間隔。卒無以自存，終不能自存立。而溺於怪妄必矣。則所惑愈深矣。文集。下同。

子貢謂「夫子之言性與天道，性者，人心稟賦之理。天道者，造化流行之妙。子貢謂夫子之言此。不可得而聞也」，有不可以耳而聞。既言「夫子之言」，但既謂「夫子之言」。則是居常語之矣。則是夫子閒居之時亦嘗語及此。聖門學者蓋學於聖人之門者。以仁爲己任，皆以仁道爲己之任，期於實體而自得。不以苟知爲得，不以徒聞其說爲有得。必以了悟爲聞，必以深達其理爲有聞。因有是說。故有此言。後之學者，高談性天而實非領會者[九]，可以自省矣。熊氏曰：「性、天道，夫子未嘗不言也，而謂之不可得聞，蓋所謂性與天道，是天方賦而人方受，性、天道相與之際，是繼善成性之時，聖人難於言，學者難於聞也。」

義理之學，朱子曰：「聖人言語，一重又一重。」亦須深沉方有造，「須入深去看方有得。」非淺易輕浮之可得也。「若只見皮膚，便有差錯。」[一〇]

學不能推究事理，爲學不能推究事物之理。只是心麤。只是此心麤疏。至如顔子未至於聖人處，顔子不能不違仁於三月之後者，其察理猶或有一毫之未精。猶是心麤。故此心所存猶或有一毫之間斷。

「博學於文」者，人之博所學於文。只要得習坎「心亨」。當如坎卦之「心亨」。蓋下上坎爲習坎，卦當重險，而後有亨通之象。蓋人經歷險阻艱難，人之博學窮理，始多齟齬。然後其心亨通。積習既久，自然心通。

義理有疑，心有所疑而滯於舊見，則偏執固吝，新意何從而生，舊疑何自而釋。則濯去舊見，以來新意。是必一洗舊見，以生新意，則義理昭著矣。心中有所開，疑義有所通。即便劄記。隨即書之紙以記之，則已得者可以有進。不思則還塞之矣。不記則思不起，猶山徑之蹊，不用則茅塞之矣。更須得朋友之助，但更當得友朋相助講貫。一日間意思差别〔一二〕，庶彼疑此悟，新意自别。須日日如此若能日日如此。講論，久則自覺進也。論辨之久，一旦群疑皆釋，則自覺有所進益也。

凡致思到説不得處，思之其説似窮，至於苦思而不得。始復審思明辯，更加審思明辨之功。乃爲善學也。則其窮者通而所得者深，是善於學者也。若告子則到説不得處遂已，如告子學於孟子，到「不得於言」處遂止。更不復求。不復求之於心，固執偏見而不求至當，此孟子所深病也。○此已上總論致知之方，下乃專論求之於書者。

伊川先生曰：凡看文字，凡人觀文字。先須曉其文義，先須通曉其文辭義理。然後可求其意。而後可求其大意。未有文義不曉而見意者也。未有不先通曉其文辭義理而能得其大意也。○遺書。下同。

學者要自得。爲學須自得於心。六經浩渺，道散在六經，渺渺茫茫。乍來難盡曉，非初學能盡悟。且見得路徑後，但識路徑則知趍向。各自立得一個門庭，立門庭則有規模。歸而求之可矣。得於師友者如此，然後歸而求之可也。

凡解文字，大凡解釋文字。但易其心，須要平易其心以求其義。自見理。則道理自見。理甚分明[一二]，理本平直。如一條平坦底道路。若大路然，易知易行。詩曰「周道如砥，其直如矢」，此之謂也。借此不過形容道理亦自平直，苟以崎嶇委曲之意觀之[一三]，乃失其鑿也。或曰：聖人之言，恐不可以淺近看他。其遠如天，難以淺近求。曰：答云。聖人之言，聖人之道，遠近精粗無所不備，故聖人之言道，亦無所不至。自有近處，如「食無求飽，居無求安」，是其言之近者。自有深處[一四]。一貫之言，性天之旨，是其言之遠者。如近處 如是其言之近。怎生强要鑿教深遠得？又豈容盡求其深遠而過爲穿鑿耶？揚子曰：漢揚子雲云。「聖人之言遠如天，聖人上達天德，故其言道，其遠難求。賢人之言近如地。」賢者降聖人一等，故其言道，其近易見。頤欲改之曰：我欲改此二句云。「聖人之言，聖人之立言。其遠如天，其遠者，雖子貢猶未易得而聞。其近如地。」其近者，雖鄙夫可得而竭也。[一五]

凡觀書不可以相類泥其義，凡看文字不可以其相似而泥其文。不爾，不如此。則字字相梗。則字皆梗塞不通。當觀其文勢上下之意，當看其文辭上下意脈如何。如「充實之謂美」，充實之美在己。與詩之美不同。詩之稱美在人。如此之類，豈可泥爲一義？

問：瑩中嘗愛文中子：陳忠肅公瓘，字瑩中，喜文中子之言。「或問學易，設或人之問學易。子曰：文中子云。『終日乾乾』可也」，乾乾不息。此語最盡。此言最爲盡易之道。文王所以聖，如文王所以作聖。亦只是個不已。亦是純亦不已之功。先生曰：伊川答云。凡説經義，大凡解説經義。如只管節節推上去，若一向節節推究將去。可知是盡。固可盡其義。夫「終日乾乾」，易所言此一句。未盡得易，未便盡得易之道。據此一句，據「終日乾乾」一句。只做得九三使。只可爲乾卦九三爻使。若謂乾乾是不已，若言乾乾便是不已。不已便是道，不已便是道。漸漸推去，逐漸推上去。自然是盡，自然可以盡究。只是理不如此。但學經者要當周遍精密，各窮其旨歸，而後能通。若借一語，謂足盡一經之義，豈治經之道？乃好高求約之病。

「子在川上曰：逝者如斯夫！」斯指水而言也。蓋天地之化，往者過，來者續，無一息之停，其可指而易見者，莫如川流。故於此發以示人。言道之體如此，無非形容道體之本然也。這裏須是自見得。欲學者時時省察，而無毫髮之間斷也。張繹曰：這裏須自見得[一六]。此便可見道無窮盡。先生曰：固是道無窮，此固見道無窮盡。然怎生一個「無窮」如何「無窮」二字。便道了得他？可以盡是道，須見所以無窮始得，是必有以究太極之道，無物不有、無時不然者也。

今人不會讀書。今世之人不能讀書。如「誦詩三百，且如读周诗三百篇。授之以政，授之以爲政之事。

不達；不通曉於政。使於四方，及爲使於四方。使，去聲。不能專對。專，獨也。雖多亦奚以爲？」雖誦之多，又何以爲？須是未讀詩時，必也於未讀詩已前。不達於政，不能通曉於政。不能專對；不能專對四方。既讀詩後，既已讀詩後。便達於政，便通曉於政。能專對四方，便能專對。始是讀詩。方是讀詩。「人而不爲周南、召南，爲，學。詩周南、召南所言，皆脩身、齊家之事，人而不學此。其猶正牆面。」正牆面，言即其至近之地，目一物無所見，一步不可行。須是未讀詩時必也於未讀詩已前。如面牆，猶面牆而無所見。讀了後便不面牆，既已讀詩後，便且已有所見。方是有驗。方是讀詩有效驗處。大抵讀書，大凡讀書。只此便是法。只此便可爲法。如讀論語，猶讀魯論二十篇。舊時不讀，向來未曾讀時。是這個人，是這一人。及讀了後，及已讀此書了。又只是這個人，又是這一人。便是不曾讀也。便與不曾讀一般。蓋讀書之法，在乎反己，驗其實得，致其實用，變化氣質，而有日新之功。若讀了與未讀時則一，豈善學也哉！

凡看文字，大凡觀文字。如「七年」、「一世」、「百年」之事，如謂「善人教民七年，可以即戎」。如謂「有王者作，必世而後仁」。又如謂「善人爲邦百年，可以勝殘去殺」等事。皆當思其如何作爲，觀聖賢治效遲速淺深之殊，必究其規模之略、施爲之方。乃有益。於己有益。此致知之方。

凡解經不同無害，凡訓解經義不同不妨。但緊要處不可不同。但大綱領處不可不同。外書。〔一七〕

焞初到，問爲學之方。尹焞初見伊川，問其爲學之道。先生曰：公要知爲學，若要知爲學之道。須是讀書。必當以讀書爲先。書不必多看，但書亦不須多讀。要知其約，須知其大綱領處。多看而不知其約，苟徒貪多而不知其大綱領。書肆耳。則是畜書之肆而已。頤緣少時讀書貪多，先生自言其少日徒貪多而無玩習之功。如今多忘了。則所學者非我有也。須是將聖人言語玩味，須要玩味不已。入心記著，記著不忘。然後力去行之，而又力行其所知。自有所得。則所得爲實得。○以上乃論讀書之法，以下分論讀書之序〔一八〕。

初學入德之門，爲學之初，其入德之門户。無如大學，莫如大學。蓋大學規模雖大，然首尾該貫而綱領可尋，節目分明而工夫有序，無非切於學者之日用。其他莫如語、孟。其他則又無如論語、孟子，論語教人以操存涵養之要，孟子教人以體驗充廣之端，無非切於學者之心身也。

學者先須讀論、孟〔一九〕。爲學必須先誦論語、孟子。窮得語、孟，窮究得語、孟二書大義。自有要約處，自有大綱領處。以此觀他經甚省力。則即此窮它經更省心力。論、孟如丈尺權衡相似，丈尺，量物之長短者也。權衡，稱物之輕重者也。論、孟之書，亦猶此也。以此去量度事物，得其要領，則易於推明它經，而可以權度事物。而見得長短輕重〔二〇〕。而各得其長短輕重之宜矣。

讀論語者，凡人讀論語。但將諸弟子問處，有能即諸弟子問夫子者。便作己問，便如自己問。將聖人答處，即夫子所答門人者。便作今日耳聞，便如自己今日所親聞。自然有得。自然有得於中。若能於論、孟中深求玩味，更於其中深求其義、玩味其辭。將來涵養，則涵養深厚。成甚生氣質也！甚生，非常。［二一］

學者當以論語、孟子爲本。爲學必須以語、孟爲根本。論語、孟子既治，語、孟二書既曉。則六經可不治而明矣。則詩、書、易、春秋、周禮、禮記之經易明也。讀書者當觀聖人所以作經之意，凡讀書則必當究聖賢作經之意如何。與聖人所以用心，與聖人之用心如何。與聖人之所以至聖人，及聖人之所以至於聖。而吾之所以未至者，而吾之行未能至。所以未得者。而吾之思未能得。句句而求之，句句而求則察之密。晝誦而味之，晝味則味之深。中夜而思之，夜思則思之熟。平其心，易其氣，平心易氣而不失於鑿。闕其疑，有疑則闕，則不强而通。則聖人之意見矣。則聖人之意可得而見。［二二］

讀論語、孟子而不知道，論語皆載操存涵養之要，孟子述體驗充擴之端，爲斯道之統會，讀之而不通於道。雖多，亦奚以爲？則章句訓詁而已，雖博而何益？［二三］

問：且將語、孟緊要處看，如何？問：且以語、孟二書中緊要所在看如何？伊川曰：固是好。如此固好。然若有得，但恐其有所得於中。終不浹洽。終是有限，未能快透。蓋吾道非如釋氏，吾儒之道不比佛學。一見了便從空寂去。一超悟了便淪於無也。朱子曰：「此是呂晉伯問。後來晉伯終身坐此病，説得孤單，入禪學去[二四]。學者讀書須逐一理會，便通貫浹洽。」

「興於詩」者，詩出於人心之真，感化之自然者。學者興起於詩。吟詠情性[二五]，吟哦諷詠其情性。涵暢道德之中歆動之，涵養條暢，於道德自然有感動興起之意。有「吾與點」之氣象。此即曾點浴沂詠歸之氣象。又云：「興於詩」，詩人之詞，寬平忠厚。是興起人善意，故興起人爲善之心。汪洋浩大，凡寬闊宏大而無褊狹固陋之習。皆是意也。無非善意之所由生也。

謝顯道云：程子門人也，有云。明道先生善言詩，程子善於説詩。但又不曾章解句釋[二六]，雖不曾章分句析。但優游玩味，從容涵泳。吟哦上下，吟哦諷誦，或高或下。便使人有得處。自然令人有所得。「瞻彼日月，如云觀彼日月之方邁。悠悠我思。感我心思之悠長。道之云遠，聖人不作，道之相去日云遠矣。曷云能來？」何以使之復還耶？思之切矣。其思之亦甚切。終曰：末又云。「百爾君子，凡百君子。不知德行。皆未知是德之行。不忮不求，無所害，無所貪。何用不臧！」何所爲不善。歸於正也。是一於正也。又云：伯淳常談詩，並不下一字訓詁，初無一字解釋。有時只轉却一兩字，點掇地念過，有時只於一句之中拈掇一二字讀過。便教人省悟〔二七〕。便會使人省悟其理。

明道先生曰：學者不可以不看詩，爲學不可不觀詩。看詩便使人長一格價。觀詩則使人興起感發，便自然有進。

「不以文害辭」。不以文字害其句讀。文，文字之文。此文乃是文字之文。舉一字則是文，舉其一字則是爲文。成句是辭。句斷處則是辭。詩爲解一字不行，讀詩者如解一字不去。却遷就他說，便當改就它說。如「有周不顯」，如詩大雅「有周不顯」，是言：「周家豈不顯乎？」顯乃文也，苟直謂之不顯，是以文害辭矣。當如此〔二八〕。其作文之法當如是。

看書須要見二帝三王之道。讀者必須求堯舜禹湯文武之道。如二典，即求堯所以治民、典，常道也。看堯典則當究堯治民之道，如明德協萬邦之類。舜所以事君。看舜典則當究舜事君之道，如歷試諸難之類。

中庸之書，禮記中庸一篇。是孔門傳授，傳授於孔門。成於子思。至子思而成其書。孟子其書，孟子七篇。雖是雜記，雖是雜記孟子之言。更不分精粗，更不復分精粗而言。一衮說了。却混同言了。今人語道，今世之人言道。多説高才説高遠。便遺却卑，便忽卑近而不言。説本才説本體。便遺却末。便於末者不復推究，殊不知中庸，子思所述而傳之孟子者也。其言天命之性本也，推之修道之教則末矣；言中和者其本也，極而至於「天地位」、「萬物育」則末矣；言政則其粗也，而本之於「達德」、「達道」則其精也[二九]；言治天下國家其粗也，合之於誠則其精也。精粗相涵，本末一貫，元不相離。説本而遺末，則陷於空虛，而未達天下之大本。[三〇]

伊川先生答張閎中書曰：易傳未傳，吾所注易，爲易傳，尚未傳於世。自量精力未衰，自覺氣力尚未衰。尚覬有少進爾。猶望能有進。來書云「易之義本起於數」，來教且言易由數而起。非也。恐未必然。有理而後有象，「易有太極」，乃形而上之理也。「是生兩儀」，是爲有象。有象而後有數。既有象，則由一而二，二而四，四而八，八而十六，十六而三十二，三十二而六十四，則數亦寓焉。易因象以明理，易之理寓於象，故因象以知其理。由象以知數。易之象顯於數，故因象以知其數。得其義，知得易之義。則象數在其中矣。則象數皆不越乎易之外也。必欲窮象之隱微，理者，象數之本。不務求其本而徒欲窮其末，以究象之隱奧。盡數之毫忽，窮其數之纖悉。乃尋流逐末，是棄其源而究其流，忘其本而事乎末。術家之所尚，不過京房、郭璞之言易。非儒者之所務也。是豈儒者學易之道哉。

知時識勢，時有盛衰，勢有强弱。隨其時勢，惟變所適，惟道之從。學易之大方也。方，猶術也。此乃學易之術。

○易傳。下同。夬卦九二象傳。

大畜初、二，乾下艮上爲大畜。初爻與二爻俱位於下。乾體剛健而不足以進，雖以乾之剛健而不足以進者，以畜之時不利於進也。四、五陰柔而能止。四爻與五爻俱據於上，皆以陰柔而止乎健者，以畜之時在乎止也。時之盛衰，時有盛有衰。勢之强弱，勢有强有弱。學易者所宜深識也。學易者當知乎此也。

諸卦二、五雖不當位，凡卦二爻、五爻，位雖不當。多以中爲美；二者内卦之中，五者外卦之中，皆以得中爲善。三、四雖當位，三爻與四爻其位雖當。或以不中爲過。三爲内卦之上，四爲外卦之下，皆不中也。中當重於正也。卦惟二、五爲得上下之中，反此爲不中。陽爻居陽位、陰爻居陰位爲當位而得其正，反此爲非正。正者天下之定理，中者時措之宜。正者有時而失其中，中者隨時而得其正。故中之義重於正。蓋中則不違於正，蓋中自不越乎正。正不必中也。正者未必得乎中。天下之理大凡理在天下。莫善於中，最好是中。於九二、六五可見。推於九二、六五爻可知得。坤六五非正也，而曰「黃裳元吉」；泰九二非正也，而曰「得尚于中行」。蓋於中爲美也。蠱之三、四爻皆正也，而三則「有悔」，四則「往吝」；既濟之三、四皆正也，而三則有「三年」之憊，而四則有「終日」之戒。蓋以不中爲慊也。〇震卦六五傳。

問：胡先生解九四作太子，胡瑗，字翼之，號安定先生。當解易，以九四爲太子位。恐不是卦義？恐不是易卦之本義。先生云：伊川答。亦不妨，也無妨害。只看如何用。但看它如何引用。當儲貳則做儲貳使。

儲貳而太子也，當做太子則做太子使。九四近君，五爲君位〔三二〕，九四爲近於五。便作儲貳亦不害。便作太子使亦得。但不要拘一，但易本無拘，隨其所用。若執一事，若拘一件事。則三百八十四爻，則六十四卦共有三百八十四爻。只作得三百八十四件事便休了。則只可做三百八十四件事，是豈易道無窮之義哉！○遺書。下同。

看易且要知時。凡看易皆要識時。凡六爻人人有用，一卦有六爻，人皆可用。聖人自有聖人用，爲聖人則有聖人用易。賢人自有賢人用，爲賢人則有賢人用易。衆人自有衆人用，爲衆人則有衆人用易。學者自有學者用，爲學者自有學者用易。君有君用，君道有君道之用。臣有臣用，臣道有臣道之用。無所不通。隨人所用無不皆通。問：坤卦是臣之事，坤乃臣道。人君有用處否？不知君道可用否？先生曰：伊川答云。是何無用？何嘗君道不可用？如「厚德載物」，如言坤德之厚，能載萬物。人君安可不用？人君復載萬民，獨不用耶？

易中只是言反復往來上下。反復，如復、姤之類；往來，如賁、无妄類；上下，如咸、恒類。〔三三〕

詩、書載道之文，道無非用，用無非道。然詩、書即道而推於用，主道而言，故曰「載道之文」。春秋聖人之用。春秋即用以明道，主用而言，故曰「聖人之用」。詩、書如藥方，詩、書即道而推於用，則隨用隨足，有如藥方之備具。春秋如用藥治病。春秋即用以明道，是非得失易見，有如因病而用藥。聖人之用，凡聖人之用處。全在此書，皆在是編。所謂「不如載之行事　所以言莫若間載於行事之紀。深切著明」者也[三三]。尤切實明著也。

五經之有春秋，五經之文中有春秋。猶法律之有斷例也。律法以立令者應事。斷例者，因事以用法。[三四]律令唯言其法，故律令在乎立法，即書之五經也。至於斷例，及至斷例。則始見其法之則也[三五]。用事用法則猶五經之有春秋[三六]。

學春秋亦善，爲學而學春秋亦好。一句是一事，一句爲一事。是非便見於此。故是非易決。此亦窮理之要。故爲窮理之要。他經豈不可以窮理？其它諸經亦可究義理。但他經論其義，但其它五經則講論其總義。春秋因其行事，春秋則考其事跡。而是非較著，較，判别也。而是非易於判别。故窮理爲要。故於窮究義理爲要。嘗語學者　曾與務學者言。且先讀論語、孟子，始學用讀語、孟而知操存體驗之實。更讀一經，即下文言中庸，讀此則明乎理。然後看春秋。而後讀春秋。先識個義理，則義理通明。方可看春秋。然後能察大事得失之機，聖人裁制之權。春秋以何爲準？讀春秋之經以何爲準則？無如中庸。莫若中庸之一書。中庸，無如權[三七]。中庸亦不過權之一字。須是時而爲中，權亦只是時中，故在中庸爲權衡，在春秋爲時中。若以手足胼胝、如以伯禹胼胝手足之勞。閉户不出　顔淵之退居陋巷。二者之間取中，於禹、顔之事取中。便不是中。便不得其中。若當手足胼胝，蓋當洪水之時躬乎胼胝之勞。則於此爲中；則得乎時中。當閉户不出，在陋巷之時而安簞瓢之樂。則於此爲中。則得乎時中。反是皆非中也。權之爲言，夫所謂權者。秤錘之義也。秤物之重也，物之輕重因此而得其中。何物爲權？又何以比此權乎？義也，時也。義者所以處時措之宜，所謂權也。只是説得到義，善形容者只可以義言。義以上更難説，自「義以上」則聖人之妙用，未易以言盡。在人自看如何。此又在人自推看得。

春秋，傳爲按，以傳考經之事跡，故曰按。經爲斷。以經别傳之真僞，故爲斷。

凡讀史，不徒要記事跡，凡讀史書，不徒在於記其事。須要識其治亂、安危、興廢、存亡之理。須是考究一時之治亂、國勢之安危、基業之興廢、運祚之存亡。且如讀高帝紀，如看漢高祖帝紀。便須識得漢家四百年便要知漢至運祚四百年之久。終始治亂當如何。觀其寬大長者，能用三傑，則知其所以得天下。觀其入關，除秦苛法，則知其所以立基業。是亦學也。如此之類，皆致知之方也。

先生每讀史到一半，先生讀史至半。便掩卷思量，便合卷精思。料其成敗，密察其成敗之由。然後却看，而後又看。有不合處，才有不相合。又更精思。又復研精以思。其間多有幸而成，其中成者有生於幸。不幸而敗。敗者有出於不幸。今人只見成者今人讀史見其成者。便以爲是，便言其是，不知察其幸而成。敗者便以爲非，見其敗者，便言其非，不察其不幸而敗。不知成者煞有不是，則成者有不是既不知。敗者煞有是底。敗者有是底亦不知，豈爲善學史耶？·〔三八〕

古人能知詩者唯孟子，古之人能曉詩之義，惟有孟子。爲其「以意逆志」也。人情不相遠，以己之意，迎彼之志，是爲得之。夫詩人之志，詩以感遇而發於人情之自然。至平易，本爲平易。不必爲艱險求之。不必以艱深險怪之心求詩。今以艱險求詩，若以艱深險怪求之。則已喪其本心，則已失吾心之自然矣。何由見詩人之志？·〔三九〕何以洞究詩人之志！

讀書少，則無由考校得義精。讀書不多，則見義不精。蓋書以維持此心，然書者，又所以維持此心，使無放逸也。一時放下，苟此心一時之放。則一時德性有懈。懈字從心從解，言心有所解弛也，則德性一時有所解弛。讀書則此心常在，故讀書則心存，心存則理得。不讀書則終看義理不見。不讀書則此心昏塞，如何通曉義理？

書須成誦，書要成句而讀。精思多在夜中，細思義理多得於夜中嘿會之時。或靜坐得之。或得於靜坐嘿思之際。不記則思不起，不能記其所疑，則必不能思。但通貫得大原後，然至於通達其大道之總腦。書亦易記。則聖賢千言萬語只是一理，自然易記。所以觀書者，釋己之疑，所以善看書者，在於有疑則求其釋。明己之未達，未達則求於明。每見每知新益，每見是書，每知新益。則學進矣。則爲學有進矣。於不疑處有疑，然學固貴於釋疑，亦貴於有疑。方是進矣。蓋疑則能思，思則能得，於無疑而有疑，則察理密矣，自然是進。[四〇]

春秋之書，春秋一經。在古無有，自古未嘗有。乃仲尼所自作，成於夫子之筆。惟孟子能知之。獨孟子深知之。孟子論春秋，皆發明聖人之大旨，舉春秋之綱領。非理明義精，非理義著明。殆未可學。恐未易學。先儒未及此[四一]，後人未及於理明義精。故其説多鑿。揣摩臆決，故其説多鑿。

【校勘記】

［一］此句下，葉本有：「自首段至二十二段，總論致知之方。然致知莫大於讀書，二十三段至三十三段，總論讀書之法。三十四段以後，乃分論讀書之法，而以書之先後爲序。始於大學，使知爲學之規模次序，而後繼之以論、孟、詩、書。義理充足於中，則可探大本一原之妙，故繼之以中庸。達乎本原，則可以窮神知化，故繼之以易。理之明，義之精，而達乎造化之蘊，則可以識聖人之大用，故繼之以春秋。明乎春秋之用，則可推以觀史，而辨其是非得失之致矣。横渠易説以下，則仍語録之序，而周官之義因以具焉。」

［二］只是不先燭理　「理」下，葉本有「若於事上一一理會，則有甚盡期？須只於學上理會」句。

［三］其意味迥别　「味」下，葉本有「氣象」二字。
［四］學它行一事　「它行一事」，葉本作「他行事」。
［五］或應接事物而處其當　「當」下，葉本有「皆窮理也」四字。
［六］則力量自進　「自」原作「迫」，據葉本改。
［七］相次自然豁然有覺處　「相」，葉本作「胸」。
［八］且堅守正論　「正」原作「近」，按本條句解採自葉采近思録集解，葉書原作「正論」，今據葉書改。
［九］高談性天而實非領會者　「天」、「非」，葉本分别作「命」、「不」。
［一〇］此條原緊接於上條末，未單列，據葉本改爲單列。
［一一］一日間意思差别　「一」上，文淵閣四庫全書本葉采近思録集解有「一日間朋友論著則」八字。
［一二］理甚分明　「理」上，葉本有「理只是人」四字。
［一三］苟以崎嶇委曲之意觀之　「觀」，葉本作「求」。
［一四］自有深處　「深」下，葉本有「遠」字。
［一五］此條下，熊剛大集解時删除一條語録，葉本有：

學者不泥文義者，又全背却遠去；理會文義者，又滯泥不通。如子濯孺子爲將之事，孟子只取其不背師之意，人須就上面理會事君之道如何也。又如萬章問舜完廩浚井事，孟子只答他大意，人須要理會浚井如何出得來，完廩又怎生下得來。若此之學，徒費心力。

〔一六〕這裏須自見得　此句，葉本作「此便是無窮」。

〔一七〕此條原緊接於上條末，未單列，據葉本改爲單列。

〔一八〕以下分論讀書之序　「序」，葉本作「法」。

〔一九〕學者先須讀論孟　「論」，葉本作「語」。按，本條「論孟如丈尺權衡相似」句中，「論」，葉本亦作「語」。

〔二〇〕而見得長短輕重　「而」，葉本作「自然」。

〔二一〕此條下，熊剛大集解時删除兩條語録，葉本有，分别是：

凡看語、孟，且須熟玩味，將聖人之言語切己，不可只作一場話説。人只看得此二書切己，終身儘多也。

論語有讀了後全無事者，有讀了後其中得一兩句喜者，有讀了後知好之者，有讀了後不知手之舞之、足之蹈之者。

〔二二〕此條原緊接於上條末，未單列，據葉本改爲單列。

〔一一三〕此條下，熊剛大集解時删除一條語録，葉本有：

論語、孟子只剩讀著便自意足。學者須是玩味，若以語言解著，意便不足。某始作此二書文字，既而思之又似剩，只有些先儒錯會處，却待與整理過。

〔一一四〕入禪學去 「去」原作「云」，據葉本改。

〔一一五〕吟詠情性 「情性」，葉本作「性情」。

〔一一六〕但又不曾章解句釋 「但」，葉本作「他」；「又」下，葉本有「渾」字。

〔一一七〕便教人省悟 「悟」下，葉本有「又曰古人所以貴親炙之也」句。

〔一一八〕當如此 「當」上，葉本有「自是作文」四字。

〔一一九〕而本之於達德達道則其精也 「德」原作「得」，據葉本改。

〔一二〇〕此條下，熊剛大集解時删除一條語録，或因該條在性理群書句解「前集」已收録，故删去。葉本有：

伊川先生易傳序曰：易，變易也，隨時變易以從道也。其爲書也，廣大悉備，將以順性命之理，通幽明之故，盡事物之情，而示開物成務之道也。聖人之憂患後世，可謂至矣。去古雖遠，遺經尚存。然而前儒失意以傳言，後學誦言而忘味。自秦而下，蓋無傳矣。予生千載之後，悼斯文之湮晦，將俾後人沿流而求源，此傳所以作也。「易有聖人之道四焉：以言者尚其辭，以動者尚其變，以制器者尚其象，以卜筮者尚其占。」吉凶消長之理、進退存亡之道備於辭。推辭考卦，可以知變、象與占在其中矣。「君子居則觀其象而玩其辭，動則觀其變而玩其占。」得於辭不達其意者有矣，未有不得於辭而能通其意者也。至微者理也，至著者象也，體用一源，顯微無間。觀會通以行其典禮，則辭無所不備。故善學者求言必自近，易於近者，非知言者也。予所傳者辭也，由辭以得意，則在乎人焉。

[三一] 五爲君位　「位」原無，據葉本增。

[三二] 此條原緊接於上條末，未單列，據葉本改爲單列。且此條下，熊剛大集解時删除五條語録，葉本有，分別是：

作易，自天地幽明，至於昆蟲草木微物，無不合。

今時人看易，皆不識得易是何物，只就上穿鑿。若念得不熟，與就上添一德亦不覺多，就上減一德亦不覺少。譬如不識此兀子，若減一隻脚亦不知是少，若添一隻亦不知是多。若識則自添減不得也。

游定夫問伊川「陰陽不測之謂神」。伊川曰：「賢是疑了問，是揀難底問？」

伊川以易傳示門人，曰：「只説得七分，後人更須自體究。」

伊川先生春秋傳序曰：天之生民，必有出類之才起而君長之。治之而爭奪息，導之而生養遂，教之而倫理明，然後人道立，天道成，地道平。二帝而上，聖賢世出，隨時有作，順乎風氣之宜，不先天以開人，各因時而立政。暨乎三王迭興，三重既備。子丑寅之建正，忠質文之更尚，人道備矣，天運周矣。聖王既不復作，有天下者雖欲仿古之跡，亦私意妄爲而已。事之繆，秦至以建亥爲正；道之悖，漢專以智力持世。豈復知先王之道也？夫子當周之末，以聖人不復作也，順天應時之治不復有也，於是作春秋，爲百王不易之大法。所謂「考諸三王而不謬，建諸天地而不悖，質諸鬼神而無疑，百世以俟聖人而不惑」者也。先儒之傳曰：「游、夏不能贊一辭。」辭不待贊也，言不能與於斯耳。斯道也，惟顏子嘗聞之矣：「行夏之時，乘殷之輅，服周之冕，樂則韶舞。」此其準的也。後世以史視春秋，謂褒善貶惡而已，至於經世之大法，則不知也。春秋大義數十，其義雖大，炳如日星，乃易見也。惟其微辭隱義，時措從宜者，爲難知也。或抑或縱，或與或奪，或進或退，或微或顯，而得乎義理之安，文質之中，寬猛之宜，是非之公，乃制事之權衡，揆道之模範也。夫觀百物然後識化工之神，聚衆材然後知作室之用，於一事一義而欲窺聖人之用心，非上智不能也。故學春秋者，必優游涵泳，默識心通，然後能造其微也。後王知春秋之義，則雖德非禹湯，尚可以法三代之治。自秦而下，其學不傳。予悼夫聖人之志不明於後世也，故作傳以明之，俾後之人通其文而求其義，得其意而法其用，則三代可復也。是傳也，雖未能極聖人之蘊奥，庶幾學者得其門而入矣。

［三三］深切著明者也　「也」下，葉本有：「有重疊言者，如征伐、盟會之類。蓋欲成書，勢須如此，不可事事各求異義。但一字有異，或上下文異，則義須別。」

［三四］本條句解本自葉采近思録集解，葉書原作：「律令者，立法以應事。斷例者，因事以用法。」

［三五］則始見其法之則也　「則」，葉本作「用」。

［三六］用事用法則猶五經之有春秋　「猶」原作「尤」，據文義改。

［三七］中庸無如權　「中」上，葉本有「欲知」二字。

［三八］此條下，熊剛大集解時删除四條語録，葉本有，分別是：

讀史須見聖賢所存治亂之機，賢人君子出處進退，便是格物。

元祐中，客有見伊川者，几案間無他書，惟印行唐鑑一部。先生曰：「近方見此書。三代以後，無此議論。」

橫渠先生曰：序卦不可謂非聖人之藴。今欲安置一物，猶求審處，況聖人之於易？其間雖無極至精義，大概皆有意思。觀聖人之書，須遍布細密如是。大匠豈以一斧可知哉？

天官之職，須襟懷洪大方看得。蓋其規模至大，若不得此心，欲事事上致曲窮究，湊合此心如是之大，必不能得也。釋氏錙銖天地，可謂至大，然不嘗爲大，則爲事不得。若畀之一錢，則必亂矣。又曰：太宰之職難看，蓋無許大心胸包羅，記得此，復忘彼。其混混天下之事，當如捕龍蛇，搏虎豹，用心力看方可。其他五官便易看，止一職也。

〔三九〕何由見詩人之志　「志」下，葉本有：「詩人之情性，温厚平易老成，本平地上道著言語。今須以崎嶇求之，先其心已狹隘了，則無由見得。詩人之情本樂易，只爲時事拂著他樂易之性，故以詩道其志。」

另外，此條下，熊剛大集解時删除一條語録，葉本有：

尚書難看，蓋難得胸臆如此之大。只欲解義，則無難也。

〔四〇〕此條原緊接於上條末，未單列，據葉本改爲單列。且在此條下，熊剛大集解時删除兩條語録，葉本有，分別是：

六經須循環理會，義理儘無窮。待自家長得一格，則又見得别。

如中庸文字輩，直須句句理會過，使其言互相發明。

〔四一〕先儒未及此　「此」下，葉本有「而治之」三字。

新刊音點性理群書句解卷之四　後集

近思録第四卷

此卷論存養。蓋窮格之雖至，而涵養之不足，則其智將自昏，而亦何以爲力行之地哉？故存養之功，實貫乎知行，而此卷之編，列乎二者之間也。

伊川先生曰：陽始生甚微，一陽初復，其氣甚微。安静而後能長。不可勞動。故當安静以養微陽。如人善端方萌，正欲静以養之，方能盛大。故復之象曰：復卦乃一陽初復於下，其象云。「先王以至日閉關。」先王於冬至之時，閉關息旅，安静休養，以迎方長之陽而絶陰柔之牽也。○易傳。下同。〔一〕

動息節宣，動存自養，節食宣和。以養生也；所以養吾生。飲食衣服，飲食充腹，衣服蔽體。以養形也；所以養吾形。威儀行義，威儀見於容貌，行義著於事業。以養德也；所以養吾德。推己及物，推己之善以及乎物。以養人也。所以養乎人。

「慎言語」以養其德，言語不謹則敗德。「節飲食」以養其體。飲食無度則病身。事之至近而所繫至大者，日用之間至切近之事而關係則甚大者。莫過於言語飲食也。不能越乎斯二者也。○頤卦象傳。

「震驚百里，雷聲震動，驚及百里。不喪匕鬯。」而奉祀者執持匕鬯而不失。臨大震懼，是歷大恐懼。能安而不自失者，處之安而不自失者。唯誠敬而已。誠敬盡於祀事，則雖震而不驚也。此處震之道也。處震之道當如此。○震卦象傳。

人之所以不能安其止者，止者，事物當然之則。人之弗安厥止者。動於欲也。私欲動之也。欲牽於前而求其止，私欲牽引於前，而欲得其所止。不可得也。弗能得也。故艮之道，故艮卦之道。當「艮其背」，艮，止也。止於其背，背，非有見之地。所見者在前，所見者在背之前。而背乃背之，而背則背。是所不見也。是不能有見。止於所不見，惟止於不見之地。則無欲以亂其心，而止乃安。則不見可欲，使心不亂，而止得其所止矣。「不獲其身」，所謂「不獲其身」。不見其身也，是不自見其身。謂忘我也。言忘其身也。無我則止矣。忘其身，則外既無非禮之視聽言動，則內不見有私己之慾。不能忘我[二]，未能忘其身。無可止之道。則未免爲視聽言動所牽動於私欲，則不能止矣。「行其庭，至於無庭除之間。不見其人」，亦不見其有人。庭除之間至近也，夫莫近於庭除。在背則雖至近不見，但止於其背，則背非有見，則至近庭除不見其人。謂不交於物也。不交於物，非絕物也，亦謂中有所主，不誘於外物之交耳。外物不接，即不見其人也。內欲不萌，即不獲其身也。如是而止，若此則人己兩忘，內外各定，若此爲止。各得止之道[三]，吾見動静之間各得其所止。於止爲无咎也。何咎之有！

明道先生曰：程伯子云。若不能存養，徒事問辨而不能存養。只是説話。只是口耳之學。遺書。下同。

聖賢千言萬語，聖賢垂訓多端。只是欲人將已放之心約之，求其旨歸，不過欲人存此心。使反復入身來，常在腔子裏。自能尋向上去，心不外馳，則學問日進於高明。「下學而上達」也。雖是下學，自可上達天德矣。[四]

李籲問：每常遇事，李籲，字端伯，程氏門人也。問每於遇事之時。即能知操存之意，乃能操持此心而不失。無事時如何存養得熟？於未與物接，又當若何熟於存養。明道曰[五]：答云。古之人，我聞古人。耳之於樂，耳所聞者正音。目之於禮，目所閲者正禮。左右起居，在左在右，或居或行。盤杅几杖，雖至微物。有銘有戒，刻銘示戒。動息皆有所養。動作休息無不有養。今皆廢此，今人皆廢置不用。獨有理義之養心耳。但有理明義精，可以養心。但存此涵養意，苟能常存此涵養。久則自熟矣。真積力久則當自熟。「敬以直內」，敬則心存於中，無所越逸。是涵養意。此即涵養之意。

呂與叔嘗言呂氏曾言。患思慮多，不能驅除。所患者思慮之多，不能除去。明道曰[六]：答云。此正如破屋中禦寇，此正猶居破屋以敵寇讎。東面一人來未逐得，寇自東面來者，未曾逐得。西面又一人至矣，寇自西面來者，又復至矣。左右前後，禦左遺右，禦前遺後。驅逐不暇。捍禦不及。蓋其四面空疏，病在屋破，四壁不存。盜固易入，寇固多方而入。無緣作得主定[七]。無由做得主。又如虛器入水，又如器皿虛則必入水。水自然入。自然如此。若以一器若取一虛器。實之以水，以水實其中。置之水中，又委之水之中。水何能入來？·水必不入，借此以喻心之不存，猶屋之破、器之虛，則思慮之多亦猶寇之來、水之入，必誠存則邪自閉矣。蓋中有主則實，大凡中有所主則實。則外患不能入，實則凡物皆不能入。自然無事。則自無事。[八]

「居處恭，恭者，敬之形於外者。執事敬，執事而敬主於事。與人忠」，與人而忠推於人。此是徹上徹下語，自始學以至成德，皆不外此。聖人元無二語。但有勉强、安行之異，聖人何嘗有二等之别哉！[九]

伊川先生曰：學者須敬守此心，養心莫善於敬。不可急迫，然又不可執持太迫。當栽培深厚，須培養深固。涵泳於其間，涵容游泳於其中。然後可以自得。而後有以造自得之妙。但急迫求之，若執持太迫。只是私己，反成私意。終不足以達道。於道却有礙。

明道先生曰：「思無邪」，此魯頌語，言所思不可不正。「毋不敬」，此曲禮語，言遇事毋有不敬。只此二句，但將此二句。循而行之，見之所行。安得有差？自無差失。有差者，凡有差失者。皆由不敬不正也。皆因敬心不存，邪念交作也。

今學者敬而不自得〔一〇〕，今爲學者持敬而無自得之意。又不安者，又爲之不安者。只是心生，但存心未熟之故。亦是太以敬來做事得重，亦是作意以敬故事太過。此「恭而無禮則勞」也。勉强爲恭，而不知禮本自然，是以勞而不安也。恭者，私爲恭之恭也。私爲恭者，作意以爲恭，而非其公行者也。禮者，非體之禮也，非體之禮，謂非升降揖遜之儀、鋪筵設几之文。是自然道理也。是自然安順之理。只恭而不爲自然道理，只勉强爲恭而不爲自然安順之理。故不自在也，所以不自然也。須是「恭而安」。是必恭而能安則善。今容貌必端，今端爾容。言語必正者，正爾言。非是道獨善其身，非是要吾身之獨善。要人道如何，欲人稱説如何。只是天理合如此，皆是天理合當行者。本無私意，本無矯飾作爲之意。只是個循理而已。只順乎自然，順乎當然，何不安之有？〔一一〕

今志於義理而心不安樂者，何也？今有志問學而心不安順，如何？此則正是剩一個「助之長」。此正是作意太迫，則有助長欲速之患。雖則心「操之則存，雖是此心操之則存在。舍之則亡」〔一二〕，舍之則亡去。然而持之太甚，但是執持太過。便是必有事焉而正之也。便是有事而預期必也。亦須且恁去，須是且操存將去。如此者只是德孤。若此則是其德寡特無輔。涵養未熟，義理單薄，故無自得之意。「德不孤，及德充而不至寡特。必有鄰」，又必有以輔之。到德盛後，及至德盛而不孤。自無窒礙，則胸中無滯礙。左右逢其原也。取之左右，沛然有餘裕，又何不安樂之有？

敬而無失，静而主敬，事物未交。便是「喜怒哀樂未發謂之中」。此心所存，不偏不倚，即所謂「未發之中」。敬不可謂中，敬自非中。但敬而無失，然敬而存此心。即所以中也。即所以養此中也。[一三]

有人胸中有一等人其心内。常若有兩人焉[一四]：常如有兩人。欲爲善，一念之發，思欲爲善。如有惡以爲之間；又若有惡間雜於其中。欲爲不善，一念之發，思爲不善。又若有羞惡之心者。自覺似有羞惡之心並處於内。本無二人，人之心有善無惡，本無二者。此正交戰之驗也。此正是理慾交相爲敵，是心無所主。持其志，苟能持守其志。使氣不能亂，不爲氣所勝。此大可驗。此有可見。要之，聖賢但是聖賢。必不害心疾。所主者定，何有紛紜？

明道先生曰：某寫字時甚敬，我寫字時甚是持敬。非是要字好，不是求字好。只此是學。篤於持敬，

無往非學。〔一五〕

伊川先生曰：入道莫如敬，學者入道之門莫如主敬。未有能致知而不在敬者。非敬，則此心昏雜，理有不能察，知有所未至。今人主心不定，今之人主此心不能無走作。視心如寇讎而不可制〔一六〕，以謂心如寇讎，有難制者。不是事累心，事至當應，初何爲累？乃是心累事〔一七〕。顧心無所主，不能定應，反累事耳。

人只有一個天理，人之所以靈於萬物者，以此心見此天理耳。却不能存得，若不能存得此理。更做甚人也！便非人類，與禽獸無異。

人多思慮，爲人至於多思慮。不能自安〔一八〕，擾擾不安。只是做它心主不定。只是此心之主宰不定。要作得心主定，若要心之主宰者定。惟是止於事，惟是止於事物當然之則。「爲人君止於仁」之類。如「君止於仁」之類。人之應事能止所當止，則亦無思慮紛擾之患矣。如舜之誅四凶，如舜之放驩、流共、竄苗、殛鯀。四凶已作惡，惡在四凶。舜從而誅之，自應誅戮。舜何預焉〔一九〕？舜何所預？人不止於事，應事而不止其所當止。只是攬他事，只是以一己智攬它事。不能使物各付物。不能使物物各得所止。物各付物，謂之「物各付物」，是物來而應，不過其則；物往而化，不滯其跡。則是役物；是能役物。爲物所役，心爲物役。是役於物。因物役而不得其安。有物必有則，則即止之理也，有物必有當然之則。須是止於事。須要止得其所止則可。

不能動人，誠實懇至，則人無不感。不能感動乎人。只是誠不至。只是誠實不至。於事厭倦，遇事有一毫厭倦之意。皆是無誠處。皆是無誠實也。[二〇]

静後見萬物，静此一心以觀萬物。自然皆有春意。則生意勃勃，無非仁也。

孔子言仁，夫子論仁。只説「出門如見大賓，只言出門如見大賓客。使民如承大祭」。使百姓如承大祭，禮無非敬謹之意。看其氣象，然玩其氣象。便須心廣體胖，則必心無隱慝而廣大寬平，體無怠肆而安和舒泰。動容周旋中禮自然。充其至則動作容貌周折曲旋，自然合禮。惟慎獨便是守之之法。學者守之，則惟在謹獨。蓋隱微之中常存敬謹之意，則出門、使民之際，乃能及此。聖人脩己以敬，聖人敬以脩己。以安百姓，充而廣之，則政理清明而百姓安。篤恭而天下平。風化廣被而天下平。惟上下一於恭敬，惟上下孚感，一於恭敬。則天地自位，則誠敬所感，自然陰陽順軌。萬物自育，萬物遂宜。氣無不和，和氣薰蒸。四靈何有不至？鳳凰、麒麟皆在郊藪，龜、龍在宫沼。所謂四靈畢至。此體信達順之道。信是實理，順是和氣。體信是無一毫之僞，達順是發而皆中節，無一物不得其所。聰明睿智皆由是出，敬則心專，静而不昏，故明睿生。以此事天饗帝。天以理言，故曰「事」，動静語嘿無非事也。帝以主宰言，故曰「饗」，饗郊祀之類。

存養熟後，所養者厚。泰然行將去，則行有餘力。便有進。便覺進進。

不愧屋漏，屋漏者，室之西北隅，謂隱暗之地也。於此自反無愧。則心安而體舒。心常安適，體自舒泰。

心要在腔子裏。腔子，猶所謂神明之舍。在腔子裏，謂心不外馳也。〔一一一〕

人心常要活，心常存，則常活。則周流無窮，活則隨事應酬，運轉無跡。而不滯於一隅。故不滯於一偏。

熊氏曰：「不活則如枯木不復生，死灰不復然，又安能流動而無所偏滯？」

明道先生曰：「天地設位，天尊地卑，其位已定。而易行乎其中」，亦必有主宰，方始變易無窮。只是敬也。就人心言之，惟敬，然後流行不息。敬則無間斷。敬纔間斷，便是不誠無物也。〔一一二〕

「敬以直内，敬立則内直。義以方外」，義形而外方。仁也。由内達外，生理條直，而無私慾邪枉之累，則心德全矣。若以敬直内，文言曰「敬以直内」，而不曰「以敬直内」，蓋有意以之而直内。則便不直矣。則此心已有所偏倚而非直矣。「必有事焉，而勿正」，則直也。「必有事焉，而勿正」者，敬所當爲，而無計較期必之意也。

涵養吾一。心存則不二。

「子在川上曰：夫子於川上。『逝者如斯夫！見川流之不息，嘆逝者之如斯。不舍晝夜。』」無晝無夜，常常如此。原其所以然，乃天命流行不息之體。自漢以來，漢世而下。儒者皆不識此義。以儒名者皆不明此。此聖人之心，惟聖人之心嘿契乎此，故有感焉，亦可見其心。純亦不已也。純是天理，無私意間斷，與川流同一不息。純亦不已，純是天理，無私意間斷。天德也。此即天之德也。有天德便可語王道，有上天純亦不已之德，便做得王道。其要在慎獨。學者謹獨，所以爲不已。少有不謹則人欲乘之，便間斷也。

「不有躬，蒙卦六三爻辭也。不能立其身。無攸利。」必無所利。不立己後，謂己未能立，則心無所主。雖向好事，雖爲善事。猶爲化物。猶爲逐物而動。不得以天下萬物撓己，不能免得，己爲物所汩撓。己立後，若能自立，則應酬在我。自能了當得天下萬物。物皆聽命，何撓之有？

伊川先生曰：學者患心慮紛亂，爲學不能主宰此心，至於思慮紛擾。不能寧靜，不能安所止。此則天下公病。天下通病之。學者只要立個心，學者不立個心，恰似作室無基址。今求此心正爲要立基址。得此心有個存主處。此上頭儘有商量。則爲學便有歸著，可以用功。

閑邪則誠自存，閑去邪妄則實理自存。不是外面提一個誠 然實理在心，非是自外捉來。將來存着[一三]。存着於心。今人外面役役於不善，今世之人逐物外馳，役心邪妄。於不善中 又要於邪妄之間。尋個善來存着，求個善來存着。如此則豈有入善之理[一四]？亦無可在之理。故孟子言性善 孟軻氏論本性至善，如孩提之愛親敬兄，見赤子入井而有怵惕惻隱之心，如四端之發見。皆由内出，無非自然由中而出，何嘗自外捉來。只爲誠便存。蓋實理非外鑠，操之則存。閑邪更着甚工夫？所謂「閑邪」，初不曾要用工。但惟是動容貌，亦不過外肅其容貌。整思慮，内齊其思慮。則自然生敬。則敬自然生，邪自然息。敬只是主一也。敬者，心主乎一，無放逸也。主一則既不之東，謂之主一，不散之東。又不之西，不逸而西。如是則只是中；常在中矣。既不之此，不偏於此。又不之彼，不滯於彼。如是則只是内。常在内也。存此則自然天理明。常存此心，則天理自明。學者須是將「敬以直内」，爲學必須主敬以直其内。涵養此意，存養此心。直内是本。惟「敬以直内」，是其本也。

閑邪則固一矣，閑其邪思，則心固一矣。然主一則不消言閑邪。然心既主一，則自無私邪之念，不必閑也。

有以一爲難見，又有人以一爲不可見。不可下工夫，如何？難於用功。一者無他，蓋所謂一者不在乎它。只是整齊嚴肅，則心便一。但是内整齊而外嚴肅[二五]，則心自一。一則自是無非僻之干，心既一於天理，則自無非禮邪僻之來。此意但涵養久之，但即此意存養之熟。則天理自然明。則天理自然昭著。

有言：「未感時，又有言：心未感物之時。知何所寓？何所寄寓？」曰：答云。「操則存，操持則存在。舍則亡，舍去之則亡失。出入無時，蓋心是活物，或出或入，無有定時。莫知其鄉。莫識其所，更怎生尋所寓？又如何尋其所寓？只是有操而已。但只是操持則常存在耳。操之之道，其所以操執此心之道。敬以直内也。」亦不出於主敬以直其内也。

敬則自虚静，敬則自然静定其心，自作主宰。不可把虚静喚做敬。不可求静，與事物不交涉，以此謂之「敬」。

學者先務，爲學先用力處。固在心志，固是在心與志。然有謂欲屏去聞見知思，但有人言要絶去耳聞目見之累、致知精思之道。則是「絶聖棄智」。則是黜其聰明，屏其智慮，甘爲老氏之清浄。有欲屏去思慮，有人又欲去思絶慮。患其紛亂，恐其擾亂。則須坐禪入定。則是瞑目静坐，參禪入定，甘爲佛氏之寂滅。如明鑑在此，吾儒之學正如明鑑當軒。萬物畢照，萬物妍蚩，無不洞照。是鑑之常，此乃明鑑之常。難爲使之不照。有鑑則必能照物，又安能使之不照？人心不能不交感萬物，人之一心，亦猶鑑然，其酬酢萬事，亦猶明鑑之照萬物。難爲使之不思慮。但事來則應，事過不留，有是心又安能使之不思慮哉？若欲免此，如欲免一切邪思妄慮。惟是心有主。必須心中有理，爲之主。如何爲主？所謂主者若何？敬而已矣。惟「敬」之一字是也。有主則虛，自其有所主於中。虛謂外邪不能入；則邪不能入，故虛。無主則實，苟無所主於中。實謂物來奪之。則物慾據其中，故實。大凡人心不可二用，人只一心，而無二用。用於一事，用於此一件事。則他事更不能入，則其他事件不能入。事爲之主也。是先一件事爲之主也。事爲之主，以一事爲主於心。尚無思慮紛擾之患，尚無它事紛擾之思慮。若主於敬，如敬爲主於心。又焉有此患乎？則自不爲事物紛擾矣。所謂敬者，但所言敬者。主一之謂敬；若動若静，此心常存，存而不二，所謂敬也。所謂一者，所言一者。無適之謂一。心常主乎此而無他適，所謂一也。且欲涵泳主一之義，且試玩味主一之意義。不一則二三矣。纔不一則物欲間雜、思慮紛擾，便二三矣。至於不敢欺，以至不敢自欺。不敢慢，不敢慢侮。尚不愧於屋漏，雖以室西北隅隱暗之地，尚至無所愧怍，皆戒懼謹獨之意。皆是敬之事也。此意常存，所主自一矣。

嚴威儼恪，嚴威儼恪，外貌之恭謹也。非敬之道，敬在心。雖非爲敬之道理。但致敬自此入。然自此亦可以入於敬，未有外貌弛慢而心能敬也[二六]。

「舜孳孳爲善」，孳孳者，亹亹不倦之意。聖人爲善固無間斷。若未接物，如何[二七]？然方其未與物接之時。只是主於敬，亦只心存此敬。便是爲善也。是即善之本。以此觀之，即此而看。聖人之道，聖人之所謂道。不是但嘿然無言。非是嘿嘿無說，雖靜而有所存也。[二八]

思慮雖多，人之思慮之多。果出於正，若所思所慮皆出於正。亦無害否？想亦無害。曰：答云。且如在宗廟則主敬，敬存於執事。朝廷主莊，莊示於等威。軍旅主嚴，嚴施於法制。此是也。皆發於心而見於事者。發之而當，則無害也。如發不以時，苟所發不以其時。紛然無度，雜然而發，或過而無節。雖正亦邪。其事雖正，亦是邪念。

蘇季明問：「喜怒哀樂未發之前，蘇昞，字季明，張、程門人。問四者未發之前。求中可否？」求其所謂中，可耶？曰：「不可。既思於喜怒哀樂未發之前求之，未發之前思欲求中。又却是思也。則思與喜怒哀樂一般，纔思。既思即是已發，此則便是已發了。纔發便謂之和，方其未發，此心湛然無所偏倚，故謂之中。一念纔生，便屬已發之和。不可謂之中也。」又安得謂之中哉！又問：「呂學士言當求於喜怒哀樂未發之前，如何？」呂學士，與叔也。又問：呂氏有求之未發之前，若何？曰：「若言存養於喜怒哀樂未發之前則可，未發之前但可涵養，是中。若言求中於喜怒哀樂未發之前則不可。」若有意求之，則不得謂之未發。又問：「學者於喜怒哀樂發時，又問爲學者於四者之發。固當勉强裁抑，固可强裁抑制。抑於未發之前，但未發之時。當如何用功？」又當若何着力？曰：「於喜怒哀樂未發之前，於其未發之時。更怎生求？不容着力用功。只平日涵養便是。但有操存涵養而已。涵養久，所養者厚。則喜怒哀樂發自中節。」則四者皆中節。曰：又問。「當中之時，方其未發爲中之時。耳無聞，是耳無所聞。目無見否？」目無所見否？曰：答云。「雖耳無聞，目無見，然見聞之理在始得。然須是常有個主宰操持底在這裏始得，不是一向空寂了[二九]。賢且說靜時如何。」汝且言靜之時何若。曰：「謂之無物則不可，朱子曰：「無，當作有。」言其有物則不見其有物。然自有知覺處。」然有所知覺。曰：「既有知覺，既是有知有覺。却是動也，是又動了。怎生言靜？又如何說靜？人說『復其見天地之心』，人言復初可以見天地之心。皆以謂至靜能見天地之心，漢儒皆云靜則能見其心。非也。恐不然。復之卦復之爲卦，上坤下震。下面一畫一陽生於下。便是動也，復者，動之端也。故天地之心於此可見。安得謂之靜？」又如何謂靜見天地之心耶？或曰：「莫是於動上求靜否？」莫是於動之中求其靜耶？曰：答云。「固是，固是如此。然最難。但最難辨。釋氏多言定，佛氏多說「定」之一字。聖人便言止，聖人只言止，止者事物當然之則。如『爲人君止於仁，爲君之道，所止者仁。爲人臣止於敬』之類是也。爲臣之道[三〇]，所止者敬之類。易之艮易之艮卦。言止之義，艮者，止也。曰：『艮其止，艮其止之道也。止其所也。』「止其所」，是動中其則而不遷也。蓋人萬物皆備[三一]，人之一身，萬事皆備。遇事時，凡遇事之時。各因其心之所重者心有所重，則因重而遷。更互而出，交疊而出。纔見得這事重，纔所重在這事。便有這事出。則所出者亦這事。

若能物各付物，苟能物付乎物，我無預焉。便自不出來也。」則止其所止而心不外馳矣。或曰：「先生於喜怒哀樂未發之前，先生於四者未發已前。下動字，是以動言？下靜字？」是以靜言？曰：云。「謂之靜則可，然只可著一靜字。然靜中須有物始得。但靜中須是有物，有物云者，只是知覺不昧。這裏便是難處。於此最難體驗。莫若且先理會敬［三二］，不如且先主持個敬。能敬則知此矣。」能敬則心有主宰，邪妄莫入，亭亭當當，直上直下，有以存養其在中之中矣。或曰：「敬何以用功？」敬字從何著力？曰：「莫若主一。」無如心主乎一。季明曰：蘇氏云。「昞嘗患思慮不定，某嘗憂思慮紛擾，不能定於一。或思一事未了，或時思量一件事未了。它事如麻又生，其它件事又如麻之多。如何？」是如何？曰：「不可。恐不可。此不誠之本也。心不專一，則言動皆無實，此其本也。須是事事能專一時便好。須是必事事能專一時方好。不拘思慮與應事，思慮者動於心，應事者見於言行。皆要求一。」不可不主於一。

人於夢寐間，魂與魄交而成寐，心在其間依舊能思慮，所以做出夢。亦可卜自家所學之淺深。可以覘吾一身所學之深淺。如夢寐顛倒，如是夜夢顛强倒置。即是心志不定、乃是心神不安定。操存不固。操存不堅固，若心神安、操守固，不至顛倒。［三三］

「持其志，此是有所守於中。無暴其氣」，此是無所縱於外。內外交相養也。然中有所守，則氣自完；外無

所縱，則志愈固，故曰「交相養」。〔三四〕

問：「出辭氣」，問出辭吐氣斯遠鄙倍。莫是於言語上用工夫否？莫是於言語間著力耶？曰：須是養乎中，是必中有所養。自然言語順理。而後發於外者不悖。若是慎言語不妄發，至於謹言語。此却可用力。此亦學者所可用力，但不可專於言語上用功。〔三五〕

大率把捉不定，把捉不定，則此心外馳，理不勝欲。皆是不仁。便是不仁。蓋仁者，心存乎中，純乎天理者也。

伊川先生曰：致知在所養，蓋内有涵養之素，則明睿生。養知莫善於「寡欲」二字〔三六〕。外無物慾之撓，則心境清。

心定者，其言重以舒；心專而静，則言不妄發，發必審確而和緩。不定者，其言輕以疾。心之紛擾者則言必妄發，發必輕易而浮躁。〔三七〕

伊川每見人静坐〔三八〕，静坐則收拾得精神定，道理方有凑泊處。便嘆其善學。便以爲善於爲學。蓋心以静而定，理以定而明也。

橫渠先生曰：始學之要，初學之要處。當知「三月不違」當知顏子當三月天時之小變，而此心猶不違乎仁。與「日月至焉」，與諸子日一至此仁、月一至於此仁者。內外賓主之辨，有內外賓主之異。蓋仁，人之安宅也。居之三月而不違去是宅者，久而不遷，是在內而爲主也，其違也暫而已。日一至此宅，月一至此宅者，既至復出，是在外而爲賓也，其至也暫而已。使心意勉勉使勉而又勉。循循而不已，循此而不已。過此幾非在我者。則過「三月不違」以上，便是聖人大而化之之事，非可以勉强至矣，故曰「非在我者」。

心清時少，人之心，其澄清之時常少。亂時常多。其汨亂之時常多。其清時，視明聽聰，但心爲耳目四肢之主。天君澄肅，則視而明，聽而聰。四體不待羈束，而自然恭謹。四體雖無事於管束而自然從令。亂時反是[三九]，若其汨亂則又異是。如此何也？是如何？蓋用心未熟，皆存心於道者未熟。客慮多而常心少也，則客慮足以勝其本心也。習俗之心未去，而實心未完也。習俗足以奪其誠意也。人又要得剛，剛則毅然任道。柔則入於不立。柔則不能自立。亦有人生無喜怒者，亦有人生來喜慍不形於色。則又要得剛，但亦要有此剛。剛則守得定不回，剛則守之固，行之決。進道勇敢。故足以進於道。柔懦委靡，必不能有立矣。載則比他人載，橫渠名也。謂我比似它人。自是勇處多。自覺勇於進，蓋自許也。

戲謔不惟害事，凡戲謔不特是害所爲之事。志亦爲氣所流。此心亦爲氣所動。不戲謔不事戲謔。亦是持氣之一端。亦可爲持氣之一事。先生嘗曰:「凡人之過,猶有出於不知而爲之者,至戲則皆有心爲之也,其爲害尤甚。」遂作東銘。

正心之始,正心之初。當以己心爲嚴師。當視心如師之嚴。凡所動作,凡有舉動。則知所懼。則知所敬畏。如此一二年,若是者凡一二載。守得牢固,則所守者堅固。則自然心正矣。心自然得其正矣。

定然後始有光明,此心静定而明生焉。水之止者可鑒,而流水不可鑒,亦是理也。若常移易不定,如常常移改變易而不定。何求光明?如何光明?如水之流蕩不定,則光明者破碎矣。易大抵以艮爲止,易之爲卦,艮者止也。止乃光明。知止而後有定,則其道光明。故大學定而至於能慮。故大學之道,由能定而後能慮,既曰「能慮」,可知光明。人心多則無由光明。人思慮之多,則必不能定静,此光明無自生也。

「動静不失其時,此艮卦彖也。惟當動而動,當静而静,不失其動静之時。其道光明。」則其道自然光明。學者必時其動静,爲學者是必動以其時,静以其時。則其道乃不蔽昧而明白。則動得動之時,静得静之時,其道自明白。若静而失静之時,動而失動之時,則其道蔽昧矣。今人從學之久,今有人向學已久。不見進長,不見其進進光明之域。正以莫識動静,正是莫曉時動時静之理。見他人擾擾,見别人役役人慾,失之動也。非干己事[四〇],全不與己相干。而所脩亦廢。而因循廢學。謂之「光明」可乎[四一]？終何光明之有？

敦篤虛静者，仁之本。敦篤而不外馳，虛静不爲物汩，皆有以全其心之德，故曰「仁之本」。不輕妄，則是敦篤也；言動輕妄而不敦篤，則此心外馳，非仁也。敦篤則不輕妄矣。無所繫閡昏塞，則是虛静也。有所繫閡昏塞而不虛静，則此心罔覺，非仁也。虛静則無繫閡昏塞矣。此難以頓悟，但此不可超頓悟。苟知之，能審乎是。須久於道，在必存心之久。實體之，實體於己。方知其味。乃能深知其味。夫仁亦在乎熟之而已。爲仁之道，亦貴乎熟，熟則此理件件不窮，譬之果，自成熟爲是實，又自是實萌櫱生，烏可已。

【校勘記】

[一] 此條前，熊剛大集解時删除一條語録，葉本有：

或問：聖可學乎？濂溪先生曰：可。有要乎？曰：有。請問焉。曰：一爲要。一者無欲也，無欲則静虛動直。静虛則明，明則通；動直則公，公則溥。明通公溥，庶矣乎！

[二] 不能忘我 「忘」，葉本作「無」。

[三] 各得止之道 「各」，葉本作「乃」。

[四] 此條原緊接於上條末，未單列，據葉本改爲單列。

［五］明道曰　「明道」二字原無，據葉本補。

［六］明道曰　「明道」二字原無，據葉本補。

［七］無緣作得主定　「定」字原作小字，據葉本改爲大字。

［八］此條下，熊剛大集解時刪除兩條語録，葉本有，分别是：

邢和叔言：吾曹常須愛養精力，精力稍不足則倦，所臨事皆勉强而無誠意。接賓客語言尚可見，況臨大事乎？

明道先生曰：學者全體此心。學雖未盡，若事物之來，不可不應，但隨分限應之，雖不中不遠矣。

［九］此條原緊接於上條末，未單列，據葉本改爲單列。

［一〇］今學者敬而不自得　「自」原作「見」，據葉本改。

［一一］此條原緊接於上條末，未單列，據葉本改爲單列。

［一二］操之則存舍之則亡　「舍」，葉本作「捨」。

［一三］此條下，熊剛大集解時刪除兩條語録，葉本有，分别是：

伊川先生曰：司馬子微嘗作坐忘論，是所謂「坐馳」也。

伯淳昔在長安倉中閑坐，見長廊柱，以意數之，已尚不疑。再數之不合，不免令人一一聲言數之，乃與初數者無差。則知越著心把捉，越不定。

〔一四〕有人胸中常若有兩人焉　「有」上，葉本有：「明道先生曰：人心作主不定，正如一個翻車，流轉動摇，無須臾停，所感萬端。若不做一個主，怎生奈何？張天祺昔嘗言自約數年，自上著牀便不得思量事。不思量事後，須强把他這心來制縛，亦須寄寓在一個形象，皆非自然。君實自謂吾得術矣，只管念個『中』字。此又爲中所繫縛，且中亦何形象？」

〔一五〕此條下，熊剛大集解時删除兩條語録，葉本有，分别是：

伊川先生曰：聖人不記事，所以常記得。今人忘事，以其記事。不能記事，處事不精，皆出於養之不完固。

明道先生在澶州日，脩橋少一長梁，曾博求之民間。後因出入，見林木之佳者，必起計度之心。因語以戒學者：「心不可有一事。」

〔一六〕視心如寇讎而不可制　「讎」，葉本作「賊」。

〔一七〕乃是心累事　「事」下，葉本有「當知天下無一物是合少得者，不可惡也」句。

〔一八〕不能自安　「安」，葉本作「寧」。

〔一九〕舜何預焉　「預」，葉本作「與」。

〔二〇〕此條原緊接於上條末刻印，未單列，據葉本改爲單列。

〔一一〕此條下，熊剛大集解時删除一條語録，葉本有：

只外面有些隙罅，便走了。

〔一二〕此條下，熊剛大集解時删除兩條語録，葉本有，分别是：

「毋不敬」，可以對越上帝。

敬勝百邪。

〔一三〕不是外面提一個誠將來存着　「提」，葉本作「捉」。

〔一四〕則豈有入善之理　「理」下，葉本有「只是閑邪則誠自存」八字。

〔一五〕但是内整齊而外嚴肅　「内」「外」二字，葉本互倒。

〔一六〕未有外貌弛慢而心能敬也　「心」，葉本作「中」；「也」，葉本作「者」。

〔一七〕如何　「何」下，葉本有「爲善」二字。

〔一八〕此條下，熊剛大集解時删除一條語録，葉本有：

問：人之燕居，形體怠惰，心不慢者，可否？曰：安有箕踞而心不慢者？昔吕與叔六月中來緱氏，閒居中，某嘗窺之，必見其儼然危坐，可謂敦篤矣。學者須恭敬，但不可令拘迫，拘迫則難久也。

〔一九〕不是一向空寂了　「是一」，葉本作「然」。

〔三〇〕爲臣之道　「臣」原作「仁」，據葉本改。

〔三一〕蓋人萬物皆備　「蓋」上，葉本有「人多不能止」五字。

〔三二〕莫若且先理會敬　「莫」上，葉本有「學者」二字；「敬」上，葉本有「得」字。

〔三三〕此條下，熊剛大集解時删除一條語録，葉本有：

問：人心所繫著之事果善，夜夢見之，莫不害否？曰：雖是善事，心亦是動。凡事有朕兆入夢者却無害，捨此皆是妄動。人心須要定，使他思時方思乃是。今人都由心。曰：心誰使之？曰：以心使心則可。人心自由，便放去也。

〔三四〕此條原緊接於上條末，未單列，據葉本改爲單列。

〔三五〕此條下，熊剛大集解時删除一條語録，葉本有：

先生謂繹曰：「吾受氣甚薄，三十而浸盛，四十、五十而後完。今生七十二年矣，校其筋骨，於盛年無損也。」繹曰：「先生豈以受氣之薄，而厚爲保生耶？」夫子默然，曰：「吾以忘生狗欲爲深耻。」

〔三六〕養知莫善於寡欲二字　「善」，葉本作「過」。

〔三七〕此條下，熊剛大集解時删除一條語録，葉本有：

明道先生曰：人有四百四病，皆不由自家，則是心須教由自家。

〔三八〕伊川每見人静坐　「伊」上，葉本有：「謝顯道從明道先生於扶溝。明道一日謂之曰：爾輩在此相從，只是學顥言語，故其學心口不相應，盍若行之？請問焉。曰：且静坐。」

〔三九〕亂時反是　「亂」上，葉本有「其」字。

〔四〇〕非干己事　「干」，葉本作「關」。

〔四一〕謂之光明可乎　「謂」上，葉本有「由聖學觀之，冥冥悠悠，以是終身」句。

新刊音點性理群書句解卷之五　後集

近思録第五卷

此卷論力行。蓋窮理既明，涵養既厚，及推於行己之間，尤當盡其克治之力也。

復之初九曰：陽往爲剥，陽來爲復。復之卦其初九爻云。「不遠復，人必有所失而後有所復，既有失則不能無悔。惟未遠而復。無祇悔，則不至於悔。元吉。」乃大吉之道。傳曰：傳復卦者云。陽，君子之道，陽爲君子，陰爲小人，故陽乃君子之道。故復爲反善之義。復之爲義，乃善之返。初，初爻一畫之陽。復之最先者也，乃復之先，過而先復。是不遠而復也。是其失未遠而即復也。失而後有復，人必有所失而後有所復。不失則何復之有？既無所失則何待於復？唯失之不遠而復，惟所失者相去未遠，即返而歸於善。則不至於悔，則未至於有悔。大善而吉也。故爲大善而得其吉也。顔子無形顯之過，顔子天資高明，有過而知之敏、改之速，不待其形顯。夫子謂其庶幾，幾，近也。即不遠之義。乃「無祇悔」也。故無悔也。過既未形而改，於過未形顯而即知改。何悔之有？又果何所悔？既未能不勉而中，既不待勉强而中乎道。所欲不踰距，從心所欲而不過乎則，是聖人之事，無過之可改者。是有過也。顔子未能及是，故未免於有過。然其明而剛，但其至明至剛。故一有不善，纔有一不善之事。未嘗不知，無有不知，惟其明故過而必知。既知，未嘗不遽改，既知之則無有不改，惟其剛故知而必改。故不至於悔，故曰不至於有悔。乃「不遠復」也。乃其失未遠而即復也。學問之道無他也，爲學之道不在乎它。唯其知不善，惟在乎知己之未善。則速改以從善而已。則不遠即復以從善也。[一]

晉之上九：晉者，進也。晉卦上九一爻乃進之極。「晉其角，乃有「晉其角」之象。角者，言其進之窮也。維用伐邑，邑，私邑也。伐，治也。動則爲過，但可自治其私。厲吉，无咎，雖過於嚴厲，吉且无咎。貞吝。」然自治非中和之德，雖是貞正，終爲疵吝[二]。傳曰：易傳云。人之自治，凡人之自治其私。剛極則守道愈固，剛之至則所守者愈堅。進極則遷善愈速。進之極則所□者愈敏。如上九者以之，若晉卦上九乃剛之極，而進之終也。自治則雖傷於厲，自治則雖是過於嚴厲，而吉且无咎也。是乃獲吉之道，自無疵咎。嚴厲非安和之道，夫嚴厲雖非安和不迫之道。於自治則有功也。以之自治其私邑，則不爲無功。雖自治有功，雖是自治其私邑爲有功。然非中和之德，但剛智之極，有乖中和。所以貞正之道縱曰貞正。爲可吝也[三]。終亦未免疵吝也。

損者，損過而就中，天下之事，其本皆出於天理。民生日用之常，治道之不可廢者。其末流則末勝本、華勝質[四]、人欲勝天理，其害有不勝言者。故損之爲用，亦惟損太過以就乎中。損浮末而就本實也。損其浮華以就乎實，損其末者以就其本者。天下之害，凡爲天下之害者。無不由末之勝也。莫不皆由末勝其本。峻宇雕牆，有如太康之高峻其屋、雕畫其牆。本於宮室：，是以宮室爲本，不知其爲末也。酒池肉林，商紂之海酒爲池、積肉爲林。本於飲食：，是以飲食爲本，不知其爲末也。淫酷殘忍，又如紂之爲悦婦人之具制炮烙之刑。本於刑罰：，是以刑罰爲本，不知其末也。窮兵黷武，武帝之窮極其兵、貪黷用武。本於征討。是以征討爲本，不知其末也。凡人欲之過者，大凡流蕩於人欲者。皆本於奉養，皆是錯認奉養一身爲本。其流之遠，及其流波之寖遠。則爲害矣。則遺害者多。先王制其本者，天理也：，先王崇植是本，但一循乎天理。後人流於末者，人欲也。後世從事乎末，故一徇乎人欲。損之義，此損之爲損。損人欲以復天理而已。只在於損其人欲以全天理也。

夬九五曰：：夬，決也，以五陽而決一陰也。其九五爻有云。「莧陸夬夬，莧陸，今馬齒莧，感陰氣之多。九五當決之時，爲決之主，而切近上六之陰，如莧陸然，當決而決之，不爲過暴。中行无咎。」九五中正，所行猶不失中正之義，故無悔吝。象曰：：象傳云。「中行无咎，所行不失中正，故可无咎。中未光也。」然五與六比，心有所比，不能無欲，其於中行之道，未得爲光大。傳曰：：易傳云。夫人心正意誠，人之心無不正、意無不實。乃能極中正之道，斯能得中正之道。而充實光輝。而是理充實於中，光輝發見於外。五心有所比，九五與上六比，心有所昵，未必能正。以義之不可而決之，特以義不可而勉勉決去之，意亦未必誠也。雖行於外，雖是行於外者。不失其中正之義，九五之位中正，所行亦不失乎中正。可以无咎，僅可无咎。然於中道，但五於六比，豈能無欲？故於中行之道。未得爲光大也。未必能致其光大也。蓋人心一有所欲，則離道也。蓋道與欲相反，徇乎欲則違於道矣。夫子於此，示人之意深矣。聖人發此示人，其旨亦深矣哉！

方説而止，兑下坎上爲節。兑，説也。坎，險也。見險難則止。人惟説則易流，方説而能正。節之義也。乃節之大義。

節之九二，九，陽剛也。二，陰柔也。九二以剛居柔。不正之節也。在節卦爲不正之節。以剛中正爲節，以剛而得中正之道，即此爲節。如懲忿窒欲，如懲治忿怒、窒塞嗜欲。損過抑有餘是也。損其太過，抑其有餘，皆是節其過以就中，是剛中正之節也。不正之節，不得其正，即此爲節。如嗇節於用，如節於用而爲吝嗇，則於用有不足。懦節於行是也。節於行而爲柔懦，則於行有不足。此九二之節，是不正之節也。

人而無克伐怨欲，克，好勝；伐，自矜；怨，忿恨；欲，貪欲。四者生於人心之私。人而無此四者之累。惟仁者能之。是必心德渾全，己私不能入也。有之而能制其情不行焉，四者有於中而能力制於外，使之不行。斯亦難能也，則亦可謂之「難能」。謂之仁則未可也。但不曰無而曰不行，則是四者之私尚在於中，特禁制不行於外，故未得謂之仁。此原憲之問，夫子答以知其爲難，夫子但言其禁制之難。不知其爲仁。不許其名爲仁。此聖人開示之深也[五]。其開明之意深矣。

明道先生曰：義理與客氣[六]，義理者，性命之本然。客氣者，形氣之使，相爲勝負。只看消長分數多少，義理長則客氣消，客氣長則義理消，只看它消長分數孰多孰少。爲君子小人之別。義理長則是有所養，君子人也；客氣長則是無所養，小人也。義理所得漸多，若義理所養者多。則自然知得客氣消散得漸少，則知客氣所消者已無幾矣。消得盡是大賢。如查滓融化，便是大賢地位。

或問人莫不知和柔寬緩[七]，人誰不知處事之時和柔寬緩爲好。然臨事反至暴厲。及其臨事之際，而反粗暴嚴厲。明道曰[八]：答云。只是志不勝氣，學以立志爲本，則氣質可變化，只是志不立，不足以制夫氣。氣反動其心也。氣反動其心而暴且厲矣。

人不能祛思慮，只是吝。吝，則爲私意小智所纏繞。人不能祛退邪思妄慮，只是牽於私意小智。吝故無浩然之氣。故無浩然正大之氣。

治怒爲難，怒氣盛則不能自遏，治之固難。治懼亦難。懼氣怯則不能自立，治之亦難。克己可以治怒，然己私既克，則一朝之忿有所不作矣。明理可以治懼。物理既明，則非理之懼有所不動矣。

堯夫解「他山之石，邵康節解詩，其它山之石。可以攻玉」：可以攻治其玉。玉者温潤之物，謂玉之質，既温且潤。若將兩塊玉來相磨，若治玉者只以兩片玉自相磨礲。必磨不成，則無粗不成精，文理必不著。須是得他個麤礪底物，是必將彼粗石。方磨得出。磨而復磨，則玉之精者自見。譬如君子與小人處，君子譬如玉也，小人譬如石也。爲小人侵陵，其有爲小人侵欺陵逼。則脩省畏避，則脩省其身者必謹，畏避小人者必嚴。動心忍性，動心而不敢苟安，忍性而不敢輕發。增益預防，增益其所不能，預防其所未至。如此則道理出來。若是，則德日進而理日明，正猶玉假石磨則日見其光彩也。[九]

明道先生曰：責上責下，而中恕己，在吾上者吾責之，在吾下者吾又責之，而中間卻自恕了自身。豈可任職分？此人豈能任其職分之當然？蓋專務責人而不知責己，是舍己職分而憂人之憂也。[一〇]

皋陶曰：皋陶，舜臣也。云。「亦行有九德：人之所行有九者之德。寬而栗，寬弘而莊栗，則寬不至於弛。柔而立，和柔而卓立，則柔不至於懦。愿而恭，愿而能恭，則朴愿而不專尚乎質。亂而敬，亂，治也。治而能敬，則整治而不徒事乎文。擾而毅，馴擾而毅，則擾不至於隨。直而温，勁直而温，則直不至於訐。簡而廉，簡大者，或規矩之不立，今有廉隅，則簡不至於疏。剛而塞，剛者或傷於果斷，今塞實而篤厚，則剛不至於虐。强而義。」强力者或恃血氣之勇，今有勇而義，則强不至於暴。自非聖人渾然天理，無所偏雜。自中人以下，未有不滯於一偏者。先生曰：伯子云。「九德最好。」〔一二〕此九者之德最善。〔一二〕

伊川先生曰：大抵人有身，人有耳目口鼻四肢。便有自私之理，自然有私己之欲。宜其與道爲一〔一三〕。惟能克己然後合天理之公。

罪己責躬不可無，有過自責，乃羞惡之心。然亦不可長留在心胸爲悔。然已往之失長留愧沮〔一四〕，應酬之間，反爲係累。〔一五〕

人語言緊急，人之言語躁急。莫是氣不定否？還是氣未能定。曰：答云。此亦當習。應對言語亦當學長。習到言語自然緩時，學到言語和緩。便是氣質變也，則是能變化其氣質矣。學至氣質變，爲學至於變化氣質。方是有功。則是得力處也。

問：「不遷怒，不貳過」，何也？問：顏淵之怒不遷、過不貳，其義如何？語録有怒甲不遷乙之説，是否？語録以怒於甲者不移於乙爲不遷，是否？伊川先生曰：是。叔子云：然。曰：若此則甚易，云：如此則亦易事。何待顏子而後能？人之稟性和柔者皆能，何必顏子而後能然？曰：只被説得粗了，只是言太近。諸君便道易，所以便言易。此莫是最難，此最是難事。須是理會得因何不遷怒。若以身驗其實，而求其所以不遷怒之由，則非此心至虚至明，喜怒各因乎物，舉無一毫之私意者，殆未易强而能也。如舜之誅四凶，如舜之流共工、放驩兜、竄三苗、殛鯀。怒在四凶，因四凶之當怒而怒。舜何與焉？怒不自舜作也。蓋因人有可怒之事而怒之，怒因人而生。聖人之心原聖人之本心。本無怒也。何嘗有怒也？譬如明鏡，譬明鏡照物。好物來時便見是好，物之好者亦見。惡物來時便見是惡，物之惡者亦見。鏡何嘗有好惡也？妍媸在物，鏡未嘗自妍媸也。世之人固有怒於室而色於市，怒氣易發而難制。固有怒於室而作色於市人，其遷怒也甚矣。且如怒一人，且如今人怒一人。對那人説話及對它人言。能無怒色否？其能獨無怒色乎？有能怒一人而不怒别人者，有能自禁持怒此人，而不以餘怒加辭色於他人者。能忍得如此，若能抑制至是。已是煞知義理者。自是通曉義理之人。若聖人因物至如聖人物各付物。而未嘗有怒，而喜怒不有於我者。此莫是甚難。豈非甚難者耶？。君子役物，役物者，我常定。小人役於物。役於物者，逐物而往。今見可喜可怒之事，今見事之可喜可怒者。自家着一分陪奉他，便着因物而役於物。此亦勞矣。亦已勞甚。聖人之心如止水。聖人之心常湛然如止水，無有一毫作好作惡。

人之視最先，視居聽言動之首，而視亦先當用工。非禮而視，苟視而不得其正。則所謂開目便錯了。則是纔開眼時便已差誤。次聽次言次動，聽次於視，言又次於聽，動又次於言。有先後之序。或先或後皆有定序。人能克己，人能克去此四者之私，則身心自無私欲之累。則心廣體胖，則心自寬平，體常舒泰。仰不愧，俯不怍，俯仰之間兩無愧怍。其樂可知。自然悦樂。有息則餒矣。少有間斷，則自視欿然矣。［一六］

伊川與謝子相別一年，謝上蔡與程叔子別一年。曰：「做得甚工夫？」伊川問它一年於何處用功。曰：答云。「只去個矜字。」矜者，誇耀於人者也。伊川點頭，語在坐曰：伊川首肯而語門弟云。「此人爲學，謝子之爲學。切問而近思者也。」可謂切於問而能以類而推者也。［一七］

思叔詬罵僕夫，伊川曰：「何不動心忍性？」［一八］此性是氣質之性，何不悚動其爲善之心，堅忍其忿怒之性？

見賢便思齊，見人有善，即思自勉。有爲者亦若是。則誰不可及。見不賢而內自省，見人不善，惟當自加省察。蓋莫不在己。亦無非反己之過。［一九］

有潛心於道，有沉潛此心以向道。忽忽爲它慮引去者，又爲邪念牽引而去。此氣也。是爲氣所動也。舊習纏繞，舊習未除。未能脱洒，擺脱不去。畢竟無益，皆無所益。但樂於舊習耳。是皆志不勝氣，心慮紛雜，安於舊習耳。古人欲得朋友與琴瑟簡編，蓋朋友有講習責善之益[二〇]，琴瑟有調適情性之樂[二一]，簡編乃前言往行之識。常使心在於此。朝夕於是，則心有所養，而習俗邪僻之念不作矣。惟聖人知朋友之取益[二二]，然三者之中，朋友之益尤多。故樂得朋友之來。故「有朋自遠方來」，所以樂也。

矯輕警惰。輕則浮躁，故當矯；惰則弛慢，故當警。

「仁之難成久矣！仁者天理之公，其難全者亦久。人人失其所好。」蓋人心各有所好，而亦各失其所好。蓋人人有利欲之心，利欲者人心之私，人人皆有此心。與學正相背馳，理慾二者常相背馳。故學者要寡欲。爲學者必當以絶欲爲度。

君子不必避他人之言，不必避人之言。以爲太柔太弱，以爲己之柔弱。至於瞻視亦有節，雖是瞻視之間亦有準則。視有上下，人之視有上有下。視高則氣高，視上則其氣必高。視下則心柔[二三]。視下則其心必柔。學者先須去其客氣。學者當去其輕傲之氣，有恭謹之心。其爲人剛行，剛行，麤暴也。其爲人麤暴。終不肯進。必不肯遂志務學，而亦終不能深造於道。「堂堂乎張也，子張氣貌高伉，而無收斂誠實之意。難與並爲仁矣。」故曾子以爲「難與並爲仁」也。蓋目者人之所常用，目之視，人所常用者。且心常托之，心之神寓於目。視之上下。試之，以視之上下，試心之敬傲。己之敬傲，心之敬傲。必見於視。常見於目視之間。所以欲下其視者，故凡欲下而視者。欲柔其心也。蓋欲柔其心也。柔其心，心既柔。則聽言敬且信。則聽人之言，必敬且信，而不敢忽慢矣[二四]。人之有朋友，凡人之與朋友交。不爲燕安，非特欲於燕居安閑相聚也。所以輔佐其仁。蓋所以相與輔其不及，以全此心德也。今之朋友，今人之求友。擇其善柔以相與，專取其善弱柔懦以相從。拍肩執袂以爲氣合，拊背執手以爲氣類之合。一言不合，言語之間一有不合。怒氣相加。始則氣輕而苟於求合，終則負氣而不肯相下。朋友之際，設處友之道。欲其相下不倦，欲其相下而無厭倦。故於朋友之間 是必於取友之時。主其敬者，日相敬與[二五]，以謙恭爲主，則其相親之意無厭。得效最速。相觀之效尤速。仲尼嘗曰：夫子有言。「吾見其居於位也，闕黨童子，居則當位[二六]。與先生並行也，行則與先生並，蓋輕傲而不循理[二七]。非求益者，聖者以爲非能求益者。欲速成者。」但欲速於成人而已。則學者先須温柔，故學者當以和順爲先。温柔則可以進學。則謙虛恭謹，有以爲進學之地。詩曰：詩不云乎？「温温恭人，温和恭敬之人。惟德之基。」爲德之本。蓋其所益之多。則其所益豈淺淺哉？[二八]

其善是，損、益之大，莫是過。聖人之旨深哉！「吉、凶、悔、吝生乎動。」噫，吉一而已，動可不慎乎！

【校勘記】

［一］此條前，熊剛大集解時删除三條語録，葉本有，分别是：

濂溪先生曰：君子「乾乾」「不息」於誠，然必「懲忿窒慾」，「遷善改過」而後至。乾之用，其善是，損、益之大，莫是過。聖人之旨深哉！「吉、凶、悔、吝生乎動。」噫，吉一而已，動可不慎乎！

濂溪先生曰：孟子曰：「養心莫善於寡欲。」予謂養心不止於寡而存耳。蓋寡焉以至於無，無則誠立明通。誠立，賢也；明通，聖也。

伊川先生曰：顔淵問克己復禮之目，夫子曰：「非禮勿視，非禮勿聽，非禮勿言，非禮勿動。」四者身之用也，由乎中而應乎外，制於外所以養其中也。顔淵「請事斯語」，所以進於聖人。後之學聖人者，宜服膺而勿失也。因箴以自警。視箴曰：「心兮本虚，應物無跡。操之有要，視爲之則。蔽交於前，其中則遷。制之於外，以安其内。克己復禮，久而誠矣。」聽箴曰：「人有秉彝，本乎天性。知誘物化，遂亡其正。卓彼先覺，知止有定。閑邪存誠，非禮勿聽。」言箴曰：「人心之動，因言以宣。發禁躁妄，内斯静專。矧是樞機，興戎出好。吉凶榮辱，惟其所召。傷易則誕，傷煩則支。己肆物忤，出悖來違。非法不道，欽哉訓辭。」動箴曰：「哲人知幾，誠之於思。志士厲行，守之於爲。順理則裕，從欲惟危。造次克念，戰兢自持。習與性成，聖賢同歸。」

［二］終爲疵吝　「爲」原作「無」，據葉本改。

［三］所以貞正之道爲可吝也　「所以」，葉本作「故於」。

［四］華勝質　「質」，葉本作「實」。

［五］此聖人開示之深也　「開」原作「問」，據葉本改。

［六］義理與客氣　「氣」下，葉本有「常相勝」三字。

［七］或問人莫不知和柔寬緩　「問」，葉本作「謂」。

［八］明道曰　「明道」二字原無，據葉本補。

［九］此條下，熊剛大集解時刪除一條語録，葉本有：

目畏尖物，此事不得放過，便與克下。室中率置尖物，須以理勝他，尖必不刺人也，何畏之有？

［一〇］此條下，熊剛大集解時刪除一條語録，葉本有：

「舍己從人」最爲難事。己者我之所有，雖痛舍之，猶懼守己者固而從人者輕也。

［一一］此條，葉本編次如下：

「九德」最好。皋陶曰：「亦行有九德：寬而栗，柔而立，愿而恭，亂而敬，擾而毅，直而温，簡而廉，剛而塞，强而義。」

〔一二〕此條下，熊剛大集解時删除兩條語録，葉本有，分别是：

饑食渴飲，冬裘夏葛，若致些私吝心在，便是廢天職。

獵，自謂今無此好。周茂叔曰：「何言之易也？但此心潛隱未發，一日萌動，復如前矣。」後十二年因見，果知未也。

〔一三〕宜其與道爲一　「爲」，葉本作「難」。

〔一四〕然已往之失長留愧沮　「沮」，葉本作「怍」。

〔一五〕此條下，熊剛大集解時删除兩條語録，葉本有，分别是：

所欲不必沉溺。只有所向，便是欲。

明道先生曰：子路亦百世之師。

〔一六〕此條下，熊剛大集解時删除一條語録，葉本有：

聖人責己感也處多，責人應也處少。

〔一七〕此條，葉本作：

謝子與伊川别一年，往見之，伊川曰：「相别一年，做得甚工夫？」謝曰：「也只去個『矜』字。」曰：「何故？」曰：「子細檢點得來，病痛盡在這裏。若按伏得這個罪過，方有向進處。」伊川點頭，因語在坐同志者曰：「此人爲學，切問近思者也。」

〔一八〕此條下，葉本尚有「思叔慙謝」句。

〔一九〕此條下，熊剛大集解時刪除四條語録，葉本有，分别是：

橫渠先生曰：湛一，氣之本；攻取，氣之欲。口腹於飲食，鼻舌於臭味，皆攻取之性也。知德者屬厭而已，不以嗜欲累其心，不以小害大、末喪本焉爾。

纖惡必除，善斯成性矣；察惡未盡，雖善必麤矣。

惡不仁，故不善未嘗不知。徒好仁而不惡不仁，則習不察、行不著。是故徒善未必盡義，徒是未必盡仁。好仁而惡不仁，然後盡仁義之道。

責己者，當知無天下國家皆非之理，故學至於「不尤人」，學之至也。

〔二〇〕蓋朋友有講習責善之益　「益」，葉本作「義」。

〔二一〕琴瑟有調適情性之樂　「情性」，葉本作「性情」；「樂」，葉本作「用」。

〔二二〕惟聖人知朋友之取益　「益」下，葉本有「爲多」二字。

〔二三〕視下則心柔　「柔」下，葉本有「故視國君者，不離紳帶之中」句。

〔二四〕而不敢忽慢矣　「忽」，葉本作「怠」。

〔二五〕日相敬與　「敬」，葉本作「親」。

［二六］闕黨童子居則當位　「黨」，葉本作「里」。

［二七］蓋輕傲而不循理　「理」，葉本作「禮」。

［二八］此條下，熊剛大集解時删除一條語録，葉本有：

世學不講，男女從幼便驕惰壞了，到長益凶狠。只爲未嘗爲子弟之事，則於其親，已有物我，不肯屈下。病根常在，又隨所居而長，至死只依舊。爲子弟，則不能安灑掃應對；在朋友，則不能下朋友；有官長，則不能下官長；爲宰相，則不能下天下之賢，甚則至於狥私意，義理都喪，也只爲病根不去，隨所居所接而長。人須一事事消了病，則義理常勝。

新刊音點性理群書句解卷之六　後集

近思録第六卷

此卷論齊家。蓋克己之功既至，則施之家，可齊矣。

伊川先生曰：弟子之職，爲弟子者，其職在孝弟。力有餘則學文。行之有餘力，而後可學詩、書、六藝之文。不修其職而學，職有未盡而急於學文。非爲己之學也。則是徒欲人之觀善[一]，非是爲己之學。

孟子曰「事親若曾子可也」，事父母如曾子者可矣。可者，僅足無餘之稱。未嘗以曾子之孝爲有餘也。故曾子之孝亦非有餘。蓋子之身所能爲者，蓋曾子之能盡力者。皆所當爲也。是竭其所當爲，無過外也。○師卦六二傳。

「幹母之蠱，幹，治也。蠱，事之弊也。九二剛中，上應六五，子幹母蠱，以剛乘柔而治其壞。不可貞。」不可堅正，當巽以入之。子之於母，蓋人子之事親。當以柔巽輔導之，言當以承順爲主。使得於義。使事得於理而已。不順而致敗蠱，不能承順而害其所治之事。則子之罪也。則子之過。從容將順，從容不迫以承順。豈無道乎？亦必有道。伸己剛陽之道，但以强直之資。遽然矯拂則傷恩，遽爲矯拂，内則傷恩，而有害人倫之重。所害大矣，外則敗事，而卒廢幹蠱之功。亦安能入乎？又安能中道哉？在乎屈己下意，故事親之道在於卑己低心。巽順將承，順意承志。使之身正事治而已。使母之一身正，母之事亦治，則可。剛陽之臣以臣之陽剛。事柔弱之君，事君之柔弱，如孟子於齊宣王，諸葛孔明於蜀後主。義亦相近。其義亦近於此。○蠱九二傳。

蠱之九三[二]，蠱卦九三爻。以陽處剛而不中，九爻陽而三位剛，位亦不中。剛之過也，剛過乎中者也。故「小有悔」。事親而過剛，不能無悔也。然在巽體，然蠱卦下卦爲巽。不爲無順。巽者順也。順，事親之本也。順者，是乃事親之所本也。又居得正，又陽爻居陽位，居得其正。故無大咎。則亦不至大過。然小有悔，但謂之小悔。非善事親也。則於事親之道已非盡善者矣。

正倫理，正倫類則尊卑之分明[三]。篤恩義，厚恩義則上下之情合。家人之道也。二者並行，而後處家之道得矣。○家人卦彖傳。

人之處家在骨肉，家人之相親附，猶骨之於肉。父子之間，但父子之相處。大率以情勝禮，牽於情愛則忘一定之分。以恩奪義。溺於恩私則失相處之義。惟剛立之人，惟有剛毅有立之人。則能不以私愛失其正理，於恩愛之中自不失其理之正。故家人卦是以家人一卦。大要以剛爲善。大率以剛而處家，斯盡善矣。

家人上九爻辭，上九爻曰：「威如，吉。」人之威如。謂治家當有威嚴，治家之威，非徒繩治之嚴。而夫子又復戒之，當先嚴其身也。蓋必正己爲本，在我持身而無少縱弛，則家人自然有所嚴憚而不敢踰越。威嚴不先行於己，苟未能持身之嚴以律乎下。則人怨而不服。則人皆歸怨其繩治之嚴，而不之服矣。此齊家先脩身之道也。[四]

歸妹九二，歸妹卦九二爻。守其幽貞，所守者静而已。未失夫婦常正之道。故静正乃夫婦相處可久之道[五]。世人以媟狎爲常，世之人則以媟近狎玩爲可久之道，不知媟狎乃玩侮乖離所自生。故以貞静爲變常，乃以静正者爲變其常道。不知乃常久之道也。又豈知此實可久之道哉！[六]

問：行狀云：或問：伊川所作明道行狀云。「盡性至命，理具於心謂之性，天賦於人謂之命，盡此性之理以全天所賦之命。必本於孝弟。」自孝以事親、弟以敬長者始。不識孝弟不知孝弟之道。何以能盡性至命也？如何能盡此性以至於命？伊川曰[七]：答云。後人便將性命別作一般説了。自後來人以性命別作一等高遠説。性命、孝弟，殊不知曰性命、曰孝弟。只是一統底事，初非二理。就孝弟中，孝弟者，人道之本，百行之原，仁民愛物皆由是推。人能盡孝弟之道，廣而充之。便至盡性至命。至於極致，則可以盡性至命。如洒掃應對有如自洒掃應對。與盡性至命，以至盡性至命。亦是一統底事，亦無二理。無有本末，天下無理外之事，亦無事外之理。洒掃應對，事也，末也。性命，理也，本也。即其末而本已存。無有精粗，洒掃應對，事也，粗也。性命，理也，精也。即其粗而精已具。却被後來人言性命者，自後人之論性命。別作一般高遠説。以爲至高至遠。故舉孝弟，是於人切近者言之。言孝弟切於人之身，且疑其未必可以盡性至命，何其惑耶？然今時非無孝弟之人，人之孝弟者。而不能盡性至命者，未必能盡性至命。由之而不知也。蓋行不著，習不察，故亦不能廣充之，以抵作聖之極功。

問：第五倫或問漢第五倫。視其子之疾，其子有疾，不起省視，而竟夕不眠。與兄子之疾不同，兄之子疾，一夜十起，退而安寢，如此不一。自謂之私，如何？五倫亦自謂不可謂無私，果否？伊川曰[八]：答云。不待安寢與不安寢，不待兄子疾既起則退而安寢，己子疾竟夕不眠不安，其寢爲私愛其子。只不起與十起，只兄之子十起於己之子不起。便是私也。亦私意也。父子之愛本是公，蓋事事物物有自然之理，不容安排。父子之愛天性，今子疾而不視，而十起於兄子[九]，豈人情哉？才着些心，着意安排。便是私也[一〇]。即是私矣。又問：視己子與兄子有間否[一一]？或又問：己之子與兄之子有異否？曰：答云。聖人立法，古先聖人立爲定法。曰「兄弟之子猶子也」，謂兄弟之子皆如子。是欲視之猶子也。蓋欲視兄弟之子亦如己子。又問：天性自有輕重，父子天性，以天性言有輕有重。若有間然？若有異者。曰：只爲今人以私心看了。只是今之人自以私意去看。孔子曰：「父子之道，天性也。」子事父之道理，乃天之性。此只就孝上説，道者指孝而言。故言父子天性。謂之天性，以道言也。若君臣、兄弟、賓主、朋友之類，如君臣敬、兄弟友、賓主恭、朋友信。亦豈不是天性？亦未有不是天之性。只爲今人小看，只是今世之人看得小。却不推其本所由來故爾。不復究其理之所自來。己之子與兄之子，己子與兄子。所争幾何？所争殊不多。是同出於父者也。推而上之，同出於父之身。只爲兄弟異形，但是自父而兄弟則便異體。故以兄弟爲手足。遂以手足言。人多以異形人多以異形目之。故親己之子，所以己子則親之。異於兄弟之子，兄弟之子則異於是。甚不是也。豈理也哉？又問：孔子以公冶長不及南容，或又問：夫子以公冶長難與南容並。故以兄之子妻南容，以其兄之子室容。以己之子妻公冶。何也？己之子則室公冶。曰：此亦以己之私看聖人也。此又是以私心而觀聖人。凡人避嫌者，大凡人之避嫌疑。皆内不足也。皆是心有不足，不能自信。聖人至公，聖人所爲至公無私。何更避嫌？何嫌之可避？凡嫁女，各量其才而求配，凡人嫁女，各量其人才品之高下而求其配也。必擇其相稱者爲之配。故簡其才之可以配者而配之。或己之子美，己之子俊美。或兄之子不甚美，或是兄之子不爲美。必擇其才美者爲之配，必簡其才美之具全者以配。豈更避嫌耶？何待避嫌疑哉？若孔子事，如孔子之妻南容、妻公冶長。或是年不相若，或以年之相若者而爲配。或時有先後，或所嫁之時有先後。皆不可知。皆無可考而知。以孔子爲避嫌，如以夫子爲避嫌疑。則大不是。此大不可。如避嫌事，如避嫌疑之事。賢者且不爲，雖賢者猶不爲此。況聖人乎？曾謂聖人如此？[一二]

病卧於牀，父母有疾。委之庸醫，而付庸常之醫。比之不慈不孝。是即不慈不孝者也。事親者亦不可不知醫。善事父母者亦不可不明醫學。

程子葬父，程伊川葬其父太中。使周恭叔主客。令周行己恭叔主待賓客。客欲酒，客欲飲。恭叔以告。恭叔言於先生。先生曰：伊川云。「勿陷人於惡。」蓋臨喪飲酒，非禮也。[一三]

先公太中官至太中大夫。諱珦，字伯温。前後五得任子，任子，謂保任使之入仕，公前後官有五澤。以均諸父子孫。諸父謂從父，即叔伯也。嫁遣孤女，女之失所怙恃者，嫁而遣之。必盡其力，無所不用其力。所得俸錢，其所得官俸。分贍親戚之貧者。悉周親舊之匱乏。伯母劉氏寡居，無夫曰寡。公奉養甚至[一四]。公敬奉侍養無缺。其女之夫死，至於已嫁之女已喪其夫。公迎從女兄以歸，公迎之歸家。教養其子，取其子而教養之。均於子姪。與己之子、己之姪一同。既而女兄之女又寡，未幾從女兄有女又無夫。公懼女兄之悲思，公恐其女兄悲憂思憶。又取甥女以歸，嫁之。復取女兄之女，遣而嫁之。時小官禄薄，雖官小俸薄。克己爲義，而能克去己私，同然施愛於家。人以爲難。人所難者，公獨易之。公慈恕而剛斷，公雖慈祥寬恕，而復剛毅果斷。平居與幼賤處，閑居與幼者、賤者同處。惟恐有傷其意，不忤其意，即慈恕所爲也。至於犯義理，則不假也。苟犯義理，亦在不恕，此即剛强所爲也。左右使令之人，謂婢也。無日不察其饑飽寒燠。或饑或飽，或寒或暖，無日不察。所娶侯氏。侯夫人事舅姑以孝謹稱，侯氏事公□孝於心而謹於事。與先公相待如賓客。謙順自牧[一五]，而侯夫人謙抑卑順。雖小事未嘗專，事之小者亦不專決。必稟而後行。必稟命太中而始行。仁恕寬厚，仁愛慈恕，寬和厚重。撫愛諸庶，撫恤愛養及諸庶子。不異己出。亦猶己子。從叔幼姑[一六]，夫之幼兄弟也。夫人存視，夫人存全省視。常均己子。亦猶己子。治家有法，以法齊家。不嚴而整。雖無嚴厲之威，而自然整齊。不喜笞朴奴婢，男僕曰奴，女僕曰婢。夫人不事敲朴。視小臧獲如兒女。男僕曰臧，女僕曰獲。夫人視猶兒女。諸子或加呵責，諸子之間或有詬罵。必戒之曰：夫人必戒其子。「貴賤雖殊，人則一也。汝如是大時，汝年及此。能爲此事否？」能任此等事耶？先公凡有所怒，太中有憤怒之時。必爲之寬解，且徐徐寬釋。惟諸兒有過，則不掩之。但諸子有失則不與之掩藏也。常曰：「子之所以不肖者，常言君子之無所肖似。由母蔽其過而父不知也。」皆是母愛子而掩其過，不使其父知之也。夫子男子六人[一七]，夫子六男。所存者惟二，在者惟二人。其愛慈可謂至矣，雖是愛恤慈恕之至。然於教之之道，不少假也。但於教誨其不及者，則不寬假其人也。纔數歲，行而或踣，子已數歲，自行而仆於地。踣，匐。家人走前扶抱，恐其驚啼。婢妾扶抱，懼其驚啼。夫人未嘗不呵責曰：夫人且責其子云。「汝若安徐，汝能安步徐行。寧至踣乎！」寧至顛倒？飲食常置之坐側。羹飯每置其坐傍。常食絮羹，絮羹，調羹也。禮：「不絮羹，爲其詳味也。」即叱止之，曰：「幼求稱欲，幼時便求稱其所欲。長當何如？」既長成則又當如何？雖使令輩，以至婢僕使令之人。不得以惡言罵之。亦不許其出惡言語以詬罵。故頤兄弟平生於飲食衣服無所擇，不能惡言罵人，非性然也，非是本性如是。教之使然也。是皆夫人之教使之如此矣。與人爭忿，至與人爭而怒。雖直不右，雖是事之直，亦不偏主其子。曰：「患其不能屈，夫人云：人只患不能屈於人。不患其不能伸。」不患其常不能伸於人，蓋屈則能伸也。及稍長，及年已長。常使從善師友游，必使從良師善友游從。雖居貧，或欲延客，雖在貧匱之中，至欲延賓客。則喜而爲之具。則夫人喜而爲之具酒肉。夫人七八歲時，夫人方幼時。誦古詩曰：「女子不夜出，女正位乎內，故夜不出。夜出秉明燭。」遇有事而出，至夜必秉燭而行，別嫌疑也。自是日暮由是每遇日晚。則不復出房閤。則不出閨房之內。既長好文，而不爲辭章，及長雖善觀古文，而不喜著爲之辭。見世之婦女以文章筆札傳於人者，則深以爲非。夫人甚非之。○文集。[一八]

斯干詩詩斯干篇。言[一九]：「兄及弟矣，兄弟同出於人者。式相好矣，其情當相厚而善。無相猶矣。」猶，似也。不可責所施者之相似也。言兄弟宜相好，謂兄弟之情當相好。不要相學[二〇]。不必相學。猶，似也。猶字，訓似。人情大抵患在施之不見報則輟，兄弟友愛，盡其在我，不可視報以爲施。若謂有施而不報，則止其施。故恩不能終。則恩愛必不能長。不要相學，已不可相學。兄友而弟不恭，不可學弟而廢其友；弟恭而兄不友，不可學兄而廢其恭。已施之而已。兄弟當各施其友恭之道而已。[二一]

【校勘記】

［一］則是徒欲人之觀善　「善」，葉本作「美」。

［二］蠱之九三　「三」原作「二」，據葉本及程氏易傳改。按，該句注文中的「三」同。

［三］正倫類則尊卑之分明　「類」，葉本作「理」。

［四］此條原緊接於上條末，未單列，據葉本改爲單列。

［五］故静正乃夫婦相處可久之道　「静正」，葉本作「正静」。

［六］此條下，熊剛大集解時删除兩條語録，葉本有，分别是：

世人多慎於擇壻，而忽於擇婦。其實壻易見，婦難知。所係甚重，豈可忽哉？

人無父母，生日當倍悲痛，更安忍置酒張樂以爲樂？若具慶者，可矣。

［七］伊川曰　「伊川」二字原無，據葉本補。

［八］伊川曰　「伊川」二字原無，據葉本補。

［九］而十起於兄子　「十」原作「不」，據葉本改。

［一〇］才著些心便是私也　「心」下，葉本有「做」字。

［一一］又問視己子與兄子有間否　「有」字原無，據葉本補。

［一二］此條下，熊剛大集解時删除一條語録，葉本有：

問：孀婦，於理似不可取，如何？伊川曰：然。凡取以配身也。若取失節者以配身，是己失節也。又問：或有孤孀貧窮無托者，可再嫁否？曰：只是後世怕寒餓死，故有是説。然餓死事極小，失節事極大。

〔一三〕此條下，熊剛大集解時删除一條語録，葉本有：

買乳婢，多不得已。我不能自乳，必使人。然食己子而殺人之子，非道。必不得已，用二子乳食三子，足備他虞。或乳母病且死，則不爲害，又不爲己子殺人之子，但有所費。若不幸致誤其子，害孰大焉？

〔一四〕公奉養甚至　「公」原無，據葉本補。

〔一五〕謙順自牧　「謙」上，葉本有「先公賴其内助禮敬尤至而夫人」十三字。

〔一六〕從叔幼姑　「姑」，葉本作「孤」。

〔一七〕夫子男子六人　「夫子」，葉本作「夫人」。

〔一八〕此條下，熊剛大集解時删除兩條語録，葉本有，分别是：

横渠先生嘗曰：事親奉祭，豈可使人爲之？

舜之事親，有不悦者，爲父頑母嚚，不近人情。若中人之性，其愛惡略無害理，姑必順之。親之故舊所喜者，當極力招致，以悦其親。凡於父母賓客之奉，必極力營辦，亦不計家之有無。然爲養又須使不知其勉强勞苦，苟使見其爲而不易，則亦不安矣。

［一九］斯干詩言　「斯」原無，據葉本補。

［二〇］不要相學　「相」原作「厮」，據葉本改。

［二一］此條下，熊剛大集解時删除兩條語録，葉本有，分别是：

「人不爲周南、召南，其猶正牆面而立。」常深思此言，誠是。不從此行，甚隔着事，向前推不去。蓋至親至近，莫甚於此，故須從此始。

婢僕始至，本懷勉勉敬心，若到所提掇更謹，則加謹，慢則棄其本心，便習以成性。故仕者入治朝則德日進，入亂朝則德日退，只觀在上者有可學無可學耳。

新刊音點性理群書句解卷之七　後集

近思録第七卷

此卷論出處之道。蓋身既脩，家既齊，則可以仕矣。然去就取舍，惟義之從，所當審處也。

伊川先生曰：賢者在下，賢者在下位。豈可自從以求於君[一]？不可自鬻其身以求其君之用。苟自求之，苟有所求於君。必無能信用之理[二]。君必疑而勿用之矣。古之人所以必待人君致敬盡禮而後往者，如伊尹以三聘而起，傅説因百工營求而至，必須人君致其敬、盡其禮而來。非欲自爲尊大，非是自尊自大，蓋賢者將進，將以行其道。蓋尊德樂道之心自非人君有好賢之誠心。不如是[三]，不足與有爲也。則諫不行、言不聽，豈足與有爲哉？○蒙卦彖辭。

君子之需時也，需者，待也。君子待時。安静自守，是必安息静退而有守。志雖有須，心雖是有所待。而恬然若將終身焉，而安然如無所待者。乃能用常也。則能不失其常。雖不進而志動者，苟静退以待時，身雖退而志則動者。不能安其常也。終至於失其常。○需卦初九象。

比：「吉，比，親輔也。九五以陽剛居上而得其正，上下五陰，比而從之，無不善也。原筮，推原占決，求其可比。元永貞。」元有君長之道，永者可以常久，貞者貞正之道，所比者如此。傳曰：易傳云。人相親比，凡人之以交相親比。必有其道；必須以其道，道即「元永貞」。苟非其道，苟不以道。則有悔咎。必至於悔咎。故必推原占決，故比之爲卦，在於推原占決之理。其可比者比也，可相親輔則親輔之。所比得元永貞，則无咎。故所親輔者亦不出於元永貞，則自無悔咎。元謂有君長之道，群然相比而無所主，非元也。永謂可以常久，苟焉爲比而非可久，非永也。貞謂得正道。邪媚求比而不由正，非貞也。上之比下，上指九五言也。以九五比在下之群陰。必有此三者；固當有「元永貞」之三者。下之從上，下指它爻言也。以它爻之陰而比從九五之陽。必求此三者，必求其有此「元永貞」之三者。則无咎也。則自無悔咎矣。

履之初九曰：履卦初九爻云。「素履，往无咎。」素，常也。以陽在下，居履之初，未爲物遷，率其素履也，故往而无咎。傳曰：易傳云。夫人不能自安於貧賤之素，凡人不安其貧賤之常。則其進也，則其進身。乃貪躁而動，皆貪謀輕躁而動。求去乎貧賤耳，是小人志在富貴者，欲去其貧賤之累。非欲有爲也。非求於君，欲大有爲，如傳說使其君爲堯舜。既得其進，纔得志以進。驕溢必矣，則驕矜淫溢之自生。故往則有咎。故往則必有悔咎。賢者則安履其素，賢者素其位而行。其處也樂，窮而在下，初無貧賤之憂。其進也將有爲也，達而在上，將遂行道之志。故得其進，以是而進。則有爲而無不善。何咎之有？若欲貴之心心不能兩用。利禄之心。與行道之心與道義之心。交戰於中，角立於内。豈能安其素乎？欲貴之心勝，則必不能行安行乎素位，亦卒無可行之道矣。

大人於否之時，否，閉塞也。身之否塞由乎時，道之否塞由乎我。大德之人，身有否而道無否也。守其正節，自守其至正之理。不亂雜小人之群類［四］，小人群集，君子不入其黨。身雖否而道之亨也。身則否矣。然直道而行，無所撓屈，道則亨也。故曰：「大人否亨。」以其道之亨也。不以道而身亨，如枉道以伸身。乃道否也。雖得身伸而道則否塞也。

人之所隨，隨，從也。人所從者。得正則遠邪，從得其正則遠去群邪。從非則失是，所從者非，則安能有是？無兩從之理。蓋是非邪正無兩從之理，從此則失彼矣。隨之六二，隨卦六二爻與九五爲正應。苟係初則失五矣，然下比初九，苟隨私昵，必失正應。故象曰：故象辭有云。「弗兼與也。」言不可兼隨初九。所以戒人從正，當專一也。欲人上隨九五而得其正，要必專一也。

君子所賁[五]，君子所賁飾者，行義也。世俗所羞；而世俗且以爲羞恥。世俗所貴，世俗所貴者，勢位也。君子所賤。而君子深所賤薄。故曰：「賁其趾，賁之初九，所賁在下，爲趾。舍車而徒。」又爲徒行。蓋君子以得行誼爲榮，不以失勢位爲羞也。

蠱之上九曰：蠱卦上九爻云。「不事王侯，九以陽剛居上，在事之外，故無所事於王侯。高尚其事。」超出斯世之表，而從事於高尚。象曰：「志可則也[六]。」謂其合於道也。傳曰：士之自高尚，士之高尚其事。亦非一道。固亦多端。有懷抱道德，有内蘊道德。不偶於時，與時不偶合。而高潔自守者；而孤高清潔，不喪所守，如伊尹耕於莘野，太公釣於渭濱之時是也。有知止足之道，有知其所止。退而自保者；退處爲明哲保身之計，如張良、疏廣之類是也。有量能度分，有量其所能，度其賦分。安於不求知者；安於不求所知於人，如徐孺子、申屠蟠之類是也。有清介自守，有清潔脩介，所守不移。不屑天下之事，無意天下之大。獨潔其身者。而自脩其一己之微，如嚴陵、周黨之類是也。所處雖有得失小大之殊[七]，四者雖處身有小大，處義有得失。皆自高尚其事者也。要必能高尚爲事。象所謂「志可則」者，上九陽剛之才，超出一世之表，象以「志可則」言。進退合道者也。蓋指「懷抱道德」、「進退合義」者言也。

遯者，陰之始長，艮下乾上爲遯，二陰初長。君子知微，君子察其幾微。故當深戒。固所當戒。而聖人之意，但聖人作易，其所寓意。未便遽已也，猶未即已。蓋以乾剛在上，九五、六二中正而應。故有「與時行」、「小利貞」之教。君子於此猶可與時消息，不一於遯，雖未能大正，尚幸其小有可正也。聖賢之於天下，大凡聖賢之於斯世。雖知道之將廢，雖知是道之不行。豈肯坐視其亂而不救？豈容視其廢墜而不扶而正之？必區區致力於未極之間，於其未至於極。强此之衰，此之衰則强之，扶君子之道未盡消。艱彼之進，彼之進則艱之，抑小人之道未至於長。圖其暫安。莫不圖爲暫安之地。苟得爲之，苟或可爲者。孔孟之所屑爲也，如孔孟復出，亦以救世爲心，皆其屑爲者。王允、謝安之於漢、晉是也。王允之於漢，謝安之於晉，皆扶世衰，亦此意矣。

明夷初九，離下坤上爲明夷。是明入地中，傷明也。初九一爻。事未顯而處甚艱，傷猶未顯，而爻之辭曰：「君子于行，三日不食。」蓋知幾而去之速，處人之所難而不疑。非見幾之明不能也。此非明足以察其幾微，未必能此。如是則世俗孰不疑怪？夫世俗之人於此，誰無疑怪之心？然君子不以世俗之見怪，而遲疑其行也。惟君子則知幾而去，未嘗有所疑。若俟衆人盡識，則傷已及而不能去矣。昔楚王戊不設醴酒，而穆生去之，曰：「不去，楚人將鉗我於市。」當時雖申公之賢，尤以爲過。其後申公受胥靡之辱，至是欲去而不得矣。

晉之初六，晉卦初六爻。在下而始進，在下則勢疏，始進則交淺。豈遽能深見信於上？何以取信於上之人？苟上未見信，如上之人未信於己。則當安中自守，惟當安於守正。雍容寬裕，寬以待人。無急於求上之信也。不可求上之人信己之急。苟欲信之心切，求信之急。非汲汲以失其守，則必汲汲以失其中正之道。則悖悖以傷於義矣。求信愈急，人愈不信，則必悖悖以傷其事上之義。故曰：「晉如摧如，摧如者未敢必於進也。貞吉。進而復退，得正則吉，未敢必人之信也。罔孚，裕无咎[八]。」寬裕以待之，則無悔咎矣。然聖人又恐後之人不達寬裕之義，但聖人又恐後世不曉其所謂寬裕之意義。居位者廢職失守爲裕，在位者以廢其職、失其官守爲優裕寬容之道。故特云「初六裕則无咎」者，故曰初六之所謂裕則無所咎者。始進未受命當職任也。卦之初爲無位，晉之始未當職任，故寬裕以待，其人自信可也。若有官守，如在官有職守。不信於上而失其職，而不見信於上，必將廢職失守，急去可也。一日不可及也[九]。豈容寬裕以處之哉？然非一概[一〇]，但事亦不可一概論。久速唯時，可久可速，不失其時。亦容有爲之兆者。兆，幾微之見。亦當知其幾也。

不正而合，不以正道而合。未有久而不離者也。久必睽離。合以正道，如正道而合。自無終睽之理。自然長久。故賢者順理而安行，賢者順是理當然，安而行之。智者知幾而固守。智者知其幾之必然，固而守之者，皆是以正道而後合者。○睽卦六三傳。

君子當困窮之時，君子之人處其時之窮困。既盡其防慮之道而不得免，則命也。慮患防閑，既盡其道，若尤不能免，則是數之一定。當推致其命，以遂其志。必當推致其命，知其當然而不可免，則無所撓懼，而能遂其爲義之志矣。知命之當然也，苟知其所當然，則命者出於氣數而不可易。則窮塞禍患則已定之禍福。不以動其心，不爲之憂懼以動吾心。行吾義而已。義者，裁制在我而不可違，當體行乎此而已。苟不知命，苟不知有命。則恐懼於險難，遇險難則徒生怵惕之心。隕穫於窮戹，隕穫，尤顛隮也。於窮戹則受顛隮之患。所守亡矣，而所守不能固矣。安能遂其爲善之志乎？何以遂其爲義之心哉？

寒士之妻，如梁鴻之妻孟光。弱國之臣，如蜀後主之臣孔明。各安其正而已。莫不各安其分義之正。苟擇勢而從，如妻以士之貧而事二夫，臣以國之弱而事二君，皆擇其權勢者而趍之。則惡之大者，此罪大惡極之人。不容於世矣。又何以容身於覆載間哉？○困卦九四傳。

井之九三，井卦九三爻。渫治而不見食，以陽剛而處下卦之上，在井則已渫治而可食矣。然而無得於五，故曰不食。乃人有才智而不見用，人之有才智，以井之已渫治不見用，即井之不見食。以不得行爲憂惻也。故不得行其志爲憂。蓋剛而不中，蓋九三之剛不得其中。故切於施爲，雖是切切於所施所爲。異乎「用之則行，舍之則藏」者矣。似其憂惻異乎聖賢用則行舍則藏矣。

革之六二，革卦六二爻。中正則無偏蔽，居中得正，則無所偏蔽。文明則盡事理，下卦爲離，故曰文明，文明則能灼盡事理。應上則得權勢，三與五應，故曰「應上」，應上則得權勢。體順則無違悖。爻位皆柔，故曰「體順」，體順則無違悖矣。時可矣，時當變革則時可矣。位得矣，居中應上則位得矣。才足矣，文明體順則才足矣。革之至善者也[一一]。是處革之至善者。必待上下之信，然必須上下盡信而後革。故「己日乃革之」也。故其辭曰「己日乃革之」，謹之至也。如二之才德，當進，革固不可遽，然有如六二，當其時，處其位，有其才，有其德，可以進之時。行其道則吉而无咎也。豈容自已？故行變革之道，自得至善而無悔咎。不進，則失可爲之時，於此不進，則失其當進之時。爲有咎也。則必有悔咎矣。

鼎之「有實」，鼎卦以「有實」言。乃人之有才業也。實者，喻人之抱負才業也。當慎所趨向，凡所施爲，亦必謹其所向。不慎所往，若急於有爲，每不暇謹擇所向。則亦陷於非義。則必不知惟義所適，反爲才業所累矣。故曰：「鼎有實，故鼎以「有實」言。慎所之也。」亦貴乎謹擇其所向也。

士之處高位，士之在上位。則有拯而無隨。當以正位定國爲己任[一二]，故有拯救而無所隨。在下位，則有當拯，有當隨，在下位者，職守所在，是當拯也；職有不及，是當隨也。有拯之不得而後隨。又有拯之不得而後隨者，此又聖人可與權之事，非它人可例言。如夫子嘗從大夫之列，故請討陳恒，然不在其位，則亦隨之而已。○艮卦六二傳。

「君子思不出其位」，君子所思惟在不出其位分。位者所處之分也。位者，所處當然之分。處之而不踰，是不出其位也。萬事各有其所，萬事無不各有其所。得其所則止而安。使之各得其所，則能止而安。若當行而止，或當行而反止。當速而久，或當速而反久。或過或不及，或失於過，或失於不及。皆出其位者也，皆爲出位，而非得其止者也。況踰分非據乎？況踰越常分，據非所據者，又出位之尤者也。○艮象傳。

人之止，難於久終，人之止，易於暫而難於久，易於始而難於終。故節或移於晚[一三]，故持其節於少年者，或轉移於晚歲。守或失於終，堅所守於初者，或不保於終。或廢於久[一四]，止於其暫者，或廢失於久。人之所同患也。是皆人之所同患。艮之上九，艮卦上九爻。敦厚於終，厚於終而不失於終。止道之至善也，止道之極其善者。故曰「敦艮吉」。艮，止也。故厚其所止，是以吉也。

中孚之初九曰：「虞吉。」孚，信也。虞，度也。初九一爻處信之始，虞度取信，是以吉也。象曰：「志未變也。」志無私係，故云不變。傳曰：當信之始，處卦之初，乃信之始。志未有所從，志未有所牽於外。而虞度所信，但虞度其所信。則得其正，則自得其正。是以吉也。何不善之有？志有所從，苟志有所係。則是變動，則好惡成於中，是非變於外。虞之不得其正矣。所度者牽於私意，安能得其正哉？

賢者惟知義而已，命者，窮達夭壽，出於氣質，有必然之數。義者，是非可否，本乎天理，有當然之宜。賢者惟知義之當然。命在其中。然命固在其中。中人以下，至於中人以下資格。乃以命處義。於義未能真知而安行，然知命之已定，則亦不敢越義以妄求，故曰「以命處義」。如言「求之有道，謂不可以苟求也。得之有命，謂不可以倖得也。是求無益於得」。謂得非可以求而遂也。知命之不可求，知夫命非可以求而倖得。故自處以不求。故自處以無所求，此亦爲「中人以下」者設。若賢者則求之以道，求之必以道，則不枉道而求。得之以義，得之必以義，則不非義而受。不必言命。所求所得，惟道與義而已，命何足道哉？

人之於患難，人遇患難之來。只有一個處置，但當審所以處之之道，是義也。盡人謀之後，若夫處置之後則已無闕。却須泰然處之。則亦安之而已，成敗利鈍亦無如之何，所謂命也。有人遇一事，有人遇一件事。則心心念念不肯捨，則此心不肯割捨。畢竟何益？畢竟無所益。若不會處置了放下，或處置了而不能放下。便是無義無命也。皆是無義、無命。蓋遇事不能處，是無義也；已處置而不能放下，是無命也。

門人有居太學而欲歸應鄉舉者。先生門人有居於學而欲應鄉里之試。問其故，先生問其故。曰：「蔡人尠習戴記，尠，甚少也。自謂自是蔡人，少學禮記也。決科之利也。」乃決取科第之所宜。先生曰：「汝之是心，得失有命，妄起計度之私，是利心也。已不可入於堯舜之道矣。故不可入堯舜之道。夫子貢之高識，如子貢識見之高邁。曷嘗規規於貨利哉？何嘗汲汲於貨殖之私？特以豐約之間[一五]，特以或厚或薄。不能無留情耳，不能不加意。且貧富有命，人之富貴自有一定之分。彼乃留情於其間，而子貢乃加意於此。多見其不信道也。是不知求之有道、得之有命也。故聖人謂之『不受命』。故聖人謂其不能安受乎天命，而有心於貧富也。有志於道者，故心乎是道者。要當去此心而後可與語也。」必當先去其利心，則可以與之語此矣。

人苟有「朝聞道，夕死可矣」之志，道者事物當然之理，苟得聞之，則生順死安，無復遺恨。故人有此志。則不肯一日安於所不安也。則道理有未安處，必不肯自苟安也。何止一日，不特一日之間。須臾不能。頃刻之間亦不能安。如曾子易簀，簀，牀竹也。禮記事見。要如此乃安。是死安於道者也。人不能若此者，人之不能爲曾子者。只爲不見實理。只是見理未真。實理者，若實見是非之理。實見得是，是者見其實是。實見得非。非者見其實非。蓋理無不實，但見有未實耳。凡實理得之於心自別，故凡實然之理見於心者自是不同。若耳聞口道者，如非心之所得而得諸口談耳聽，其所謂實者。心實不見。是此心實無所見。若見得，苟心果見其實。必不肯安於所不安。則道理有不安處，其肯獨安之哉？人之一身，人之身。儘有所不肯爲，有不能爲者必不肯爲。及至他事又不然。至於它事又不如此。若士者，雖殺之，使爲穿窬，必不爲，如以士自名，雖是戮其身，俾之爲盜賊之事，決不爲。其他事則不然。又其它則有不如此。至如執卷者，又若手披書卷者。莫不知說義理[一六]。無不講說道理。又如王公大人，與夫位極人臣。皆能言軒冕外物，皆能言軒車衮冕之事，並是儻來外物。及其臨利害，及迫於得此則利，失此則害。則不知就義理，則不能安於義理。却就富貴。而乃俯從於富貴。如此者只是說得，若此之類皆是言得此理。不實見。未嘗真見此理。及其蹈水火，則人皆避之，譬之蹈水則溺其身，蹈火則焚其身，人皆知避水火之災也。是實見得。是實見水火之不可蹈。須是有「見不善如探湯」之心，須必見一不善之事，如以手探湯而不敢投。則自然別。則自然是不同，是實見其非也。昔曾經傷於虎者，昔有人曾爲虎所傷。他人語虎，見其他人言虎。則雖三尺童子[一七]，雖童稚之幼小。皆知虎之可畏，無不知虎之爲可懼。終不似曾經傷者，終不若其中一人曾傷於虎者。神色懾懼，精神顏色震懾畏懼。至誠畏之，真實畏之。是實見得也。是實見得是也。得之於心，心有實見。是謂有德，而後謂之有德[一八]。不待勉强。此則無事乎强勉。學者則須勉强。學者實見有未盡，則亦勉而行之。古人有捐軀隕命者，古之人有捐棄其身、隕亡其命。若不實見得，如非心有實見。則烏能如此？又何能若是？須是實見得，生不重於義，必也實有所見，生不爲重，而義爲重。生不安於死也。生不爲安，而死爲安也。故有「殺身成仁」，理當死而求生，則於心有不安，是害其心之德。當死而死，則心安而德全矣。只是成就一個是而已。是即理之所安處也。

孟子辨舜、蹠之分，舜，帝舜。蹠，盗蹠也。二者之分。只在義利之間。在乎爲義則舜，爲利則蹠也。言間者，謂相去不甚遠，間，中間也。自中間分去，半爲義半爲利，相去未始相遠。所争毫末爾。所争特毫毛。義與利，只是個公與私也。義利二者亦不出公私二字。義是天理之公，利是人欲之私。出義，便以利言也[一九]。入者爲主，出者爲賓，出乎義則必入乎利矣。只那計較，便是爲有利害。但利亦不特是財利之利，纔萌一毫計較之私，此便是利矣。若無利害，若無所利所害。何用計較？何必生計較之私？利害者，天下之常情也。有利有害，人情之常。人皆知趨利而避害，利則趍而害則避，人情皆然。聖人則更不論利害，聖人惟義之從，固不論利害。惟看義當爲不當爲，但觀義之可與不可。便是命在其中也。義如是，則命亦當如是，初何趍避之有？

大凡儒者，凡儒者之於學。未敢望深造於道，未敢便望其詣是道之閫奥。且只得所存正，存者正則所存不妄。别善惡，善惡别則所見不雜。識廉恥。廉恥識則所守不渝。如此等人多，若此者多。亦須漸好。亦可漸次而進於道，豈不善哉？

趙景平問〔二〇〕：「子罕言利」，趙景平，學於程子者也。罕，少也。問夫子少言利之一字。所謂利者何利？是利也，何利也？曰：不獨財利之利，蓋不特是財利方名曰利。凡有利心便不可。凡人有一毫自便之私，便已非矣。如作一事，且如爲一件事。須尋自家穩便處，先尋己之利便所在。皆利心也。無非利也。聖人以義爲利，聖人處義，不計其利。義安處便爲利。事當乎義，處之而安，乃所以爲利也。如釋氏之學，如佛氏之爲學。皆本於利，惡生則欲無生，惡物欲亂心則絶滅人倫。推其本心，惟欲利己。故便不是。是賊義之大者，豈爲是耶？

問：邢七久從先生[二一]，邢和叔久於從游。想都無知識，想是識見未充拓。後來極狼狽。後來畔道，遂至大繆。先生曰：叔子云。謂之全無知則不可，謂其全無識見亦不得。只是義理不能勝利欲之心，但是利欲之私有以奪其義理之真。便至如此。故喪其所守耳。

謝湜自蜀之京師，謝子由蜀都而道帝都。過洛而見程子。經洛中，謁見伊川。子曰：程伊川云。「爾將何之？」汝何所在？曰：「將試教官。」欲應教官之試。子弗答。程子不對。湜曰：「何如？」謝子問：「是如何？」曰[二二]：「吾嘗買婢，欲試之，我嘗買妾，欲試之女工。其母怒而弗許，妾之母怒以爲不可。曰：『吾女非可試者也。』云我女非可以試者也。今爾求爲人師而試之，今汝求爲人之模範而就人之試。必爲此媪笑也。」是不如此媪不與人之試其女，反爲它所笑矣。湜遂不行。謝因此寢謀。

先生在講筵，先生元祐間除侍講。不曾請俸。未嘗請侍講俸給。諸公遂牒户部，問不支俸錢。執政牒問户部，何爲不支侍講俸給。户部索前任曆子，户部遂行移索先生前任曆。舊例，初入京官時，用下狀，出給料錢曆。先生云：「某起自草萊，先生不請，謂朝廷起我，便當廩人繼粟、庖人繼肉。故曰我起身草萊。無前任曆子。」未嘗有前任料錢曆。遂令户部自爲出券曆。遂自牒户部起曆。又不爲妻求封，又不肯爲其妻求封爵。范純甫問其故。范問先生何故。先生曰：「某當時起自草萊，我初然拔於草野之中。三辭然後受命，凡三辭免而後受君命。豈有今日乃爲妻求封之理？」安有今日便可求封於妻乎？問：「今人陳乞恩例，又問：今世人陳狀乞行封爵恩例。義當然否？合於其義乎？皆以爲本分[二三]，不爲害。」故人皆言此乃本分當然者，初無妨害。先生曰：「只爲而今士大夫道得個乞字慣，却動不動又是乞也。」問[二四]：「陳乞封父祖如何？」問：陳狀乞封贈父與祖，可乎？先生曰[二五]：「此事體又別。」封親與封妻，事體不同。顯榮其親，乃人子之至情，謂之不當求則不可。再三請益，范再三詰問。但云：「其說甚長，先生但稱言未易盡。待別時說。」姑待他日。意謂特召，與常人異，故難言也。

漢策賢良，如漢家之策試賢良。尤是人舉之。尚以人薦舉而進。如公孫弘者，如武帝徵賢良文學，菑川國復推上弘，國人固推弘，皆以人舉。尤强起之乃就對。尚是强而起之，方就廷對。至如後世賢良，如後世以賢良進者。乃自求舉爾。是自求其舉於人。若果有若或有此。曰「我心只望廷對，吾之心只欲大廷賜對。直言天下事[二六]」，直述事關天下之大者。則亦可尚已。猶可加尚。若志在富貴，設使其所存者只在「富貴」二字。則得志便驕縱，則得志之時驕矜縱弛。失志則便放曠與悲愁而已。失志之後放逸悲愁，是皆中無所守也。

伊川先生曰：人多說某不教人習舉業，人多言我不誨人習應舉之文。某何嘗不教人習舉業也！我何嘗不誨人習此？人若不習舉業而望及第，人若不習應舉之文而欲登第。却是責天理而不修人事。則是人事不能盡，而求天理之應。但舉業既可以及第即已，但是應舉之文至可取科第即止。若更去上面盡力，若竭盡其力以求其精。求必得之道，以求必可取得之道。是惑也。惑之甚也。

問：家貧親老，或問：家貧而父母年老。應舉求仕，應鄉舉以求達。不免有得失之累，試之得失爲心之累。何脩而可以免此？何所脩而可去此累？伊川先生曰：此只是志不勝氣，此是志之所存不固，爲氣之所動。若志勝，自無此累。如志勝，夫氣無此累矣。家貧親老，貧而父母已老。須用禄仕，須用居官食禄，可以奉養。然得之不得爲有命。但或得或失，自有一定之賦與。曰：在己固可，又云：闕所養，則在己固可處。爲親奈何？爲父母則當如何？曰：爲己爲親，身之與親。只是一事。只一件事。若不得，若未禄仕。其如命何？是有命在。孔子曰：「不知命，無以爲君子。」人苟不知命，人誠不知上天之賦予。見患難必避，見患難必思避，不知不可避。遇得喪必動，遇得失必動，不知不可動。見利必趨，見利必趍，而不知不可趍。其何以爲君子？是皆一定之命，不知此，何以爲君子耶？

或謂科舉事業奪人之功，或言習舉業能奪人講學之功。是不然。恐不如此。且一月之中，假如一月之內。十日爲舉業，以一旬習應舉之文。餘日即可爲學〔二七〕。其他日儘可講學。然人不志於此，但今人不留意義理之學。必志於彼。故留意者科舉之文。故科舉之事，然科舉特一事。不患妨功，不患其妨講學之功。惟患奪志。但患其奪爲學之志，奪志則根本廢矣。

横渠先生曰：世禄之榮，世禄者，父祖食君之禄，其子孫後以蔭襲而食禄也。王者所以録有功，尊有德，先王以此録用其有功、尊顯其有德者。愛之厚之，愛之深，厚之至。示恩遇之不窮也。皆昭示其恩數寵遇之無窮盡也。爲人後者，爲世禄之後者。所宜樂職勸功，所當樂盡臣職，勸勉事功。以服勤事任；以服勞王事與其職任。長廉遠利，崇長廉德，遠去利慾。以似述世風。以紹述祖父世守之習。而近代公卿子孫，而近世爲公卿之子孫者。方且下比布衣，方且狎及布衣之士。工聲病，聲病，詩律有四聲八病，今進士之學是也。售有司。以求鬻於主司。不知求仕非義，求仕，謂投牒覓舉，不知爲不得其宜。而反羞循理爲無能；循理，謂服勤事任，似述世風，反以此爲無所能。不知蔭襲爲榮，不知承襲父祖之蔭爲榮。而反以虚名爲善繼。而反以工聲病、躐取虚名爲善繼述。誠何心哉！是何所用心者耶！○文集。

不資其力而利其有，人之歆動乎勢位者，皆有待於彼。惟不資藉其力而利其所有者。則能忘人之勢。則己自重而彼自輕，故能忘其勢位之尊貴。○孟子説。

人多言安於貧賤，人多説處貧處賤而能安。其實只是計窮力屈才短，實則出於計窮而不能通，力屈而不能伸，才短而無所用。不能營畫耳。三者咸無，不能經營指畫。若稍動得，如稍自能出得貧賤之累。恐未肯安之。但恐未肯安之也。須是真知義理之樂於利欲也[二八]，乃能。必真知義理之可樂，然後富貴不足動其心也。

天下事，大患天下之事，其大可患者。只是畏人非笑。只在憚人之非己與人之笑己。不養車馬，車所以載己，馬所以代步，二者皆不蓄養。食麤衣惡，食麤，如羹藜含糗之類；衣惡，如衣敝緼袍之屬。居貧賤，既貧且賤。皆恐人非笑。皆恐人之非己、笑己。不知當生則生，不知義之所在，其生也以義而生。當死而死，其死也以義而死。今日萬鍾，今日受萬鍾之禄。明日棄之，或明日即棄之，其得失以此義。今日富貴，今日享富貴之榮。明日饑餓，亦不恤，或明日有饑餓之辱，其窮通以此義。惟義所在。義者，宜也。不過皆安其所宜而已。故死生去就有所不顧，苟懷齷齪之見，畏人非笑而耻居貧賤，豈有大丈夫之氣哉？[二九]

【校勘記】

[一] 豈可自從以求於君 「從」，葉本作「進」。

[二] 必無能信用之理 「必」原作「心」，據葉本改。

[三] 蓋尊德樂道之心不如是 「蓋」下，葉本有「其」字；「道」下，程氏易傳卷一蒙卦無「之心」二字。

［四］不亂雜小人之群類　「亂雜」，葉本作「雜亂於」。
［五］君子所賁　「賁」，葉采集解元刻明修本作「貴」。
［六］象曰志可則也　「志」上，葉本有「不事王侯」四字。
［七］所處雖有得失小大之殊　「有」原無，據葉本補。
［八］罔孚裕无咎　「孚」原作「字」，據周易、葉本改。
［九］一日不可及也　「及」，葉本作「居」。
［一〇］然非一概　「然」下，葉本有「事」字。
［一一］革之至善者也　「革」上，葉本有「處」字。
［一二］當以正位定國爲己任　「位」，葉本作「君」。
［一三］故節或移於晚　「或」原作「弗」，據葉本改。
［一四］或廢於久　「或」上，葉本有「事」字。
［一五］特以豐約之間　「以豐」，葉本作「於豐」。
［一六］莫不知説義理　「義理」，葉本作「禮義」。
［一七］則雖三尺童子　「童子」，葉本作「之童」。
［一八］而後謂之有德　「德」原作「得」，據上文及葉本改。

[一九] 出義便以利言也　「出」上，葉本有「纔」字。
[二〇] 趙景平問　「問」下，葉本有「伊川曰」三字。
[二一] 邢七久從先生　「七」，葉本作「恕」。
[二二] 曰　「曰」上，葉本有「子」字。
[二三] 皆以爲本分　「皆」上，葉本有「人」字。
[二四] 問　「問」上，葉本有「因」字。
[二五] 先生曰　「先生」原無，據葉本補。
[二六] 直言天下事　「直」上，葉本有「欲」字。
[二七] 餘日即可爲學　「即」，葉本作「足」。
[二八] 須是真知義理之樂於利欲也　「真」，葉本作「誠」。
[二九] 此條原緊接於上條末，未單列，據葉本改爲單列。

新刊音點性理群書句解卷之八　後集

近思録第八卷

此卷論治道。蓋明乎出處之義，則於治道之綱領不可不素講明之。一旦得時行道，則亦舉而措之耳。

伊川先生曰：比之九五曰：比，親輔也。其卦九五爻云。「顯比，一陽居尊，剛健中正，卦之群陰皆來比己，顯其比而無私。王用三驅，失前禽。」禮「天子不合圍」，蓋蒐田之時，圍於三面，前開一路，來者不拒，去者不追，故「失前禽」，亦猶王者顯明比道，而不求人之比也。傳曰：伊川易傳云。人君比天下之道，王者親比天下之衆也。當顯明其比道而已。必當顯明其親比之道。如誠意以待物，積誠實之意以待物。恕己以及人，推愛己之心以及人。發政施仁，仁政發施，公平正大。使天下蒙其惠澤，群心被其惠。是人君親比天下之道也。此皆王者顯比天下之道。如是，天下孰不親比於上？若此則天下之人自然豫附。若乃暴其小仁，如暴小惠以示私恩[一]。違道干譽，違正道以干虛譽。欲以求天下之比，以是求比於人。其道亦已狹矣，則非顯比之道，亦大淺狹矣。其能得天下之比乎？·安能使天下皆親比於己耶？王者顯明其比道，所貴乎王者，在乎顯明其親比之道。天下自然來比。天下之人咸來比己。來者撫之，來則撫而安之。固不煦煦然求比於物。煦煦，日出微温之貌。未嘗温其辭色以求比人。若田之三驅，如天子蒐田，圍三面網，驅獲衆禽。禽之去者，開一面之網，禽之前去者。從而不追，則不復追取。來者則取之也。於來者則取之。此王道之大，此正猶王者不求人之比，而人之來比者則取之。所以其民皞皞而莫知爲之也。所以其民廣大自得，雖親比其君而莫知其所以然也。非唯人君比天下之道如此，不特是王者顯比天下之道如是。大率人之相比莫不然。大凡人之相親比者，無不如此。以臣於君言之，且以臣之於其君。竭其忠誠，必殫其事主之忠，復盡其敬君之誠。致其才力，展其集事之才，整其服勤之力。乃顯其比君之道也。是顯明其親比人君之道。用之與否，在君而已，用舍亦在乎君。不可阿諛逢迎，不可阿媚諛悦迎合取容。求其比己也。以求人君之親比於己。在朋友亦然，於朋友之道亦如此。脩身誠意以待之，脩其身、實其意以相待。親己與否，在人而已，親疏亦在乎人。不可巧言令色，不可巧好其言辭，與令善其顔色。曲從苟合，不可從者至委曲而從，不相合者苟焉而合。以求人之比己也。以求它人之親比於己也。於鄉黨親戚，於衆人，以至鄉里之相交，親戚相與，衆人之相處。莫不皆然，無不皆如此。「三驅，失前禽」之義也。是即前禽不追，非有所求而得也。○易傳。[二]

古之時，公卿大夫而下，古者自公卿大夫以下。位各稱其德，職位必求其與德相稱。終身居之，得其分也。位未稱德，其或職位未稱其德。則君舉而進之。則人君必拔而登之。士脩其學，士子之脩其學業。學至而君求之。學業已成，則君乃求而用之。皆非有預於己也。是公卿以德而進，士以學而求，與己初無所預。農工商賈，勤其事，以至農民百工、行商坐賈，各服其事。而所享有限。而其所用自有限度。故皆有定志，人人各有一定之志。而天下之心可一。天下之心無不定於一。後世自庶士至於公卿，自上之人不度其德而制爵位，故自庶士至公卿。日志於尊榮。所志者日慕於尊貴榮達。農工商賈，不明其分而立品節，故自農工以至商賈。日志於富侈。所志者日慕於富殷奢侈。億兆之心，天下庶民之心。交騖於利，交相馳逐於貨利之私。天下紛然，貴賤競趍，而心欲無窮。如之何其可一也？如何俾之皆有定志也？欲其不亂，難矣！此亂之所由生也。○易傳。

泰之九二曰：泰卦九二爻云：「包荒，包含荒穢之量。用馮河。」無舟渡河曰馮。用馮河，必得馮河之勇。傳曰：易傳云。人情安肆，當泰之盛，上下安肆。則政舒緩，政令舒緩而不振。而法度廢弛，法度廢弛而不立。庶事無節。庶事泛溢而無節，未可亟振而驟起之也。治之之道，其所以治之之道。必有包含荒穢之量，必須有包荒之量。則其施爲，而後見於施爲者。寬裕詳密，寬裕而不迫，詳密而不疏。弊革事理，不迫不疏，則弊可革，而事可理也。而人安之矣。而人且盡安之矣。若無含弘之度，或者見其百度弛慢，不能含忍。有忿疾之心，而遽懷忿疾之心。則無深遠之慮，不暇詳密，何有深遠之慮？有暴擾之患，不能寬裕，寧免暴擾之患？深弊未去，無深遠之慮，則深弊未易革。而近患已生矣，有暴擾之憂，則近患已生。故在包荒也。所以在有包含荒穢之量。自古泰治之世，自古處泰治之時。必漸至於衰替，漸次而入至於舒緩廢弛。蓋猶狃習安逸[三]，因循而然。皆由人情放肆，因循苟且，漸已陵夷。自非剛斷之君，治之之道，雖不容峻迫，苟非一人剛斷。英烈之輔，宰輔英烈。不能挺特奮發以革其弊也，則亦未能挺特自立，奮發有爲，而作新積弊也。故曰「用馮河」。故云用馮河之勇，言當勇於有爲也。或疑上之「包荒」[四]，或者疑上之包含荒穢。則是包含寬容，則是包涵含洪，寬裕優容。此之「用馮河」[五]，此又云用馮河之勇。則是奮發改革，則是奮起振發，改舊革故。似相反也。二言自相反。不知以含容之量，不知有含容之量，則剛果不至於疏迫。施剛果之用，有剛果之用，則含容不至於委靡。二者相資，而治泰之道乃成。乃聖賢之爲也。斯乃聖賢之所爲也。

觀：「盥而不薦，觀卦九五居上，四陰仰之，以中正示天下，所以爲觀。盥，將祭而潔者也。薦，奉酒食以祭也。方盥而未薦，人心精一。有孚顒若。」則在下之人信而仰之。傳曰[六]：程傳云。君子居上，君子居兆民之上。爲天下之表儀，表一正，則天下視此爲儀則。必極其莊敬。方盥之初，人心嚴肅。薦之後，則禮儀已畢，人心解散。故必焉內莊而敬。如始盥之初，常如始盥之時。勿使誠意少散。毋令誠意散。如既祭之後[七]，有如已祭。則天下莫不盡其孚誠，則天下之人莫不誠信其上。顒然瞻仰之矣。顒顒然仰望之矣。

凡天下至於一國一家，凡天下之大，近而一國一家。至於萬事，以至事有萬不同。所以不和合者，凡其不能相和合者。皆由有間也，皆是有所間隔則不能合。間，去聲，下同。無間則合矣。若無間隔則必和合矣。以至天地之生，日生日成，皆須和合，則能遂也。凡未合者，若未和合。皆爲間也[八]。是皆有所間隔。若君臣、父子、親戚、朋友之間，君臣之相與，父子之相親，朋友之相處。有離貳怨隙者，凡乖離疑二、怨尤罅隙。蓋讒邪間於其間也。必有讒言邪黨間隔其中，則不合矣。去其間隔而合之，去其中之間隔而能和合焉。則無不和且治矣。則自然和而得其理矣。噬嗑者，頤中有物，曰噬嗑。噬而嗑之，所以去間。治天下之大用也。有治天下之大用在乎其中也。○噬嗑傳。

大畜之六五曰：大畜卦六五爻云。「豶豕之牙，吉。」六五以柔居中，而當尊位，故有「豶豕」之象。蓋豕乃剛躁之物，豶去其勢，則牙雖存而剛躁自止，所以吉也。豶，音焚。傳曰：物有總攝，物各有所統攝。事有機會。事各有一機會。聖人操得其要，聖人操持得其要領。則視億兆之心猶一心。故視繁猶簡。道之斯行，綏來動和。止之則戢，令行禁止。故不勞而治，不待勞力，自然皆治。其用若豶豕之牙也。有如制豕之牙而惡自止也。豕，剛躁之物。豕之爲物，性剛而躁。若剛制其牙[九]，如强遏其牙，使之不得逞。則用力勞而不能止；則用力雖勞，必不能止。若豶去其勢，如只制其剛暴之勢。則牙雖存，而剛躁自止。如豕之牙存，而剛躁之性止。君子法豶豕之義，君子體大畜豶去豕勢之義。知天下之惡知處天下之惡。不可以力制也。非可以威力制之。則察其機，密察其事機。持其要，操持其要會。塞絶其本原，杜其爲惡之根原。故不假刑法嚴峻，而惡自止也。雖不必施嚴刑峻法而惡自然止。且如止盜，且以止盜賊之法言之。民有欲心，凡民有貪欲之心。見利則動，見有貪利，安不動心？苟不知教，苟不能教之。而迫於饑寒，則内迫於飢，外迫於寒。雖刑殺日施[一〇]，雖日於峻刑以殺其身。其能勝億兆利欲之心乎？其能止庶民貪利之私心耶？聖人則知所以止之之道，聖人所以制强暴者，蓋亦察其機要，治其本原，而求止之之道。不尚刑威而脩政教[一一]，不事刑威，政以齊之，教以化之。使之有農桑之業，使之安耕農桑蠶之事，是聖人之政能止盜也。知廉耻之道，去寡廉鮮耻之習，是聖人之教能止盜也。雖賞之不竊矣。若是，則雖賞之使竊，亦必不竊矣。

解：「利西南。解，難之散也。難之既解，利於平易安靜，不欲久爲煩擾。且其卦自升來，三往居四，入於坤體，坤居西南，故利於西南平易之地。无所往，安平無事，是無所往。其來復吉。脩復治道，是其來復吉。有攸往，夙吉。」謂有當解之事，則當早爲之圖也。傳曰：伊川傳云。西南坤方，文王八卦方位，坤居西南維。坤之體廣大平易。坤之體則□廣安静。當天下之難方解，故當大難初解。人始離艱苦，人方脱離艱難辛苦，正當與民休息。不可復以煩苛嚴急治之，不可以煩擾苛刻、嚴厲峻急之政治之。當濟以寬大簡易[一二]，當濟之以寬平廣大、簡嚴平易之道。乃其宜也。是其所宜也。既解其難，難既解。而安平無事矣，則安静而無所事。是「無所往」也。是易之「無所往」。則當脩復治道，於此之時，惟當脩復其治。正紀綱，俾紀綱以正。明法度，法度以明。進復先代明王之道[一三]，進則使古先王之治可復。是「來復」也，是易之「來復」也。謂反正理也。言反治勢之所趍而歸於正也。自古聖王救難定亂，自聖王救世之難，定世之亂。其始未暇遽爲也；其初亦未及遽然有爲。既安定，則爲可久可繼之治。大難既解，安平無事，則興廢舉墜，脩復治道，以爲久安長治之計。自漢以下，自漢以後。亂既除，則不復有爲，難既解則不復脩復治道。姑隨時維持而已，但隨時以措畫。故不能成善治，故無善治之可稱。蓋不知「來復」之義也。不知易之「來復吉」也。「有攸往，夙吉」，又易言有所往夙吉者。謂尚有當解之事，謂陰難尚有當解散者。則早爲之乃吉也。以早圖之乃善。當解而未盡者，當解散而猶未盡解散，如張柬之不殺武三思。不早去則將復盛。不能早去，以致其勢復盛，乃欲除之，則亦晚矣。事之復生者，事之已解而復生。不早爲則將漸大。不早爲之思，則必漸熾。故夙則吉也。惟早則善也。

夫有物必有則，事物各有天然之則。父止於慈，子止於孝，君止於仁，臣止於敬，萬物庶事，天下萬物萬事。莫不各有其所。無不有其所止之地。得其所則安，得其所止則安。失其所則悖。失其所止則悖戾。聖人所以能使天下順治，聖人未嘗强制天下，凡使人皆順其治者。非能爲物作則也，非以一身爲物作則。唯止之各於其所而已。但處之各當其則而已。

兑，説而能貞，兑，説也。説而能以貞正之道。是以上順天理，所以上順乎天，以此正道也。下應人心，下應乎人，亦此正道也。説道之至正至善者也。説道出於至正，所以爲至善，不正則不善也。若夫違道不順天[一四]，道出於天，違道則不順天。干譽非應人，譽出於人，干譽則非應人。苟取一時之説耳，此不過苟焉取説者。非君子之正道。豈所謂説道貞正至善者哉？君子之道，君子之所謂説道。其説於民，其致其説於民。如天地之施，正如天地化生，萬物所説。感之於心，民心自然懷感。而説服無斁。而説服寧有厭斁耶？

天下之事，大凡事在天下。不進則退，進退無兩立之理，既不能進則必退。無一定之理。無有定也。濟之終，不進則止矣，既濟之終，處濟之窮，不能進則止矣。無常止也。然天下亦無常止之理。衰亂至矣，既濟彖曰「終止則亂」。濟終，乃衰亂之由生也。蓋其道已窮極也。正以其道至此而窮極。聖人至此奈何？假使聖人處此，又將如何？曰：唯聖人爲能通其變於未窮，夫盛止必衰者，天下之常勢；有盛無衰者，天下之常道［一五］。是以雖處既濟之終，有以通其變化之道而不至於窮。不使至於極，故雖濟之窮極，而未見其窮極。堯舜是也，如易言「堯舜氏作，通其變，使民不倦」是也。故有終而無亂。故處濟之終而不至衰亂也。○既濟彖。

爲民立君，天爲民立一人而爲之君長。所以養之也。蓋欲以養其生也。養民之道，但所以養之之道。在愛其力。莫先於愛養其力。民力足則生養遂，民力不困，則有以爲生養之具。生養遂則教化行而風俗美，生養之道得，則民安於禮義之天則，教化自行，風俗自善。故爲政以民力爲重也。善爲政者，亦在乎重民之力也。春秋凡用民力必書，夫子作春秋，凡國之用民力，必書其所以用力之由。其所興作不時害義，其書興作不時者，如隱公七年夏「城中丘」之類；書興作不義者，如莊二十二年「丹桓宫楹」之類。固爲罪也，固所以正其不時、不義之罪。雖時且義亦書，書時者，如桓十六年冬「城向」之類；書義者，如莊元年築王姬館之類。見勞民爲重事也。見國之役民皆爲大事。然有用民力之大而不書者〔一六〕，亦有役民之大而未嘗書者。爲教之意深矣。其示訓之旨甚深。僖公脩泮宫、泮，半也。諸侯之學，鄉射之宫，其東西南有水，形如半璧，以其半於天子之辟雍，故曰泮宫。復閟宫，閟，閉也，幽陰之義。宫，廟也。非不用民力也，一脩一復，亦役民力。然而不書。而夫子不之書。二者，復古興廢之大事，脩泮宫則是興其已廢之事，復閟宫則是復其祖先之廟，二者無非國之大事。爲國之先務，一以教育賢材，一以尊事祖先，乃務之□先者。如是而用民〔一七〕，若此而用其力。乃所當用也。是皆用所當用。人君知此義，爲君而知用民之道。知爲政之先後輕重矣。則爲政之或先或後、孰輕孰重，則可知也。○經説。下同。

治身齊家以至平天下者，治之道也。道者，是爲治之道，治之本也。建立治綱，植立一國之紀綱。分正百職，分正百官之職位。順天時以制事。順時，如中春教振旅之類。至於創制立度，以至開創經制、建立法度。盡天下之事者，於天下事無不盡詳。治之法也。是立治之法。法者，治之具。聖人治天下之道，是二者不可偏廢，亦必本之立，而後其具可舉，故聖人之治天下。唯此二端而已。不過治道與治法二者而已。

明道先生曰：先王之世以道治天下，古先聖王之世，治天下以仁義爲主，法固在其中。後世只是以法把持天下。後世推持法令以控制天下，而法亦非先王之法矣。○遺書。下同。

爲政須要有紀綱文章，大曰綱，小曰紀。有紀綱則大小不紊。文謂文法，章謂章程。有文章則法程不失。先有司、有司，衆職也。必先正其有司，而後考其成，會其要。鄉官、如黨正、族師、閭胥。讀法、如州長於正月之吉及歲時祭祀，各屬其州之民而讀法，以考其德行道藝而勸之，以糾其過惡而戒之。平價、如賈師各掌其次之貨賄之治，卞其物而均平之，展其成而奠其賈之類。謹權量［一八］。權五：銖、兩、斤、鈞、石也。量五：龠、合、升、斗、斛也。人各親其親，使人各親其親。然後能不獨親其親。則親親之道公於天下。仲弓曰：「焉知賢才而舉之？」仲弓欲以一人之知而舉天下之賢，故疑其不足。子曰：「舉爾所知。夫子則因天下之賢舉天下之賢，不惟見其有餘。故云：舉爾之所可知。爾所不知，爾之所不能知者。人其舍諸？」人將不用之乎？便見仲弓與聖人用心之大小。仲弓之欲以其所知者而舉賢，則用心狹小；聖人欲因天下之賢而舉天下之賢，則用心宏闊。推此義，則一心可以喪邦，推其極致，則喪邦固此一心。一心可以興邦，興邦者亦此一心。只在公私之間耳。心之狹小則爲私，私則至於喪邦；心之宏闊則爲公，公則至於興邦。

治道亦有從本而言，爲治之道，有自本原而究論者。亦有從事而論［一九］。亦有自事爲而究論者。從本而言，惟是格君心之非［二〇］，心爲治之本，須是自格去君心之非。正心以正朝廷，使正此一心以正朝廷。正朝廷以正百官。正朝廷以正百官之衆，則正君而國定矣。若從事而言，不救則已，不救積弊則已。若須救之，則須變，必須大更革，然後能救積弊。大變則大益[二一]。大更革則有大利益。

唐有天下，李唐自得天下以來。雖號治平，雖稱爲治平之世。然亦有夷狄之風。唐之先事夷狄，故高祖、太宗之規模亦有夷狄之風範。三綱不正，無君臣父子夫婦，其原始於太宗也。太宗與裴寂謀，以晉陽宫人私侍高祖，脅以起兵，而君臣父子之道乖；手刃其弟元吉而納其妃，而兄弟夫婦之倫喪，皆自太宗始也。故其後世子弟是以後世子孫。皆不可止[二二]，氣習相傳，綱常陵夷，而不可止。使君不君，臣不臣。玄宗使肅宗至靈武，則自立稱帝；使永王璘使江南，則反。君臣之道不正。故藩鎮弗賓，遂使藩鎮披猖於外[二三]。權臣跋扈，閹豎擅權於内。陵夷有五代之亂[二四]。馴致五季之極亂。漢之治過於唐，故唐之治不如漢。漢大綱正，大綱，謂綱常。正則無太宗敗亂人倫之事。唐萬目舉。萬目，若世業、若府兵、若租庸調、若省府，其區畫法制，略放先王之遺意，故亦足以維持天下。本朝大綱正，我宋綱常亦得其正。萬目未盡舉。萬目雖舉，然猶有未盡者。

教人者，養其善心而惡自消；道之以德也。治民者，導之敬讓而争自息。齊之以禮也。○外書。下同。

明道先生曰：必有關雎、麟趾之意，關雎詠文王妃姒氏有幽閑正靜之德。麟趾詠文王子孫宗族有仁愛忠厚之性。必有此等意思，則自閨門衽席之微，積累至薰蒸洋溢，天下無一民一物不被其化。然後可行周官之法度。則可以行周官法度，否則爲王莽矣。

「君仁莫不仁，一國以一人爲本，爲君而仁則天下莫不興仁。君義莫不義」，爲君而義則天下莫不好義。天下之治亂，繫乎人君仁不仁耳。天下之或治或亂，皆關係於君仁與不仁也。離是而非，然一人亦以一心爲本，使去是而從非。則生於其心，一念私邪之起。必害於其政，必將害於其政。豈待乎作之於外哉？奚待作於外而後可知？昔者孟子三見齊王而不言事，孟子見齊王，首言仁術，曰「是心足以王」，至將求其所大欲，則曰：「緣木求魚，後必有災，王欲行之，盍反其本？」凡皆以格其非心，興其善意。至於一政事之得失，固未暇論。門人疑之，門弟子疑孟子。孟子曰：「我先攻其邪心。」吾先攻治其私邪之心。心既正，使君心一正。然後天下之事可從而理也。則天下事皆可就吾之條理矣。夫政事之失，夫國政之有缺失。用人之非，用人之非其正。知者能更之，睿智之君自能更革。直者能諫之。忠直之臣自能諫争。然非心存焉，假使私邪之念存於中。則一事之失，失於前者。救而正之，雖能救而歸諸正。後之失者，失於後者。將不勝救矣。殆將不勝其救正矣。格其非心，去其私邪之心。使無不正，俾之無不出於正。非大人其孰能之？自非大德之人，又孰能正其君耶？［一二五］

橫渠先生答范巽之書曰：朝廷以道學與政術爲二事，朝廷以道學、政術分爲兩途，則學與政皆非矣。此正自古之可憂者。此自古及今可大憂患者。巽之謂孔孟可作，范謂使孔孟復生。將推其所得而施之天下邪[二六]？必將推其所得之道而措之天下。將以其所不爲而强施之於天下歟？必不以政術非吾所事，而以是强施之天下。大都君相以父母天下爲王道，君相之於天下，猶父母之於子，方是王者愛民之道。不能推父母之心於百姓，不能推父母愛子之心於百姓。謂之王道可乎？謂爲王者愛民之道，可邪？所謂父母之心，凡言爲父爲母之心。非徒見於言，不徒是用於言語。必須視四海之民亦必視四海之百姓。如己之子。皆如己子。設使四海之内假使合四海之民。皆爲己之子，視之猶子。則講治之術，則所以撫摩涵育、教育輔翼之者，何所不至。必不爲秦漢之少恩，必不至爲秦漢之慘刻少恩。必不爲五伯之假名[二七]。五伯之假義圖利者，無誠愛之心者也。巽之爲朝廷言，范氏與朝廷云。人不足與適，適，過也。用人之非，不足過論[二八]。政不足與閒，閒，非也。行政之失，不足非閒。能使吾君愛天下之人如赤子，惟能俾其君愛民如赤子，悃愊切至。則治德必日新，則治德將日新，何憂爲政之失？人之進者必良士，所任皆良士，何憂用人之非？帝王之道帝王之所謂道，即今日之政事。不必改途而成，非有兩途。學與政不殊心而得矣。今日政術，即平日之學問，非有二心也。○文集。

【校勘記】

[一] 如暴小惠以示私恩　「示」，葉本作「市」。

〔二〕此條上，熊剛大集解時删除三條語録，葉本有，分别是：

濂溪先生曰：治天下有本，身之謂也；治天下有則，家之謂也。本必端，端本，誠心而已矣。則必善，善則，和親而已矣。家難而天下易，家親而天下疏也。家人離，必起於婦人，故睽次家人，以「二女同居」而其「志不同行」也。堯所以釐降二女於媯汭，舜可禪乎？吾兹試矣。是治天下觀於家，治家觀身而已矣。身端，心誠之謂也；誠心，復其不善之動而已矣。不善之動，妄也；妄復則无妄矣，无妄則誠焉。故无妄次復，而曰「先王以茂對時育萬物」，深哉！

明道先生嘗言於神宗曰：得天理之正，極人倫之至者，堯舜之道也；用其私心，依仁義之偏者，霸者之事也。王道如砥，本乎人情，出乎禮義，若履大路而行，無復回曲。霸者崎嶇反側於曲徑之中，而卒不可與入堯舜之道。故誠心而王，則王矣；假之而霸，則霸矣。二者其道不同，在審其初而已。易所謂「差若毫釐，繆以千里」者，其初不可不審也。惟陛下稽先聖之言，察人事之理，知堯舜之道備於己，反身而誠之，推之以及四海，則萬世幸甚。

伊川先生曰：當世之務，所尤先者有三：一曰立志，二曰責任，三曰求賢。今雖納嘉謀，陳善算，非君志先立，其能聽而用之乎？君欲用之，非責任宰輔，其孰承而行之乎？君相協心，非賢者任職，其能施於天下乎？此三者本也，制於事者用也。三者之中，復以立志爲本。所謂立志者，至誠一心，以道自任，以聖人之訓爲可必信，先王之治爲可必行，不狃滯於近規，不遷惑於衆口，必期致天下如三代之世也。

［三］蓋猶狃習安逸　「猶」，葉本作「由」。

［四］或疑上之包荒　「之」，葉本作「云」。

［五］此之用馮河　「之」，葉本作「云」。

［六］傳曰　「傳」上，葉本有「伊川易」三字。按，茅注云：「此安定胡氏之言，而先生引之也。」。又按，此條今見程氏易傳卷二觀卦，無「傳曰」二字，而有「予聞之胡翼之先生曰」句。故「君子居上，爲天下之表儀，必極其莊敬」當爲胡氏語。

［七］如既祭之後　「祭」，程氏易傳、葉本作「薦」。

［八］凡未合者皆爲間也　「凡」上，葉本有「萬物之成皆合而後能遂」十字；「爲」下，葉本有「有」字。

［九］若剛制其牙　「剛」，葉本作「强」。

［一〇］雖刑殺日施　「殺」原作「教」，據葉本改。

［一一］不尚刑威而脩政教　「刑威」，葉本作「威刑」。

［一二］當濟以寬大簡易　「當」原作「要」，據葉本改。

［一三］進復先代明王之道　「道」，葉本作「治」。

〔一四〕若夫違道不順天　「若夫」下，葉本有「違道以干百姓之譽者苟説之道」十三字。

〔一五〕天下之常道　「天下」，葉本作「聖人」。

〔一六〕然有用民力之大而不書者　「然」上，葉本有「後之人君知此義，則知慎重於民力矣」句。

〔一七〕如是而用民　「民」下，葉本有「力」字。

〔一八〕謹權量　「量」下，葉本有「皆不可闕也」句。

〔一九〕亦有從事而論　「論」，葉本作「言」。

〔二〇〕惟是格君心之非　「是」原作「從」，據葉本改。

〔二一〕則須變大變則大益　「則須」，葉本作「必須」；「益」下，葉本有「小變則小益」五字。

〔二二〕皆不可止　「止」，葉本作「使」。

〔二三〕遂使藩鎮披猖於外　「披猖」，葉本作「割據」，葉采近思録集解明刊本作「獗猖」。

〔二四〕陵夷有五代之亂　「亂」原作「風」，據葉本改。

〔二五〕此條原緊接於上條末，未單列，據葉本改爲單列。且此條下，熊剛大集解時删除兩條語録，葉本有，分別是：

横渠先生曰：道千乘之國，不及禮樂刑政，而云「節用而愛人，使民以時」。言能如是則法行，不能如是則法亦徒行，禮樂刑政亦制數而已耳。

法立而能守，則德可久，業可大。鄭聲、佞人，能使爲邦者喪其所守，故放遠之。

〔二六〕將推其所得而施之天下邪　「之」，葉本作「諸」。

〔二七〕必不爲五伯之假名　「伯」，葉本作「霸」。

〔二八〕不足過論　「論」，葉本作「謫」。

新刊音點性理群書句解卷之九　後集

近思録第九卷

此卷論治法。蓋治本雖立，而治具不容闕。禮樂刑政有一之未備，未足以成極治之功也。

伊川先生看詳三學條制云：先生仕於朝，嘗詳定太學、宗學、武學條令學制。舊制公私試補，謂舊時學制，公試、私試、補試。蓋無虛月。無月無之。學校禮義相先之地，夫學者以明人倫禮義之所自出。而月使之争，才月試便有争得失之心。殊非教養之道。恐乖教化養育之道。請改試爲課，欲改月試爲月課。有所未至，或爲文有未及者。學官召而教之，列官於學者召其來誨之。更不考定高下。亦不如近世試士者揭榜以定高下之名。制尊賢堂，以延天下道德之士，尊賢，謂道德可矜式者。及待賓吏師齋[二]，待賓，謂行能事賓敬者。吏師通於治道，可爲吏之師法也。三者皆才德過人，首延禮之，使士人知所向慕。立檢察士人行檢等法。次乃立檢察士行之法。

又云：自元豐後，自宋朝元豐以後。設利誘之法，設利禄之法，以誘天下之士。增國學解額至五百人，國學解增舊額至五百名。來者奔湊，自遠方來者，奔馳輻湊於京師。捨父母之養，孝養之道弗顧。忘骨肉之愛，親愛之情無有。往來道路，往來井井於道塗。旅寓他土，客寄它鄉。人心日偷，偷，苟得也。士風日薄。薄，謂薄於人倫。今欲量留一百人，今欲國學酌量只取一百名之額。餘四百人 其它四百餘名。分爲州郡解額窄處。分散它州解額窄狹所在。自然士人各安鄉土，如此則爲士者各安其鄉井土地。養其孝愛之心，孝父母而愛骨肉。息其奔趍流浪之志，而無奔競浪遊之想。風俗亦當稍厚。風氣習俗豈不渾厚也哉？又云：三舍升補之法，初入學有分升外舍，有分升補内舍，有分升補上舍，此國朝之法也。皆案文責跡，舊制以不犯罰者爲行，試在高等爲藝。按其文而不考其實，責其跡而不察其心。有司之事，所爲有司所職之事。非庠序育材論秀之道[二]。但教之者，非育材之道。取之者，非論秀之法。蓋朝廷授法 朝廷之法。必達乎下，直達於下，中間更不任人。長官守法而不得有爲，故長吏拘於法而不得自任。是以事成於下，而不得以制其上[三]，在下者反得執法，以取必於上。此後世所以不治也。後世不治，皆此之由，非獨庠序而已。或曰：長貳得人則善矣，任人而得其人則爲善。或非其人，如或人不能保其皆善。不若防閑詳密，可循守也。任法則法猶可守也。殊不知先王制法，是豈知先王之創立法制。待人而行，亦必得人而後行。未聞立不得人之法也。謂不必待人而行，非所□也。苟長貳非人，苟任非其人。不知教育之道，吾不知教育之道。徒守虛文密法，則雖有密法。果足以成人才乎？而無益於成才。蓋苟得其人，則無待於密法而法之密反害成才之道。故不若略文法而專責任也。[四]

萃：萃，聚也。其卦云。「王假有廟。」假，至也。王者至於有廟，則萃道之盛也。傳曰：易傳云。群生至衆也，群生之衆，向背不齊。而可一其歸仰；於鬼神則歸仰無二。人心莫知其鄉也，人心出入無常。而能致其誠敬；惟奉鬼神則誠敬自盡。言人心之涣散，每萃於祭享也。鬼神之不可度也，鬼神，視之而不見，聽之而不聞，雖不可測度。而能致其來格。然齊明盛服以承祭祀，則洋洋如在，可致來格。言鬼神之遊散，亦每萃於宗廟也。天下萃合人心、天下之事，其萃合衆心。總攝衆志之道非一，統攝衆志，其道固非一端。其至大莫過於宗廟，而其尤大者，則不能過於宗廟。故王者萃天下之道，故人君萃聚人心之道。至於有廟，至於宗廟。則萃道之至也。則爲萃道之盛。祭祀之報，故祭祀以報祖先。本於人心，皆出人心、天理之公。聖人制禮以成其德耳。聖人者制爲禮法，以成夫人孝敬之德而已。故豺獺能祭，豺祭獸，獺祭魚。其性然也。稟氣之偏且塞爲物，其性之至靈，猶知如此，人靈於萬物者，可不知耶！[五]

古者戍役，戍，屯戍也。役，征役也。古人出戍遣役。再期而還。期，周歲也。再者，天序之運行一再。今年春暮行，且如今年春晚戍役。明年夏代者至，至明年夏代己者至。復留備秋，復留其防秋。至過十一月而歸。及逾十一月乃歸。又明年中春遣次戍者[六]。又明年二月復遣。中，音仲。每秋與冬初，兩番秋冬之間兩番調遣。戍者皆在疆圉，使屯戍之兵常在疆境之內。乃今之防秋也。即今日之所謂防秋。此論采薇遣戍役。北狄畏暑耐寒，又秋氣折膠，則弓弩可用。故秋冬易爲侵暴，每留屯以防之。○經説。

聖人無一事不順天時，聖人與天地參，故所行所爲，無一不順乎天時。故至日閉關。至日，十一月冬至之日也。陰方退而陽猶穉，聖人於此日閉關、息商旅。蓋迎夫方長之陽，而絶彼陰柔之牽也。

韓信多多益辦，韓信，漢名將也。與高祖論將將兵，高祖問其所將幾何，言曰多多益辦。蓋雖多而益有以措辦。只是分數明。分者，管轄階級之分。數者，行伍多寡之數。只是分數明，則上下相臨，統紀不紊，所御者愈衆，而所操者常寡矣。

伊川先生曰：管轄人亦須有法，管轄，統軍之官。法，謂區畫分數之法。徒嚴不濟事。苟過於嚴，不能辦事。今帥千人，今以一將帥領千衆。能使千人依時及節得飯喫，能使千衆皆按時及節飲食，此皆軍中有規矩者。只如此者，亦能有幾人？又能有幾人如此？嘗謂軍中夜驚，俾軍夜有所驚者。亞夫堅卧不起。漢景帝時，七國反，遣周亞夫將兵擊之。軍中夜驚，擾至帳下，亞夫堅卧帳中不起，有頃遂定。不起善矣，臨倉卒之變而不足動其中，其不起必有定見，故善。然猶夜驚何也？但軍中猶有夜驚。亦是未盡者[七]。是猶未能安乎衆，故未得爲盡善。[八]

管攝天下人心，以心無所統，則綱淪法斁，故管握攝持天下之人心。收宗族，收拾宗派與其族類。厚風俗，敢厚風氣與其習俗。使人不忘本，俾人不忘此身之所本始。須是明譜系，譜，籍録也。系，聯屬也。明之者，辨著其宗派。收世族，服至五世而盡。古者族人雖五世外，皆爲之齊衰三月。收之者，未使待之爲服外之親也。立宗子法[九]。諸侯之適子適孫，繼世爲君，其餘庶子不得禰其先祖，因各自立爲本派之始祖，其子孫百世皆宗之，所謂大宗也。而大宗之庶子又别爲小宗，而小宗有四：其繼高祖之適長子，則與三從兄弟爲宗；繼曾祖之適長子，則與再從兄弟爲宗；繼祖之適長子，則與同堂兄弟爲宗；繼禰之適長子，則與親兄弟爲宗。蓋一身凡事四宗，與大宗爲五宗也。

宗子法壞，後世宗子之法既壞。則人不知來處，則人之一身不知其所從來。以至流轉四方，至於流移轉徙他方。往往親未絶，不相識。雖是宗族之親，未至斷絶，而人已不相識。今且試以一二巨公之家行之，今試以宗子法行之於大貴者之家。其術要得拘守得須是。其法在乎能自拘守，如近世陸象山家，五世三百人同爨。且如唐時立廟院，立廟院，則人知所自出而不散。仍不得分割了祖業，不分祖業，則人重其宗而不遷。使一人主之。就中推尊一人以主此事。

凡人家法，大凡人治家之法。須月爲一會以合族[一〇]。必須月爲會族之禮。每有族人遠來，每遇親族之人自遠方來。亦一爲之。亦一番爲會合之禮。吉凶嫁娶之類，吉禮，如冠昏；凶禮，如喪葬。嫁女取女。更須相與爲禮，必須相同以成其禮。使骨肉之意常相通。俾骨肉之情相接。骨肉日疏，只爲不相見，只長□不相見。情不相接爾。則情意不相浹洽。[一一]

卜其宅兆，宅，墓穴也。兆，塋域也。卜其地之美惡也。卜之爲言，所以占其土地之美惡如何。地美則神靈安[一二]，若土地之美，則祖先之魂魄亦安。其子孫盛。祖先子孫實同一脈，彼既安則此盛。然則曷謂地之美者？但何以見土地之美？土色之光潤，土地之光華潤澤。草木之茂盛，草木之秀茂盛多。乃其驗也。此其可驗者。而拘忌者或以擇地之方位，而拘風水、忌吉凶者不明，只在擇其地道之所向。決日之吉凶，占其日子之凶吉。甚者不以奉先爲計，又其甚者，不復以安奉祖先爲事。而專以利後爲慮，而專以利益後嗣爲憂。尤非孝子安厝之用心也。此豈是人子盡孝以安厝其父母者哉？惟五患者，不得不謹[一三]：五患者：城郭不葬，溝渠不葬，道路不葬，村落不葬，井窑不葬。是五者，患其爲祖先憂也，當謹之。須使異日不爲道路[一四]，要使它時不至闢爲道路。不爲溝池，不至開爲溝渠池塘。不爲貴勢所奪，不爲富貴勢要所奪，近城郭則有之矣。不爲耕犁所及。不爲耕種犁鋤所及，在村落下有之矣。[一五]

今無宗子[一六]，古者宗子襲其世禄，故有世臣，今既無宗子。故朝廷無世臣。故亦無世禄之人。若立宗子法，故有世臣。則人知尊祖重本。則人人知尊其祖先、重其本始。人既重本，人人既知重其本始。則朝廷之勢自尊。則上下相維，自然固結而不渙散，而朝廷之勢自尊重。古者子弟從父兄，古人爲人子、爲人弟者，皆出則從其父、其兄之後。今父兄從子弟，今爲父爲兄者，出則反隨其子弟後。由不知本也。是不明其大本之所在。且如漢高祖欲下沛時，漢高帝欲下沛郡。只是以帛書與沛父老，亦先剪帛爲書，以遺沛之父老。其父兄便能率子弟從之。沛郡之爲父爲兄者，便能率其爲子爲弟者來。又如相如使蜀，司馬相如出使蜀都。亦移書責父老，亦先遣書責諭蜀之父老。然後子弟皆聽其命而從之。而後其子其弟悉聽其命令。只有一個上下尊卑之分，通天下只有一個上下尊卑之定分。漢家去古未遠，猶有先王之遺俗，尊卑之分素定。然後順從而不亂也。所以上下順承而無違悖。且立宗子法〔一七〕，且如立宗子之法。亦是天理。此以是自然之天理〔一八〕。譬如木必有從根直上一榦，直榦譬大宗。亦必有旁枝。旁枝譬小宗。又如水雖遠，必有正源，正源譬大宗。亦必有分派〔一九〕，分派譬小宗。然而又有旁枝達而爲榦者。但又有自旁枝而出爲直榦者。故曰「古者天子建國，天子爲天下主，故得封建侯國，賜之土而命之胙。諸侯奪宗」云。諸侯爲一國之主，雖非宗子，亦得移宗於己，建宗廟爲祭主。

邢和叔敘明道事云：堯、舜、三代帝王之治，唐、虞、三代之治。所以博大悠遠，凡廣博闊大、悠長深遠。上下與天地同流者，與天地同運不息。先生固已默識之。所謂「識其大」者。至於興造禮樂、以至興造禮樂。制度文爲，刑制法度，文理施爲。下至行師用兵戰陣之法，用師行兵，出戰布陣。無所不講，無有不講究。皆造其極。皆極其精。外之夷狄情狀，狄情之姦詐。山川道路之險易，地道之險易。邊鄙防戍、邊庭防閑屯戍之事。城寨斥堠控帶之要，靡不究知。壘土居民曰城，木柵處兵曰寨。斥，遠也。堠，伺也。謂遠伺敵人。控，制禦也。帶，圍護也。凡此類無不洞究。其吏事操決，操決，操持斷決也。文法簿書，綜理文法，計會簿書。又皆精密詳練。無不精細周密、詳謹深練。若先生可謂通儒全才矣。如先生者可謂通世大儒、文武全才者也。

介甫言律是八分書，律是刑統，歷代相傳，至周世宗命竇儀注解，名曰刑統。與古法相近，故曰「八分書」。是他見得。律所以明法禁非，亦有助於教化，但於根本上又有欠缺耳。是他見得，蓋許之之詞。

横渠先生曰：兵謀師律，好謀而成，師出以律。聖人不得已而用之。雖是無謀不成，無律必亂〔二〇〕，要亦出於聖人之不得已。其術見三王方策、其道具見於三王之載籍。歷代簡書。歷代之簡編也。惟志士仁人，惟有志之士與有德之人，則知謀非譎詐以爲謀、律非酷虐以爲律。爲能識其遠者大者，如三五之謀律是也。素求預備而不敢忽忘。故每求預爲之備，而不敢一日忘也。

肉辟，於今世死刑中取之，辟，刑也。肉刑有五：刻額曰墨辟，截鼻曰劓辟，刖足曰剕辟，淫刑曰宫辟，死刑曰大辟。今欲取死刑情輕者，用肉刑以代之。亦足寬民之死，固足以寬百姓之過。過此當念其散之之久。外此當念民心涣散之久，必明禮義教化以維持之，不但省刑而後已。〔二一〕

横渠先生曰：古者有東宫，古者族大人衆，服食器用固有不能齊。同宫合處，則怨争之風起矣，故立東宫。有西宫，有南宫，有北宫，立西、南、北宫。異宫而同財，宫之相處雖異，財之營運則同。此禮亦可行。如禮教亦可行。古人慮遠，古人謀慮甚周。目下雖似相疏，由近論若相疏。其實如此乃能久相親。由遠論，乃長久相親之道。蓋數十百口之家，蓋口食衆多之家。自是飲食衣服飲食之間，衣服之際。難爲得一。難得人人齊一，此宮之不可同也。又異宮乃容子得伸其私，又異其宮，則爲子者得以容其有所私。所以避子之私也。爲父者亦可以避其子之有所私於己。子不私其父，爲子者不私厚於父。則不成爲子。則非人子之道。古之人曲盡人情必也。古者委曲詳盡，皆合人情。同宮，有叔父、伯父，否則叔伯父皆同宮。則爲子者何以獨厚於其父？則不能私厚於其父。爲父者又烏得而當之？爲吾父者亦不能避子之私。蓋伯叔雖同宗祖，親疏有分。異宮者，亦使人子各得盡情於其親也。不然則交相病矣。父子異宮，父子所處，異其宮。爲命士以上，一命爲士。愈貴則愈嚴。愈貴則分制愈密。故異宮猶今世逐位，所謂異宮，不過同居而異其分位。非如異居也。非是異其居處也。○樂說。

治天下不由井地，古者畫井制田九百畝，八家皆私百畝，中百畝爲公田。治天下而不由此。終無由得平。終非均平齊一之道。周道至是均平[二二]。「周道如砥」，言其平也。

井田卒歸於封建乃定。國有定君，官有定守，故民有定業。後世長吏更易不常，相仍苟且，縱復井田，不歸於封建，則其欺蔽紛爭之患庸可定乎？封建者，三代之政，建國封侯，使子孫世守其官也。

【校勘記】

〔一〕及待賓吏師齋　「及」下，葉本有「置」字。

〔二〕非庠序育材論秀之道　「論」，葉本作「掄」。下「論」字同。

〔三〕而不得以制其上　「不」，葉本作「下」。

〔四〕此條上，熊剛大集解時删除四條語録，葉本有，分别是：

濂溪先生曰：古聖王制禮法，脩教化，三綱正，九疇叙，百姓大和，萬物咸若，乃作樂以宣八風之氣，以平天下之情。故樂聲淡而不傷，和而不淫，入其耳，感其心，莫不淡且和焉。淡則欲心平，和則躁心釋。優柔平中，德之盛也；天下化中，治之至也。是謂道配天地，古之極也。後世禮法不脩，政刑苛紊，縱欲敗度，下民困苦。謂古樂不足聽也，代變新聲，妖淫愁怨，導欲增悲，不能自止。故有賊君棄父，輕生敗倫，不可禁者矣。嗚呼！樂者古以平心，今以助欲；古以宣化，今以長怨。不復古禮，不變今樂，而欲至治者，遠哉！

明道先生言於朝曰：治天下以正風俗、得賢才爲本。宜先禮命近侍賢儒及百執事，悉心推訪有德業充備、足爲師表者，其次有篤志好學、材良行脩者。延聘敦遣，萃於京師，俾朝夕相與講明正學。其道必本於人倫，明乎物理。其教自小學灑掃應對以往，脩其孝弟忠信，周旋禮樂。其所以誘掖激勵、漸摩成就之道，皆有節序。其要在於擇善脩身，至於化成天下，自鄉人而可至於聖人之道，其學行皆中於是者爲成德，取材識明達可進於善者，使日受其業。擇其學明德尊者，爲太學之師，次以分教天下之學。擇士入學，縣升之州，州賓興於太學，聚而教之，歲論其賢者能者於朝。凡選士之法，皆以性行端潔，居家孝弟，有廉耻禮遜、通明學業、曉達治道者。

明道先生論十事：一曰師傅，二曰六官，三曰經界，四曰鄉黨，五曰貢士，六曰兵役，七曰民食，八曰四民，九曰山澤，十曰分數。其言曰：無古今，無治亂，如生民之理有窮，則聖王之法可改。後世能盡其道則大治，或用其偏則小康，此歷代彰灼著明之效也。苟或徒知泥古而不能施之於今，姑欲狥名而遂廢其實，此則陋儒之見，何足以論治道哉！然儻謂今人之情皆已異於古，先王之跡不可復於今，趣便目前，不務高遠，則亦恐非大有爲之論，而未足以濟當今之極弊也。

伊川先生上疏曰：三代之時，人君必有師、傅、保之官。師，道之教訓；傅，傅之德義；保，保其身體。後世作事無本，知求治而不知正君，知規過而不知養德。傅德義之道，固已疏矣；保身體之法，復無聞焉。臣以爲傅德義者，在乎防見聞之非，節嗜好之過；保身體者，在乎適起居之宜，存畏慎之心。今既不設保傅之官，則此責皆在經筵。欲乞皇帝在宮中，言動服食，皆使經筵官知之。有剪桐之戲，則隨事箴規；違持養之方，則應時諫止。

［五］此條上，熊剛大集解時删除一條語録，葉本有：明道先生行狀云：先生爲澤州晉城令，民以事至邑者，必告之以孝弟忠信，入所以事父兄，出所以事長上。度鄉村遠近，爲伍保，使之力役相助，患難相恤，而姦僞無所容。凡孤煢殘廢者，責之親戚鄉黨，使無失所。行旅出於其塗者，疾病皆有所養。諸鄉皆有校，暇時親至，召父老與之語；兒童所讀書，親爲正句讀；教者不善，則爲易置；擇子弟之秀者，聚而教之。鄉民爲社會，爲立科條，旌別善惡，使有勸有耻。

［六］又明年中春遣次戍者　「中」，葉本作「仲」。

［七］亦是未盡者　「者」，葉本作「善」。

［八］自「嘗謂軍」至本條末，原本單列，據葉本改屬此條。

［九］立宗子法　「法」下，葉本有「又曰一年有一年工夫」句。

［一〇］須月爲一會以合族　「族」下，葉本有「古人有花樹韋家宗會法，可取也」句。

［一一］此條下，熊剛大集解時删除一條語録，葉本有：冠婚喪祭，禮之大者，今人都不理會。豺獺皆知報本，今士大夫家多忽此，厚於奉養而薄於先祖，甚不可也。某嘗脩六禮，大略家必有廟，廟必有主，月朔必薦新，時祭用仲月，冬至祭始祖，立春祭先祖，季秋祭禰，忌日遷主，祭於正寢。凡事死之禮，當厚於奉生者。人家

能存得此等事數件，雖幼者可使漸知禮義。

〔一二〕地美則神靈安　「地」字原無，據葉本補。

〔一三〕不得不謹　「謹」，葉本作「慎」。

〔一四〕須使異日不爲道路　「異」，葉本作「後」；「路」下，葉本有「不爲城郭」四字。

〔一五〕此條下，熊剛大集解時删除一條語録，葉本有：

正叔云：某家治喪，不用浮圖。在洛亦有一二人家化之。

〔一六〕今無宗子　按，此條又見河南程氏遺書卷十八伊川先生語四，「子」下有「法」字。

〔一七〕且立宗子法　「且」上，葉本有「若無法以聯屬之安可」九字。

〔一八〕此以是自然之天理　「以」疑爲「亦」之訛。

〔一九〕亦必有分派　「派」下，葉本有「處自然之勢也」六字。

〔二〇〕無律必亂　「必」原作「不」，據葉本改。

〔二一〕此條下，熊剛大集解時删除兩條語録，葉本有，分别是：

吕與叔撰横渠先生行狀曰：先生慨然有意三代之治，論治人先務，未始不以經界爲急。嘗曰：「仁政必自經界始。貧富不均，教養無法，雖欲言治，皆苟而已。世之病難行者，未始不以亟奪富人之田爲辭。然兹法之行，悦之者衆，苟處之有術，期以數年，不刑一人而可復。」所病者特上之人未行耳。乃言曰：「縱不能行之天下，猶可驗之一鄉。」方與學者議古之法，共買田一方，畫爲數井，上不失公家之賦役，退以其私正經界、分宅里、立斂法、廣儲蓄、興學校、成禮俗，救菑恤患，敦本抑末，足以推先王之遺法，明當今之可行。此皆有志未就。

横渠先生爲雲巖令，政事大抵以敦本善俗爲先。每以月吉具酒食，召鄉人高年會縣庭，親爲勸酬，使人知養老事長之義。因問民疾苦，及告所以訓戒子弟之意。

［二二］周道至是均平　「至」，葉本作「止」。

新刊音點性理群書句解卷之十　後集

近思録第十卷

此卷論臨政處事。蓋明乎治道而通乎治法，則施於有政矣。凡居官任職，事上撫下，待同列，選賢才，處世之道具焉。

伊川答人示奏藁書云：人有以奏事藁示伊川，先生答其書云。觀公之意，看奏藁中之意。專以畏亂爲主。專在於畏民之爲亂。頤欲公以愛民爲先，某但欲以養育百姓爲本。力言百姓飢且死，蓋徒言民飢將亂爲可慮，而不言民飢將死爲可傷。丐朝廷哀憐，則人主徒有憂懼忿嫉之心，而無哀矜惻怛之意。因懼將爲寇亂，可也。故言百姓飢將死，乞賜哀矜，恐其將爲亂。不惟告君之體當如是，非特告君詞順理直，其體當如是。事勢亦宜爾。處飢民之事勢亦宜如此。公方求財以活人，爾方多求財力以濟飢民。祈之以仁愛，若懇祈其君推其仁愛，則哀矜之心生。則當輕財而重民；則當輕財以救民之死。懼之以利害，如憂懼之心作。則將恃財以自保。反將吝財以防民之變。古之時，古者盛時。得丘民則得天下。四井爲甸，四甸爲丘。得乎一丘之民，則可以得天下。後世以兵制民，後世制民以兵，謂民有所不足畏。以財聚衆，聚衆以財，謂財有所不可闕。聚財者能守，以聚財爲守國之道。保民者爲迂。以愛民爲迂緩之事。惟當以誠意感動，其必真情懇惻，以求感動上心。覬其有不忍之心而已。則自然哀矜，不忍之心生。苟徒懼之以禍亂，則無惻隱愛民之心，愈增其聚財自守之慮矣。〔一〕

明道爲邑，及民之事多，民間之事繁多。衆人所謂法所拘者，法令有未便於民者，衆人爲之未免拘礙。然爲之未嘗大戾於法，惟先生道德之盛，從容裁處，故不大違戾當時之法。衆亦不甚駭。人安其政而不至於駭，以其存心寬平、區處有方也。謂之得伸其志則不可，謂先生得以伸其素志則未可。求小補，則過今之爲政者遠矣。若求其小有補益於民，則遠過今世之爲政者。人雖異之，人雖異其所爲。不至指爲狂也。然不敢目之爲狂。至謂之狂，則大駭矣。若以狂言則是駭衆之事矣。盡誠爲之，盡吾實意以爲政。不容而後去，若無所容其力，則往。又何嫌乎？又何所避嫌？此可見先生忠厚懇惻之心，豈若悻悻然小丈夫之爲哉！

明道先生曰：一命之士，士自一命以上。苟存心於愛物，苟存愛物之心。於人何所不濟〔二〕。必有及物之效。

伊川先生曰：君子觀天水違行之象，訟卦坎下乾上。天西運，水東流，故其行相違。君子觀此。知人情有争訟之道。則知人情不相合，則必生訟。故凡所作事，處此之時，是必於其所作爲。必謀其始，必謹其初。絶訟端於事之始，遏絶争訟之萌於作事之初。則訟無所由生矣。則争訟無由而生。謀始之義廣矣，然謀始之道亦多者矣。若慎交結、朋遊親戚也。明契券之類是也。文書要約也。此皆生訟之端，必謹必明。○易傳。下同。

師之九二，師卦九二爻。爲師之主。爲師卦之主。恃專，則失爲下之道；如衛青不敢專誅，具歸天子，使自裁之是也。不專，則無成功之理，所謂「將在軍，君令有所不受」是也。故得中爲吉。二居中，故有得中之象。凡師之道，凡行師之道。威和並至則吉也。威而不和，則人心懼而離；和而少威，則人心玩而弛。九二剛中，故有威和相濟之象。

世儒有論魯祀周公以天子禮樂，成王幼，周公攝政。周公没，成王思其勳德，錫魯以天子之禮樂，使祀周公焉。以爲周公能爲人臣不能爲之功，世儒以爲周公用天子之禮樂，是其爲功有人臣所不能爲者。則可用人臣不得用之禮樂。則其享祀禮樂，亦用人臣不得用者。是不知人臣之道也。爲是説者，是未能明爲臣之道理。蓋天下之事莫踰者分。自成王賜周公以天子之禮樂。孔子云：「成王之賜，伯禽之受，皆非也。」夫居周公之位，夫聖人之事君也，盡其道而已，非有加於職分之外也。今居周公職位之尊。則爲周公之事，則當爲周公職分之事。由其位而能爲者，即其位分之可爲。舞樂，天子八羽，諸侯六羽。初獻舞六羽，祀周公。皆所當爲也。是當爲而爲者也。周公乃盡其職爾。周公始安其職分，若職分之外，則過爲之矣。熊氏曰：「周公制禮作樂，正所以示名分也。今身死未幾，以人臣而享天子之禮樂，不待後人言之，周公亦不享矣。此夫子所以曰『魯之郊禘非禮也，周公其衰矣』。」

大有之九三曰：大有卦九三爻云。「公用亨于天子，蓋處富有之時，公則當以其所有亨通於上之人。小人弗克。」小人則私其所有，必不能也。傳曰：易傳云。三當大有之時，九三處富有之盛。居諸侯之位，侯擅所有之富。有其富盛，故戒之。富有之極。必用亨通於天子，必當盡其奉上之道，如朝覲供貢之儀。謂以其有爲天子之有也，不敢自有其有，悉爲天子之有。乃人臣之常義也。乃爲盡臣子事上之義。若小人處之，設使小人處此。則專其富有以爲私，則以其有爲己之私。不知公己奉上之道，不復以其有爲君之有。故曰「小人弗克」也。所以言小人弗克，以其不能如此也。

人心所從，人心無常，但其所從者。多所親愛者也。皆其親暱私愛之人也。常人之情，人之常情。愛之則見其是，愛一人，則是者固見其是，非者亦以爲是。惡之則見其非。惡之人，則非者固見其非，是者亦以爲非。故妻孥之言，故以妻子之言。雖失而多從；雖未得其正，多從之以爲是，溺所親愛也。所憎之言，於其所憎者之言。雖善爲惡也。雖是偶得其正，亦以爲非也。苟以親愛而隨之，蓋人心之從違，多蔽於好惡之私，而失其是非之正。苟惟親愛之隨。則是私情所與，則是徇乎私情。豈合正理？必違乎正理矣。故隨之初九，故隨卦初九爻。出門而交，故必出門而交，則無所係累。則「有功」也。而所從者有功也。

隨九五之象曰：隨之九五象有云。「孚于嘉吉，信於善而吉。位正中也。」所以善者，九五陽剛中正，下應中正，中正則不過於隨矣。傳曰：易傳云。隨以得中爲善，隨得其中道則爲善。隨之所防者過也。隨失其中道則爲過，過則當防也。蓋心所悦隨，震下兑上爲隨。震，動也。兑，悦也。以悦而動。則不知其過矣。則易過於隨而不自知也。

坎之六四曰：坎卦六四爻云。「樽酒，簋貳，用缶，一樽之酒，二簋之食，復以瓦缶爲器，質之至也，所謂「忠信善道」也。納約自牖，牖者，室中所以通明也。忠信者，納約之本，雖懷樸素之誠，苟不因其明而納焉，則亦不能入矣。終无咎。」終得無悔咎。傳曰：易傳云。此言人臣以忠信善道此論人臣雖以誠實之道。結於君心，上結主知，猶酒簋用缶之義。必自其所明處亦必因君心之開明而進言。乃能入也。斯能入也。如室之有牖，明乃通也。人心有所蔽，人心各有所蔽。有所通，各有所通。通者明處也。於其通之時，是即明處也。當就其明處而告之，故攻其蔽，則未免扞格。因其明而導之。求信則易也，則易於聽信。故云「納約自牖」。牖乃通明之地，必因其通明而納，其言則入矣。能如是，則雖艱險之時，能如此，則其初雖若艱阻。終得无咎也。其終自無悔咎。且如君心蔽於荒樂，且云人君之心蔽於荒怠逸樂。惟其蔽也故爾，惟其心爲物蔽，所以然爾。雖力詆其荒樂之非，必深言其怠荒逸樂之非是。如其不省何？如更不省悟。必於所不蔽之事，則必求其心未嘗蔽塞者。推而及之，推而廣之。則能悟其心矣。使之觸類而有所覺也。自古能諫其君者，古之善諫正其主者。未有不因其所明者也。無不自君心之通明而後進也。故訐直强勁者，訐者，發人之陰惡也。訐直則無委曲，强勁則乏和順。率多取忤；故矯拂之過，每至牴牾。而溫厚明辨者，溫厚者其氣和，明辨者其理著。其説多行。故感悟之易，每多聽從。納約自牖，惟溫厚明辨者能之。非唯告於君者如此，不特告君之體如此。爲教者亦然。雖教人之道亦如此。夫教必就人之所長，夫教人必先察受教者之所長。所長者，心之所明也。所長處乃其心之所明也。因其所長，就而教之。從其心之所明而入，是即因其心之明而納約焉。然後推及其餘，自此推類，以及其餘。孟子所謂「成德」、「達才」者也。成德者，因其有德而成就之[三]。達才者，因其有才而遂達之。皆謂就其所長而開導之也。

恒之初六曰：恒卦初六爻云。「浚恒，貞凶。」浚，深浚也。初之柔暗，以陰居巽下，其性務入，故深，雖正亦凶也。象曰：「浚恒之凶，浚恒之所以取凶。始求深也。」以陰體居下，務深入也。傳曰：易傳云。初六居下，初六一爻而居乎下。而四爲正應。初與四爲位應，九與六爲爻應，此理之常也。四以剛居高，但以九居四，則是以陽剛居高位。又爲二、三所隔，又爲九二、九三所隔。應初之志，雖有應初之志。異乎常矣。則已不能不改其常矣。而初乃求望之深[四]，而初六當常之時，深求望九四之應己，不知爲二、三所隔。是知常而不知變也。是知常之常而不知常之變，是以至於凶悔也。世之責望故素[五]，素，舊也。世之人責望其故舊者。皆浚恒者也。蓋亦不知有所隔，是即初六之常深於求應也。

遯之九三曰：遯，退避也。其九三爻云。「係遯，有疾厲；下比二陰，當遯而有所係之私，有疾而危之道。畜臣妾，吉。」蓋君子之於小人，惟臣妾則不必其賢而可畜耳。傳曰：易傳云。係戀之私恩，牽係依戀之私情。懷小人女子之道也。是亦懷來小人、女子之道。故以畜臣妾則吉。故畜養臣妾，則可以固結其欲遯之心，所以吉也。然君子之待小人，但君子御下之道，苟所當去。亦不如是也。亦不可以係戀而姑息也。

睽之象曰：睽卦象云。「君子以同而異。」離上兑下，二卦合體而性不同。傳曰：易傳云。聖賢之處世，聖賢之所爲，惟順乎理，豈顧夫世俗之同異！在人理之常，故循天理爲之。常者。莫不大同於世俗，聖人安得不與人同？所同者有時而獨異[六]。出於世俗之變者，聖賢安得不與人異？不能大同者，不能大同於人。亂常拂理之人也；必有拂於人理之常。不能獨異者，不能獨異乎人。隨俗習非之人也。必徇乎習俗之化。要在同而能異耳。同而能異，則不拂乎人理之常，不徇乎習俗之化，惟理之從也。

睽之初九，睽，乖異也。爲卦上火下澤，性相違戾，中女、少女志不同歸，故爲睽處初九之爻。當睽之時，是當乖異之時。雖同德者相與，初與四位相應，而爻皆陽，爲同德相與，不至睽孤。然小人乖異者至衆，但小人之衆，乖異者多。若棄絶之，若欲屏而去之。不幾盡天下以仇君子乎？是天下之小人盡爲君子之仇敵，故必恢含弘之義，而一無棄去遏絶之意。如此則失含弘之義，否則失含弘寬大之義。致凶咎之道也，是乃取凶咎之道也。又安能化不善而使之合乎？又安能使不善者可化、乖異者可合耶？故必「見惡人」，則无咎也。亦必見惡人然後可以辟咎，如孔子之於陽貨也。古之聖王，古之王者。所以能化姦凶爲善良，化天下之人，昔爲姦凶，今爲善良。革仇讎爲臣民者[七]，昔爲仇讎，今作臣妾。由弗絶之也。皆由弗絶之，則開其自新之路，而啓其從善之機也。

睽之九二，睽卦九二爻，二與五雖相應。當睽之時，然時方睽違。君心未合，所求乎君心則未孚。賢臣在下，所求乎賢則在下位，上下乖戾。竭力盡誠，故必當外竭其力，内盡其誠。期使之信合而已。期使疑者信、睽者合耳。至誠以感動之，内竭其誠以感動君心。盡力以扶持之，外盡其力以扶持國政，此其盡在我者也。明義理以致其知，推明義理，使君之知無不至。杜蔽惑以誠其意，杜塞蔽惑，使君之意無不誠，此啓其君者也。如是宛轉以求其合也[八]。如是宛轉求之，睽者庶其可合，所謂「遇主于巷」也。巷者，委曲之途也。「遇」非枉道逢迎也，上言「遇主于巷」，亦正理之當然。苟遇不以直，而至於枉道逢迎。「巷」非邪僻由徑也[九]，巷不以正，而至於邪僻由徑。苟求其合，而陷於邪枉，則又非「遇主于巷」之道。故象曰：「遇主于巷，遇主於宛轉以求合。未失道也。」未爲失正道也。

損之九二曰：損，減者也。其卦上艮下兑[一〇]，是損下益上，損兑澤之深，益艮山之高，其九二爻有云。「弗損益之。」言不變其所守，乃所以益上也。傳曰：易傳云。不自損其剛貞，剛正不撓。則能益其上，乃能有益於君。乃益之也。是所謂弗損益之也。若失其剛貞而用柔説，若失其剛正之士而用柔悦之人，則柔邪之人，阿意順旨，惟務容説。善而遇之，則善不進；惡而遇之，則必長其惡也。適足以損之而已。故國有險佞之臣，士有善柔之友，皆有損而無益。世之愚者，世之昏愚者。有雖無邪心，有知九二剛中，弗有邪心者。而惟知竭力順上爲忠者，但當損下益上之時，惟知損己以奉上。蓋不知「弗損益之」之義也。而不知臣道之少貶，未有能致益其君者，故有「弗損益之」之戒。

益之初九曰：益卦初九爻云。「利用爲大作，元吉，无咎。」大作，重事也。元，善也。利用爲重事，亦必得至善，則吉而無悔咎。象曰：「元吉，无咎，大善而無悔咎。下不厚事也。」必在下者，不可以任重事耳。傳曰：易傳云。在下者，本不當處厚事。處乎下位，不可以任重大之事。厚事，重大之事也。厚者，即重大之義。以爲在上所任，苟以在上之人任之。所以當大事，必能膺其事之大者。必能濟大事，亦能濟其事之大者。而致元吉，以致大善。乃爲无咎。自無悔咎。能致元吉，有能致其大善。則在上者任之爲知人，則在上之人任之，亦不失爲知人。己當之爲勝任。以身當之，亦不失爲勝其任。喻初居最下，受上之益。是當大任者，必克濟其事，而大善。不然，則上下皆有咎也。否則上下皆不能無悔咎也。

革而無甚益，事之變更，苟弗有大益、無後患。猶可悔也，尚不保其無悔咎。況反害乎？矧於大體傷邪？古人所以重改作也。此古者所以不輕於改作。熊氏曰：「不重改作，如王安石行青苗，貽害百姓，雖悔何及！」

漸之九三曰：漸，進也。其卦九三爻云。「利禦寇。」爻卦皆剛，而過乎剛，故利禦其寇惡者。傳曰：易傳云。君子之與小人比也，九三上下皆陰，是君子與小人同列相比也。自守以正。所守者正。豈唯君子自完其己而已？不特君子不失其身。亦使小人得不陷於非義。小人亦以近正而不敢爲惡。是以順道相保，皆順此道以保其身。禦止其惡也。是能止其惡也。

旅之初六曰：旅，羈旅也。其初六爻云。「旅瑣瑣，瑣瑣，瑣細也。旅困而事瑣細。斯其所取災。」是乃取災悔咎之道。傳曰：易傳云。志卑之人，初居旅之下，故志卑。既處旅困，當爲旅困窮之時。鄙猥瑣細，專事細，故不存大體。無所不至，無所往而不瑣瑣。乃其所以致悔取災咎也[一一]。安能免悔辱災咎也哉！

在旅而過剛自高，過剛則暴戾而乏和順，自高則矯亢而人不親附。致困災之道也。處旅以是，必致困災。

兑之上六曰：兑，説也。其上六爻云。「引兑。」上六成説之主，以陰居説之極，引下二陽相與爲説。象曰：

「未光也。」未見光輝。伊川易傳曰[一二]：説既極矣，上六處説之終，説之極也。又引而長之，説極而復引之使長。又説之心不已[一三]，雖是説之心無窮。而事理已過，然説事已過而强爲悦。而實無所説。而實無所可説者。事之盛則有光輝，夫事方盛時則有光輝自見。既極而强引之長，處悦之終而欲引使之長。其無意味甚矣，則淡而無意味。豈有光也？何光輝之有？

中孚之象曰：孚，信也。中孚，信在中也，象辭云。「君子以議獄緩死。」議獄緩死，中孚之意。傳曰：易傳云。君子之於議獄，君子之議其獄事。盡其忠而已；無不盡之心，致其審也。於決死，決其死囚。極其惻而已。有不忍之心，致其愛也。天下之事，事之在天下。無所不盡其忠，君子雖無往而不盡中心之誠。而議獄緩死，而議獄事、緩死刑。最其大者也。則尤其所謹重者也。

事有時而當過，凡事固在得中，然有時而過一分。所以從宜，亦不失爲從其所宜。然豈可甚過也？但不可失之太過。如過恭過哀過儉，如禮過乎恭，喪過乎哀，用過乎儉。大過則不可，過之甚，則恭爲足恭，哀爲毀瘠，儉爲鄙吝，皆失其宜。所以小過爲順乎宜者也。此易之小過所以能順乎事之宜。能順乎宜，能順乎事之宜。所以大吉。是以大善也。

防小人之道[一四]，小過九三爻曰「弗過防之」，蓋防閑小人之道，不可過爲之備。正己爲先。先當正己。己一於正，則彼雖姦詐，將無間隙之可乘矣。

周公至公不私，周公之心在乎天下國家，而不在其身。是以至公而無所私。進退以道，或進或退，皆合時行時止之道。無利欲之蔽。無一毫利欲之私蔽乎其中。其處己也，自處之敬。夔夔然存謹畏之心[一五]；夔夔，戒謹卑順之貌。而常存恭敬畏謹之心。其存誠也，自信之篤。蕩蕩然無顧慮之意。蕩蕩，明白坦平之貌。而又無疑顧憂慮之意。所以雖在危疑之地，是以雖處危疑之際，如管、蔡流言，以爲公將不利於孺子，出周公於東，既不忿戾而改常，亦不疑懼而失守。而不失其聖也。自非有至聖之德，孰能與於此？詩曰：「公孫碩膚，碩，大也。膚，美也。孫，避讓也。謂有大美而謙遜不居也。赤舄几几。」赤舄，冕服之舄也。几几，進退安重貌。蓋其恭順安舒之意如此。○經説。下同。

採察求訪，採察民隱，求訪賢才。使臣之大務。二事，使職之大事也。[一六]

明道先生因論「口將言而囁嚅」云：囁嚅，欲言而不敢發之貌。若合開口時，理之所當言者。要他頭也須開口，喻當言即言也。須是「聽其言也厲」。厲，剛決意。理明義直，內無不足，則出於口者，自然剛決，不可回撓，安有囁嚅之態？○遺書。下同。

須是就事上學。人之爲學，要必先就事上。蠱「振民育德」，且如蠱卦「振民育德」，振作而起也。脩己治人之事。然有所知後，然必知之至。方能如此。而後行之至。「何必讀書，豈但讀書。然後爲學？而謂之學哉？」

先生見一學者忙迫，先生見一人忙擾急迫。問其故。問其何事，答云。曰：「欲了幾處人事。」欲講數處往來之禮。曰：「某非不欲周旋人事者，先生云：我亦欲委曲於人事往來之禮。曷嘗似賢急迫？」但事雖多，爲之必有序；事雖急，應之必有節。何嘗若爾急遽苟且而爲之哉！

安定之門人，凡學於胡安定之門者。往往知稽古愛民矣，其教之以通經術、治時務，明體適用，而於考古恤民之道而得之矣。則於爲政乎何有？稽古則爲政之法度，愛民則爲政之本則[一七]，於政事綽綽然有餘裕矣。

門人有曰：程子之門人有云。吾與人居，吾常與人居處。視其有過而不告，見其有過而不與之言。則於心有所不安，則私心自不能安。告之而人不受，則奈何？及與之言而人不信其言，則將如何？明道曰[一八]：與之處而不告其過，與之居處，有過而不相規。非忠也。恐非忠告之美意。要使誠意之交通，必也誠實之意相乎平昔。在於未言之前，是信在言前。則言出而人信矣。則言出而人信。又曰：責善之道，朋友以善道相責。要使誠有餘而言不足，必也誠意多於言語。則於人有益，則在彼有感悟之益。而在我者無自辱矣。在我無煩瀆之辱。

職事不可以巧免。職所當爲，而巧圖規避，是自私用智之人。

「居是邦，不非其大夫」，下訕上，則無忠敬之心。此理最好。此道理所以好也。

「克勤小物」，最難。不忽於小，謹之至也。

欲當大任，人而欲任大事。須是篤實。篤實則力量深厚而謀慮審固。

凡爲人言者，凡與人言語。理勝則事明，理勝而氣平，則人易曉而聽亦順。氣忿則招拂〔一九〕。理雖有而挾忿氣以臨之〔二〇〕，則反致扞格矣。

居今之時，處今之世。不安今之法令，不能安上之法。非義也。則失其爲下之義。蓋非天子，不議禮，不制度，不考文。居下位而守上之法，則爲義。若論爲治，如論爲治之道。不爲則已，無所爲則止。如復爲之，若欲有爲於今世。須於今之法度内必由今之法。處得其當，而處得其宜。方爲合義。斯爲善矣。若須更改而後爲，若率意改作。則何義之有？則已失爲下之義與！

今之監司，今之膺一路之寄而謂之監司者。多不與州縣一體。不與部屬州縣同體。監司專欲伺察州縣，監司任案察之責，只欲窺伺考察。州縣專欲掩蔽。州縣之官只欲掩護蒙蔽。不若推誠心與之共治，又豈若推誠實之意與之共圖其治？有所不逮，州縣有不及者。可教者教之，可容則戒之用休。可督者督之，不可容則董之用威。至於不聽，又不聽從。擇其甚者去一二，擇其貪酷之甚者，劾一二輩。使足以警衆可也。俾可警其有位之衆，足矣。

伊川先生曰：人惡多事，有人惡事緒之多。或人憫之。或者又矜其費於應酬。世事雖多，蓋人事雖是多。盡是人事。皆人所當爲者。人事不教人做，苟有厭事之意，則以人而不理人之事。更責誰做？則應之不盡其理，是誰之責哉？

感慨殺身者易，一時感慨，至於殺身而不顧，此匹夫匹婦猶或能之，故易。從容就義者難。若夫從容就義，死得其所，自非義精仁熟者莫之能也，故難。

人或勸先生以加禮近貴，有人勸伊川加其禮於近貴之臣。先生曰：答云。「何不見責以盡禮，何不言盡其禮。而責之以加禮？而乃説之以加其禮。禮盡則已，若禮已盡則窮矣。豈有加也？」尚何以加之哉？此與孟子不與右師言同意。

或問：簿，佐令者也。或人問：主簿之官，邑令之佐也。簿所欲爲，簿所欲爲之事。令或不從，奈何〔二二〕？邑令不之聽，則將如何？曰：當以誠意動之。必當盡真實之意，冀以感悟其心。今令與簿不和，今之長佐不和同。只是争私意。皆是一點私意未去。令是邑之長，令，縣之長官也。若能以事父兄之道事之，簿爲佐官，能盡爲子爲弟之職，事之如事父兄之道。過則歸己，有過則歸之己。善則惟恐不歸於令。有善則歸之令。積此誠意，積此實意不已。豈有不動得人？雖事難事之令，亦易事矣。豈非曰姑爲此以悦人，蓋事長之道當如此。不足少感動其萬一哉？

問：人於議論，人於言語之間。多欲直己，只要求直其己之私。無含容之氣，絶無含洪寬大氣象。是氣不平否？還是未能平其氣否？曰：固是氣不平，固是不能平其氣。亦是量狹。亦由量狹，故常欲己勝，而無含容之氣。人量隨識長，但人之度量亦隨其見識而來，見識陋，則人己得失之間皆爲之動，是即量之狹也。識長也，量亦長矣。亦有人識高而量不長者，亦有見識之高而量則狹者。是識實未至也。則其見識有未到處。大凡别事，都强得[一二]，凡其它事皆可以勉强。惟識量不可强。惟識與量，則隨人天資學力所至，而不可强。今人有斗筲之量，十升爲斗。筲，竹器，容斗二升。有釜斛之量，釜，容六斗四升。十升爲斛。有鍾鼎之量，十釜爲鍾[一三]。皆形容其量之大小不同。有江河之量。亦□亦浩。江河之量亦大矣，量等江河，可謂大矣。然有涯，而尚有涯涘。有涯亦有時而滿[一四]。惟量非天地，則無古無今，無窮無極，不見其滿。故聖人者，天地之量也。聖人者，與天地同其量者也。聖人之量，道也；聖人之心純乎道，道本無外，故其量亦無涯。常人之有量者，天資也。天資者，氣稟也。氣稟則有涯。天資有量須有限，故以天資爲量也有限。大抵六尺之軀，力量只如此，雖欲不滿，不可得也。如鄧艾位三公，魏之鄧艾，位列公爵。年七十，年已七旬。處得甚好，凡事處之皆善，似非量滿者。及因下蜀有功，便動了。及才有平蜀之功，便爲所動，豈非滿者耶？謝安聞謝玄破苻堅[一五]，晉之謝安聞玄之破苻堅。對客圍棋，笑揖賓客，坐擁枰棋。報至不喜，捷報之來，恬不加喜，似非量滿者。及歸，折屐齒，急遽而歸，屐齒斷折，豈非滿者耶？强終不得也。人之識量終强不得也。更如人大醉後益恭謹者，又如人於醉後猛省，把捉益見恭敬畏謹。只益恭謹，但是既醉而恭謹。便是動了，亦是爲所動了。雖與放肆者不同，雖是較之放肆者異。其爲酒所動一也。皆量不足以勝之，故因酒而動也。又如貴公子，又如公卿之子弟。位益高益卑謙，其位愈高，其心愈謙。只卑謙便是動了，但是居貴之極，而其心益見卑下謙退，亦是爲所動了。雖與驕傲者不同，雖云比之驕傲者異。其爲位所動一也。皆量不足以勝之，故用位而動也。居之如常而不爲異者，是量足以勝之，一有意於其間，皆是爲所動也。然惟知道者，量自然宏大，知道者，雖窮居陋巷而不加損，雖禄之以天下而不加益，舉世譽之而不加勸，舉世非之而不加沮[二六]，道固不爲之有加損，故器量自是恢拓。不勉强而成。不待勉强而至者也。今人有所見卑下者，無他，豈有他哉？亦是識量不足也。則量亦不宏也。

人纔有意於爲公，公者，天理之自然。有意爲之，則計較安排矣。便是私意。即是私心。昔有人典選，昔有人主選舉之權。其子弟係磨勘，子弟該磨勘。皆不爲理，而不爲理。此乃是私心。蓋避私嫌，而不知如此是以選舉爲己之私恩，乃私心也。人多言古時用直，不避嫌得。人言古之人不須避嫌亦得。後世用此不得，今世用此不可。自是無人，苟有人以至公之心行至公之道，則何嫌之避矣？豈是無時？何時而不可行？

君實嘗問先生云：司馬公曾問先生。「欲除一人給事中，欲擢用給事之官。誰可爲者？」不知有誰可用？先生曰：答云。「初若泛論人才，却可。若初間只泛説天下之才，則無不可。今既如此，今既擇人任職。頤雖有其人，我雖有人可使。何可言？」但論才乃宰相之事，非在下者所可與。此制義之方也。君實曰：又云。「出於公口，公之言曰。入於光耳，惟某聞之。又何害？」何用不言？先生終不言。先生終引而不發。

先生云：韓持國服義，韓維，字持國，見人義説即服。最不可得。最難得也。一日，頤與持國、范夷叟泛舟於潁昌西湖。范純禮，字夷叟。須臾，客將云，有頃典客吏言。有一官員上書謁見大資。稱有人進書贄見。頤將爲有甚急切公事，某以其所言事□□於公家之大。乃是求知己。及見，又只是求人知己。頤云：「大資居位，大資今在上位。却不求人，必當勤於求賢。乃使人倒來求己，豈當待人之求知？是甚道理？」求知者失己，使之求知者失士，皆於道理未順。夷叟云：「只爲正叔太執。范夷叟言先生太固執。求薦章，常事也。」夫寒素求人之薦，此亦尋常之事。頤云：「不然。某以爲不如此。只爲曾有不求者不與，來求者□□與。來求於己者。與之，遂致人如此。」纔與之則起天下奔競之風，則人一如此，而廉退之道喪矣。持國大服[二七]。韓深服其言。

先生因言：今日供職，先生自言其供國子監之職。只第一件便做他底不得。但是第一事便有難行者。吏人押申轉運司狀，吏以申運司狀簽員者。頤不曾簽。某爲國子監，不曾簽押。國子監自係臺省，蓋國子監官所隸在臺省。臺省係朝廷官，臺省所隸在朝廷。外司有事，在外之監司有當奏事。合行申狀，合具狀申朝廷，庶幾體統不紊。豈有臺省倒申外司之理？安有在内之官反申在外監司之理？只爲從前人只計較利害，皆是已前官只計事之利害。不計較事體，不論事之體統。直得恁地。遂至有此。胡不□春秋書法，王人雖微，序於諸侯之上，尊王也，體統如何！須看聖人欲正名處見得，須看論語夫子論正名分等處可知。道名不正時，言名分不正之時。便至禮樂不興，則施之於事者，顛倒而無序，何有於禮？乖戾而不和，何有於樂？是自然住不得。此自然必至之勢也。

學者不可不通世務。爲學者要當通曉世事。天下事譬如一家，天下之事只如一家，不可自分秦越。非我爲則彼爲，有非我之能爲，而彼之所可爲。非甲爲則乙爲。非甲家之所能爲，則乙家之所可爲，有爲者亦若是。此是君子存心正大，成己、成物非二事也。

「人無遠慮，慮不在千里之外。必有近憂」，則患在几席之間。思慮常在事外。故思慮在事之外則慮之遠，思慮在事之中則慮之近也。〔二八〕

聖人之責人也常緩，聖人涵養深厚、心和氣平，故責人也無躁迫之態。便見只欲事正，但欲其事事各得其正。無顯人過惡之意。未嘗好盡言以招人之過，如國武子也。

伊川先生云：今之守令，今世之出守作縣者。唯制民之産一事不得爲，惟井田貢助之法不可復〔二九〕。其他在法度中，其他事可以法制程度爲者。甚有可爲者，亦有可盡力爲者。患人不爲耳。但人不盡其心耳。〔三〇〕

伊川每見人論前輩之短，揚人之短，本爲薄德，況前輩乎？則曰「汝輩且取他長處」。何不稱其所長？此正中庸掩惡揚善之意。

劉安禮云：劉立之，字安禮，程子門人。王荊公執政，王荊公安石，熙寧初，參知政事。議法改令，創制新法，如青苗□、免役、立條例司之類。攻者甚力[三二]。中外皆言不便。明道先生嘗被旨明道權監察御史裏行，被旨。赴中堂議事，召赴中堂以議其事。荊公方怒言者，荊公方怒人言新法之時。厲色待之，暴厲見於顏色。先生徐曰：先生從容進言云。「天下之事，事出於天下之公。非一家私議，難議以一家之私。願公平氣以聽。」願公消其忿厲之氣，而曲聽吾言。荊公爲之媿屈。荊公媿懼屈服，遂有以破其私己之見。○附録。下同。

劉安禮問臨民，問臨民之道。明道先生曰：「使民各得輸其情。」民情得以上聞，則自無不得其所之患。問御史，又問制御公吏之道。曰：「正己以格物。」居上既正，則下有所感而正矣。

橫渠先生曰：凡人爲上則易，樂於使人。爲下則難。憚於事人，此常情也。然不能爲下，但不知事人之事。亦未能使下，則必不知使人之道。不盡其情僞也。然己未嘗事人，則使人之際不能盡其情。大抵使人，常在其前凡使人之道，頤指器使，常在吾前。己嘗爲之，亦須己嘗爲事人之事。則能使人。則使人各中其理。如今人入仕，初爲州縣之佐，是事州縣而爲州縣所使，及自爲州縣，則能以前時受人所使者而使人矣。

坎「維心亨」，坎，險也。然出險則其心可以亨通。故「行有尚」。故行則有功也。外雖積險，上下皆坎，是爲重險，重險則積險矣。苟處之心亨不疑，然二、五以剛居中，其中心自亨通而無所疑懼。則雖難必濟，心亨而無疑，則可以出險矣。而往有功也。故必往而求出於險，則可有功。今水臨萬仞之山，此以坎象言。今大水臨近高山。要下即下，其流而下。無復凝滯之在前。安有留滯？惟知義理而已，人於義理，苟信之篤、行之力。則復何回避？如水之就下，則沛然莫禦。所以心通。何往而不心亨哉？

人所以不能行己者，人不得行是道於己者。於其所難者則惰，義理之淵浩，其難爲功者，則怠惰而不講。其異俗者，雖易而羞縮。習俗之當變，其易爲力者，則瑟縮不爲，是皆志不立、氣不充，故有怠惰羞縮之病。惟心弘，則不顧人之非笑，惟心弘則立志遠大，不以人之非己笑己而爲之作止。所趨義理耳，由行義理而已。視天下莫能移者道[三二]。亦以是道亘古今而不變也。然爲之，人亦未必怪。故盡力以進是道，人亦未必敢非笑於己也。正以在己者義理，但恐義理之公。不勝惰與羞縮之病，不足以勝女怠惰羞縮之私，則無由進於是道。消則有長，故怠惰羞縮消一分，則義理長一分。不消則病常在，若不能消釋，則是病根常在。意思齷齪，意態消縮。無由作事。又豈能爲之哉？若古氣節之士[三三]，自古志氣高邁、以名節自許者。冒死以有爲，死而不顧。於義未必中，雖未必合於義。然非有志概者莫能，非志氣感慨者不能。況吾於義理已明，況是義理在人已極昭著。何爲不爲？胡爲志不立、氣不充，而有怠惰羞縮之病，反不如有氣節者之志概？此舉重明輕，所以激昂夫柔懦之士。

姤初六：姤，遇也。決盡則爲純乾四月之卦，至姤然後一陰可見，而爲五月之卦。以其本非所望而卒然值之，如不期而遇者，故爲遇。其初六爻云。「羸豕孚蹢躅。」羸，弱也。蹢躅，跳躍也。蹢，音擲。躅，音逐。豕方羸時，豕性剛躁[三四]，雖當羸弱之時。力未能動，其氣力固未能動。然至誠在於蹢躅，但其真心則未嘗不在於跳躍也。得伸則伸矣。得肆則肆。猶小人雖困，志在求逞，君子所當察。如李德裕處置閹宦，李德裕相唐武宗[三五]，君臣契合。徒知其帖息威伏，宦寺之徒帖息威伏，似若無能爲。而忽於志不忘逞，不知其志在於求逞。照察少不至，繼嗣重事，卒定於宦者之手，而德裕逐，皆明照不及。則失其幾也。是幾微隱伏之際失於察也，可懼哉！[三六]

【校勘記】

[一] 此條上，熊剛大集解時刪除一條語録，葉本有：

伊川先生上疏曰：夫鐘，怒而擊之則武，悲而擊之則哀，誠意之感而入也。告於人亦如是，古人所以齋戒而告君也。臣前後兩得進講，未嘗敢不宿齋預戒，潛思存誠，覬感動於上心。若使營營於職事，紛紛其思慮，待至上前，然後善其辭説，徒以頰舌感人，不亦淺乎？

［二］於人何所不濟　「何所不」，葉本作「必有所」。
［三］因其有德而成就之　「德」原作「得」，據上文及葉本改。
［四］而初乃求望之深　「乃」原作「九」，據程氏易傳、葉本改。
［五］世之責望故素　「素」下，葉本有「而至悔咎者」五字。
［六］所同者有時而獨異　「獨」原作「或」，據葉本改。
［七］革仇讎爲臣民者　「讎」，葉本作「敵」。
［八］如是宛轉以求其合也　「其」字原無，據葉本補。
［九］巷非邪僻由徑也　「由」，程氏易傳作「曲」。
［一〇］其卦上艮下兑　「兑」原作「坤」，據周易改。
［一一］乃其所以致悔取災咎也　「悔」下，葉本有「辱」字。
［一二］伊川易傳曰　此句原無，據葉本補。
［一三］又説之心不已　「又」，葉本作「雖」；「之」下，葉本有「之」字。
［一四］防小人之道　「道」原作「過」，據葉本改。
［一五］夔夔然存謹畏之心　「謹」，葉本作「恭」。
［一六］此條下，熊剛大集解時删除兩條語録，葉本有，分别是：

明道先生與吴師禮談介甫之學錯處，謂師禮曰：「爲我盡達諸介甫，我亦未敢自以爲是。如有説，願往復。此天下公理，無彼我。果能明辨，不有益於介甫，則必有益於我。」

天祺在司竹，常愛用一卒長，及將代，自見其人盜筍皮，遂治之無少貸。罪已正，待之復如初，略不介意。其德量如此。

［一七］愛民則爲政之本則 「愛」原無，據上文及葉本補。

［一八］明道曰 「明道」二字原無，據葉本補。

［一九］氣忿則招拂 「拂」，葉本作「怫」。

［二〇］理雖有而挾忿氣以臨之 「臨」，葉本作「勝」。

［二一］今或不從奈何 「奈何」底本作小字，因是近思録正文，故改爲大字。

［二二］大凡别事都强得 「都」上，葉本有「人」字。

［二三］十釜爲鍾 「釜」，葉本作「斛」。

［二四］有涯亦有時而滿 「滿」下，葉本有「惟天地之量則無滿」句。

［二五］謝安聞謝玄破苻堅 「苻」原作「符」，據葉本改。

［二六］舉世非之而不加沮 「沮」，葉本作「愠」。

［二七］持國大服 「大」，葉本作「便」。

〔二八〕此條原緊接於上條末，未單列，據葉本改爲單列。

〔二九〕惟井田貢助之法不可復　「田」原作「里」，據葉本改。

〔三〇〕此條下，熊剛大集解時删除一條語録，葉本有：

明道先生作縣，凡坐處皆書「視民如傷」四字，嘗曰「顥常愧此四字」。

〔三一〕攻者甚力　「者」，葉本作「之」；「攻」上，葉本有「言者」二字。

〔三二〕視天下莫能移者道　「者」，葉本作「其」。

〔三三〕若古氣節之士　「若」，葉本作「在」。

〔三四〕豕性剛躁　「剛」，葉本作「陰」。

〔三五〕李德裕相唐武宗　「相」原作「非」，據葉本改。

〔三六〕此條下，葉本有一條語録，熊剛大集解時將其移至卷十一，即：

人教小童，亦可取益。絆己不出入，一益也。授人數數，己亦了此文義，二益也。對之必正衣冠，尊瞻視，三益也。常以因己而壞人之才爲憂，則不敢墮，四益也。

新刊音點性理群書句解卷之十一　後集

近思録第十一卷

此卷論教人之道。蓋君子進則推斯道以覺天下，退則明斯道以淑其徒。所謂得英才而教育之，即「新民」之事也。

伊川先生曰：古人生子，古者生子。能食能言而教之。能食則教之以右手，能言則教之唯諾。食，音嗣。大學之法[一]，大學者，大人之學，其所以爲法。以豫爲先。學記曰：「禁於未發之謂豫。」故在於早。人之幼也，蓋人方幼時。知思未有所主，心無定主，則所知所思易入邪僻。便當以格言至論 便當以當理之言、極至之論。日陳於前，日日敷陳，開説於前。雖未曉知，縱未通曉其意旨。且當薰聒，且須薰染講論。使盈耳充腹，俾之入耳著心。久自安習，久後自然安熟。若固有之，有若吾心固有之理。雖以他言惑之，縱其它邪説私言。不能入也。必不能惑也。若爲之不豫，如或教之不早。及乎稍長，迨年事日長。私意偏好生於内，内爲物欲所陷溺。衆口辯言鑠於外，外爲流俗所消靡。欲其純全[二]，欲其心德之渾全。不可得也。蓋不可得也已。[三]

人教小童，人之教童子。亦可取益。於己亦有利益。絆己不出入，一益也。絆，牽繫也。此身爲之牽繫，無所出入，有益於己一也。授人數數，數數，頻數也。授人以書，頻數點誦。己亦了此文義，二益也。了，曉徹也。自己因此亦能曉徹其意義，有益於己二也。對之必正衣冠，尊瞻視，三益也。對它亦須正其衣冠，尊其瞻視，自己以敬，有益於己三也。常以因己而壞人之才爲憂，常常恐己之教者有所不及，則壞其未成之才。則不敢惰，四益也。則不敢怠於教，爲人謀而忠，有益於己四也。○此段元在十卷末，主教而言，疑當在此。

觀之上九曰：觀者，有以中正示人，爲人所仰也。其上九爻云。「觀其生，觀其所爲。君子无咎。」如不失爲君子之道，當得無悔咎。象曰：象辭云。「觀其生，志未平也。」謂上九陽剛居尊位之上，雖不得位，未可忘戒懼也。傳曰：易傳云。君子雖不在位，上爲無位之地，故曰「不在位」。然以人觀其德，然當此之時，高而在上，固衆人所仰望。用爲儀法，而用爲法則者。故當自謹省[四]，觀其所生，要當謹畏，反觀己之所爲。常不失於君子，常不違乎君子之道。則人不失所望而化之矣。而後人心慰滿，得所矜式也。不可以不在於位，故不可以其無位。故安然放意，而無所事也。而可以輕意肆志，當觀瞻而爲人儀則也。

聖人之道如天然，聖人之道，其遠如天。與衆人之識衆人則識見卑小。甚殊邈也。大段相隔遠。門人弟子既親炙，之後益知其高遠。游其門者，既日親近薰炙，方見愈高愈遠而不可及，如子貢謂「仲尼，日月也，無得而踰之焉」。既若不可及，既以聖人爲非己之能及。則趍望之心怠矣。則必自沮，而望道之心怠弛矣。故聖人之教，所以聖人教人。常俯而就之。循循善誘，常俯而就之，亦因其資而導之，不使之徒見高遠而自沮。事上臨喪，事上而敬，臨喪而哀。不敢不勉，此易於勉力。君子之常行。固君子於日用常行之間。不困於酒，如惟酒無量，不及亂。尤其近也。此又最淺近者。而以己處之者，而受教者，苟以身而行之。不獨使夫資之下者勉思企及，非特常人之所可勉。而才之高者雖是賢者才品之高。亦不敢易乎近矣。亦不敢忽其近者。蓋無精粗、無巨細，道咸在焉。[五]

胡安定在湖州，安定爲湖州教。置治道齋，且揭齋扁名爲「治道」。學者有欲明治道者，來學者欲明爲治之法。講之於中，則講究於其間。如治民、政教設施之方。治兵、戰陣部伍之法。水利、江河渠堰之利。算數之類。律曆、九章之類[六]。嘗言劉彝善治水利，每言彝最曉水利。後累爲政，後歷任之多。皆興水利有功。大率皆以水利奏功，是不可不講明也。

凡立言，欲涵蓄意思，是人立爲言辭，須是含蓄深思方得。不使知德者厭、常使知德者玩其意而不厭。無德者惑。無德者守其說而不惑。

教人未見意趣，教人而人未悟旨意見趣。必不樂學。猶食而不知味，必不樂於學。欲且教之歌舞，不如且就性情上用功，教之歌詠舞樂。如古詩三百篇，如周詩三百篇。皆古人所作〔七〕。無非出於古人之口。如關雎之類，如歌關雎一篇，詠后妃之德。正家之始，齊家正始之道存乎中。故用之鄉人，施之鄉人。用之邦國，行之邦國。日使人聞之。日日俾人聞此，則善心自起。此等詩，其言簡奥，但此詩辭簡而義奥。今人未易曉。今人尚恐未能通徹。欲別作詩，欲仿此例，別爲詩歌。略言教童子洒掃應對事長之節，洒掃，如文公詩：「奉水勤播洒，擁篲周室堂。」應對，如「庸言戒矗誕，時行謹安詳」。事長，如「童蒙貴養正，遜弟乃其方」之句。令朝夕歌之，自朝及夕常令歌詠。似當有助。則心聲發其性情之和，心德全於歌詠之際，豈不大有益耶？

子厚以禮教學者最善，禮以恭敬辭遜爲本，而有節文度數之詳。學者從事於此，最好。使學者先有所據守。則日用言動之間，皆有據依持守之地。

語學者以所見未到之理，學者見所未到而驟以語之。不惟所聞不深徹，則彼不惟無深造自得之功。久將理低看了〔八〕。而且輕視之矣。

舞射便見人誠。舞者所以導其和，射者所以正其志，要必以誠心爲之。古之教人，古者教人。莫非使之成己。誠者所以成己也。自洒掃應對上，洒掃應對，只是教之以誠。便可到聖人事。誠之至，即是聖人事也。

自「幼子常視无誑」以上，「視」與「示」同。誑，欺妄也。子未有知，常示以正事，而无欺妄。便是教以聖人事。即聖人无妄之道。

「先傳」、「後倦」，倦，如誨人不倦之倦。君子之道，非以其末爲先而傳之，非以其本爲後而倦教。君子教人有序。各有次序，非可躐進。先傳以小者近者，小近者，洒掃應對進退之末節也。而後教以遠者大者，遠大者，性命之本原，是道之體統也。非是先傳以近小，非言先以道之粗者而傳之。而後不教以遠大也。而後不復以道之精者而教之也。

伊川先生曰：說書必非古意，說書而無古人優游玩索之意。轉使人薄。則起人厭薄之心。學者須是潛心積慮，是必深存此心，久積其慮。優游涵養，優哉游哉，涵泳存養。使之自得。俾胸中沛然有自得之意。今一日說盡，若不玩索其理，徒事口耳之傳。只是教得薄。皆其末也。至如漢時說「下帷講誦」，如董仲舒下帳帷講論。猶未必說書。亦非說書也。

古者八歲入小學，古者，自國之貴游子弟，及士庶人之子，八歲則皆入小學。小學者，小子之學也。十五入大學，及十有五歲入大學。大學者，大人之學也。擇其才可教者聚之，然後擇其才之可教者聚之於學。不肖者復之農畝。其不可教者復歸之農畝。蓋士農不易業，非士則農，不改其業。既入學則不治農，若既入學，則爲俊秀，不復爲農者之事。然後士農判。此士農判然兩途矣。在學之養，但養之於學者。若士大夫之子，如國之貴游子弟。則不慮無養，雖無學之養亦可。雖庶人之子，士庶人之子。既入學則亦必有養。既入於學，則必須學以養之。古之士者，自十五入學，至四十方仕，中間自有二十五年學，其間二十五年，無非留意於學。又無利可趍，何嘗汲汲於利。則所志可知，故其所志不在乎小。須去趍善，所求進者善是已。便自此成德。只此便能養成其德性。後之人自童稚間，後世反是，自兒時。已有汲汲趍利之意，便自逐逐利欲之汲。何由得向善？汲汲於利，則不暇汲汲於善，何自趍於善？故古人必使四十而仕，故古者專於脩己，緩於干禄。然後志定。士有定志。只營衣食却無害，若只營求衣食於力分之内，未足以奪志，故無害。惟利禄之誘最害人。誘於利禄，則所學皆非爲己，而根本已撥矣，故害最甚。

天下有多少才！天下之中多少人才。只爲道不明於天下，自是道之晦蝕而不明。故不得有所成就。故皆無所成就。且古者「興於詩，詩足以感人之善心，使有所興起。立於禮，禮所以固人肌膚之會、筋骨之束，使人有所卓立。成於樂」，樂所以養人之情性，蕩滌邪穢，消融查滓，使人學有所成。如今人怎生會得？今之人能悟此理耶。

古人於詩，如今人歌曲一般，古詩猶今歌曲。雖閭巷童稚，雖閭閻閭里巷童稚。皆習聞其說而曉其義，無不習熟其說而通曉其義。故能興起於詩。故吟諷之間，足以感發其善心，而懲創其逸志。後世老師宿儒，後世老成之師範、皓首之儒生。尚不能曉其義，尤且不通徹其文義。怎生責得學者？又如何責得初爲學之人？是不得興於詩也。是未見有能興起於詩者也。古禮既廢，禮所以叙人倫而施之家國者，皆有法度，自古之禮不復。人倫不明，叙倫之道日益舛。以至治家皆無法度，齊家之法不存。是不得立於禮也。是不能據依此理，而有所卓立也。古人有歌詠以養其性情，歌詠聲詩，温柔篤厚，所以養其性情也。聲音以養其耳目，五聲成文，八音相比，鴻殺疏數，節奏和平，有以養其耳目也。舞蹈以養其血脈。至於手之舞，足之蹈，執其羽籥干戚之器，習其屈伸俯仰、綴兆舒疾之文，是以容貌得莊，行列得正，進退得齊，心志條暢，而血氣和平，而有以養血脈也。今皆無之，是不得成於樂也。今皆無此，則不能成於樂。古之成材也易，古之材興於詩、立於禮、成於樂，故其成也易。今之成材也難。今之材道不明，而不得有所成就，故成之也難。

孔子教人，不憤不啓，聖人誨人，皆迎其機。憤者，心求通而未能之意。啓，開其意也。蓋不因其心求通而未得，則不能開其意。不悱不發。悱，口欲言而未能之貌。發，達其辭。不因其口欲言而未能，則不能達辭。蓋不待憤悱而發，不待其憤悱而遽然啓發之。則知之不固。則未嘗深思，其受之也必淺，既無所得，其言之也若亡[九]。待憤悱而後發，啓發於憤悱之餘。則沛然矣。則思深力窮，而倏爾有得，必沛然而通達矣。學者須是深思之，爲學必沉潛玩索，則理自明。思之不得，苟思之深，尤未有所得。然後爲他説便好。則教之者别爲一説，以誘進之爲善。初學者須是且爲他説，爲初學之教，須是它爲一説，使之易知易行者。不然，不如此。非獨他不曉，不特是受教者未曉其宏辭奥義。亦止人好問之心也。而它人好問之心亦消沮矣。〔一〇〕

學記曰：「進而不顧其安，聖人教人，隨方施教，各當其可。苟進之而不顧其己之所安。使人不由其誠，使之而不以其人之實。教人不盡其材。」教之而不盡其材之所至，則皆陵節躐等矣。人未安之，故人未安其所教。又進之，乃欲援而進之。未喻之，人未曉其大義。又告之，又從而與之言。徒使人生此節目。徒使人生節目之繁多，不能會本原之妙理。不盡材，蓋教之不因其材。不顧安，進之不顧其安。不由誠，使之不由其誠。皆是施之妄也。是不當其可而施之，躐等陵節，是以爲妄。教人至難，教人之道最難。必盡人之材，材有高下，必因其材而教之。乃不誤人。人亦因其材之可爲而勉力，斯爲不誤。觀可及處，觀其力之所可及者。然後告之。而後告之以此。聖人之明，聖人明睿所照。直若庖丁之解牛，直如庖丁之宰牛。皆知其隙，洞見間隙。刃投餘地，優游施刃。無全牛矣。脈理皆解，剖剥無全牛矣。人之才足以有爲，人之才本亦可以有所爲。但以其不由於誠，但勉强行之，而無誠意。則不盡其才。雖材所可爲者，亦不能盡之。若曰勉率而爲之，如是己所未至，勉强而行之。則豈有由誠也哉！又安有誠意耶！按：横渠與人書，謂其子日來誦書不熟，宜教它熟誦，盡其誠與材。

古之小兒，古者小兒。便能敬事。長者便知盡敬，以事其尊長。與之提攜，與之相攜持。則兩手奉長者之手。捧手，習扶持尊者。問之，掩口而對。掩口，習其鄉尊者屏氣也。蓋稍不敬事，苟此心少或怠慢。便不忠信。便不能盡其誠實之道。故教小兒，所以教小兒之法。且先安詳恭敬。安詳則不躁率，恭敬則不誕慢。此忠信之本也。

孟子曰：「人不足與適也，適，過也，言小人居位不足過責。適，音謫。政不足與間也，間，非也。政教不足復非間。唯大人格君心之非[二]。」格，正也。獨得大人爲輔，是能正君心之所非。非惟君心，不特是人君之心。至於朋游學者之際，以至處朋友交游與學於己者。彼雖議論異同，所言所論，或異或同。未欲深較。未及較明。惟整理其心，但先整頓條理，俾其心所存。使歸之正，一出於正。豈小補哉！是豈小小補益之道哉？

【校勘記】

[一] 大學之法　此條出自河南程氏文集卷六上太皇太后書。「大」，上太皇太后書作「小」。

[二] 欲其純全　「全」，葉本作「完」。

[三] 此條上，熊剛大集解時删除一條語録，葉本有：

濂溪先生曰：剛善，爲義，爲直，爲斷，爲嚴毅，爲幹固；惡，爲猛，爲隘，爲强梁。柔善，爲慈，爲順，爲巽；惡，爲懦弱，爲無斷，爲邪佞。惟中也者，和也，中節也，天下之達道也，聖人之事也。故聖人立教，俾人自易其惡，自至其中而止矣。

[四] 故當自謹省　「謹」，葉本作「慎」。

[五] 此條下，熊剛大集解時删除一條語録，葉本有：

明道先生曰：憂子弟之輕俊者，只教以經學念書，不得令作文字。子弟凡百玩好皆奪志。至於書札，於儒者事最近，然一向好著，亦自喪志。如王、虞、顏、柳輩，誠爲好人則有之，曾見有善書者知道否？平生精力一用於此，非惟徒廢時日，於道便有妨處，足知喪志也。

[六] 律曆九章之類　「類」原作「數」，據葉本改。

[七] 皆古人所作　「所作」，葉本作「作之」。

[八] 久將理低看了　「久」，葉本作「反」。

[九] 其言之也若亡　「言」，葉本作「聽」。

[一〇] 此條下，熊剛大集解時删除一條語録，葉本有：

横渠先生曰：「恭敬樽節退讓以明禮」，仁之至也，愛道之極也。已不勉明，則人無從倡，道無從弘，教無從成矣。

[一一] 唯大人格君心之非　「人」下，葉本有「爲能」二字。

新刊音點性理群書句解卷之十二　後集

近思録第十二卷

此卷論戒謹之道。脩己治人，常當存警省之意，不然則私慾易萌，善日消而惡日積矣。

伊川先生曰：德善日積，德善者，福禄之本。德善而日日崇積。則福禄日臻。則福禄自然日至。德踰於禄，德勝於禄。則雖盛而非滿。則所享雖厚而不爲過。禄過於德〔一〕，所享者雖薄且不能勝，況於隆盛乎？自古隆盛，自古享福禄之隆盛。未有不失道而喪敗者也。未必不自無德而致喪敗也。〔二〕

人之於豫樂，人於悦豫逸樂之事。心説之，其悦在心。故遲遲，遂至於耽戀，遲遲，不忍捨之貌。遂至於耽好係戀。不能已也。自不容已。豫之六二，豫，和樂也。其卦六二爻。以中正自守，中而得正，上又無應，特立自守。其介如石，其節之堅，介然如石，無所轉移也。其去之速，速於去則無所耽戀。不俟終日，不待盡日。貞正而吉也。蓋得貞正之道，所以善也。處豫不可安且久也，豫雖主樂，易以溺人，故處豫之時不可久安。久則溺矣。久於豫樂，則必溺而反憂矣。如二可謂見幾而作者也。如六二見凡事之幾微，不俟終日而作。蓋中正，故其守堅，惟得中而正，故所守之堅。而能辯之早，去之速也。而能辨明之早，退去之急也。○易傳。下同。

人君致危亡之道非一，世之君所以取危亂覆亡之道，雖非一端。而以豫爲多。大率由逸豫而生者亦衆。

聖人爲戒，聖人警戒。必於方盛之時。必於世道隆盛之時。方其盛而不知戒，處其隆盛而不知監戒。如湯處商之殷阜而銘盤自警，武王處周之隆平而銘席几以示戒，是盛而知戒也。故狃安富則驕侈生，矜其治安富實，則驕矜奢侈之心生。如武帝襲富庶之後而窮兵遠討，是驕心生矣。紂承商室平治之後而爲臺榭陂池侈服，是侈心生矣。樂舒肆則紀綱壞，樂於舒泰放肆，則大綱小紀之不張。如周穆王造八駿之乘，殆遍天下，徐偃伯於徐上，而周之紀綱不振。昭王南游於楚，船人膠合其舟以進，遂沉没楚江，而周之綱紀陵夷。忘禍亂則釁孽萌，釁端禍孽每兆於無虞之中。唐明皇亡夷狄之亂，胡□養作宫中兒，以至乘隙而奮。如是以浸淫故方盛之時。不知亂之至也。不知其爲將衰之漸也。

復之六三，震下坤上爲復。復之六三爻。以陰躁處動之極，三既陰躁，又處震動之終。復之頻數而不能固者也。其於復善也，躁動而不能固守也。復貴安固焉，有失而後有復，復當居之安、守之固。頻復頻失，屢復而屢失。不安於復也。是復之後居之猶未安也。復善而屢失，已復而又失，不常其德〔三〕。危之道也。取危之道。

聖人開其遷善之道，聖人示人以復善之機。與其復而危於其復而危厲。其屢失，及屢復而屢失者。故云「厲无咎」。故或言危厲、或言无悔咎。不可以頻失而戒其復也，不可以其頻數過失而戒其復善。頻失則爲危，屢失故危厲。屢復何咎？：屢復故无咎。无咎者，補過之稱。過在失而不在復也。蓋其過在於失善而不在乎復善也。○劉質夫曰：劉絢，字質夫，程子門人。頻復不已，頻復頻失不止。遂至迷復。則玩溺而不能復，必至上九之昏迷而不能復矣。

睽極則咈戾而難合[四]，兑下離上爲睽。睽，乖違也。上居睽之終，是睽之極也。故違咈乖戾而不能相合。剛極則躁暴而不詳，以九居上，是剛之極也，故躁急暴厲而不能安詳。明極則過察而多疑。居離之終，是明之極也，故過於明察而多疑慮。睽之上九，上九之爻。有六三之正應，實不孤，與六三爲正應，似若不孤。而其才性如此，以其才其性而言有是三者。自睽孤也。又何往而不睽孤！雖有正應，亦不合矣。如人有親黨，正如人有親戚朋黨。而多自疑猜，不能無疑猜，過明之患也。妄生乖離，不能不乖離，過剛好睽之致也。雖處骨肉親黨之間，而常獨孤也。亦如上九有六三爲正應，亦不能合而睽孤也。

解之六三曰：解，難之散也。其六三爻云。「負且乘，負者，小人之事，猶今之負販也。乘者，君子之器，猶今之路車也。以小人而乘君子之器。致寇至，盜思奪之矣。貞吝。」雖得其正，亦可羞吝也。傳曰：易傳云。小人而竊盛位，以小人而竊君子之位。雖勉爲正事，雖勉强以爲正事，即上文之貞也。而氣質卑下，而陰柔卑下之質。本非在上之物，謂居内卦之上。終可吝也。非其所安，是以吝也。若能大正則如何？使其能事事皆正則如何？曰：大正，非陰柔所能也。云：事事而正，非陰邪柔暗者所能。若能之，如或有此。則是化爲君子矣。則是化其卑下之質而爲在上之人矣。

益之上九曰：益，增益也。上九爻云。「莫益之，利者，人所同欲，莫肯加益。或擊之。」或至於擊奪之。傳曰：易傳云。理者天下之至公，理者，天下之公。利者衆人所同欲。利者，人欲之私。苟公其心，在上者，以至公之心。不失其正理，而不失正公之理。則與衆同利，利與衆同。無侵於人，而不奪人之利。人亦與之。則衆亦與之同其利。若切於好利，苟切切利己。蔽於自私，而苟懷自私之心。求自益以損於人，欲損下以益其上。則人亦與之力争。利者人所必争。故莫肯益之，亦各欲利其己，莫肯加益。而有擊奪之者矣。而擊奪之患生矣。

艮之九三曰：艮卦九三爻云。「艮其限，艮，止。限，身上下之際，即腰胯也。列其夤，列，絶也。夤，膂也。九三以過剛不中，當限之處而艮其限，則不得屈伸而上下判隔，如列其夤矣。厲薰心。」危厲薰心，不安之甚也。傳曰：易傳云。夫止道貴乎得宜。所貴於止者，謂各得其宜止，而無過與不及也。行止不能以時，而定於一，苟不度時中，而一於限止焉。其堅强如此，堅執强忍如此。則處世乖戾，不惟違世。與物睽絶，又且絶物。其危甚矣。

危厲之極也。人之固止一隅，人之止於一偏。而舉世莫與宜者，不得其止之宜而與世不相合者。則艱蹇忿畏則艱難屯蹇，忿閲畏懾之狀。焚撓其中，焚烈撓亂其中。豈有安裕之理？·而無静安優裕之態。「厲薰心」，謂之「厲薰心」。謂不安之勢蓋以其不能自安之勢。薰爍其中也。薰灼爍□於其心也。

大率以説而動，兑下震上爲歸妹。兑，悦也。震，動也。故爲説而動。安有不失正者。心有好樂，則不得其正，況從欲忘返耶！

男女有尊卑之序，同上。震長男，兑少女。男尊女卑，自有定序。夫婦有倡隨之理，夫倡婦隨，自有定理。此常理也。此人道之常。若徇情肆欲，如私情曲徇，私欲放縱。唯説是動，惟以説而動。男牽欲而失其剛，剛者不爲物欲所屈，男既牽於欲，何有於剛？故申棖之慾，夫子以爲「焉得剛」。婦狃説而忘其順，順者有婉娩聽從之美，女既狃於説，何有於順？如孟光之荆釵布裙是順從其夫者，非以説而然也。則凶而無所利矣。必且失其常理而致凶矣。

雖舜之聖，以舜之大聖人。且畏巧言令色，巧言者巧佞之言，令色者善柔之色，皆務以悦人也。説之惑人，人心喜順惡逆，故説之道惑於人。易入而可懼也如此。入人之易，不可不戒也。

治水，天下之大任也，治水乃天下之大事，膺此職者，其責任亦大。非其至公之心，自非推其公心。能捨己從人[五]，捨己所短，從人所長。盡天下之議，合天下之謀。則不能成其功，則不能以任天下之大事。豈方命圮族者所能乎？方，不順也。命，天理也。圮，毁也。族，類也。豈是上不順乎天理，下不依乎群情，恃其才智，任己而行，所能濟事哉？鯀雖九年而功弗成，鯀雖九年於外，而無治水之功。然其所治，但其所以治水。固非他人所及也。又非今人所及。惟其功有叙，惟其漸已底績。故其自任益强，故任事者益力。咈戾圮類益甚，咈戾上下，圮毁族類，愈見其甚。公議隔而人心離矣，公議隔而得失莫聞，人心離而事功莫集。是其惡益顯，則其過愈彰。而功卒不可成也。終至於九載績用弗成也。○經說。下同。

君子敬以直内。君子敬存於中，不容有一毫之邪枉，所謂直也。微生高所枉雖小，而害則大。微生高乞其鄰之醯以與人，以無爲有，曲意徇人，邪枉之態不能掩者，其事雖微，所以害於其直者甚大。

人有慾則無剛，剛與慾正相反。能勝物之謂剛，常伸於萬物之上；爲物掩之謂慾，常屈於萬物之下。故人爲慾所掩未必能剛。剛則不屈於慾。剛則斷不爲物慾所屈。

人之過也，人之處事，豈能無過？各於其類。但其類則各有君子小人之分，在於仁不仁而已。君子常失於厚，仁者之過，常在於厚。小人常失於薄；小人不仁者之過，常在於薄。君子過於愛，仁者之過也常愛。小人傷於忍。不仁者其過也常忍。

明道先生曰：富貴驕人固不善，既富且貴，驕矜於人，固未爲是。學問驕人，問學充積，驕矜於人。害亦不細。非特其學爲務外，而敖惰敗德，學亦不進，害尤不小。蓋學以爲己，驕人乎哉？○遺書。下同。

人以料事爲明，人以能逆料其事爲能明察。便駸駸入逆詐、億不信去也。漸入於逆料人之欺己，臆度事之未著，心乎人之疑己之域。夫子曰：「不逆詐，不億不信。先覺者其賢乎？」

人於外物奉身者，人假外物以奉養吾之軀者。事事要好，如飲食、衣服、器具、使令之屬，皆要妍美。只有自家一個身與心，心者性之郛郭，身者心之區宇。却不要好。衆理全具却不能領惡而全好。苟得外面物好時，縱使外面奉身之物雖好，不過逐逐於人慾之私。却不知道自家身與心，不知於己分上著工。却已先不好了也。而已不能全夫天理之至善矣，是知養其小者，不知養其大者。小者口體也，大者身心也。

人於天理昏者，人於天理昏晦而不明。是只爲嗜欲亂著他。只是嗜欲之私汨亂。莊子言「嗜欲深者[六]，莊周氏謂嗜欲之多。其天機淺」，則志亂氣昏，而天理微矣。此言却最是。此説甚好。

伊川先生曰：閲機事之久，莊子曰：「有機械者必有機事，有機事者必有機心。」故閲其事之久。機心必生。則機心自然生。蓋方其閲時，心必喜，蓋當其閲之之時，心已爲之喜。則如種下種子[七]。正猶布種而下種子，必有時而發。先賢亦以爲心猶穀種，正以種之則生也。

疑病者，凡人之病於多疑者。未有事至時，事未至之時。先有疑端在心。而此心先有好疑之端，則事至之時不當疑而疑矣。周羅事者，周羅，俚語，猶兜攬也。凡人之兜攬事者。先有周事之端在心。事未至之時而此心先有喜事端，事至之時不當攬而攬矣。皆病也。皆心之病也，治心者必去其端。

較事大小，事無大小，惟理是視。苟較其大小，忽其小者而立其大者。其弊爲枉尺直尋之病。忽其小則有枉尺之患，立其大則有直尋之理。

小人、小丈夫，人而謂之小人，丈夫而謂之小丈夫。不合小了他，是局於氣質、汩於利慾，不合自小之耳。本不是惡。原其初則性無不善，何有於惡？

雖公天下事，事雖出於公，如見人之寒而遺之衣，見人之飢而遺之食之類，是公也。若用私意爲之，便是私。苟有要譽之心，是即私心矣。

做官奪人志。仕而志於富貴，固不必言。或馳騖於是非予奪之境，而此志動於喜怒愛惡之私，或經營於建功立業之間，而此志陷於計度區畫之巧。德未成而從政，未有不奪其志也。

驕是氣盈，驕，矜誇。氣盈，常覺其有餘。吝是氣歉。吝，鄙嗇。氣歉，常覺其不足。人若吝時，人若有鄙嗇之心。於財上亦不足，不待於財如此。於事上亦不足，於事亦如此。凡百事皆不足，凡百事皆如此。必有歉歉之色也。常歉然而不足。惟君子所志者道，故無時而盈，亦無所不足。

未知道者如醉人，不明乎此道則沉醉人欲，如醉未醒。方其醉時，時方沉醉。無所不至，則詐罵顛倒，何所不爲，亦猶未悟此理則放肆於欲也。及其醒也，及其酒醒。莫不愧耻。無不生愧恧之心，猶人之已悟於理，則悔前日之非。人之未知學者，故人未知向學。自視以爲無缺，自顧謂無所缺失。及既知學，及已向學。反思前日所爲，反觀其向者所爲。則駭且懼矣。知其有缺，莫不驚駭畏懼矣。

邢公云[八]：邢恕云。「一日三點檢。」一日三次點檢其身。明道先生曰：先生云。「可哀也哉！哀者，哀其用工之空缺。其餘時理會甚事？一日只三次點檢其身，其餘時又用功何事？蓋仿『三省』之説錯了，曾子一日三省吾身，是一日之間以三事省察其身，若謂三次點檢，則錯了此章矣。可見不曾用功[九]。」即此可見邢恕爲學未嘗著力。

橫渠先生曰：學者捨禮義，爲學而不習禮義。則飽食終日，充腹而食，終日而坐。無所猷爲，無所謀爲。與下民一致，與凡民一等耳。所事不踰衣食之間、所事者，不過衣服飲食之末。燕遊之樂爾。燕安遨遊之樂也。

鄭、衛之音悲哀，鄭國、衛國之樂音，悲愁哀怨。令人意思留連，使人留戀。又生怠惰之意，又起怠惰之心。從而致驕淫之心。繼又生驕矜淫佚之私。周子言道欲生悲是也。雖珍玩奇貨，雖珍寶玩好之物。其始感人也[一〇]，亦不如是其初之感動於人處，不如此。切，從而生無限嗜好。從而又生無窮之玩好。故孔子曰夫子之於鄭聲。必放之，必欲放而逐之。是亦聖人經歷過[一一]，蓋聖人亦皆經從此過。但聖人不爲物所移耳。但不爲外物移奪其志耳。○禮樂説。

聖人言「反經」[一二]，經，常也，古今不易之常道也。孟子言反其常道。特於「鄉原」之後者，鄉原，鄉之謹愿之人也。特發於其後。以鄉原大者不先立，以鄉原浮沉俯仰，無所可否。義理不立。心中初無作，中無所主。惟是左右看，順人情，不欲違，惟務悦人，乃亂常之尤者。一生如此。且又終身行之而無悔。君子反經，復其常道，則是理昭然，而鄉原僞言僞行，不得以惑之矣。

近思録第十三卷

此卷辨異端。蓋君子之學雖已至，然異端之辨尤不可以不明，苟於此有毫釐之未辨，則貽害於人心者甚矣。

明道先生曰：楊、墨之害，楊朱「爲我」是無君也，墨翟「兼愛」是無父也，而其爲害。甚於申、韓。過於申、韓。申不害習刑名，韓非善刑法。佛、老之害，佛氏寂滅，老聃虚無，而其爲害。甚於楊、墨。又過於楊朱、墨翟。楊氏爲我疑於仁，楊氏爲我，可謂自私而不仁矣，然而猶疑似於無欲之仁。墨氏兼愛疑於義。墨氏兼愛，可謂泛濫而無義矣，然猶疑似於無私之義，故足以惑人也。申、韓則淺陋易見。若申、韓之刑名功名[一三]，淺陋而易見。故孟子只闢楊、墨，所以孟軻但闢楊朱、墨翟。爲其惑世之甚也。恐其爲人心之害也。佛、老其言近理，佛氏言心性，老氏談道德，彌近理而大亂真。又非楊、墨之比，又與楊朱、墨翟不同。此所以爲害尤甚。故其爲人心之害尤甚。

楊、墨之害，楊、墨塞路。亦經孟子闢之，孟子辭而闢之。所以廓如也。是以其道廓然而大公。楊朱即老聃弟子。孟子闢楊、墨，則老氏亦在中矣。○遺書。下同。

伊川先生曰：儒者潛心正道，學者沉潛此心於正道。不容有差，不可有毫髮之差。其始甚微，其初則甚微細。其終則不可救。其末路之差，則不可救而正之矣。如「師也過，師，子張名，才高意廣，泛愛兼容，故常過乎中。商也不及」，商，子夏名，篤信自守，規模謹密，故常不及乎中。於聖人中道，師只是過於厚些，二子於道亦未遠。然師之過，其流必至墨氏之兼愛。商只是不及些。商之不及，其後傳田子方，子方之後爲莊周，是楊氏爲我之學。然而厚則漸至於兼愛，蓋亦過厚則必至於兼愛。不及則便至於爲我，不及則自是爲我。其過不及一過一不及。同出於儒者，皆出於儒者。其末遂至楊、墨。其終遂有楊、墨之分。至如楊、墨[一四]，且如楊朱、墨翟。亦未至於無父無君，亦未便至於無其父、無其君。孟子推之孟子推楊、墨之極致。便至於此，則兼愛者至於無父，蓋愛其父亦同於路人，是無父也。爲我者至於無君，蓋自私其身而不知有上下，是無君也。蓋其差必至於是也。末流之失必至於此矣。

明道先生曰：道之外無物，道者，人所共由之理。物猶身也。物因道而形，故道外無物。物之外無道，道以物而見，故物之外無道。是天地之間人於天地間不能違物而獨立。無適而非道也。故無所往而非此道。即父子而父子在所親，故即父子而父子有親之道。即君臣而君臣在所嚴，即君臣而君臣有嚴之道。以至爲夫婦，爲長幼，爲朋友[一五]，即夫婦而夫婦有別之道，即長幼而長幼有序之道，即朋友而朋友有信之道。無所爲而非道，無一而非出於道。此道所以不可須臾離也。此道在人，無頃刻可離去也。然則毀人倫、今釋氏乃毀棄人倫。去四大者，滅除四大[一六]。釋氏以地、水、火、風爲四大，幻假而成人身。寂滅幻根，斷除一切。其分於道遠矣[一七]。其戾於道亦遠矣。故「君子之於天下也，君子之於天下。無適也，適，可也。無所可。無莫也，莫，不可也。亦無不可者。義之與比」。惟義之從。若有適有莫，若有可有不可。則於道爲有間，則不復皆惟義之從，是以有間。非天地之全也。如釋氏斷除外相，始見法性，非天地本然全體之性矣。彼釋氏之學，釋氏習定。於「敬以直内」則有之矣，欲得此心收斂虛靜，亦若所謂「敬以直内」者。「義以方外」然有體無用，絕滅倫理，何有於義？則未之有也。故未之見也。故滯固者入於枯槁，其相滯固執，則是猶槁木死灰而不復然。疏通者歸於恣肆，其疏暢通達，則墮於號空不踐實之域。此佛之教所以隘也。名爲「大自在」，實則隘陋，而一毫不容。吾道則不然，吾儒之道則不如此。率性而已。不過循其性之理，動靜各正，既不病於拘，亦不至於肆。斯理也，聖人於易備言之。聖人贊易，所謂「知至至之，可與幾也。知終終之，可與存義」，又「敬以直内，義以方外」，「時止則止，時行則行，動靜不失其時」，體用本末，備言之矣。又曰：佛有一個「覺」之理，佛，學禪者，覺也。可以敬以直内，覺者，心無倚著，靈覺不昧，所謂「常惺惺法」，若可敬以直内矣。然無義以方外。然無制事之義。其直内者，要之其亦不是[一八]。則所謂「覺」者，猶無寸之尺、無星之兩，其直内之本亦非矣。熊氏曰：「吾儒之學，正心以爲應事之本。佛氏孤守一個敬，但知瞑目澄心，而無制事之義，則和那敬底也不是。」

釋氏本怖死生爲利，釋氏謂有生則有滅，故有輪迴。今求不生不滅之理，可免輪迴之苦，此本出於利己之私意。豈是公道？非是大公至正之道。惟務上達而無下學，絶學而求頓悟，故務上達；而無脩身正心誠意之功，故無下學。然則其上達處但其所謂上達者。豈有是也？亦未見其能上達。元不相連屬，道蓋本不相離，今捨物以明理，泯跡以求心。但有間斷，非道也。使物理身心判然而二，豈知道者哉！孟子曰：孟軻氏云。「盡其心者，盡得此心之理。知其性也。」則知其性之所賦。彼所謂識心見性是也，佛氏於恍惚之間略見得心性影子。若存心養性一段則無矣。若論其存養工夫則無此矣。彼固曰出家獨善，道本人倫，今曰出家離倫爲善。便於道體自不足。則於道體虧欠大矣。或曰：或又曰。釋氏地獄之類，佛氏設爲有□人阿鼻□之□。皆是爲下根之人皆爲下等人。設此怖，令爲善。設恐怖之法，欲使之爲善而不爲惡，最好。先生曰：至誠貫天地，真實无妄之理，可以通貫天地。人尚有不化，而人猶有未能化者。豈有立僞教而人可化乎？豈有佛氏所爲皆僞而人可化乎？

學者於釋氏之説，學者於佛氏言。直須如淫聲美色以遠之。直是猶淫賤之聲、妖媚之色，必遠絶之，恐其惑人也。不爾則駸駸然入其中矣。不如此則已漸喧[illegible]於吾道中矣。顏淵問爲邦，顏淵問夫子爲邦之道。孔子既告之以二帝三王之事，孔子既以帝王之事言之於先。而復戒以「放鄭聲，而復戒其放逐鄭國之音。遠佞人」，遠去邪佞之人。曰：「鄭聲淫，蓋鄭國之音妖淫。佞人殆。」邪佞之人危殆。彼佞人者，彼所謂佞人者。是他壹邊佞耳，是它自邪佞。然而於己則危也，其於處己則危殆。只是能使人移，只能轉移它人。故危也。此所以危也。至於禹之言曰：故伯禹嘗言。「何畏乎巧言令色！」巧好其言辭，令善其辭色者，吾何畏也。直消言畏，直是説一畏字。只是須著如此戒慎，須是常常戒敕謹慎。猶恐不免。尚恐其爲吾惑。釋氏之學，佛氏之流。更不消言常戒，卻不要説「常戒」二字。到自家自信後，到信道之篤。便不能亂得。則彼自不能亂於我也。

所以謂萬物一體者，人與萬物實同一體處。皆有此理，只是天地之理流行化生[一九]，人與物均有是生，則亦均具是理。只爲從那裏來。皆由此中而出。「生生之謂易」，生生不窮，是乃陰陽變易之道。生則一時生，人之與物，生則皆生。皆完此理。理則皆備。人則能推，人所稟之氣通，故能推此理。物則氣昏推不得，物所稟之氣塞，故不能推此理。不可道他物不與有也。不可以爲物不有此理也。人只爲自私，人只爲私己之見。將自家軀殼上頭起意，只就人身上推之。故看得道理小了他底。故不見是道之充拓。放這身來，都在萬物中但知吾身與萬物渾然一體之理。一例看，不爲私己之見，人之物並觀焉，則物之理即人之理，人之理即物之理。大小大快活。多少是好。大小，多少也。釋氏以不知此，佛氏惟不知萬物爲一體，順理而行本無障礙。去他身上起意思，顧乃自生私見，爲吾身不能不交於物。奈何那身不得，及身上用功不得。故却厭惡，則厭棄以爲臭皮袋。要得去盡根塵，以耳、目、口、鼻、身、意爲六根，以色、聲、香、味、觸、法爲六塵。其説謂幻塵滅[二〇]，故幻根亦滅；幻根滅，故幻心亦滅。必要去盡此根塵。爲心源不定，以心不定，難把捉。故要得如枯木死灰。必欲其如枯木不復生、死灰不復然。然没此理，但無此道理，心本生道，有體則有用，豈容絶滅？要有此理，若要絶滅此心。除是死也。除非是死了此身則可。釋氏其實是愛身，放不得，佛氏只是愛惜此身，放舍不得。故説許多。故説出許多話言。譬之負販之蟲〔一一〕，正猶蟲之負物。已載不起，其力有限。猶自更取物在身。自更取外物載之於身。又如抱石投河，又若抱至重之石以投於河。以其重愈沉，惟其重故沉。終不道放下石頭，却不將石放下。惟嫌重也。惟嫌其重。原佛氏之初，本是愛己，妄生計較，欲出離生死，而不知去私己之念，本無事也。

人有語導氣者，人有言化運元氣之法。問先生曰：「君亦有術乎？」不知亦有此法乎？明道曰〔一二〕：「吾嘗夏葛而冬裘，吾但知夏暑而衣葛、冬寒而衣裘。飢食而渴飲，飢則食而渴則飲。節嗜慾，節約其嗜好物欲。定心氣，凝定其心思血氣。如斯而已矣。」若此而已。蓋聖賢養生，順理窒慾，豈若偏曲之士，爲長生之術也哉！

佛氏不識陰陽、晝夜、死生、古今，陰陽、晝夜、死生、古今，如天命之流行，二氣之屈伸。佛氏指爲輪迴、爲幻妄。安得謂形而上者與聖人同乎？形而上，性命也。安得謂所談性命。不與聖人異乎！

釋氏之説，佛氏之説。若欲窮其説而去取之，如欲窮究其言，去其非而取其是。則其説未能窮，則其言未易窮究。固已化而爲佛矣。固已迷其説，與之俱化，而爲佛□易。只且於跡上考之，只當且考其跡。其設教如是，其教以空寂爲法門。則其心果如何？其心以了悟爲捷徑。固難爲取其心 固難取其心之明了與吾儒同。不取其跡，而不取其跡之絶滅與吾儒異也。有是心則有是迹。才有此心便有此迹。王通言「心迹之判」，王通謂心跡之判自是兩塗。便是亂説。此皆妄亂而言也。故不若且於迹上斷定不與聖人合，不如且斷定其迹不與聖人相合。其言有合處，其言有相合者，如「識心見性」與吾儒「盡心知性」相似。則吾道固已有，則心性者，吾道中固已有之。有不合者，其言有不相合者，如釋氏絶滅倫類，吾儒之學在叙人倫。固所不取。則非所取。如是立定，却省易。若此立定此心，庶省力而易悟也。此言雖爲初學立心未定者設，然孟子闢楊、墨，亦不過考其跡而推其心，極之於無父無君。此實辨異端之要領也。

問：神仙之説有諸？或言：仙人之事如何？明道曰[一二三]：若説白日飛昇之類則無，如謂脩養功成，白日飛升如生羽翼，此事則無。若言居山林間，如謂隱居深山密林。保形煉氣，保養形體，修煉氣丹。以延年益壽，則有之。以延天年，以益壽脈，或亦有此。譬如一爐火，正如一爐之火。置之風中則易過，若置之有風之中則必易消。置之密室則難過，若置之邃密之室則自是難消。有此理也。此理亦了然。又問：揚子言「聖人不師仙，揚子雲又謂聖人不學仙道。厥術異也」，以其道術與仙術不同。聖人能爲此等事否？不知聖人果能此耶？曰：此是天地間一賊，仙不過天地中之賊。若非竊造化之機，人之精氣，聚則生，散則死。非有見於造化之機[二四]，竊而用之，使精氣固結不散。安能延年耶？豈能延長命脈耶？使聖人肯爲，顧其自私小技，聖人弗肯爲，若爲之。周、孔爲之矣。周公、孔子之聖無所不通，亦已爲之矣。

謝顯道歷舉佛説與吾儒同處，謝子學佛氏之言與吾儒之言相同處。問伊川先生。先生曰：恁地同處雖多，如此同處亦有。只是本領不是，大本既差。一齊差却。其説似同而實異。[二五]

【校勘記】

[一] 禄過於德　「於」，葉本作「其」。「德」，原作「禄」，據葉本及文義改。

[二] 此條上，熊剛大集解時删除一條語録，葉本有：

濂溪先生曰：仲由喜聞過，令名無窮焉。今人有過，不喜人規，如護疾而忌醫，寧滅其身而無悟也。噫！

[三] 不常其德　「常」，葉本作「當」。

[四] 睽極則咈戾而難合　「睽」上，葉本有「伊川先生曰」五字。

[五] 能捨己從人　「捨」原作「舍」，據葉本改。

[六] 嗜欲深者　「嗜」上，葉本有「其」字。

〔七〕則如種下種子　「則」上，葉本有「既喜」二字。

〔八〕邢公云　「公」，葉本作「恕」。

〔九〕可見不曾用功　「功」下，葉本有：「又多逐人面上説一般話，明道責之。邢曰：『無可説。』明道曰：『無可説，便不得不説？』」

〔一〇〕其始感人也　「感」，葉本作「惑」。

〔一一〕是亦聖人經歷過　「是亦」，葉本作「亦是」。

〔一二〕聖人言反經　「聖人」，葉本作「孟子」。

〔一三〕若申韓之刑名功名　「功名」，葉本作「功利」。

〔一四〕至如楊墨　「如」，葉本作「於」。

〔一五〕以至爲夫婦爲長幼爲朋友　「長」上之「爲」原無，據葉本補。

〔一六〕滅除四大　「除」，葉本作「絶」。

〔一七〕其分於道遠矣　「分」，葉本作「外」；「道」下，葉本有「也」字。

〔一八〕要之其亦不是　「其」下，葉本有「本」字。

〔一九〕只是天地之理流行化生　「天地」原作「處巷」，據葉本改。

〔二〇〕其説謂幻塵滅　「謂」，葉本作「爲」。

［二一］譬之負販之蟲　「之」，葉本作「如」。

［二二］明道曰　「明道」二字原無，據葉本補。

［二三］明道曰　「明道」二字原無，據葉本補。

［二四］非有見於造化之機　「非」，葉本作「彼」。

［二五］此條下，熊剛大集解時刪除三條語録，葉本有，分別是：

橫渠先生曰：釋氏妄意天性，而不知範圍之用，反以「六根」之微，因緣天地，明不能盡，則誣天地日月爲幻妄，蔽其用於一身之小，溺其志於虛空之大。此所以語大語小，流遁失中。其過於大也，塵芥六合；其蔽於小也，夢幻人世。謂之窮理可乎？不知窮理而謂之盡性可乎？謂之無不知可乎？塵芥六合，謂天地爲有窮也；夢幻人世，明不能究其所從也。

大易不言有無。言有無，諸子之陋也。

浮圖明鬼，謂有識之死，受生循環，遂厭苦求免，可謂知鬼乎？以人生爲妄見，可謂知人乎？天人一物，輒生取舍，可謂知天乎？孔孟所謂天，彼所謂道，惑者指「遊魂爲變」爲輪迴，未之思也。大學當先知天德，知天德則知聖人、知鬼神。今浮圖劇論要歸，必謂死生流轉非得道不免，謂之悟道可乎？自其説熾，傳中國，儒者未容窺聖學門牆，已爲引取，淪胥其間，指爲大道。乃其俗達之天下，致善惡知愚、男女臧獲，人人著信。使英才間氣，生則溺耳目恬習之事，長則師世儒崇尚之言，遂冥然被驅，因謂聖人可不脩而至，大道可不學而知。故未識聖人心，已謂不必求其跡；未見君子志，已謂不必事其文。此人倫所以不察，庶物所以不明，治所以忽，德所以亂。異言入耳，上無禮以防其僞，下無學以稽其弊。自古詖淫邪遁之辭，翕然並興，一出於佛氏之門者千五百年。向非獨立不懼，精一自信，有大過人之才，何以正立其間，與之較是非、計得失哉！

新刊音點性理群書句解卷之十三　後集

近思録第十四卷

此卷論聖賢相傳之統，而諸子附焉。斷自唐、虞，堯、舜、禹、湯、文、武、周公，道統相傳，至於孔子。孔子傳之顔、曾，曾子傳之子思，子思傳之孟子，遂無傳焉。於是楚有荀卿，漢有毛萇、董仲舒、楊雄、諸葛亮，隋有王通，唐有韓愈，雖未能傳斯道之統，然其立言立事有補於世教，皆所當考也。及於本朝〔一〕，人文再闢，則周子唱之，二程、張子推廣之，而聖學復明，道統復續，故備著之。

明道先生曰：堯與舜更無優劣，堯、舜大聖，無分優劣。及至湯、武便别。至商湯及周武又别。孟子言「性之」、「反之」，孟子以湯、武爲性之反。反之言者，脩身體道，以復其性也。自古無人如此説，自古無人推説及此。只孟子分别出來，及孟軻氏方辨明之。便知得堯、舜是生而知之，生知者，是有生而即明此理，天性渾全，不待脩習者也。湯、武是學而能之。學能者，是由學而充此理，脩爲以復其本然之性也。文王之德則似堯、舜，文王「不識不知，順帝之則」，蓋亦生知之性也。禹之德則似湯、武。禹「克勤克儉，不矜不伐」，蓋亦學能之事。要之皆是聖人。雖有生知、學能之分，其爲聖人則一也。

仲尼元氣也，夫子大聖之資，猶元氣周流，渾淪溥博，無有涯涘，罔見間隙。顏子春生也，顏子亞聖之才，如春陽坱圠[二]，發生萬物，四時之首，衆善之長也。孟子并秋殺盡見。孟子亦亞聖之才，剛烈明辨，整齊嚴肅，故并秋殺盡見。仲尼無所不包。夫子道全德備，故無所不包。顏子示「不違如愚」之學於後世，顏子不違聖人之道，終日不言如愚。有自然之和氣，沉潛淳粹，後世可想其有自然之和氣。不言而化者也。嘿而成之，不言而信者也。孟子則露其材，孟子英才發越。蓋亦時然而已。蓋亦戰國之時，世道益衰，異端益熾，又無夫子主盟於其上，故其衛道之嚴，辨論之明，不得不然也。仲尼天地也，天地者，高明而博厚也。顏子和風慶雲也，和風慶雲者，叶氣祥光也。孟子泰山巖巖之氣象也。太山巖巖者，峻極而不可踰越也。觀其言，皆可見之矣。觀其言語則氣象便可見。仲尼無迹，夫子渾然天成，故無迹。顏子微有跡，顏子之不違如愚，本亦無迹，然爲仁之問，喟然之歎，猶可窺測其微。孟子其跡著。孟子則發明底藴，故其跡彰著。孔子儘是明快人，夫子清明在躬，猶青天白日，故極其明快。顏子儘豈弟，顏子有若無，實若虛，故極其豈弟。豈，音凱。弟，迪。孟子儘雄辯。孟子息邪説，距詖行，放淫辭，故極其雄辯。○遺書。下同。

曾子傳聖人學，曾子悟一貫之旨，已傳聖人之學矣。其德後來不可測，故其成德不可測度。安知其不至聖人？其入聖域亦未可知。如言「吾得正而斃」，至其易簀之言「吾何求哉？吾得正而斃」，則可。且休理會文字，故不必求之文字之間。只看他氣象極好，但觀此等言語，自非樂善不倦，安行天理，一息尚存，必歸於正，夫豈一時之能勉哉！被他所見處大。是皆所見之充拓也。後人雖有好言語，後世人雖能説好言語。只被氣象卑，只是氣象卑屈。終不類道。終不足以入道。

傳經爲難。經，經書也。得其所傳爲難。如聖人之後纔百年，如群經定於夫子之手，至孟子時纔百年。傳之已差。夫子没而微言絶，異端起而大義乖矣。聖人之學，聖人之經學。若非子思、孟子，如不得曾子之門有傳，子思、孟子之徒相繼纘述，提綱挈領，闢邪佐正，以垂萬世，如論語、大學、中庸、孟子等書出。則幾乎息矣。則聖經之道泯絶矣。道何嘗息？道先天地而生，後天地而存，固無一息亡。只是人不由之。但人不行此道。道非亡也，故周之道非喪。幽厲不由也。是幽王、厲王不由行是道也。

荀卿才高，其過多。荀卿，名況，字卿。才高，敢爲異論，如以人性爲惡，以子思、孟子爲非，故其過失多。揚雄才短，其過少。揚雄，字子雲。才短，如作太玄以擬易，法言以擬論語，皆模仿前聖之遺言，故其過失少。

荀子極偏駁，荀子之學，極是偏曲泯雜。只一句「性惡」，人性至善，而以爲惡。大本已失。不知天命之所賦，其大本處已差。揚子雖少過，揚雄雖是少過失。然已不識性，又以性爲善惡混，均之不識本然之性。更説甚道。則道其道，非吾所謂道也。

董仲舒曰：仲舒，漢人也。其言於武帝云。「正其義，不謀其利；義者天理之公，利者人欲之私，正於義而無所謀於利。明其道，不計其功。」道者事物共由之理，功者行道之效，明其道而無所計較其功。此董子所以度越諸子。自春秋以來，舉世皆趍功利。仲舒此言最爲純正，所以超出諸子之上。

漢儒如毛萇、董仲舒，毛萇治詩傳之緊要有數處，如關雎所謂「夫婦有别則父子親，父子親則君臣敬，君臣敬則朝廷正，朝廷正則王化成」。仲舒以賢良對策，如云「正其誼，不謀其利；明其道，不計其功」。最得聖賢之意，二子言治，皆以脩身齊家爲本，先德教而後功利，最爲得聖賢之遺意。然見道不甚分明。如云「性者生之質，非教化不成」，似不識本然之性。下此即至揚雄，繼此則有揚子雲。規模又窄狹矣。以清浄寂寞爲道，無儒者規模。

林希謂揚雄爲禄隱。禄隱，謂浮沉下位，依禄而隱。揚雄後人林希爲雄後人。只爲見他著書，只見雄著書立言。便須要做他，是欲仿而爲之。是怎生做得是？不知雄失身事王莽，劇秦美新，做得他已不是矣。

孔明有王佐之心，諸葛亮，字孔明。東漢末曹操據漢將簒，孔明輔先主，志欲攘除姦凶，興復漢室，而其規模宏遠，操心公平，有王佐之心。道則未盡。然於王道則有所未盡。王者如天地之無私心焉，蓋王者之心，如天地發育，無有私意。行一不義 行一不義之事。而得天下，不爲。雖可以得天下而不爲。孔明必求有成而取劉璋，先主以詐取劉璋，孔明不得以無責。蓋其志於有成，故行不義而不暇顧。聖人寧無成耳，聖人則寧漢無興。此不可爲也。不忍爲此也。若劉表子琮 先主依劉表。曹操南侵，會表卒[三]，子琮迎降。孔明說先主取荆州，先主不忍。琮降則地歸曹矣。將爲曹公所并，故不取則幾爲曹操吞并。取而興劉氏可也。取而興劉氏，何負於表？較之取劉璋，曲直有間矣。

諸葛武侯 孔明雖嘗學申、韓。有儒者氣象。然開誠心、布公道、集衆思、廣忠益，其資質好，有儒者氣象。

孔明庶幾禮樂。亮之治國，政用修舉[四]，而人心豫附，名正言順，禮樂其庶幾乎！

文中子本是一隱君子，文中子，王氏，名通。隋末不仕，教授於河汾，是隱君子也。世人往往得其議論，其弟王凝、子福時等，收其議論。附會成書。增益爲書，名曰中說。又其書多爲人添入，真僞難見。其間極有格言，然好處甚多，就中論世變因革、論治體處極好。荀、楊道不到[五]。有荀、楊言不能到者。

韓愈亦近世豪傑之士，韓愈，字退之，仕唐朝，亦是近代英豪傑特者也。如原道中言語雖有病，嘗著原道一篇，如言「博愛之謂仁」，愛仁之用也，是未明仁之體；如言「道德爲虛位」，德吾心之實理，道吾身之實行，是未明理之實；如言「正心誠意」，而遺格物致知之功。凡此類皆有疵病也。然自孟子而後，然其扶正學、闢異端，自孟軻氏之後。能將許大見識尋求者，能充廣見識，探討道理者。才見此人。僅見此人耳。至如斷曰：至於論孟氏之與荀、楊，尤有卓然之見。「孟氏醇乎醇。」「醇乎醇」者，議論躬行純出於道也。又曰：「荀與楊擇焉而不精，擇不精，故爲學有偏曲駁雜之病。語焉而不詳。」語不詳，故立言有「性惡」、「善惡混」之語。若不是他見得，又不是韓愈明於辨別人品。豈千餘年後何爲千載而後。便能斷得如此分明？剖斷如此分曉也。

學本是脩德，古之學者務脩德而已，有德然後有言。德之既盛，則發爲言辭，有自然之文。退之却倒學了，退之學則是顛倒。因學文日求所未至，不言學以脩德而爲文，乃言學文而求其未至。遂有所得。有所見而成德，是顛倒用功矣。如曰：「軻之死，不得其傳。」如謂孟軻氏没，是道不得其傳。似此言語，若此等議論。非是蹈襲前人，不是遵蹈循襲前人之語言。又非是鑿空撰得出，又不是倏然撰造一己私説。必有所見。蓋其見得大意已極分明。若無所見，如非有見。不知言所傳者何事。不知其所傳爲何物，蓋已嘿知其爲道統之傳矣。[六]

明道先生曰：周茂叔窻前草不除，茂叔，濂溪字也。於窻前之草不除去，蓋天地生意流行發育。問之，云：問之，答云。「與自家意思一般。」惟仁者生生之意充滿胸中，故觀之有會於其心者。子厚觀驢鳴，亦謂如此。

張子厚聞生皇子，喜甚，此即西銘之意。聞皇子之生而喜，是喜宗子之有傳也。見飢莩者，食便不美。見民之飢而輟食，是憂吾兄弟顛連而無告也。是皆養德之人[七]，故隨所感遇，蹶然動於中而不可遏。初非擬議作意而爲之也。[八]

謝顯道云：明道先生坐如泥塑人，所謂「望之儼然」也。接人則渾是一團和氣。所謂「即之也温」也。○熊氏曰：「如泥塑人，是處己也重；一團和氣，是待人也温也。」○外書。下同。

侯師聖云：師聖，字仲良[九]。朱公掞見明道於汝歸，光庭名也。見程伯子於汝歸之地。謂人曰：與人言云。「光庭在春風中坐了一個月。」言其接人和粹，如春風之著物也。游、楊初見伊川，游酢、楊中立初謁先生。伊川瞑目而坐，先生閉目而坐。二子侍立。游、楊侍側而立。既覺，顧謂曰：睡覺，顧二子而言云。「賢輩尚在此乎？爾尚在是耶。日既晚，已休矣[一〇]。」日之莫矣，予且休矣。及出門，及二子出其門。門外之雪深一尺。門前之雪高一尺。其師道尊嚴，如泰山之巖巖，皆盛德所形，但氣質成就有不同。明道似顏子，伊川似孟子。

劉安禮云：立之，字安禮，程氏門人。云。明道先生德性充全[一一]，德之全，養之厚，質之美。粹和之氣，盎於面背，粹然發見。樂易多恕，終日怡悅。從容豈弟如此。立之從先生三十年，安禮自以爲游從凡三十年。未嘗見其忿厲之容。而無忿怒嚴厲之態。百世之下聞之者，鄙夫寬，薄夫敦，而況於親炙之者乎！

呂與叔撰明道先生哀詞云：呂與叔，名大臨。先生負特立之才，先生負挺特自立之宏才。知大學之要，明大學之要領。博文强識，博學於文，强識其事。躬行力究，躬行之間，盡力所究。察倫明物，察於人倫，明乎庶物。極其所止，物格知至。涣然冰釋[一二]，則此心釋然，而無物欲之累。洞見道體。不有以洞見道體之大矣。其造於約也，方其所守者約。雖事變之感不一，雖萬事萬變其感者非一。知應以是心而不窮；而實本於吾心。雖天下之理至衆，物理不一。知反之吾身而自足。而皆備於吾身。其致於一也，致一者，見之明而守之定。異端並立而不能移，故邪説不能移。聖人復起而不與易。百世以俟聖人而不惑。其養之成也，其涵養皆成德。和氣充浹，和氣充滿浹洽。見於聲容，見於聲音容貌之間。然望之崇深，但望之儼然。不可慢之；不可慢褻，是和易而有涵蓄也。遇事優爲，與事物而優遊以爲。從容不迫，意度從容而不迫切。然誠心懇惻，但此心真誠悃切惻動。弗之措也。不得弗措，是寬裕而又悃至也。其自任之重也，所任者大，所至亦遠。寧學聖人而未至，寧可學聖而未至於聖。不欲以一善成名；斷不肯安於小成。寧以一物不被澤爲己病，寧可澤物，而使無一物之不被其澤。不欲以一時之利爲己功。斷不肯急於近功。其自信之篤也，自信者篤。吾志可行，志若可行。不苟潔其去就；不潔其去就以爲高。吾義所安，義擇所安。雖小官有所不屑。亦不屑於就以自卑，惟

義之適而已。[一三]

横渠先生曰：二程從十四五時，明道、伊川從十四五歲時。便脱然欲學聖人[一四]。伊川年十八作好學論，明道二十三著定性書，是時遊山諸詩皆好，無非洒然塵埃之外，而所學者皆聖人之事。

【校勘記】

[一] 及於本朝　「及」，葉本作「迨」；「本」，葉本作「宋」。

[二] 如春陽块圠　「块圠」，葉本作「盎然」。

[三] 會表卒　「表」下原有「子」字，據葉本删。

[四] 政用修舉　「用」，葉本作「刑」。

[五] 荀楊道不到　「到」下，葉本有「處」字。

[六] 此條下，熊剛大集解時删除兩條語録，葉本有，分別是：

周茂叔胸中灑落，如光風霽月。其爲政精密嚴恕，務盡道理。

伊川先生撰明道先生行狀曰：先生資稟既異，而充養有道。純粹如精金，温潤如良玉。寬而有制，和而不流。忠誠貫於金石，孝弟通於神明。視其色，其接物也，如春陽之温；聽其言，其入人也，如時雨之潤。胸懷洞然，徹視無間。測其蘊，則浩乎若滄溟之無際；極其德，美言蓋不足以形容。先生行己，内主於敬，而行之以恕，見善若出諸己，不欲勿施於人，居廣居而行大道，言有物而行有常。先生爲學，自十五六時，聞汝南周茂叔論道，遂厭科舉之業，慨然有求道之志。未知其要，泛濫於諸家，出入於老、釋者幾十年，返求諸六經，而後得之。明於庶物，察於人倫，知盡性至命，必本於孝弟，窮神知化，由通於禮樂。辨異端似是之非，開百代未明之惑，秦、漢而下，未有臻斯理也。謂孟子没而聖學不傳，以興起斯文爲己任。其言曰：「道之不明，異端害之也。昔之害近而易知，今之害深而難辨。昔之惑人也，乘其迷暗；今之入人也，因其高明。自謂窮神知化，而不足以開物成務；言爲無不周徧，實則外於倫理；窮深極微，而不可以入堯舜之道。天下之學，非淺陋固滯，則必入於此。自道之不明也，邪誕妖異之説競起，塗生民之耳目，溺天下於汙濁。雖高才明智，膠於見聞，醉生夢死，不自覺也。是皆正路之蓁蕪、聖門之蔽塞，闢之而後可以入道。」先生進將覺斯人，退將明之書，不幸早世，皆未及也。其辨析精微，稍見於世者，學者之所傳耳。先生之門，學者多矣。先生之言，平易易知，賢愚皆獲其益，如群飲於河，各充其量。先生教人，自致知至於知止，誠意至於平天下，灑掃應對至於窮理盡性，循循有序。病世之學者，捨近而趨遠，處下而闚高，所以輕自大而卒無得也。先生接物，辨而不間，感而能通。教人而人易從，怒人而人不怨，賢愚善惡，咸得其心。狡僞者獻其誠，暴慢者致其恭，聞風者誠服，觀德者心醉。雖小人以趨向之異，顧於利害，時見排斥，退而省其私，未有不以先生爲君子也。先生爲政，治惡以寬，處煩而裕。當法令繁密之際，未嘗從衆爲應文逃責之事。人皆病於拘礙，而先生處之綽然；衆人憂以爲甚難，而先生爲之沛然。雖當倉卒，不動聲色。方監司競爲嚴急之時，其待先生率皆寬厚，設施之際，有所賴焉。先生所爲綱條法度，人可效而爲也。至其道之而從，動之而和，不求物而物應，未施信而民信，則人不可及也。

［七］是皆養德之人　「人」，葉本作「厚」。

［八］此條下，熊剛大集解時删除一條語録，葉本有：

伯淳嘗與子厚在興國寺講論終日，而曰：「不知舊日曾有甚人於此處講此事？」

［九］師聖字仲良　此句，葉本作「侯仲良字師聖」。

［一〇］已休矣　「已」，葉本作「且」。

［一一］明道先生德性充全　「全」，葉本作「完」。

［一二］渙然冰釋　「冰」，葉本作「心」。

［一三］此條下，熊剛大集解時删除一條語録，葉本有：

呂與叔撰横渠先生行狀云：康定用兵之時，先生年十八，慨然以功名自許，上書謁范文正公。公知其遠器，欲成就之，乃責之曰：「儒者自有名教，何事於兵？」因勸讀中庸。先生讀其書，雖愛之，猶以爲未足，於是又訪諸釋、老之書，累年盡究其說，知無所得，反而求之六經。嘉祐初，見程伯淳、正叔於京師，共語道學之要。先生涣然自信曰：「吾道自足，何事旁求！」於是盡棄異學，淳如也。晚自崇文移疾，西歸橫渠，終日危坐一室，左右簡編，俯而讀，仰而思，有得則識之，或中夜起坐，取燭以書。其志道精思，未始須臾息，亦未嘗須臾忘也。學者有問，多告以知禮成性、變化氣質之道，學必如聖人而後已，聞者莫不動心有進。嘗謂門人曰：「吾學既得於心，則脩其辭；命辭無差，然後斷事；斷事無失，吾乃沛然。『精義入神』者，豫而已矣。」先生氣質剛毅，德盛貌嚴，然與人居，久而日親。其治家接物，大要正己以感人，人未之信，反躬自治，不以語人，雖有未諭，安行而無悔。故識與不識，聞風而畏。非其義也，不敢以一毫及之。

［一四］便脱然欲學聖人　「脱」，葉本作「鋭」。

新刊音點性理群書句解卷之十四　後集

近思續録第一卷

周、張、二程之格言，文公已分門類編集，今覺軒先生復取文公之格言，依其門類，編作近思續集，理學之書盡在是矣。

此卷論道

濂溪先生之言，周子之言。其高極乎無極太極之妙，極其高妙，惟無定極之中有至定極之理。而其實不離乎日用之間；究其切實，不出日用彝倫之外。其幽探乎陰陽五行造化之賾，探其幽賾，論陰陽之變合、五行之順布。而其實不離乎仁義禮智、剛柔善惡之際。究其真實，因陰陽之稟賦而爲氣質之性，剛善剛惡，柔善柔惡。其體用之一源，用者體之，推本自一源。顯微之無間，顯即微之著，本自無間。秦漢以下，自孔孟歿，更秦及漢。誠未有臻此理者。無有如周子之明是理。蓋其所謂「太極」云者，蓋周子之言「太極」。合天地萬物之理而一名之耳。是合天地萬物咸在其中。以其無器與形，以其無器可名、無形可見。而天地萬物之理大而天地，細而萬物。無不在是，莫不皆有此理。故曰「無極而太極」。故謂本無形狀，但有此理。以其具天地萬物之理，以其全天地萬物之道理。而無器與形，而無器可名、無形可見。故曰「太極本無極」也。故言太極之理本無形狀。是豈離乎生民日用之常，而自爲一物哉？非是出乎民生日用彝倫之外，別有一物而謂之太極也。其陰陽五行造化之賾者，自其生陰陽五行而爲造化之至賾。固此理也。此極也。其爲仁義禮智、剛柔善惡者，自其賦於人而爲人心之仁義理智，與夫剛柔善惡之性。亦此理也。此極也。性此理而安焉者，聖也；聖人性此理之渾全而安而行之，此極也。復此理而執焉者，賢也。賢者修爲以復此理，固而執之，此極也。自堯舜以來，上自唐堯、虞舜。以至於孔孟，下至孔子、孟子。其所以相傳之説，以是相傳者。豈有一言以易此哉？其言豈能易此理耶？〇文集。下同。

動靜無端，端之説有二：有始端，有末端。端本之端，始端也；端緒之端，末端也。此是以始端言，若言動爲始，則動之先須有靜，故無端。陰陽無始，動而生陽，靜而生陰，非有先後之分，故無始。天道也。是皆天道之自然者。始於陽，陽以生之。成於陰，陰以成之。本於靜，生而靜，乃性之自然。流於動，感物而動，乃欲之使然。人道也。是皆人道之常然者。然陽復本於陰，但陰極則生陽，若陽復肇於陰。靜復根於動，動極則必靜，若靜復肇於動。其動靜亦無端，然動極而靜是自然之理，而動靜初無端。陰陽亦無始，陰極而陽亦自然之理，而陰陽亦無所始。則人蓋未始離乎天，即是而觀，人之道亦不出於天之道。而天亦未始離乎人也。而天之道亦不出乎人之道。

元亨，誠之通，誠，實理也。元者，生物之始。亨者，生物之達。是實理之發達。動也；元屬春，亨屬夏，動而陽也。利貞，誠之復，利者生物之遂，貞者生物之成。是實理之斂藏。靜也。利屬秋，貞屬冬，靜而陰也。元者，動之端，春乃陽動之始。本乎靜。但亦生坤月之陰靜。貞者，靜之質也，冬乃陰靜之極。著乎動。陰極於坤則陽生於復，靜而必生夫動。一動一靜，故凡動而靜、靜而動。循環無窮。猶環之轉，相爲無窮。而貞也者，而四德之貞。萬物所以成終而成始者也。自元而貞則萬物之所以成終，由貞而元則萬物之所以成始。故人雖不能不動，人豈能無所感而動。而立人極者必主乎靜。聖人爲生民立極，全動靜之德而常主乎靜。則其著於動也，無不中節，推之酬酢事物之變，皆無過不及之差。而不失本然之靜矣。自有以全太極之本體也。

靜而無不該者，靜而兼該，萬善皆備。性之所以爲中也，不偏不倚，故謂之中。「寂然不動」者也。是凝寂而未與物感也。動而無不中者，及感物而動，無不中節。情之發而得其正也，皆情根於性而發，各得其正。「感而遂通」也。有感則必能達也。靜而常覺，居靜而常有所覺。動而常止，既動而常知所止。心之妙也。此心之神妙。寂而感，感而寂者也。寂而未嘗不感，感而未嘗不寂者。

易曰：易之係辭云。「無思也，無所思。無爲也，無所爲，朱子曰：「言無心也。」寂然不動，寂然者感之體。感而遂通，感通者寂之用。天下之故。」故，事也。可以達天下之事故。其寂然者，無時而不感；寂非如禪學之空寂，而時乎應事，未嘗無所感。其感通者，無時而不寂。感非如世之感物而流蕩，時乎應事，事過不留，未嘗不寂。是乃天命之全體，寂者性之體，感者性之用，上天賦予其渾全之體如此。人心之至正，人心之妙，其動静之一於正者。所謂「體用之一源，寂其體，感其用，皆本此性，故云一源。流行而不息」者也。寂而感，感而寂，流行而無所止息。然於其未發也，方其未發，此性之寂。見其感通之體；是爲感之體。於其已發也，乃其既發，此性之感。見其寂然之用。是爲寂之用。程子曰：「中者，言寂然不動者也。中即性之理，方其未發，不偏不倚，故寂然而無所感動。和者，言感而遂通者也。和即性之用，發而中節，無所乖戾，故感物而能通達也。」然中和以情性言也，中者性之正，和乃情之正，故以情性言。寂感以心言者也。寂乃心之静，感乃心之動，故以心言。中和蓋所以爲寂感也。雖有心性情之分，但中即寂之體，和即感之事。

天地以生物爲心者也，天地以發生爲德，故生物乃天地之心。而人物之生，而人物並生於天地間。又各得夫天地之心以爲心焉。亦各得生物之心而爲此心，故此心生生不窮。故語心之德，若論此心之德。雖其總攝貫通，雖該貫渾全。無所不備，固不一而足。然一言以蔽之，但一言足以盡之。則曰「仁」而已。會衆理、該萬善，不出「仁」之一字。請試申之。敢引而申之。蓋天地之心，天地之所以爲心。其德有四，其爲德凡四。曰「元亨利貞」，元者生物之始，亨者生物之達，利者生物之遂，貞者生物之成。而元無不統。而元實統亨利貞之三德。其運行焉，則爲春夏秋冬之序，元主春，亨主夏，利主秋，貞主冬，其運行有定序。而春生之氣然由春生以至夏榮，以至秋成，以至冬藏，而生生之道又從此始，故春生。無所不通。無所不通貫。故人之爲心，人之一心。其德亦四，四德完具。曰「仁義禮智」，有仁有義，有禮有智。而仁無不包。而仁實包義禮知之三德。其發用則爲愛恭宜別之情，未發爲性，已發爲情，仁之發則愛，義之發則宜，禮之發則恭，智之發則有別。而惻隱之心惻，怛也。隱，痛也。即愛也。而其爲心。無所不貫。無所不融貫。故論天地之心者，元乃發生之德，故言天地之爲心。曰「乾元」、「坤元」，於天曰乾元，於地曰坤元。則四德之體用者，亨利貞三者悉統其中。不待悉數而足。不必盡數而自無不備。論人心之妙者，仁乃心德之渾全，故言人心之神妙。曰「仁，人心也」，心，生道。仁乃吾心生生之理，故□曰人之心。則四德之體用，義禮智三者悉包其中。不待遍舉而該。不必盡舉而自無不貫。蓋仁之爲道，仁之理。乃天地生物之心，皆天地發生之心。即物而在，賦予於物，無不有此。情之未發 未發則爲性。而此體已見[一]，全體見於心。情之既發 既發則爲情。而其用不窮。大用見於事。誠能體而存之，人能體認而操存此理。則衆善之源、衆善由此根源。萬行之本，萬行自此根本，如孝悌爲仁之本之類。莫不在是。無不自是仁始。此孔門之教，此夫子教人。所以必使學者汲汲於求仁也。必以求仁爲第一事。其言有曰 今觀其言。「克己復禮爲仁」，見語顔淵篇。言克去己私，謂克治己之私。復乎天理，禮者，即天理之節文，以復此心之天理。則此心之體無不在，則仁之體無不具。而此心之用無不行也。而仁之用無不著。又曰「居處恭，執事敬，與人忠」，則亦所以存此心也。三者雖非仁，但能如此則心存而不放失，德渾全而仁在是矣。又曰「求仁得仁」，欲求仁即得仁。則以讓國而逃、商紂無道。微子，紂庶兄，去其國而逃。諫伐而餓，武王伐商，夷齊扣馬而諫，以至餓死首陽。爲能不失乎此心者也。三人之行不同，雖未是仁，但同出於至誠惻怛之意，不咈乎愛之理，有以全其心之德也。又曰「殺身成仁」，理當死而求生，則於其心有不安，是害其心之德也。當死而死，則心安而德全矣。則以欲甚於生、亦以所欲者過於生。惡甚於死，所惡者過於死。爲能不害乎此心也。是不害乎此心之德也。此心何心也？是心果何心哉？在天地則盎然生物之心，此心在天地則是陽春發育之心。在人則溫然愛人利物之性[二]，此心在人則是仁民愛物之心。包四德而貫四端者也。由體而論，則仁包義、禮、智三者；由用而推，則惻隱包羞惡、辭遜、是非三者。或曰：程子所謂「愛，情；仁，性，程氏言愛是情，仁是性。不可以愛爲仁」者，非歟？不可指愛爲仁者，非邪？曰：程子之所訶，程子之所非。以愛之發而盡仁者也。謂愛之發便足以盡夫仁，不知愛乃情也。吾之所論，今之所言。以愛之理而名仁者也。以愛固非仁，愛之道理則是仁也。或曰：程子之徒，言仁多矣，程氏之門人論仁亦多。蓋有謂「愛非仁，亦有言愛未是仁。而以萬物與我爲一爲仁之體」者矣。合萬物視己則一，爲得仁之體。亦有謂「愛非仁，亦有言愛固未是仁。而以心有知覺以釋仁之名」矣。以心知覺悟以名夫仁。然則皆非歟？如此則皆未爲是耶。曰：彼謂「物與我爲一」者，所謂合萬物與己則一。可以見仁之無不愛矣，固足見仁之無不愛，情之發也。而非仁之所以爲體之眞也。而非本然之體，性之真也。彼謂「心有知覺」者，所謂有知有覺。可見仁之包乎智矣，知覺乃知之事，是見仁包乎智。而非仁之所以得名之實也。而以知覺名夫仁則不可。觀孔子答子貢「博施濟衆」之問，「博施濟衆」乃仁之用，非仁之體。與程子所謂「覺不可訓仁」，覺乃知之事，非仁之體。子尚安得復以此論仁哉？安可又以此論其仁耶？抑泛言同體者，若泛論仁與萬物同體。其弊或至於認物爲己者，有之矣；則不知理一而分殊，認物爲己，流爲墨氏之兼愛。專言知覺者，專以知覺言仁。其弊或至認欲爲理者，有之矣。知覺從欲主去，則必至認欲爲理，而爲世人之沉溺。又安得復以此論仁哉？又何可以此言仁耶？

心者，人之知覺，有知有覺，皆心所爲。主於身而應於事者也。爲一身之主而應酬事物者。指其生於形氣之私而言，則謂之人心。心無二心，知覺從形體氣質上去。指其發於義理之公者而言，則謂之道心。知覺從義理上去。人心易動而難反，人心易爲欲所動，則不能反而歸諸善。故危而不安。每危殆而不能安。義理難明而易昧，道心隱奥而難明。故微而不顯。故微妙而不可見。惟能省察於二者公私之間，以致其精，精者所以省察。人心生於形氣故言私，道心出於義理故公。而不使有毫釐之雜；而不使夫二者之相混雜。持守於道心微妙之本，以致其一，一者所以渾融道心義理之公。而不使有頃刻之離，而不使之須臾之離乎人。則其日用之間，則凡日用之際。思慮動作，形諸思慮，見於舉動。自無過不及之差，不失之過，又不失之不及。而信能執厥中矣。無過不及，則能操守此中，此時中之中，非在中之中也。○書傳。

人只是一個心，人無二心。人心是自人身上發出來底，心而謂之人，以其生於形氣之私。道心是義理上發出來底。心而謂之道，以其原於性命之正。雖聖人不能無人心，如飢食渴飲之類。飢而食，渴而飲，皆是由形氣而生。雖小人不能無道心，如惻隱之心是。見孺子入井，而惻動隱痛之心生，皆是由義理而發。○語録。

先天乃伏羲本圖，先天圖，乃陰陽相生自成六十四卦，伏羲因河圖而畫此。非康節所自作。邵堯夫雖明先天之學，而圖則非其所著也。

太極却是濂溪自作，太極圖乃周子自爲之。發明易中大概綱領。因「易有太極」一句畫此。易，變易也。太極，至定極之理也。謂變易之中有至定極之理。周子「無極而太極」，亦謂無定極之中有至定極之理。

故論其格局，以格局言。則太極不如先天之大而詳；先天，陰陽變易以成六十四卦，開物成務之道莫不在是。太極，則生陰陽五行，化生萬物。故先天爲大而詳。論其義理，以義理言。則先天不如太極之精而約。太極一圖，由太極生陰陽五行，人得其秀於心，爲最靈，具仁義禮智之四德，故爲辭簡義精。

「上天之載」，上天之道，無聲無臭。是就有中説無。是言有此理而無形。「無極而太極」，無定極之中而有至定極之理。是無中説有。是言無形而有此理。

易，變易也，易之爲言，變易之名也。兼指一動一静、已發未發而言之也。未變易之前，静也，未發也；已變易，動也，已發也。故言兼。太極者，性情之妙也，太極貫動静。静則太極之體立，性也；動則太極之用行，情也。乃一動一静、已發未發之理也。静而爲性，理之未發。動而爲情，理之已發者也。故曰「易有太極」。故云變易之中而有至定極之理。

陽魂爲神，陽生陰成。魂，生氣也。神，伸也，故爲神。陰魄爲鬼。魄，成質也。鬼，歸也，故爲鬼。鬼，陰之靈；鬼屬陰，爲陰之靈。神，陽之靈。神屬陽，爲陽之靈。此以二氣言。此不過即陰陽二氣説。氣之來而方伸者爲神，氣之伸則爲神。氣之往而既屈者爲鬼。氣之屈則爲鬼。陽主伸，陽之伸既窮。陰主屈，陰之屈隨至，伸而屈，屈而伸。此以一氣言也。循环不已，只是一氣之運行。故以二氣言，以陰陽二氣論。則陰爲鬼，陰者，屈而歸者也。陽爲神。陽者，伸而神者也。以一氣言，若只一氣論。則方伸之氣，氣之伸者。亦有伸有屈。其伸者亦有屈。其方伸者，神之神；方其伸也，則伸而又伸。其既屈者，神之鬼。及其屈也，是伸者未嘗不屈。既屈之氣，氣之屈者。亦有屈有伸。其屈者亦有伸。其屈者，鬼之鬼；方其屈也，則屈而又屈。其來格者，鬼之神。及其伸也，是屈者未嘗不伸。天地人物皆然，天地之運化，人物之生死，皆如此。不離此氣之往來屈伸合散而已。氣之合而來，則伸而神；氣之散而往，則屈而鬼矣。○語録。

天地是體，天地運化無窮，乃其體也。鬼神是用。鬼者氣之屈，神者氣之伸，皆其用也。鬼神只是陰陽二氣，往來屈伸。鬼神亦不外陰陽之氣，來而伸則神，往而屈則鬼。如春夏是神，春生夏長是氣之方伸，故神。秋冬是鬼；秋斂冬藏是氣之已屈，故鬼。晝是神，晝屬陽，氣之伸也，故神。夜是鬼；夜屬陰，氣之屈也，故鬼。息底是神，息，生也。生者屬陽，神也。消底是鬼：，消者屬陰，鬼也。生是神，生，氣之伸也，神也。死是鬼：，死，氣之屈也，鬼也。鼻息呼是神，如鼻孔之間，氣之呼者屬陽，爲神。吸是鬼：，氣之吸者屬陰，爲鬼。語是神，語屬陽，爲神。嘿是鬼。嘿屬陰，爲鬼。

仁爲四端之首，仁義禮智，仁之德每冠乎四者，故稱首。而智則能成始成終。智居四德之終，其發見之序終於智，則又始於仁，故能成始成終。猶元雖四德之長，猶天之四德，元首於亨、利、貞。然元不生於元，但元之德不自元始。而生於貞。其運行自元而亨，亨而利，利而貞，貞下起元，是生於貞也。蓋由天地之化，天地之運化。不翕聚，則不能發散，翕聚而爲貞，則元又發散也。理固然也。其定理如此。仁智交際之間，仁屬元，智屬貞，其交際亦如此。乃萬化之機軸，萬化之機緘杼軸自此始。此理循環不窮，如環之轉。脗合無間。天道人道交合而無間斷。程子所謂「動靜無端，程言動靜之無其端。陰陽無始」者，此也。陰陽之無所始，以是。

變者，化之漸：，「變」、「化」二字有淺深，變乃化之未成，故云漸。化者，變之成。化乃變之已成，故云成。易本義。

始者，氣之始。乾元萬物資始，始者氣之始麗。生者，形之始。坤元萬物資生，生則形之始成也。易本義。

盡己之謂忠，忠者，中心之謂。己之中心必十分盡，方謂忠。推己之謂恕。恕者，如心之謂。推己及物，在人之心如我之心，方謂恕。夫子之一理渾然，仲尼渾全天理。而泛應曲當，應事而事事皆當。譬則天地之至誠無息，正如維天之命，於穆不已。而萬物各得其所也。而物物皆得其宜。曾子有見於此而難言之，曾子見夫子之道與天地一，而難形容其妙處。故借學者盡己、推己之目以著明之，故假此以明其理，盡己即一理渾然，猶天地之至誠無息；推己即泛應曲當，猶萬物之各得其所也。欲人之易曉也。使學者易於曉悟。蓋至誠無息者，誠，真實无妄之理，運行無有止息。道之體也，乃是道之本體。萬殊之所以一本也；萬殊之類合而一本者也。萬物各得其所者，萬物無不得其所。道之用也，乃是道之用。一本之所以萬殊也。一本之理散而萬殊者也。以此觀之，即是而看。「一以貫之」之實可見矣。理散於萬殊者雖不同，然而貫而通之，不出於一本之理矣。○論語集注[三]。下同。

盡己爲忠，中心十分盡，方爲忠。道之體也；是道之本體。推己爲恕，推己及物，皆如我之心，方爲恕。道之用也。是道之發用。忠爲恕體，忠猶形，爲恕之體。是以分殊而理未嘗不一；推己及物，其分雖未嘗不殊，同出於忠，其理亦未嘗不一。恕爲忠用，恕猶影，爲忠之用。是以理一而分未嘗不殊。盡己爲忠，其理雖未嘗不一，推而爲恕，其分亦未嘗不殊。此聖人之道，此所以聖人之道。所以同歸而殊塗，同歸即理一，殊塗即分殊。一致而百慮，一致即理，一百慮即分殊。而無不備、無不通也。言其體則無所不備，言其用則無所不通也。

若天之自然無外，天道運不息，自然而然，萬物各得其所。又何己之盡，初何必盡己。有待於推以及物耶？·而後推此以及物。特以天道著人事，但是天道顯於人事之間。取其理之屬乎是者而分之耳。以其理之屬乎此而分言之。亦曰本體之流行者，蓋謂本然之體流行不已者。在人則謂之忠，是即在人之忠。由是而生物者，由此生物，各賦其分。在人則謂之恕耳。是即在人之恕。見得天道無忠恕，則謂之誠，以在人而言則爲忠恕也。

曾子忠恕是天，是自然而然，一是忠，貫是恕，故曰是天。子思忠恕尚是人在。是用力以至，故曰尚是人。

禮者，天理之節文，節則無太過，文則無不及。人事之儀則也。儀，儀刑也。則，限則也。

道者，事物當然之理，事事物物所當然者皆道。人之所共由者也。若大路然，人可行也。

仁者，心之德，仁自是性，乃人心之全德，是專言則包義禮智之四德。愛之理。愛是情，其道理則爲仁，是偏言則一事。

義者，心之制，義有截然割斷底意，故爲心之裁制。事之宜。事得其宜，即是彼事之宜雖若在外，然所以制其義則在心也。

四端之信，仁、義、禮、智之於信。猶五行之土。如金、木、水、火之於土。無定位，金位西，木位東，水位北，火位南，而土無定位。無成名，金柔木剛，水濕火燥，而土無成名。無專氣。木之氣行於春，火之氣行於夏，金之氣行於秋，水之氣行於冬，而土無專氣。而水火金木，此四者。無不待是以生者。莫不資土以生。故土於四行無不在，故土於金、木、水、火四者莫不有。於四時則寄王焉，土雖不主四時，而爲四時之生王者。王，去聲。其理亦猶是也。信，實也。亦猶四端未嘗言信，以其實有此四端也。○孟子集注。下同。

性者，人之所得於天之理也。性乃人心所稟、上天所賦予之理，而爲吾心之仁、義、禮、智是也。生者，人之所得於天之氣也。生，乃人生所得上天流行發育之氣，而爲魂魄五臟百骸之身也。性，形而上者也；形而上者爲性，是皆義理之公。氣，形而下者也。形而下爲氣，是爲形體之私。以氣言之，若以氣言。則知覺運動，自有此生則有此心，能知覺，能運動。人與物若不異也；人如此，物亦如此。以理言之，如以理論。則仁義禮智之禀，則人得其全，物得其偏，五常之禀賦。豈物之所得同哉？偏且塞者爲物，又安得全此理哉？此人之性所以無不善，所以人之禀性，衆理完具，故無不善。而爲萬物之靈也。而能靈於物者也。

心之爲物，人之一心。實主於身。居身之中而爲一身之主宰。其體則有仁、義、禮、智之性，仁、義、禮、智四端具焉，是爲心之體。其用則有惻隱、羞惡、辭遜、是非之情，惻隱，仁之發。羞惡，義之發。辭遜，禮之發。是非，智之發。是爲心之用。渾然在中，方其未發，渾全於中。隨感而應，及其已發，隨所感觸而應。各有攸主，而不可亂也。各有理以爲之主，故不可汩亂也。次而及於身之所具，次則此身之全具。則有口、鼻、耳、目、四肢之用。則有形體之私。又次而及於身之所接，次則此身之交接。則有君臣、父子、夫婦、長幼之常。則有倫類之別。是皆必有當然之則，而自不容已，如非禮勿視、聽、言、動，是即口、鼻、耳、目、四肢之則。君臣敬、父子愛、夫婦別、長幼序，是即人倫之則。皆當然而不容自已者。所謂理也。皆天理之自然者。外而至於人，驗之人。則人之理不異於己也；己之理如是，而人亦如是。遠而至於物，求之物。則物之理不異於人也。人之理如此，而物亦如此。極其大，則天地之運，致其廣大，則天地之運化。古今之變，古今之變動。不能外也；非有出於此。盡其小，則一塵之微，盡其精微，則雖一塵之細。一息之頃，一息之間。不能遺也。不能有遺如此。是乃上帝所降之衷，衷，善也。是皆上天所命之善。烝民所秉之常，烝，衆也。秉，執也。衆民所秉執之常理。劉子所謂「天地之中」，中，理也。夫子所謂「性與天道」，運於天謂之道，命於人謂之性。子思所謂「天命之性」，命猶誥敕，性猶職任也。言天以此理命於人也。孟子所謂「仁義之心」，是以性言。程子所謂「天地自有之中」[四]，此在中之中，非時中之中。張子所謂「萬物之一原」，一原指人物，其性則一也。邵子所謂「道之形體」者。心者，道之形體。但其氣質有清濁偏正之殊，物得氣之偏，人得氣之正，聖得氣之清，愚得氣之濁。物欲有淺深厚薄之異，賢者，物欲所蔽者淺而薄，故易爲力；愚者，所蔽深而厚，故難用功。是以人之與物，正者爲人，偏者爲物。賢之與愚，蔽之淺而薄者爲賢，蔽之深而厚者爲愚。相與懸絶而不能同耳。相去懸遠，隔絶而不能一同。

○大學或問。

天覆地載，言夫子之道與天地同其大，則天之無私覆、地之無私載。萬物並育於其間而不相害；萬物生育其中而不相害。四時日月，錯行代明而不相悖。錯，猶迭也。代，猶合也。言與四時合其序、日月合其明，而不相違悖。所以不害不悖者，所以能不相害、不相悖者。小德之川流；皆小德如川之流，無有止息。所以並育而並行者，所以萬物之並育，是道之並行者。大德之敦化。皆大德之敦厚，其化極其大也。小德者，全體之分；小德者，大德之散爲萬殊者也，以其全體之分故曰小。大德者，萬殊之本。大德者，小德之合爲一本者也，以其萬殊之本故曰大。川流者，如川之流，如川之流，支派之細。脈絡分明，脈絡所出亦甚分曉。而往不息也；流逝無窮，一本而散爲萬殊者。化者，敦厚其化[五]，敦厚其化。根本盛大，本根之壯。而出無窮也。而所出無盡，萬殊而合爲一本者也。

以天地言之，即天地之運化者而論。則高下散殊者，萬物並育，或高或下，或散或殊。小德之川流；是皆德之小者，一本而萬殊也。於穆不已者，天命流行不息。大德之敦化。是皆德之大者，萬殊而一本也。以聖人言之，即聖人之神化而論。則物各付物者，泛應曲當，物物而各得其初。小德之川流；一本而萬殊，非全體之德，故爲之小。純亦不已者，純於天道，亦同不已。大德之敦化。萬殊而一本，乃全體之具，故爲德之大也。○中庸或問。下同。

天命之性，天賦予人謂之性。仁、義、禮、智而已。亦有此四者。循其仁之性，循其性之仁。則自父子之親，則自親親。以至仁民愛物，以至於仁民，自仁民以至愛物。皆道也；此道也。循其義之性，循其性之義。則自君臣之分，則自君臣主敬。以至於敬長尊賢，以至敬其長上、尊其賢者。亦道也。此道也。循其禮之性，循其性之禮。則恭敬辭遜之節文，於恭敬辭遜之間，節則不使之過，文則不使之不及。皆道也；此道也。循其智之性，循其性之智。則是非邪正之分別，曰是曰非，曰邪曰正，兩兩分別。亦道也。亦此道也。蓋所謂性者，曰性云者。無一理之不具，以其全體渾涵、萬理咸具。故所謂道者，則見於行者謂之道。不待外求，而無所不備。非俟它求，體之所行，乃心之所得之理也。所謂性者，又曰性云者。無一物之不得，人與物並生，皆有此性。故所謂道者，故其爲道。不假人爲而自無不周。不待修爲而無不周遍。雖鳥獸草木之生，動物植物之微。僅得形氣之偏，得氣之偏且塞，而亦具是形。而不能通貫乎全體，雖不能貫通是理之全體。然其知覺運動，但動物之有知覺能運動。榮悴開落，植物之榮悴開落。亦皆循其性而各有自然之理焉。莫不各順其動植之性而亦有理寓其中。至於虎狼之父子，虎狼，獸之靈，知有父子之義。蜂蟻之君臣，蜂蟻，蟲之靈，知有君臣之理。豺獺之報本，豺祭獸，獺祭魚，知報其本。雎鳩之有別，雎鳩有夫婦之道。則其形氣之偏，則得是氣之偏而具是形。又反有以存其義理之所得，亦各全其義理之天。尤可以見天命之本然，是可見上天賦予之初。初無間隔，初無人與物之間隔。而所謂道者，而大道流行。亦未嘗不在是也。亦無物不有也。

天命之性，上天賦予於人謂之性。萬理具焉，萬善充足。喜怒哀樂，喜所當喜，怒所當怒，哀所當哀，樂所當樂。各有攸當。皆有至當之理。方其未發，未發則爲性。渾然在中，渾全於中。無所偏倚，直上直下，無偏無倚。故謂之中。名之曰中。及其發而皆得其當，已發則爲情，各得其正。無所乖戾，無有乖戾。故謂之和。名之曰和。謂之中者，所以狀性之德、是形狀吾心之德。道之體也。爲道之本體。以其天地萬物之理，大而天地，細而萬物。無所不該，其理莫不該備。故曰「天下之大本」。故曰大本。謂之和者，所以著情之正、是言情之發而得其正。道之用也。爲道之大用。以其古今人物之所共由，遠而古，近而今，貴而人，賤而物，莫非由此。故曰「天下之達道」。故云達道。蓋天命之性，蓋天所賦予之性。純粹至善，至純至粹，萬善咸備。而具於人心者，而全具於此心者。其體用之全，全體妙用。本皆如此，無不在是。不以聖愚而有加損也。不於聖賢而加多，不於愚不肖而加損。然静而不知所以存之，但於静而不能存此心。則天理昧，而大本有所不立矣；則昭昭者昏昏，而道之大本不立。動而不知所以節之，於動而不能制其情。則人欲肆，而達道有所不行矣。則所發者乖戾而不和，而道之大用不行。此君子自其不睹不聞之前，惟有君子之人，於無所睹、無所聞之先。而所以戒謹恐懼者，愈嚴愈敬，戒謹者、恐懼者，愈加嚴敬。以至於無一毫之偏倚，則天理在中，無偏無倚。而守之常不失焉，而固守之愈力。則爲有以致其中，則能有以全其中。而大本之立，而大本之植立。日益固矣。日益堅固。尤於隱微幽獨之際，尤於幽隱之間。而所以謹其善惡之幾者，幾者動之微，動而善則善之幾，動而惡則惡之幾，於此能謹其趍善而避惡。愈精愈密，見之精察之密。以至於無一毫之差繆，俾無毫釐之不正。

而行之每不違焉，而所行者無有乖戾。則爲有以致其和，則有以全其和。而達道之行，而大用之顯行。日以益廣矣。日益充廣。極而至於静而無一息之不中[六]，推其極静而罔非此中。則吾心正則自吾心之正。而天地之心亦正，以致造化之心無不得其正。故陰陽動静静而陰，動而陽。各止其所，各安其常。而天地於此乎位矣；是天地各安其位矣。動而無一事之不和，動而酬酢，罔非此和。則吾氣順則自吾氣之順。而天地之氣亦順，以致造化之氣無不得其順。故充塞無間，充塞上下，無有間隔。歡欣交通，歡欣之情交相通達。而萬物於此乎育矣。是萬物無不育矣。此萬化之本原[七]，指中言也。一心之妙用，指和言也。聖神之能事，惟聖神則能如此。學問之極功也。非講貫則不能及此。

不偏不倚云者，夫所謂「不偏不倚」者。程子所謂在中之義，程氏謂此乃在中之中。未發之前，未發用之先，純然是理。無所偏倚之名也。亭亭當當，直上直下，未有偏倚之可言也。無過不及者，既無太過，又無不及。程子所謂中之道，道者，著於行者也。程氏謂此乃中之道，爲時措之中。見諸行事，見於行事之間。各得其中之名也。無過不及，是以有中之名。蓋不偏不倚，蓋所謂不偏倚者。猶立而不近四旁，正猶人之立，不近四邊。心之體、本心之體。地之中也。是即地之中也。無過不及，無太過，無不及。猶行而不先不後，猶人之行不在先、不在後。理之當、乃是理之至當。事之中也。事事得其中者。故於未發之大本，未發爲性，是爲天下大本。則取不偏不倚之名；渾然全體，故無偏倚。於已發而時中，則取無過不及之義。已發爲情，時措得中，無過無不及。

太極者，本然之妙也；太極，理也，乃本然之至妙。動静者，所乘之機也。動静，氣也，所以載夫理。氣行而理亦行。朱氏云：「太極猶人，動静猶馬，馬所以載人，人所以乘馬，馬之一出一入，人亦與之一出一入。蓋一動一静而太極之妙未嘗不在，此所謂『所乘之機』。」太極，形而上之道也；道者，生生而不窮，故爲形而上者。陰陽，形而下之器也。器者，一定而不易，故爲形而下者。是以自其著者而觀之，即其顯者而觀。動静不同時，動乃誠之通，如元主春、亨主夏是也；静乃誠之復，如利主秋、貞主冬是也。故不同時。陰陽不同位，分陰分陽，兩儀立焉，陽左陰右，故不同位。而太極無不在焉。而太極則生陰陽，該動静，故無不在。自其微者觀之，即其微者而觀。則沖漠無朕，則沖虚冥漠之中無所兆朕。而動静陰陽之理，而有此理爲生動静陰陽之本者。已悉具於其中矣。已存乎其間。雖然，推之於前，由前而論。而不見其始之合；只有此理，動静未形，陰陽未判，故不見其初之有所合。引之於後，由後而論。而不見其終之離也。太極動而生陽，静而生陰，氣行理亦行，二者常相依，未見其終之有所離。故程子曰：所以程先生云。「動静無端，謂動爲先，必竟動之先有静，故無端。陰陽無始。若以陽爲始，必竟陽未動之時則爲陰，故無始。非知道者，孰能識之？」自非深明太極生生之妙，又誰能識此耶？○太極圖。下同。

其曰「體用一源」者，其謂由體而達諸用，同出一源者。以至微之理言之，是指理而言。則沖漠無朕，沖虚冥漠，未有兆朕。而萬象昭然已具也。而萬事萬物之理已存其中。其曰「顯微無間」者，其謂因顯以驗諸微，無所間隔者。以至著之象言之，是指事而言。則即事即物，而此理未嘗不在也。而太極之理無物不有、無事不然也。言理則先體而後用，理者，體也，故言理則先其體而後其用。蓋舉體而用之理已具，天地未有，萬物已具，此是體中有用，故言體則用存其中。是所以爲一源也。故曰一源。言事則先顯而後微，顯者，事也，用也，故言顯則先乎顯而後乎微。蓋即事而理之體可見，天地既立，此理亦存，此是顯中有微，故舉事而理在其中。是所以爲無間也。故曰無間。

天地，其形體也；天高地下，其形體可見。乾坤，其性情也。乾健坤順，健者乾之性情，順乃坤之性情。乾者健而無息之謂，健而無有止息，乃父之道。萬物之所資以始者也；始者，氣之始，萬物之所資者也。坤者順而有常之謂[八]，坤承乎乾，順而有常，有母之道。萬物之所資以生者也。生者，形之始，萬物之所資者也。是乃天地之所以爲天地，此所以爲天地之道。而父母乎萬物者。乾資始爲萬物之父，坤資生爲萬物之母也。○西銘解。

太極者，太極云者。象數未形由一而生二則爲兩儀，二而四則爲四象，以至四而八，其象其數皆未形著。而其理已具之稱，而其道理已具之總名。形器已具太極形而上之理，及生陰陽便是形而下之器，其形器已見。而其理無朕之目。而其道理無兆朕之目。在河圖、洛書，在圖、書。皆虛中之象也。河圖虛五與十，洛書虛五，是爲太極。周子曰周濂溪云。「無極而太極」，無定極之中而有至定極之理。邵子曰邵堯夫云。「道爲太極」，指形而上者言也。又曰「心爲太極」。人之一心，衆理完具，是爲道之本體，故曰太極。○易學啓蒙。

陰陽，若論流行底陰陽二字，若以其流行者而言。則只是一個，静而動，動而静，一動一静互爲其根，一氣之消息，只是一氣之運行，故只是一個。對待底則兩個。若以對待者而言，分陰分陽，兩儀立焉，陰與陽對，故成兩個。如日月、水火之類，日陽而月陰，火陽而水陰，兩兩相對。皆是兩個。故亦是兩個。○經説。下同。

易有兩義：「易」一字有二義。一是變易，一爲變易，如陰之變則易而爲陽，陽變則易而爲陰。便是流行底；此是流行者也。一是交易，一爲交易，如陽自此往，陰自彼來。便是對待底。此是對待者也。

復有兩般，復一也，所以復則有二。有善惡之復，有所謂「善惡之復」。有動静之復。有所謂「動静之復」。二者自不相須，此二者不相同。要各看得分曉。却要見得明。終日營營，人之心盡日役役。與物並馳，馳騁物慾，是流於惡矣。忽然有惻隱、是非、羞惡之心發見，仁之發則爲惻隱，智之發則爲是非，義之發則爲羞惡，忽然有此，是惡極而復於善也。此善惡之爲陰陽也。陽善陰惡，故言善惡之爲陰陽。若寂然至静之中，如是此心凝寂而静一。有一念之動，忽然一念之發，而静極復動。此動静爲陰陽也。陽動陰静，故言動静之爲陰陽。伊川與濂溪説得亦不同，其論復亦不一。濂溪就歸處説復[九]，周子是言静之復。伊川就動處説復。伊川是言動之復。濂溪云「利貞，誠之復」，乾之四德，元亨利貞，元主春，亨主夏，乃誠之通達，至利主秋，貞主冬，則乃誠之歸復。謂「誠心，復其不善之動」也，故在人而誠實，此心在於不善之動息於外，則善心之生於内者無不實。此就歸處説。此是言歸復之復，静之復也。伊川説「元亨利貞」，程子論乾之四德。則「元」爲「復」，六陰窮於坤，一陽生於復，是貞下起元。此就動處説。此是言往復之復，静之復也。二者各所指地頭不同，此二者雖其所指不同。其理只一。要其爲復之理則一也。

嘗謂康節之學，堯夫所學。與周子、程子所説小有不同。與周、程之言小異。康節於那陰陽相接處陰翕爲坤，陽生爲復，坤、復中間便是相接處。看得分曉，於此見得極明。故多舉此處爲説。故所言多及此，如「乾遇姤時觀月窟，地逢雷處驗天根」之句。周子説「無極而太極」周子言無定極之中有至定極之理。與「五行一陰陽，與五行之殊，皆二氣之實。陰陽一太極」，二氣之實，本仁理之極。説得周遍。由其相生者推闡，故較周遍。若如周子、程子之説，若如周、程之言。則康節所説在其中矣[一〇]。則堯夫之言盡在其内。康節是指貞、元之間言之，堯夫是言貞者陰之静，元者陽之動，貞下又起元。周子、程子説得活，周、程則更圓活。「體用一源，主體而言，言體而用在其中，故曰一源。顯微無間」。主事而言，言顯者而微者在其内，故曰無間。○語録。下同。

性、情、心，具於心則謂之性，發於性則謂之情。同是一理，雖有三者之名，實則一理。然心却包著這性情在裏面。心所具則爲性，心所發則爲情，故心包性情。橫渠說「心統性情者也」，看得精。張子謂心統乎性情，見得極精。邵堯夫云：邵子云。「性者，道之形體；性字從生從心，以生而具是理於心，故爲道之形體。心者，性之郛郭；以其包藏此性，故以郛郭言。身者，心之區宇；以其具是形而心居其中，故以區宇言。物者，身之舟車。」以心不能主乎此身，則爲外物牽引而去，故以舟車言。語極有理。此數語極是造理。

問「五性感動而善惡分」。五常之性感物而動，陽善陰惡各以類分。先生曰：答云。天地之性是理也。天地之性未麗於氣，純然是理。才到有陰陽五行處，及陰陽稟受，五行凝合。便有氣質之性，氣聚成形，則此性具焉，便是氣質之性矣。於此便有昏明、厚薄之殊。稟氣之清則明，稟氣之濁則昏，有厚於仁而薄於義者，有餘於禮而不足於智者，皆氣稟使然也。

有天地之性，性一也，所以爲性有二，有所謂「天地之性」。有氣質之性。有所謂「氣質之性」。天地之性，謂之天地之性。則太極本然之妙，未麗於人，乃是理之本體。萬殊之一本者也。是爲萬殊之一本。氣質之性，謂之「氣質之性」。則二氣交運而生，則由陰陽二氣凝聚成形，而有此性。一本而萬殊者也。是爲一本之理，散爲萬殊也。〔一一〕

論天地之性，若論天地之性，則是人生而静以上。則專指理而言；純然是理。論氣質之性，如論氣質之性，則是人生而静以下。則以理與氣雜而言之。氣聚成形，理亦賦焉，是理與氣雜矣。「維天之命，天命流行。於穆不已」，無有止息。萬古只如此。常常如是，此即天道至誠無息也。

問「萬物之生意最可觀」。有問萬物生生之意最好看。先生曰：答云。萬物之生，物物生生於天地間。天命流行，無非天道之至誠無息。自始至終，由初及末。無非此理。皆是此理。但初生之際，但只是方生之時。淳粹未散，真淳之氣聚而未散。尤易見爾。尤爲易見。

无妄是自然之誠，真實无妄之謂誠，皆自然之理。不欺是著力去做底。不欺便是用功以求至者。若論字之輕重，「无」字有自然意思，「不」字便有著力意思。

心，譬則水也。人之心譬之於水。性，水之理也。性則譬如水之理。性所以立乎水之静，是水之静猶性。情所以行乎水之動，水之動猶情。欲則水之流而至於汎濫者也。水之流蕩而至於洋溢，猶人欲之放縱也。才者，水之氣力，所以能流者，水之勢力，波翻瀾倒，猶才之能做者也。然其流有緩有急，但水之流有急有緩。則是才之不同。亦猶才之有清有濁之不同也。

才出於氣，朱子曰：「氣是敢做底，才是能做底，才自氣而出。」氣清則才亦清，人之稟氣清，則才與俱清。氣濁則才亦濁。人之稟氣濁，則才與俱濁。

性出於天，性自天生。才出於氣。才自氣生。性是形而上者，性則未麗於氣，故形而上。氣是形而下者。既以氣言，則形而下。形而上者，全是天理；形而上，太極本然之妙，純是天理。形而下者，只是那查滓。形而下，見於陰陽之動静，則其查滓也。至於形，又自陰陽凝合，聚而成形。又是查滓至濁者也。是又查滓之中濁之至者。

敬之問「盡心知性」。出孟子。先生曰：答云。性是吾心之實理，人生具是理於心，謂之性。若不知得，如不知此性。却盡個甚？所謂盡吾心之理是盡何物？又問「知性知天」。又問此。曰：答云。性以賦予我之分而言，性即吾心所賦之理而言。天以公共道理而言。天以道理之自出而言。吾之仁義禮智，吾心之四德。即天之元亨利貞。夫得天之元，則爲吾性之仁；得天之亨，則爲禮；得天之利，則爲義；得天之貞，則爲智。凡吾之所有，凡是吾心所有之理。皆自彼而來也。無非自上天賦予而然。故知吾性，但能知吾心所賦之性。則自然知天矣。則自然知上天公共之道理也。

敬之問「君子所性」。又問何以爲君子所性。先生曰：答云。此是説生來承受之性。此言有生以來稟受得此理而爲性。「仁義禮智根於心」，曰仁、曰義、曰禮、曰智，根本於心。便見四端着在心上。是理已具在心内。才有些子私意，本自生生不窮。但有些私意未去。便剗斷那根，則根心之理便爲間斷。便無生意。則生生之意息矣。

「仁」字須兼義、禮、智看。仁道最大，須合義、禮、智兼看。蓋仁是個生底意思，通貫周流於四者之中。先儒以桃仁杏仁爲喻，種著便生，所以名之曰仁。仁者仁之本體，仁乃其本然之體也。禮者仁之節文，節則無太過，文則無不及，禮乃仁之節文。義者仁之斷制，義即仁之有斷制。智者仁之分別。智即仁之能分別是非。猶春夏秋冬雖不同，正如四時之序雖不一。而同出於春：莫不皆出於春。春則生意之生也，春乃生意之自始。夏則生意之長也，夏則此生意之長育。秋則生意之收也，秋則此生意之收斂。冬則生意之藏也。冬則此生意之歸藏也。

問：「四端」又問「四端」之發。集注以爲端緒，孟子集注以爲端乃端緒之著見。蔡丈季通説端乃尾，如何？蔡季通又言端乃尾之稱，如筆端之端。曰：先生答云。以體用言之，若以體用言。端亦可謂之尾；自性而言則此端爲末。以始終言之，若以始終言。端是始發處。自情而言則此端爲始。二説自不相礙。此二説皆通。

「道」字宏大，道顯於事物之間，故宏且大。「理」字精密。理具於一心之妙，故精且密。

人多説性，方説心，今人多是言性了方言心。看來當先説心[一二]。論來心更當先言之。古人製字，古者製字之義。亦只先製得一個「心」字，必先製「心」之一字。「性」與「情」皆從「心」[一三]。「性」字「情」字皆從心，可見因心而有也。

【校勘記】

[一]情之未發而此體已見　「見」，寬文本、晦庵集卷六十七（朱傑人、嚴佐之、劉永翔主編朱子全書本，下同）仁説作「具」。

[二]在人則温然愛人利物之性　「性」，寬文本、晦庵集卷六十七仁説作「心」。

[三]論語集注　「論」原脱，據寬文本補。

[四]程子所謂天地自有之中　「地」，寬文本、大學或問（朱子全書本，下同）作「然」。

[五]化者敦厚其化　前一「化」上，寬文本、柯氏本有「敦」字。

[六]極而至於静而無一息之不中　前一「而」字，柯氏本作「其」。

[七]此萬化之本原　「原」，寬文本、柯氏本作「源」。

〔八〕坤者順而有常之謂　「之謂」原無，據寬文本、西銘解（朱子全書本，下同）補。
〔九〕濂溪就歸處説復　「復」原無，據柯氏本補。
〔一〇〕則康節所説在其中矣　「所」，柯氏本作「之」。
〔一一〕本條語録，寬文本緊接於上條末，未單列。
〔一二〕看來當先説心　「看」，柯氏本作「論」。
〔一三〕性與情皆從心　「心」下，柯氏本有「生」字。

新刊音點性理群書句解卷之十五　後集

近思續録第二卷

此卷論爲學之要

張子西銘後，論曰：先生著西銘後，論云。天地之間，通天地中。理一而已。只是一理。然「乾道成男，坤道成女，自太極生陰陽五行，真精妙合。乾，陽也，故成男。坤，陰也，故成女。二氣交感，二氣交相感。化生萬物」，而人物始生矣。則其大小之分，或大或小之不同。親疏之等，曰親曰疏之有異。至於十百千萬而不能齊也。不能齊一者亦衆。不有聖賢者出，於此不有聖賢出明此理。孰能合其異而反其同哉？誰能合其萬殊而同出一本邪？西銘之作，横渠西銘一篇。意蓋如此。是蓋合萬殊而一本也。程子以爲明理一而萬殊[二]，程氏以爲推明其道理，則是公共其分，則不無等差。可謂一言以蔽之矣。可謂一言盡之矣。蓋以乾爲父、乾，陽也，故稱父。坤爲母，坤，陰也，故稱母。有生之類，凡厥有生，實同自出。無物不然，物物皆然。所謂「理一」也。是所謂理之一。而人物之生，但人物受生。血脈之屬，血氣形體各異其出。各親其親，故各私其親。

各子其子，各私其子。則其分亦安得而不殊哉！是所謂分之殊。一統而萬殊，論其體統同一太極，散則萬類之殊。則雖天下一家，是合天下之大，如一家之親。中國一人，合中國之廣，爲一人之身。而不流於兼愛之蔽；不至爲墨氏兼愛之弊。萬殊而一貫，合萬類之殊，貫之一本之理。則雖親疏異情，雖是親者疏者，其情各異。貴賤異等，貴者賤者，其等各殊。而不梏於爲我之私。不至爲楊氏爲我之害。此西銘之大指也。此則西銘之本意。觀其推親親之厚，今觀其推闡，雖於親親必加厚。以大無我之公，然又洞然而無我。因事親之誠，以其事親者。以明事天之道，以推事天者。蓋無適而非所謂分立而推理一者。厚於親則是分殊，無我則是理一。曰事親，曰事天，則是分殊，誠與道則是理一。夫豈專以民吾同胞、豈專在於以民皆同所出。長長幼幼爲理一，長吾長以及人長，幼吾幼以及人幼，爲理之一。而必默識於言意之表，求之言意之外。然後知其分之殊哉？爲分殊邪？

程夫子之言曰：「涵養須是敬，涵養此心苟不以敬，則所守不固。進學則在致知。」勉進於學而不能推極其知，則義理不明。此實學者立身進步之要，敬則足以立身而不蕩於欲，致知則可以進步於學，而不昧其理。而二者之功，持敬致知之功。蓋未嘗不交相發也。蓋交相養也。然夫子教人持敬，但夫子誨人持敬之道。不過以整衣冠、齊容貌爲先，在於衣冠、容貌之間。而所謂致知者，誨人致知之方。又不過讀書史、應事物之間在於讀書、應事之際。求其理之所在而已。以求其理之是也。

寢堂之旁先生寢處之側。有兩夾室，有二室。名其左曰「敬齋」，其左扁以「敬齋」。右曰「義齋」。其右扁以「義齋」。蓋嘗讀易而得其兩言曰：曾讀易經而得其二語。「敬以直內，敬所以主宰此心也，敬立則理無所屈，故直。義以方外」。義所以制事也，義形則事制而得宜，故方。以爲爲學之要，所謂爲學之要道。無以易此，無以加是。而未知其所以用力之方也。但未明用功之地。及讀中庸，及誦中庸一卷。見其所論修道之教，見其論聖人因人物常行之道品節之，以爲教於天下。而必以戒謹恐懼爲始，而必以戒謹目所不及睹、恐懼耳所不及聞爲先。然後得夫所以持敬之本。則知所謂持敬之本其在是也。又讀大學，又誦大學一書。見其所論明德之序，見其論「明明德」之目。而必以格物致知爲先，而以必窮至事物之理，極處無不到，而所知者無不致爲先。然後得夫所以明義之端。則知明義之端其在是也。既而觀夫二者之功夫，又考究「持敬」、「明義」之工夫。一動一靜，靜而持敬，動而明義。交相爲用，內外夾持。又有合乎周子太極之論，則又是濂溪太極動靜之理。然後又知天下之理，又有以明天下之理。幽明鉅細，其隱其顯，其大其小。遠近淺深，或遠或近，或淺或深。無不貫乎一者。無不通貫乎一理也。

孔子曰：「古之學者爲己，爲己者，欲得之於己也。今之學者爲人。爲人者，欲見知於人也。」又曰：「女爲君子儒，君子儒爲己。無爲小人儒。小人儒爲人。」此是古今學者君子、小人之分，古學者、今學者，君子儒、小人儒，由此而分。差之毫釐，毫毛釐忽之差。繆以千里，其繆至於千里，言其遠也。切宜審之。所當察之也。

先生諭學者曰：老蘇自言其初學爲文時，指老泉也。取論語、孟子、韓子 取此三書。及其它聖賢之文，又及其它文。兀然端坐，静坐端嚴。終日以讀之者七八年。盡日誦此，蓋七八年。方其始也，究其初。入其中而惶然以疑，則察其中之意義尚有所疑。觀於其外而駭然以驚。見之於外則駭然未敢措辭。及其久也，及用功之久。讀之益精，愈讀而義愈精。而其胸中豁然以明，自覺胸襟開明。若人之言 文思之發，如人之言語。固當然者，當然而然，自不容已者。然猶未敢自出其言也。但尚未敢輕易出語。積時既久，歲積月累。胸中之言日益多，覺其胸中之言語愈多[二]。不能自制，雖欲不發諸口而不可。試出而書之。遂發出而爲詞章。已而再三讀之，既而又詳讀舊書。渾渾乎覺其來之易矣。蓋浩浩而不可窮矣。予謂老蘇但爲欲學古人説話聲響[三]，夫老泉用意，是學古人著爲文辭。極爲細事，此乃事之小者。故其所就，亦非常人所及。其成就之文，非人所可及。今人學道，今世之人學道。依老蘇法，苟能依老泉此法。以二三年爲期，用功亦以三載爲期。正襟危坐，正其衣襟，直身而坐。將大學、論語、中庸、孟子及詩、書、禮記、程、張諸書，盡將諸經及程子、張子義理之言。分明易曉處，平易可通曉者。反復讀之[四]，終始玩味。更就己身心上存養玩索，歸就吾身心之間，體驗涵養。著實行履，真實踐履。有個入處，必有個入道處。方好求師，於此而求良師。證其所得以證其無入而不自得者在何處。而訂其謬誤。其不及而繆誤又有何所。是乃所謂「就有道而正焉」者，是能就正有道之人。而學之成也可冀矣。可以致其學之有成矣。

古之聖賢，古之爲聖爲賢者。其文可謂盛矣，其文辭亦甚盛。然初豈有意學爲如是之文哉？但非有意學爲此文。有是實於中，只緣心中具是理之實。則必有是文於外。故著見於言語之間，自然成文也。如天有是氣，正如夫在天爲氣，有仁氣之實。則必有日月星辰之光耀；則著見爲文，日月星辰之光耀皆是也。地有是形，在地成形，有是形之實。則必有山川草木之行列。則著見爲文，山川草木之森列皆是也。聖賢之心，聖賢此心。既有是精明純粹之實，虛靈不昧，純粹至善，實理完具。以旁薄充塞於其內，充實於內。則其著見於外者，是以發見於外。亦必自然條理分明，有條有理。光耀發越而不可掩，故自然有光輝之謂大，不可掩蔽。蓋不必托於言語、亦不必見於言語。著於簡册著之策書。而後謂之文。方見其文。但自一身自其一身之間。接於萬事，與萬物交接。凡其語嘿動靜，或語或嘿，時動時靜。人所可得而見者，有目者皆可見。無適而非文也。無所往而非文之著也。姑舉其最而言，即其盛者言之。則易之卦畫、如易之有卦畫。詩之詠歌、詩之有詠歌。書之紀言、書記帝王行事之言。春秋之述事，春秋書善惡之事。與夫禮之威儀、及著於禮，有威可畏謂之威，有儀可象謂之儀。樂之節奏，樂音之高下皆有節奏。皆已列爲六經而垂萬世。並已著之六經以垂萬世之訓辭也。然其所以盛而不可及者，但其文之盛所以難及者。豈非所自來，蓋亦自涵養深厚，根本於義理之實。而世亦莫之識也。但世之人莫之能識。

「顯諸仁，顯其仁。藏諸用。」藏其用。顯，自內而外也。顯，發達也。自内發出，故自内而外。仁，謂造化之功，仁，即造化機緘之妙。德之發也。藏，自外而内也。用，謂機緘之妙[五]，業之本也。事之本始者也。○易本義。下同。

精研其義，研窮義理，各極其精。至於入神，以至入神妙之域。屈之至也，是屈之極者也。然所以爲出而致用之本[六]。出於施用皆本於此，是又屈而伸也。利其施用，施用皆宜。無適不安，無往不安。伸之極也，伸之至者也。然乃所以爲入而崇德之資。入而崇德實資於此，是伸而屈也。内外交相養、精養入神者其内也，致用其外也，施用其外也，崇德其内也，交相爲養。互相發也。而又交相發也。

「觀其會通，以行其典禮。」此係辭之言也。會，謂理之所聚而不可遺處。會之云者，乃是理之會聚而無可遺者。通，謂理之可行而無所礙處。通之云者，乃理之通行而無滯。

人與天地鬼神，人之一身與天地鬼神雖若異。本無二理。而其理則無異。先天不違，易言「先天而不違」。謂意之所爲，蓋言心之所爲者。默與道契。非求合乎道，而自暗與道合。後天奉天，所謂「後天而奉天時」者。謂知理如是，言知天道如此。奉而行之。惟有承順而行之耳。

學而爲論語首篇，論語以學而一篇冠之於首。所記多務本之意，門人所記夫子之言，多是於本領處用功。乃入道之門，積德之基，學者之先務也。論語集注。下同。

無私心，心而無所私。然後好惡當於理。則所好者皆所當好，所惡者皆所當惡，自無不當於理。當理而無私心，則仁矣。事既當理，又必無私心，則可以爲仁。如今人當歲之歉，發粟濟民，事誠當理矣，苟有要譽之心爲之，則未能無私心，是己之私猶未克，又安可謂之仁耶？

未得則發憤而忘食，憤者，心求通而未能之謂。聖人之於道，其未得也，心必求通以至於忘其食。已得則樂而忘憂。及其已得，則此心之樂以至忘其憂。以是二者即此二者。俛焉日有孳孳，勉勉不已。而不知年數之不足。不知老之將至。夫子但自言其好學之篤耳。夫子自稱其篤於學如此。然深味之，反復玩味。則見其全體至極，純亦不已之妙，有以見其全體不息，純於天道，同一不已。有非聖人不能及者。自非聖人誰能及是哉？

不得於天聖人雖無所得於天。而不怨天，而未嘗敢怨乎天。不合於人雖無所合於人。而不尤人，而未嘗尤乎人。但知下學，但知下學人事。自然上達。自然上達天理。此但自言其反己自修，此是自言其反身修省。循序漸進耳，以序而進。無以甚異於人與人無甚異。而致其知也。是以推極其所知。然深味其語意，但玩味其立言之意。則見其中自有人不及知而天獨知之之妙。聖人之心人不及知，知其妙者天也。

天地之化，天地之運化。往者過，其既往才過。來者續，其方來者又續。無一息之停，初無停機。乃道體之本然也。乃是道不息之本體如此。然其可指而易見者，莫如川流，但其最易見者，無如川流不息。故於此發以示人，故因在川上發此以示夫人。欲學者時時省察，欲使爲學者時時常加省察之功而不息。而無毫髮之間斷也。無毫釐毛髮之間斷。

學者自强不息，學者苟能自强，無有止息。則積少成多；則其所得自少積累，可以成多。中道而止，半塗而廢。則前功俱棄。非惟新益無有，而舊所得者亦亡矣。

學莫先於立志。人之於學，立志爲先。志道則心存於正而不他，志者心之所之，所志者道，則此心存在正理而不它適。據德則道得於心而不失，據者，執守之義。德則行道而有得於心。得之於心，守之不失。依仁則德性常用而物欲不行，依者，不違之謂。仁則私欲盡去而心德之全。游藝則小物不遺而動息有養。游者，玩物適情之謂。藝則禮樂之文，射、御、書、數之法，皆至理所寓，日用之不可闕。朝夕游焉，以博其義理之趣，則應務有餘而心亦無所放矣。學者於此，有以不失其先後之序、志道據德依仁爲先，游藝爲後。輕重之倫焉，志道據德依仁爲重，游藝爲輕。則本末兼該，自志道至於依仁，是由粗入精；自依仁至於游藝，是自本兼末。內外交養，志道據德依仁養乎內也，游藝養乎外也。日用之間，見於日用常行。無少間隙，無間可投。而涵泳從容，而從容涵泳。忽不自知其入於聖賢之域矣。恍然自得，蓋有見其入聖域而不自知也。

詩本情性［七］，詩歌之作，皆發乎人之情性。有邪有正。但其發也，亦有正邪之分。其言既易知，其言近故易明。而吟詠之間，歌詠之際。抑揚反覆，或抑或揚，反覆形容。其感人又易入。感人亦易於入。故學者之初，故爲學之始事。所以興起其好善惡惡之心，而不能自已者，讀美詩則興起夫人好善之心，讀刺詩則興起夫人惡惡之心，此蓋天機之自不容已者。必於是而得之。皆於此得之也。禮以恭敬辭遜爲本，禮之本則在於恭敬辭遜。而有節文度數之詳，節其太過，文其不及，與夫制度儀數之多。可以固人肌膚之會、皆所以使人肌膚之會聚。筋骸之束。筋體之斂束。故學者之中，故爲學而守此理。所以能卓然自立，而不爲事物之所搖奪者，故能自立而非外物之所能搖動。必於此得之。亦於此得之也。樂有五聲十二律，樂之作則有五聲十二律。更唱迭和，相爲唱和。以爲歌舞八音之節，既歌且舞，以爲金、石、絲、竹、匏、土、革、木八音之節奏。可以養人之情性，所以養其心而無邪思。而蕩滌其邪穢，而洗滌其胸中之邪妄穢惡。消融其查滓。消除其未化之查滓。故學者之終，乃爲學之終事。所以至於義精仁熟，至此則義之精、仁之熟。而自和順於道德者，渾融於道德之妙。必於此得之。蓋自是來也。

非弘不能勝其重，弘大則足以任其重。非毅無以致其遠。剛毅則足以致其遠。仁者，人心之全德，仁乃吾心渾全之德。而必欲以身體而力行之，必欲以之爲己任而力於行。可謂重矣。其爲言亦甚重矣。一息尚存，苟吾身有一息之氣尚存。此志不容少懈，志於仁之心無少懈怠。可謂遠矣。其用力豈不遠？

意，私意也。所謂意者，私意也。必，期必也。所謂必者，此心有所期必也。固，執滯也。所謂固者，此心有所執滯也。我，私己也。所謂我者，是私己也。四者相爲終始。意必固我，迭相終始。起於意，自意而起。遂於必，至於必。留於固，滯於固。而成於我也。而遂成於我。蓋意、必常在事前，意、必每生於事之前。固、我常在事後。固、我常生於事之後。至於我又生意，及至我之私己又生私意出。則物欲牽引，可見物交物引。循環不窮矣。四者如環，轉相爲無窮矣。

明足以燭理，故不惑；明足以察天下之理，故無所疑惑。理足以勝私，故不憂；理足以制一己之私，故無所憂。氣足以配道義，故不懼。氣足以合乎義與道，故無所懼。此學之序也。此爲學之次序如此。

不切則磋無所施，治骨角者切以刀鋸，而後磋以鑢鍚，不切則何所用磋。不琢則磨無所措。治玉石者琢以椎鑿，而後磨以沙石，不琢則何所用磨。故學者雖不可安於小成，故爲學固不可以小成而自足。而不求造道之極致，而不用力是道之極功。亦不可騖於虛遠，又不可馳心空虛高遠。而不察切己之實病也。而不知求之切己之實處也。

有恒者之與聖人，有常德者之比聖人。高下固懸絶矣，其等級高下固相遼絶。然未有不自有恒而能至於聖者也。然自其有常則亦可至於聖人地位。

敬以持己，敬以操持一己而無所縱。恕以及物，恕則推己及物而能極其公。則私意無所容　則毫髮之私意不存於胸中。而心德全矣。而本心之德渾全矣。

「博學而篤志，博學而志不篤，則大而無成。切問而近思。」泛問遠思，則勞而無功。四者皆學問思辨之事耳，此四者乃中庸博學、審問、謹思、明辨之事。未及乎力行而爲仁也。未是力行爲仁之事。然從事於此，但能用功於是。則心不外馳，則此心有所主而不馳逐於外物。而所存自熟，則存養者熟而天理自存。故曰「仁在其中矣」。所以言仁在其中。

仁義根於人心之固有，仁義之德乃人心固有之善。天理之公也；是天理之至公者也。利心生於物我之相形，物與我對立，利於此必不利於彼，故利欲之心生於此。人欲之私也。是人欲之至私者也。循天理，則不求利，而自無不利；循天理而行，至事事得宜，故自無所不利。徇人欲，則求利未得，而害已隨之。徇人欲而動，利與害相對，求利不得則必至生害。所謂毫釐之差，所差雖微。千里之繆[八]。其繆甚遠。此孟子之書此孟子一書。所以造端托始之深意，其開端肇始必於「義利」二字加意。學者所宜精察而明辨也。學者所當熟察乎此，明辨其界限也。○孟子集注。下同。

至大，初無限量；大而不可限量。至剛，不可屈撓。剛則無所屈撓。蓋天地之正氣，皆乾陽坤陰，天地之氣，充塞於其間。而人得以生者，而人則禀是氣而生。其體本如是也。資之以爲體者，本然如此。惟其自反而縮，惟其自反，事事而集此義。則得其所養，則以理義而養是氣。而無所作爲以害之，又不從事於血肉之私，以害此氣。則其本體不虧，則本然之體無所欠虧。而充塞無間矣。而充塞上下，無所間隔矣。

事親從兄，善事父母，順從兄長。良心真切，皆仁義之良心，真實切近。天下之道，凡天下之理。皆原於此。無不根本於是。然必知之明但必知此理之明。而守之固，則能守此理之堅。然後節之密而後能節文斯二者。而樂之深也。而其樂不容自已也。

君子所以博學於文，君子欲傳其所學於文。而詳説其理者，而詳講説其義理者。非欲以誇多而鬬靡也，非是求學之多而逞其文之靡麗也。欲其融會貫通，欲使衆理通貫透徹。有以反而説到至約之地耳。博而取諸學問之間，約而求其義理之眞實。非欲其徒博，非欲徒然泛覽以爲博。而亦不可以徑約。然亦不可不博而直求約也。

人物之生，人物並生於天地間。同得天地之理以爲性，稟得天地之理，是爲此性。同得天地之氣以爲形。稟得天地之氣，而爲此形。其不同者，但亦有不同處。獨人於其間得形氣之正，得氣之偏且塞者爲物，得氣之正且通者爲人。而能有以全其性，爲少異耳。故人有以全其天性之本然，爲異於物也。雖曰少異，雖是小有不同。然人物之所以分，但人與物之分。實在於此。在於能全其性與不能全也。衆人不知此而去之，衆人不知此性，違而去之。則名雖爲人，則具人之形。而實無以異於禽獸。實則與禽獸無大異。君子知此而存之，君子知此性而存此性。是以戰兢惕厲，所以戒謹恐懼而不爲欲所動、情所勝。而卒能有以全其所受之理也。終有以全其性稟之本然，異於衆人也。

人，理義之心未嘗無，人有此心，即有此理，故未嘗無。唯持守之即在耳。操持執守，物不能移，此理皆在。若於旦晝之間，苟能自朝至於日中。不至梏亡，此心靜定而物不足以梏亡之。則夜氣愈清。故曰有所養則夜氣自然愈清。夜氣清，則平旦未與物接之時，湛然虛明，氣象自可見。此言旦晝有所養，此心不爲物交物引，則夜氣自然清，夜氣清則旦氣自然清。近日大儒且言，夜有所涵養，則旦晝清明，不至梏亡本心，不知夜睡之時如何用功涵養？是不知夜氣者也。

心者人之神明，心之神妙莫測，光明洞徹。所以具衆理而應萬事者也。完具衆理而爲酬酢萬變之本。性則心之所具之理，「性」字從生從心，是生而具是理於心也。而天又理之所從以出者也。而天則即是理，而命於人謂之性，是理之自出。人有是心，人之有此心。莫非全體，理具於中，其體渾全無虧欠也。然不窮理，但不窮其義理。則有所蔽而無以盡乎此心之量。則此心昏昧而不足以盡其心之量。故能極其心之全體而無不盡者，而極其心渾全之體而無有不盡。必其能窮夫理而無不知者也。必也研窮事物之理，體之無所不知。既知其理，既能知此性之理。則其所從出，亦不外是矣。則理乃天之所賦，其從出之大原亦可知之矣。

萬物之理，萬殊之理。具於吾身。莫不皆具於吾之一身。體之而實，體此則無非實。則道在我而樂有餘；則道皆備於我，而其樂無窮。行之以恕，推而及物則爲恕。則私不容而仁可得。恕乃仁之用，故己私無有，而仁之道在是矣。

學問之道，博學審問之道。固非一端，雖不止一端。然其道則在於求其放心而已。但其大要莫先於求已放之心。蓋能如是，誠能於此用功。則志氣清明，則物欲不能蔽本體之真，故志氣自然清明。義理昭著，義理極其昭著。而可以上達。直可上達天德。不然則昏昧放逸，不如此則本體昏昧，流蕩忘返。雖曰從事於學，雖云博學審問，而不於本原用功。而終不能有所發明矣。則亦不能有所進益矣。

所謂學者，學之爲言。有所效於彼效也，效彼之所能。而求其成於我之謂也。而求在己之有成。以己之未知，而效夫知者，以求其知，以己之未能，而效夫能者，以求其能，皆學之事也。是皆學之道也。人既學而知且能矣，既學則未知者知、未能者能。而於其所知之理、又於其心之所知者。所能之事，身之所能者。又以時反復而温繹之，時時温習之。則所學者熟，則所學於己者益熟。而中心悦懌也。義理融貫於吾心，自然悦懌也。蓋人而不學，苟不知學。則無以知其所當知之理，理之當知者不之知。無以能其所當能之事，事之當能者不之能。固若冥行而已矣。正如人冥冥夜行，安能有進哉！然學矣，而不習，既學而不習熟。則表裏扞格，則内外不融貫。而無以致其學之之道；不能記其所學之道。習矣，而不時，既習熟矣，而又不時時用力。則間斷[九]，無以成其習之之功。則工夫間斷，不能成其已習之功。是其胸中雖欲勉焉以自進，縱其心欲勉之於學以求進。亦且枯燥生澀，然工夫之漸次者不加，惟見枯槁乾燥，且生且澀。而無可嗜之味，純然無味之可取。危殆杌陧，而無可即之安矣。則所得安保其不亡耶。故既學矣，所以已學。又必時時習之，又須時時温習。則其心與理相涵，則是理渾涵於心。而所知者益精，而知者愈明。身與事相安，應事無累於身。而所能者益固。而能者愈固。從容於朝夕俯仰之中，從容不迫，自朝至夕。凡其所學而知且能者，則其所知所能。必皆有以自得於心，無非心所自得。而不能以語諸人者，難以告乎人。是其中心油然悦懌之味，義理充足，心廣體胖，其悦懌之意味。雖芻豢之甘於口，雖是芻豢之味適口。亦不足喻其美矣。亦難與此並其美也。○論語或問。

明德者，所謂明德者。人之所得乎天，乃人之心所得於天之理。而虛靈不昧，至虛至靈，光明不昧。以具衆理而應萬事者也。虛則能具衆理，靈則能應萬事。但爲氣稟所拘、氣稟拘於前。物欲所蔽，物欲蔽於後。則有時而昏。則德之明者有時昏矣。然其本體之明，但本體之明者。則有未嘗息者。亦無有止息。故學者當因其所發而遂明之，介然之頃，一有覺焉，則因其發而明之。以復其初也。則可以復其初之善，而德益明矣。○大學章句。

學之大小，大學者大人之學，小學者小子之學。固有不同，其用功固不同。其爲道則一而已。然其爲道則一。人之幼也，不習之於小學，習如洒掃應對進退之類。則無以收其放心，則不能收斂其放心。養其德性，養成其德性。而爲大學之基本；而爲長入大學之根基原本。及其長也，不進之於大學，如格物、致知、誠意、正心、修身之類。則無以察夫義理，則不能洞燭夫理。措諸事業，如齊家、治國、平天下之類。而收小學之成功。而收小學已成之功。○大學或問。下同。

以理而言，以理之所賦而言。則萬物一原，則萬物同出太極陰陽之賦受。固無人物貴賤之殊。人與物若無以異。以氣而言，以氣之所禀而言。則得其正且通者爲人，人得是氣之正且通。得其偏且塞者爲物，物得是氣之偏且塞。是以或貴或賤而不能齊。是以貴而爲人，賤而爲物，不能齊。然人之生，但人有此生。其通也，或不能無清濁之異；雖得氣之通，亦不無清與濁之異。其正也，或不能無美惡之殊。得氣之正，亦不能無美與惡之異。況乎又以氣質有蔽之心，況又以形體易蔽之心。接乎事物無窮之變，而應萬事萬物無窮之變。則其目之欲色，耳之欲聲，口之欲味，鼻之欲臭，四肢之欲安佚[一〇]，反覆深固。此數者迭相反覆，愈深愈固。是以此德之明，所以德之明者。日益昏昧，愈昏愈昧。而此心之靈，而心之靈者。其所知者，不過情欲利害之私而已。所知不向義理上去，而只在人欲之私。然而本明之體，但是本然之體。得之於天，得之天所賦者。終有不可得而昧者。其明終有不可掩者。是以雖其昏蔽之極，所以雖有昏蔽之時。而介然之頃，介然其中。一有覺焉，或有所覺。則即此空隙之中，指心也。而間隙之中。而其本體已洞然矣。本明之體已昭昭矣。是以聖人施教，聖人立教。既已養之小學之中，幼則涵養小學之中。而後開之以大學之道[一一]。長則開明大學之道。其必先之以「格物致知」之說者，而必以窮至事物之理，以推極其知識爲先。所以使之即其所養之中，蓋欲俾之即其小學涵養之素。而因其所發，因其心之有所發。以啓其明之之端也。以開其明也。繼之以「誠意」、「正心」、「脩身」之目者，繼則以誠意、正心、修身列而爲目。則又所以使之因其已明之端，則又俾其因其明之發。而反之於身，反求諸己。以致其明之之實也。以盡其明德之實也。

中庸第一章，中庸首篇。首明道之本原出於天而不可易，始則推明道之大原出於天，如天命之性是也。其實體備於己而不可離。其實然之體備於人之身而不可離，率性謂道、修道謂教是也。次言存養省察之要。其次則言靜而存養此心，以爲省察之本，如「戒微恐懼見隱顯之」者是也。終言聖神功化之極。其末則言聖人之功化，如天地位、萬物育是也。蓋欲學者於此反求諸身而自得之，欲學者求之己而自有得。以去夫外誘之私，絕去外物之累。而充其本然之善，而全其固有之理。一篇之綱領也。此章乃一篇之大要也。○中庸章句。下同。

中庸大旨，中庸一篇大意。以知仁勇三達德爲入道之門。以知仁勇三者皆天下所同得之理，爲入道之門户。故於篇首即以大舜、顏淵、子路之事明之。首舉帝舜、顏子、仲由之事以明其理。舜，知也。如好問察言，非知乎？顏淵，仁也。如得一善則服膺弗失，非仁乎？子路，勇也。如問強，非勇乎？

達道者，謂之達道。天下古今所共由之路，若大路然，天下古今公共行此也。即書所謂「五典」，書以父義、母慈、兄友、弟恭、子孝爲五典。孟子所謂「父子有親，君臣有義，夫婦有別，長幼有序，朋友有信」是也。此五者人倫之達道也。知，所以知此也；知所以知此達道也。仁，所以體此也；仁所以體此達道也。勇，所以强此也。勇所以自强此達道也。謂之達德者，知仁勇謂之達德。天下古今所同得之理也。人人皆得此理，故謂之達德。一則誠而已矣。所謂行之者一，一者即誠也。達道雖人所共由，達道雖是天下古今之共由。然無是三德，然非知則不能知，非仁則不能體，非勇則不能强此。則無以行之；將何以行之哉。達德雖人所同得，達德雖是人人皆得此理。然一有不誠，然非有此誠。則人欲間之，則爲人欲所間隔。而德非其德矣。而德亦不能全矣。

聖人之德，聖人之所謂德。渾然天理，渾融其中，純是天理。真實无妄，真實而無邪妄。不待思勉，不思而得，不勉而中。從容中道，從容不迫，自合於道。則亦天之道也。自然而然，是與天之道則一也。未至於聖，未到聖人地位。則不能無人欲之私，則不能絶去人欲之累。而其爲德故其德。不能皆實。未必盡實。故未能不思而得，故不能如聖人之不思。則必擇善，而後可以明善；必須擇善，則能明乎己之善。未能不勉而中，不能如聖人之不勉。則必固執，然後可以誠身。必須固執此理，則能誠其身。此則所謂人之道也。有待修爲，是乃人之道也。

尊德性，所以存心而極乎道體之大也。謂之尊德性者，蓋所以存養此心而充夫道體之至大。道問學，所以致知而盡乎道體之細也。謂之道問學者，蓋所以推極其知而盡夫道體之至細。二者脩身凝道之大端也[一二]。脩身、立道皆本於此。不以一毫私意自蔽，無毫髮之私意蔽乎中，謂致廣大也。不以一毫私欲自累，無毫髮之私欲累乎内，謂極高明也。涵泳乎其所已知，涵泳其已知者使不忘，謂温故也。敦篤乎其已能[一三]，敦篤其已能者使不失，謂敦厚也。此皆存心之屬也。此已上皆存心之道。析理則不使有毫釐之差，盡精微也。處事則不使有過不及之繆[一四]，道中庸也。理義則日知其所未知，知新也。節文則日謹其所未謹，崇禮也。此皆致知之屬也。此已上皆致知之道。蓋非存心無以致知，俾不能存養此心，則昏昧雜擾，無以爲致知之本。而存心者又不可不致知。存心而不致知，則有體無用，流於釋氏之寂滅也。

人之性無不同，人之性無有不同。而氣則有異，而禀氣則有不同。故惟聖人能舉其性之全體而盡之。惟聖人則能合本性渾全之體，而盡之於心。其次則自善端發見之偏，而悉推致之，次則當自四端形著之偏，由是而推將去，如惻隱之發，則仁之端自此推去。以各造其極也。以各詣是理之極處。曲無不致，一偏處無不推致。則德無不實，則己德無一之不實。而形、著、動、變之功誠則形，形則著，動則變之功。自不能已。自不容已者。積而至於能化，積漸而至，極變則化。則其至誠之妙，是又至誠之不息。亦不異於聖人也。與聖人亦無以異矣。

學之博，然後有以備事物之理，博學則足以窮天下萬事萬物之理。故能參伍之以得所疑而有問；故參錯是非，得所疑而必問。問之審，然後有以盡師友之情，審問則師友之情無不盡。故能反復之以發其端而可思[一五]；故反復其問對而究其理，而發其思之端。思之謹，則精而不雜，謹思則思慮精而無所雜。故能有所自得，而可以施其辨；故自有所得於心，而爲辨詰之端。辨之明，則斷而不差，明辨則是是非非，剖斷不差。故能無所疑惑，而可以見於行；故心無所疑惑而決於行。行之篤，則凡所學、問、思、辨而得之者，篤行則由學問思辨而有所得者。又皆必踐其實，無不見之實履。而不爲空言矣。而不徒事於虛言矣。此五者之序也。此五者之次序如此。

通書極力說個「幾」字，通書四十篇多言「幾」。儘有警發人處。乃警悟啓發之大要。近則公私邪正，近而求之一身一心，公私有公私之幾，邪正有邪正之幾。遠則廢興存亡，遠而求之古今，廢興有廢興之幾，存亡有存亡之幾。只於此處看破，但於此有所見。便斡轉了。便可去其不善而歸諸善。此是日用第一親切工夫，此皆日用常行之間工夫之最親且切者。精粗隱顯，精者粗者，隱者顯者。一時穿透。一皆是幾之通徹。堯舜所謂「惟精惟一」，堯舜傳授，精以察於人心道心之殊，一以純於道心渾融之際，精一即此幾也。孔子所謂「克己復禮」，夫子所謂克去己私，復還天理，克復即此幾也。便是此事。皆不出於「幾」之一字。

學者須是將身心做根柢。學者爲學，須是將一身一心爲根本。○語録。下同。

大凡爲學，最切要處在身心，爲學最切實緊要處只在身心，心所以具是理，身所以載是理，故當正心而修其身。其次便是做事，次則應酬萬事。此是的實緊切處。此乃切實所在也。

須敬義夾持，敬立而内自直，義形而外自方，内外夾持。循環無端，主敬，體也，體立而用未嘗不行。集義，用也，用行而體未嘗不立。如環之轉，初無端倪。則内外透澈。自内達外無非天理，自然透澈。

敬之問：思誠莫是明善否？思誠只是明善耶。先生曰：答云。明善是格物、致知，明善者，推明其理，乃是窮至萬物之理以推極吾之知識之事。思誠是毋自欺、謹獨。思誠者是毋自欺於暗室屋漏之中，致謹於人所不知、己所獨知之地也。明善固所以思誠，推明其善固所以爲思誠之本。而思誠上面然思誠上。又自有工夫在。又必當戒謹恐懼用功也。

愈細密，愈細愈密而盡精微之理。愈廣大；自能致其廣大。愈謹確，愈謹愈確而盡中庸之道。愈高明。自能極其高明。

下學者事也，下學者，人事也。上達者理也，上達者，天理也。理只在事中。但人事之中天理存焉。若真能盡得下學之事，苟下學果能事事而得其當。則上達之理便在此。則上達之天理便已在是。

人之進德，人之欲進進於善。須是剛健不息。必須至剛至健，則能乾乾不息，不息則能有進。

開卷便有與聖賢不相似處，人開卷與聖賢相對，其不相似處甚多。豈可不自鞭策？又安可不痛警其不及。

思索義理，義理無窮，若欲思索而得。涵養本原。本原，心也，義理之自出也，必須涵養也。心不爲物欲昏雜，有不思，思則得之。

擇之問：且涵養去，林擇之又問：且加涵養工夫。久之自明。久則心體自然明。先生曰：答云。亦須窮理。亦必須窮事物之理，而思索其精微。涵養、窮索，涵養吾心、窮索其理。二者不可廢一，如車兩輪，如鳥兩翼。甚言其不可廢一也。

主敬以立其本，心主此敬，無所昏撓，其大本已立。窮理以進其知。則窮究義理，所見精而所知益進。使本立而知益明，故大本立，則物欲不能蔽，而知益明。知精而本益固。知既明，則物欲不能惑，而本愈固。

熟底是仁，仁乃吾心生生之理，而無一息之間斷，故熟。生底是恕。恕乃如心之義，比自家心推將去，故生。自然底是仁，惟其熟，故皆自然而然。勉强底是恕。惟其生，故皆勉强推去。

知與行常相須，二者不可闕一。如目無足不行，有目無足，則不能行。足無目不見。有足無目，則不能見。論先後，知爲先；知了方行，故知爲先。論輕重，行爲重。知得須行得，故行重。

學須做自家底看，人之爲學，須是作己分上用。便見切己。便自切於己。今人讀書今人勤讀。只要科舉用，只是留意進取之文。及已第則爲雜文用，既已登第，則又留意散雜之文。其高者則爲古文用，其學才俱高，則又著古作之文。皆做外面看。所學者皆欲誇耀於人，與己分上了無相關。

學者只是不爲己，學者不求盡於己，而爲爲己之學。故日間此心故旦晝用心。安頓在義理上時少，少有貼在義理上。安頓在閑事上多，多段貼在閑事上。於義理却生，義理之時少則生。於閑事却熟。閑事之時多則熟。今人爲學今人之於學。多是爲名，爲名，欲見知於人也。不肯切己。切己，求盡夫己者也。

爲學須要剛毅果决，剛毅則篤於自任，果決則勇於有行。悠悠不濟事。悠悠度日，甚不濟事。且如「發憤忘食，憤者，心求通而未能，且如聖人啓發其憤未得，以至於忘其食。樂以忘憂」，既得則樂而忘其憂。是什麼精神，其精神之果決如何？是什麽骨肋［一六］？其筋骨之剛毅如何？

爲學正如撑上水船，撑船上水，灘惡水暴，必須十分著力。一篙不可放緩。一篙之緩則已去千里，學亦然。

立志要如飢渴之於飲食，人之立志當如飢之欲食、渴之欲飲。才悠悠，便是志不立。才悠悠地，此志便已不能立。

聖人之教，聖人之教人。學者之學，學者之爲學。不越博文、約禮兩事。不出「博文約禮」四字。博文是「道問學」之事，博學於文，即中庸之「道問學」也。於天下事物之理，於天下事事物物之理。皆欲其知之；皆欲窮究而極其知。約禮是「尊德性」之事，約而歸理，即中庸之「尊德性」也。於吾心固有之理，凡理見於固有之真者。無一息而不存。常無頃刻之不在。聖門教人只此兩事，約禮底工夫深，則博文底工夫愈明；博文底工夫至，則約禮底工夫愈密。博文所以驗諸事，約禮所以體諸身也。

「擇言」是「修辭」，擇言即易之修其言辭也。「篤志」是「立誠」。篤志即易之立其誠意也。大率進德修業，而曰進德、曰修業。祇是一事，非是二事。進德是就心上説，進德，知至至之之事，自心而言。修業是就事上説。修業，是知終終之之事，自事而言。「知崇」是知識超邁，知以崇言，是識見之高邁也。「禮卑」是就切實處行。禮以卑言，乃踐履之切實也。若不知高，如知不高邁。則識見淺陋；則知識淺近卑陋。若履不切，若踐履不緊切。則所行不實。則所行不平實。知識高見識高邁。便是象天，天高而上，此便是效天。所行實踐履平實。便是法地。地平而下，便是效地。

【校勘記】

［一］程子以爲明理一而萬殊　「萬」，寬文本、西銘解作「分」。

［二］覺其胸中之言語愈多　「覺」，原作「學」，難通，據文義改。

［三］予謂老蘇但爲欲學古人説話聲響　「爲欲學」，柯氏本作「欲學爲」。

［四］反復讀之　「復」，柯氏本作「覆」。

［五］德之發也藏自外而内也用謂機緘之妙　此段文字原無，據柯氏本補。

［六］然所以爲出而致用之本　「然」下，寬文本、柯氏本有「乃」字；「出而」二字，柯氏本無。

［七］詩本情性　「情性」，論語集注（四書章句集注，中華書局排印本，下同）作「性情」。

［八］千里之繆　「繆」，柯氏本作「謬」。

［九］而不時則間斷　「則」下，柯氏本有「工夫」二字。

［一〇］四肢之欲安佚　「佚」，柯氏本作「逸」。

［一一］而後開之以大學之道　「後」，柯氏本作「復」。

［一二］二者脩身凝道之大端也　「身」，柯氏本作「德」。

［一三］敦篤乎其已能　「其」下，柯氏本、寬文本、中庸章句（四書章句集注本，下同）有「所」字。

［一四］處事則不使有過不及之繆　「繆」，柯氏本作「謬」。

［一五］故能反復之以發其端而可思　「復」，柯氏本作「覆」。

［一六］是什麽骨肋　「肋」，寬文本同，朱子語類卷三十四作「力」。

新刊音點性理群書句解卷之十六　後集

近思續録第三卷

此卷論致知格物

格物者，窮理之謂也。窮天下事物而極其至者，所以窮究其理也。蓋有是物，既有一物。必有是理。必有一理。然理無形而難知，理無形狀可見，故難知。物有迹而易覩，物有形迹可指，故易覩。故因是物以求之，必因物之迹求物之理。使是理瞭然心目之間，目睹其迹，心會其理，粲然著之。而無毫髮之差，無有毫厘絲髮之差。則應於事者，見於酬酢萬變。自無毫髮之繆[二]。自無毫厘絲髮之失。是以意誠心正而身脩，是窮究事物之理而智必明，智明則意之所發無不實，意實則心無不正，心正則身無不脩。至於家之齊、國之治、天下之平，亦舉而措之耳。不過自此始也。○文集。

所謂「致知在格物」者，推極吾之知識，在於窮究事物之理者。言欲致吾之知，致，推極也，謂欲推極吾之所知。在即物而窮其理也。在於即事即物而窮究其理。蓋人心之靈莫不有知，人心虛靈，無不有知覺。而天下之物天下萬物。莫不有理，無不各有一理。惟於理有未窮，不能窮事物之理。故其知有不盡也。故所知有限量而不能盡也。是以大學始教，所以大學開端。必使學者即凡天下之物，必欲爲學者即天下之事事物物。莫不因其已知之理而益窮之，無不即其理之所已知而益窮究焉。以求至乎其極。以至於知之極。至於用力之久，積久用工。而一旦豁然貫通焉，則一日該貫通徹。則衆物之表裏精粗無不到，精者理也，粗者迹也，表在外也迹，裏在内之理，能窮至其極。而吾心之全體大用無不明矣。事物之理，即吾心之理，全體乃理之渾全，大用乃理之發見，無不瞭然。此謂物格，謂之物格，比格物不同，是物物之理窮而極其至。此謂知之至也。謂之知至，比致知不同，物既格則知無不明也。○大學補亡。

程子之言曰：「學莫先於致知，於學莫先於推極其知。能致其知，能推極其知識。則思日益明，所思不昧。至於久而後有覺耳。積久自能有所悟。書所謂『思曰睿，睿，通微也，由思而通乎微。睿作聖』。聖，無不通也，由通微至於無不通。董子所謂『勉强學問，勉强，用力也。博學審問皆窮理之事。則聞見博而智益明』，所聞所見之廣而其智愈光明，是知之至也。正謂此也。」皆是此意。又曰：程氏又云。「誠固不可不勉，真實者不可不著力。然天下之理，但道理無窮。不先知之，苟不能察物而先明其理。亦未有能勉以行之者也。則亦不能有所行。昔嘗見有談虎傷人者，嘗見人言虎之傷人。衆莫不聞，聞之者非一人。其間一人神色獨變，中有一人精神顏色獨異。問其所以，詢所以然。乃嘗傷於虎者也。則是已爲虎所傷者。夫虎能傷人，虎之傷人。

人孰不知？人皆知。然聞之有懼有不懼者[二]，但有聞之而恐，有聞而無所恐。知之有真有不真者。有所恐是爲虎所傷，真知其惡者；無所恐是見人言虎傷人，不真知虎者。學者之知道，爲學致知之道，必常窮物之至而真知其理。必如此人之知虎，有如此人之真知虎者。然後爲至。」斯可爲知之至。此兩條者，此程子所言二條。皆言格物致知所以當先而不可後之意也。皆是言窮物之理而推極其知所當先用力。又曰：「凡有一物，物物有太極，一物之中。必有一理，各各有一理。窮而至之，窮究其理而極其至。所謂格物者也。名之曰格物。然而格物亦非一端，但格物不止是一件。如或讀書，講明道義；讀書而明其道理意義，固格物也。或論古今人物，而别其是非；考論人品而别其孰是孰非，亦格物也。或應事接物，而處其當否，應接事物而處其爲當爲否，無非格物也。皆窮理也。」皆所以窮究其理。又曰：「惟今日而格一物，今日窮一物之理。明日又格一物，明日又窮一物之理。積習既多，積久習熟，窮格已多。然後脱然有貫通處。」洒然於中，該貫萬殊，同是一本。又曰：又云。「自一身之中，大而一身。以至萬物之理，細而萬物。理會得多，窮格既多。自當豁然有個覺處。」此心豁然。又曰：「窮理，非必盡窮天下之理，窮理非是天下事事物物之理都要窮過。又非謂止窮得一理便到，又非言但窮一物之理便可到知至地位。但積累多後，積累窮究之多。自當脱然有悟處。」悟，覺也。又曰：「格物，非欲盡窮天下之物，格物非是物物而盡窮過。但於一事上窮盡，但於一事窮究而極其至。其他可以類推。其他事可以此類推去。若一事上窮不得，或一事窮究未去。且别窮一事，此有所蔽，彼有所通，又將别事窮去。或先其易者，或先窮其所易。或先其難者，或先窮其所難。各隨人淺深。學力淺則先窮易，學力深則先窮難。譬如千蹊萬徑，皆可以入國，但得一道而入，但隨其知之明者而用功。則可以類推而通其餘矣。斯可以類而推，而明它事之理。蓋萬物各具一理，是物物一太極。而萬理同出一原，是萬物統體一太極。此所以可推而無不通也。」所以推之而無不通。又曰：「物必有理，物各有理。皆所當窮。無非當窮究者。若天地之所以高深，天高地深。鬼神之所以幽顯是也。」鬼幽神顯，高深幽顯，皆有理存。又曰：「如欲爲孝[三]，如孝以事親。則當知所以爲孝之道，當明盡孝之道。如何而爲奉養之宜，昏定晨省，其奉養之禮何如。如何而爲温清之節，冬温夏清，其節序之謹何如。莫不窮究而後能之。」無不窮究其理之所在。又曰：「物我一理，物之理，即我之理。纔明彼，即曉此，明得物之理，即知我之理。此合内外之道也。」又曰：「致知之要，推極其知識之要。在當知至善之所在，當明其至善之極。如父止於慈、父之道在於慈愛。子止於孝之類。」子之道在於孝，皆是也。又曰：「格物莫若察之於身，窮物之理無如先察吾之身。其得之尤切。」尤爲親切。此十條者，此程子所言十條。皆言格物致知所當用力之地，皆是言格物致知之用工處。與其次第功程也。及其漸次之序也。又曰：「格物窮理，窮事物而明其理。但立誠意以格之，但欲以真實之意以窮之。其遲速則在乎人之明暗耳。」知有明暗，故見有遲速。又曰：「入道莫如敬，入道之序，無如此敬。未有能致知而不在敬者。」未有推極其知而不本此敬。又曰：「涵養須用敬，涵養而無此敬，則物欲昏而燭理不明。進學則在致知。」進學而不致知，則見識昏而不能有進。又曰：「致知在乎所養，推極其知在於涵養之厚。養知莫過於寡慾。」涵養吾心之知識使不昏，亦在於去其私欲也。又曰：「格物者，適道之始，格物，學之始事。自格物而下，自有節次工夫，故曰「適道之始」。思欲格物，纔至於思欲穷事物之理。則固已近道矣。是何也？·則謂之近道者。以收其心而不放也。」既思窮理，此心不敢放逸。此五條者，此程子所言五條。又言涵養本原之功，是言涵養此心，不爲物欲昏蔽。所以爲格物致知之本也。則燭理必明，斯能窮理而推極其知，所以爲之本也。○大學或問。下同。

聖人設教，聖人立教。爲之小學，而使之習於誠敬，人生八歲入小學，則學夫誠敬之道。則所以收其放心，收其心之放。養其德性者，養其性之德。已無所不用其至矣。已極其至。及其進乎大學，及十五歲入大學。則又使之即夫事物之中，教之於事事物物之中。因其所知之理，即所知之理。推而究之，窮而至之。以各到乎其極，必到其極。則吾之知識，則此心之知識。亦得以周遍精切而無不盡也。可以周徧萬物，所知精切，而無有不盡者。若其用力之方，如其用工之地。則或考之事爲之著，外而考諸事。或察之念慮之微，內而察諸心。或求之文字之中，或讀書。或索之講論之際。或問辨。使於身心性情之德，近而此身此心、此性此情之德。人倫日用之常，君臣、父子、兄弟、夫婦、朋友之間。以至天地鬼神之變，大而天地之高深、鬼神之幽顯。鳥獸草木之宜，微而動植之物。自其一物之中，凡是一物之間。莫不有以見其所當然而不容已，皆有一理，是其所當然而自不容已。與其所以然而不可易。所以然者，則自天命流行，是理一定而不可改。必其表裏精粗，無所不盡，自表而裏，由精而粗，無不窮盡而極其至。而又益推其類以通之，而又類推以及其餘。至於一日脱然而貫通焉，則一日融會貫通，知其萬殊而一本。則於天下之物，則於事物之間。皆有以究其義理精微之所極，悉有以窮其至精至微之理。而吾之聰明睿智，而吾心之知識。亦皆有以極其心之本體，而無不盡矣。可以融貫本然之全體，而無虧欠矣。

人之所以爲學，人之爲學。心與理而已矣。不外於此心與此理。心雖主乎一身，心雖是一身之主宰。而其體之虚靈，體之虚具衆理，體之靈應萬事。足以管乎天下之理［四］。天下衆理，此是管攝。理雖散在萬物，是理散在萬事萬物之間。而其用之微妙，用之微，言其精。用之妙，言其神。實不外乎一人之心。一人之心萬理咸具，乃其體也。初不可以内外精粗而論也。不可以心爲内物爲外、體爲精用爲粗也。然或不知此心之靈，苟不知吾心爲至靈。而無以存之，而存養之功不加。則昏昧雜擾，則燭理之源不清。而無以窮衆理之妙。無以窮衆物之理。不知衆理之妙，不知衆理爲至妙。而無以窮之，而窮格之功無有。則偏狹固滯，則存心之地不廣。而無以盡此心之全。無以充渾全之體。此皆理勢之相須，理也，勢也。蓋亦有必然者。亦必然至是也。是以聖人設教，所以聖人立教。使人默識此心之靈，使夫人知此心爲至靈。而存之於端莊静一之中，是主敬也。以爲窮理之本；心主此敬，則無昏昧雜擾之患，斯能窮物理之極，故曰本。使人知有衆理之妙，使夫人知衆理爲至妙。而窮之於學問思辨之際，是明義也。以致盡心之功［五］。義理既明，則無偏狹固滯之私，斯能極吾心本體之全，故可以致其功。巨細相涵，大而吾心，細而萬物，實相包涵。動静交養，静存此心以爲窮理之本，動察萬理以致盡心之功，内外交養。初未嘗有内外精粗之擇，未嘗曰此内彼外、此精彼粗。及其真積力久，及至用工之久。而豁然貫通焉，自然融貫通徹。則亦有以知其渾然一致，萬殊之理，即一本之理。而果無内外精粗之可言矣。不見其有内外精粗之别也。

昔聞延平先生之教，李愿中，文公師也。以爲爲學之初，謂爲學之始。且當常存此心，且先存一心。勿爲他事所勝。俾他事不入。凡遇一事，應接之間遇著一事。即當且就此事反復推尋，以究其理，思之未得，必反之復之，以究其理之實。待此一事及此一件。融釋脱落，洒然於中，已會其理。然後循序少進，而後由序漸進。而别窮一事。而究其别事之理。如此既久，若此用工之久。積累之多，一事通徹，又窮别事，積累多後。胸中自當有洒然處，心胸自然曉了。非文字言語之所及也。未易以言求也。

來諭謂「孟子以養氣爲學，來書且謂孟氏之學，養氣爲本。以不動心爲始」。不動心乃其始初用工者。某竊謂孟子之學，吾謂孟氏之爲學。蓋以窮理集義爲始，窮理是事事物物悉窮其理，集義是事得其宜之謂，必事事得宜方謂集義，此乃其學之始事。不動心爲效。至於不動心，則是窮理集義之功效。蓋唯窮理爲能知言，既能窮事物之理，則心體虚明，於詖淫邪遁之言無所不知。唯集義爲能養氣。既能事事而集此義，則涵養深厚而氣愈充，故能養氣。理明而無所疑，理明則心自無疑。氣充而無所懼，氣充則心自無懼。故能當大任而不動心。故雖任大事而心亦不爲之動。手帖。

謝上蔡説格物只是尋個是處，謝顯道言，格物之道，但於事物上求其是處。甚好。此語亦好。須是於其一二分，須必就其一二分是處。直尋到十分是處，方可。便窮到其十分是，方謂之極，而有推吾之知也。○語録。下同。

窮理以虚心静慮爲本。虚心静慮者，放寬此心，以物觀物，無以己觀物，則察理精也。人入德處，德者，吾心所得於天之理。人之充此德。全在致知格物。格物則窮理之極，致知則見理之明，有以充其心渾全之體，故可入德。

格物只是就事上理會，物，事物也，故窮物之理是就事上推究。知至便是心透徹。知，心知也，故推極吾心之知識者心上通徹。

格物是零細説，物物有理，物物當窮，豈不零細？致知是全體説。推極吾心之知，斯有以盡吾心之全體，豈非全體？

大學不説窮理，窮理是窮事物之理，今不言窮理。只説格物，只言格物。便是要人就事物上理會。是欲人於事物上推尋其義理也。

窮理且令有切己工夫。窮天下之理，必須有切己處。若只泛窮天下萬物之理，若泛然窮究。不務切己，不觀其切於己與否。即遺書所謂「遊騎無歸」矣。如程子遺書言，茫乎遊騎而無所歸宿者矣。

知得深，人患不知道，苟知之深。便信得篤。則自信愈力也。

讀書是格物一事。讀書是格物中一件事。

看文字須是如猛將用兵，直是鏖戰一陣；盡死殺人爲鏖。如酷吏治獄，直是推勘到底，推勘究竟其底。決是不恕他。斷然不輕放過。

讀書，始讀未知有疑，初讀書時，有疑未便知。其次則漸漸有疑，次則自然漸有所疑。中則節節是疑。久則無非可疑者。過了這一番後，知疑則必行求通，自此以往。疑漸漸釋，疑以漸至消釋。以至融貫會通，至於融釋該貫、渾會通徹。都無可疑，而一無所疑。方始是學。乃可言學。

大疑則大進。讀書有大疑處，於此思而通之，則疑之小者皆可力解，故能大進於學。

無疑者須要有疑，是讀書益致其精也。有疑者却要無疑，是窮理益致其明也。到這裏方是長進。爲學至是，其所進不小矣。

文字大題目，讀書如大頭腦處，如太極、性、天道之類。痛理會三五處，極力探討，使理明而義精。後當迎刃而解。則百行萬善皆可意會，如庖丁解牛，脈理皆迎刃剖剥。

韓退之云：韓愈有言。「沉潛乎訓義，此心沉深潛藏於訓詁之間，以玩其意。反覆乎句讀。」反觀覆論於句讀之中，以明其理。讀，音豆，句之小斷處。讀書須有沉潛反覆之功方得。讀書而有此等工夫，則心不外馳而得義理之實。

凡看文字，讀書之法。諸家説異同處最可觀。其衆説或異或同所在，極好玩味。某舊日看文字，我向來讀書。專看異同處。專喜看此處。同異之中是非見焉，最好辨别。

觀書一舉兩得，觀書一事也，而兩有所得而已。這邊又存得心，一邊可以存得此心。這邊理又到。一邊可以明得此理。

看道理難[六]，道理無窮，最難玩索。又要寬著心，心固要寬。又要緊著心。又不可失之太寬。不寬不足以見其規模之大，心不寬則偏狹固滯，不能盡此心之全體，故不足以察其理之廣大。不緊不足以見其文理之密。心不緊則遲慢，不能究此心之實體，故不足以見是理之精微也。

事上皆有一個理。事事各有一理。當處事時，必於應酬之際。便思量體認教分明。思量其事，體認其理，要得分曉。久而思得熟，既久則所思者熟。只見理，不見事。體認而行，事事當理，事亦理也，何以事爲？

學問須以大學爲先，進學在致知，格物致知乃大學之始事，故爲先。次論語，致知在乎所養，論語莫非操存涵養之要，故次大學。次孟子，涵養之厚，發施必洪，孟子莫非體驗充擴之端，故次論語。次中庸。充廣得去，豁然貫通，有以達道德性命之奥，中庸乃性天道之本原，故次孟子。中庸工夫密，如戒謹恐懼於暗室屋漏之中，其工夫豈不密？規模大。如自天命之性以至致中和，天地位，萬物育，其規模豈不大？

上古之書，伏羲始畫八卦，非上古何？莫尊於易。故以易爲尊。中古後書，周平王東遷，王綱不振，夫子舉而爲經，非中古何？莫大於春秋[七]。故以春秋爲大。然此兩書，皆未易看。易推陰陽性命之原，春秋法褒貶，皆非易探索者也。

由格物至脩身，大學由格物致知、誠意正心，以及脩身，學之本也。自淺以及深。此五者，一節深一節，是由淺而深。自齊家至平天下，齊家、治國、平天下，學之用也。自内以及外。此三者，齊家是自内者也，治國、平天下及外者也。○經說。下同。

格物是夢覺關。覺，夢之已醒也。關，門關也。格物所以謂之「夢覺關」者。覺，音教。格得來是覺，窮物之理而推極其知，則知識開明，猶人之夢已醒矣，則是在覺之關矣。格不得是夢。未能窮物之理，則知識昏昧，猶人之睡正在夢中，是在夢之關也。誠意是善惡關。意，心之所發。誠，實也。實其心之所發，好善如好好色，惡惡如惡惡臭，故謂之善惡關。誠得來是善，心之所發者實，則能好善而惡惡，是入善之關也。誠不得是惡。心之所發者不實，則不能好善而惡惡，是入惡之關。過得此二關，過得格物關，則知識明；過得誠意關，則善惡判。上面工夫則正心而心正，脩身而身脩，此皆格物誠意上面工夫。一節易如一節了，節節可爲矣。到得平天下處，至於平天下。尚有些工夫，如絜矩之義，上下四方皆要得其平，更有些工夫。只爲天下闊，亦以天下之大。須著如此點檢。不如此不可也。致知誠意，致知則知識明，誠意則善惡判。乃生死路頭。則天理生生而不窮，若知識不明、善惡不別，則昭者昏昏，是死了此善也。

孔子說話，夫子之言理。無不子細，極是細密。磨稜合縫，猶治玉石然，遇其鋒稜必須磨琢；裁衣服然，遇其有縫處必紉合之。盛水不漏。使無漏綻也。

孟子說得段段痛切，孟子之言理，段段說人病痛，又皆切實。如檢死人相似，恰如檢驗死骸。必有個致命痕。必窮考其致命所在。

孟子激發人，孟子之言可以激起人之善心。說「放心」、「良心」諸處，如言收已放之心，仁義之良心所在。說得人都流汗。使人愧懼。

學者讀夫二書，爲學而讀語、孟。於其訓釋之詳且明也，其於訓解之精詳明白。日講焉而無不通矣；日講論而無不通其義矣。義理之精且約也，其於義理之精微簡約。日誦焉而無不識矣。日玩誦而無不識其旨矣。通者已知而時習，心之已通者，固已時時而習熟。識者未解而勿忘。心之已識者，或有未解，勿遽舍之。予之始學，文公自謂其初學是書。亦若斯而已矣。不過如此。嗚呼，其懋戒之哉[八]！當勉其進而戒其惰。

汲汲焉而無欲速也，存心於學而不可速，速則有助長之患。循循焉而毋敢惰也。循序漸進而不可惰，惰則非勿忘之道。毋牽於俗學而絶之，以爲迂且淡也；毋爲俗學拘牽，忽之以爲迂緩平淡也。毋惑於異端而躐之，以爲近且卑也。毋爲異端惑亂，目之以爲淺近卑陋也。聖人之書，孔孟之立言。大中至正之極，無非中正之道。而萬世之標準也。古今即此爲標格準則也。古之學者，自古爲學。其始即此以爲學，其初則不能舍二書而爲學。其卒非離此以爲道。其終則不能舍二書而求道。窮理盡性，窮事物之理，以盡吾心之全體。脩身齊家，脩吾身以齊乎家。推以及人，推此道以及於人。内外一致，内而心身，外而家國天下。蓋取諸此而所無不備，莫不本此而無有不該。亦修吾身而已矣。始脩其身也。○文集。下同。

讀書之法，讀書之道。在循序而漸進，當由次序，積漸而進。熟讀而精思。熟讀其文，精思其章。或問循序漸進之説。或有問：何謂循序漸進。曰：先生答云。以二書言之，只以論、孟二書論。則先論而後孟，論語是言操存涵養，孟子教人體驗充廣。先論語則明操存涵養之要，後孟子則以爲體驗充廣之端。通一書而後及一書。通論語後方講孟子。以一書言之，若只以一書論。則其篇章文句、一篇之中有幾章，一段之文有幾句。首尾次第，自初及末，次第不紊。亦各有序而不可亂也。自有其序，先首後末，有不可亂。量力所至，隨其力分。約其程課以爲功課。而謹守之。常常如此。字求其訓，一字必求其解。句索其旨，一句必玩其意。未得乎前，前章未徹。則不敢求於後；則後章不復推究。未通乎此，則不敢志乎彼。此段未明則彼一段不暇探討。如是循序而漸進焉，循序如此，以漸而進。則意定理明，則立法已定，義理自徹。而無疏易淩躐之患矣。而無空疏輕易、淩節躐等之憂。是不惟讀書之法，不特是讀書之法。是乃操心之要，如此則存心厚而不雜擾。尤始學者之不可不知也。此尤初學之蹊徑也。曰：又問。其熟讀精思者，何耶？熟讀精思之義又如何？曰：論語一章不過數句，論語一章之中纔數句耳。易以成誦，讀者亦易連續。成誦之後，章句連續。反覆玩味，反觀覆讀，詳玩熟味。於燕閒静一之中，於閒暇此心專一之時。以須其浹洽可也。以求其通徹也。孟子每章或千百言，孟子一章至累數百語。反覆論辨，反論覆辨。雖若不可涯者，固不可涯涘窺。然其條理疏通，但有條有理，疏暢通達。語意明潔，語潔意明。徐讀而以意隨之，徐讀其文，以意探索。出入往來，或出或入，或往或來。以十百數，言其多也。則其不可涯者，則其不可涯涘窺者。將可有以得之於指掌之間矣。皆可心會於披閱之間矣。

大抵觀書，先須熟讀，大凡書必熟味。使其言皆若出於吾之口，如其所言自我口出。繼以精思，思必致精。使其意皆若出於吾之心，使其意思如出我心。然後可以有得爾。如此方是有所益。至於文義有疑，其文其義有未明。衆説紛錯，衆人之説紛紜錯雜。則亦虚心静慮，自虚心涵泳静推其義。勿遽取舍於其間。毋便有所去取。先使一説自爲一説，且就他一説。而隨其意之所之，只隨其意義之所向。以驗其通塞，以察其言之通與塞。則其尤無意義者[九]，其或出於義理之外。不待觀於他説而先自屈矣。不必參考它説而知其不近於理矣。大抵徐行却立，猶人之行，其徐步退立。處静觀動，是以静觀動，則所見必明。如攻堅木，又如治至堅之木。先其易者，先攻其易。而後其節目，而後治其節目。如解亂繩，又如解已亂之絲。有所不通，其有錯雜，亂不能通。則姑置而徐理之。則且置之，徐徐而理，必可解其亂。此讀書之法也。

讀中庸者，凡讀中庸之書。毋跂於高，蹈之無以爲高。毋駭於奇。目之毋以爲奇。必沉潛乎句讀文義之間，以會其歸；常潛藏此心，玩其句讀，思其文義，以求其會歸之地。必戒謹恐懼乎不睹不聞之中，以踐其實。戒謹於不睹，恐懼於不聞，以求踐履之實。庶乎優柔饜飫，優柔以求，厭飫其味。真積力久，用力既久，至誠無息。而於博厚高明悠久之域，博厚配地，高明配天，悠久則天地之無息。忽不自知其至焉。亦不自知其至此也。

凡詩之言善者，言善者，美詩也。可以感發人之善心，有以激發夫人爲善之心。惡者可以懲創人之逸志。言惡者，刺詩也，有以消沮放逸之心。其用，歸於使人得其情性之正而已。其妙用，皆欲夫人情性之所發皆天理也。○論語集注。下同。

詩本人情，情之動則形諸言，言之發則爲詩，故本於人之情。其言易曉，其言語坦然明白。而諷詠之間，諷誦歌詠之際。優柔漸漬，優柔不迫，漸漬深洽。又有以感人而入於其心。自能感發夫人而入其心也。故誦而習焉，誦讀而習熟之。則其或邪或正，刺者邪也，美者正也。或勸或懲，美之所以示勸，刺之所以示懲。皆有以使人志意油然興起於善，自能俾人心皆興起於爲善。而自不能已也。而不容自已也。

讀尚書，歷代世變難看，尚書自堯、舜至秦穆，其世代之變革難看。不若求聖人之心。只因書以究聖人之心。如堯則考其所以治民，堯典當觀帝堯治民之心。舜則考其所以事君。舜典當觀帝舜事君之心。且如湯誓曰：「予畏上帝，如湯誓一篇，且言畏天。不敢不正。不敢不正其罰。」熟讀，豈不見湯之心？若熟讀之，則見成湯放桀除虐之心，是奉行天罰也。大抵尚書有不必解者，義已明則不必解。有須著意解者，義之奧則必須解。有略須解者，義稍奧則略解。有不可解者。義甚奧則難爲解。如仲虺之誥、太甲諸篇，只是熟讀，義理自分明，何俟於解？此數篇不須贅解。如洪範則須著意解。洪範一篇，天道人道備焉，若不著意解則其義難明。如典、謨諸篇，如堯典、舜典、大禹、皋陶、益稷謨者。辭稍雅奧，其言雅奧。亦略須解。則觀其奧處略解。若如盤庚諸篇已難解，盤庚三篇，自已難解。而康誥之屬康誥之篇。則已不可解矣。則尤難解也。○經說。下同。

尚書初讀甚難，尚書初然玩味却難。似見與己不相干，若不切於己。後來熟讀，後熟玩味。見堯、舜、禹、湯、文、武之事，堯之克明俊德，舜之精一相傳，禹之不矜不伐，湯之德日新，文王之勤用明德，武王叙疇建極之類。皆是切己。無非切於吾一身也。

禮有經有變，有禮之經，有禮之變。經者常也，經乃常行者也。變者常之變也。變亦常行者之或變也。先儒以曲禮爲變禮，前輩謂曲禮乃禮之變者。看來全以爲變亦不可。然亦不可盡謂之變。蓋曲者，委曲之義，曲是以委曲得名。故以曲禮爲變。因此遂謂之變。然「毋不敬，毋者，禁止之辭，但禁止其不敬。安定辭，安定其言辭。安民哉」，即此之道而安乎民。豈可以此三句爲變禮？此三言謂之變，可乎？只是禮各有經有變，經與變對，有經則不能無變。先儒以儀禮爲經禮，前輩言儀禮經也。儀禮中亦自有變。然經禮之中亦有變禮。然所謂變禮者，變禮之中。又自有經，不可一律看也。不可一概論也。

儀禮是經，儀禮乃經禮也。禮記是解。禮記則是儀禮注脚。如儀禮有冠禮，禮記便有冠義；儀禮有昏禮，禮記便有昏義。其它亦然。禮書諸篇皆如此。

周官徧布周密，徧布以廣大言，周密以精密言。乃周公運用天理熟爛之書。是周公胸中天理運用已熟，故筆而爲此書。

周禮好看，周禮一書最好玩味。廣大精密，其規模廣大，其處置精密。周家之法度在焉。成周之法憲制度悉具其中。

伏羲畫八卦，伏羲因河圖畫爲八卦。只此數畫，爲陽畫者十二，爲陰畫者二十四。該盡天下之理。萬物之理悉在其中。

程先生易傳，伊川周易傳。義理精，説理極是精妙。字數足，訓字初無空缺。無一毫欠闕。都無漏綻處。只於本義不相合。但於本文則似不合。易本是卜筮之書，蓋易爲卜筮而作。程先生只説一理。伊川不及卜筮，而但明其理而已。

春秋大旨，春秋大意。其可見者：誅亂臣、在於誅逆亂之臣。討賊子，討賊惡之子。内中國、以中國爲内。外夷狄，以夷狄爲外。貴王、賤伯而已[一〇]。尊王道、陋伯圖而已也。未必如先儒所言，字字有義也。謂之一字有一字之義，恐失之過。近世如蘇子由、吕居仁若蘇、吕二公。却看得平。却能平心看者也。

先生作資治通鑑綱目，資治通鑑，温公所作，先生以其泛而平統，故復爲綱目，綱仿春秋，目仿左氏。表歲以首年，逐年之上，行外書某甲子，遇甲字子字則朱書以别之，雖無事依舉，要以備歲年。而因年以著統；凡正統之年歲下大書，非正統者兩行分注。大書以提要，凡正書有正例、有變例。正例，如始終、興發、災祥、沿革及號令、征伐、殺生、除拜之大者。變例，如不在此例而善可爲法、惡可爲戒者，皆特書之也。而分注以備言。凡分注有追原其始者，有遂言其終者，有詳陳其事者，有備載其言者，有因始終而見者，有因拜罷而見者，有因事類而見者，有因家世而見者，有溫公所立之言、所取之論，有胡氏所收之説、所著之辭，而兩公所遺與近世大儒折衷之語，今亦頗采以附於其間云。使夫歲年之久近，俾其歲其年之或久或近。國統之離合，正統之或離或合。辭事之詳略，辭與事之或詳或略。議論之同異，議論之或同或異。通貫曉析，莫不該貫剖析。如指諸掌。猶指掌之易。夫歲周於上，而天道明矣；年之上書歲，歲周於其上，而天道曉然。統正於下，而人道定矣。歲之下書正統之年，統正於其下，而人道一定。大綱既舉，大書以爲綱，實仿春秋。而監戒昭矣；監觀警戒之道昭然。衆目畢張，分注以爲目，實仿左氏。而幾微著矣。幾微芒忽之事悉著。是則凡爲致知格物之學者，凡欲推極吾之知識，窮事物之理而至於極者。亦將慨然有感於斯。則論古今而別其是非，是亦格物致知之一事，蓋有感於斯。或問先生綱目主意，先生曰「主在正統」。

問看史。有問先生以看史書。先生曰：答云。亦草率不得，不可老草。須當看人物是如何，看人物處，則當看其孰邪孰正。治體是如何，看治體處，則當看其孰純孰駁。國勢是如何，看國勢處，則當看其孰强孰弱。皆當子細。須是細密。上蔡看明道看史，謝上蔡見程先生閲史。逐行看過，逐行玩索。不蹉一字。一字亦不放過。○語録。下同。

太史公樂書　太史公所載音樂之書。説許多制度、分寸極好。制度以安其所宜用者言，分寸以長短言，極善。

此必有古書可考。必是得之古籍所載也。

【校勘記】

〔一〕自無毫髮之繆　「繆」，柯氏本作「謬」。

〔二〕然聞之有懼有不懼者　「不」上「有」字原無，據寬文本補。

〔三〕如欲爲孝　「孝」原作「學」，據本條下文及寬文本、柯氏本改。

〔四〕足以管乎天下之理　「管」，柯氏本作「貫」。

〔五〕以致盡心之功　「心」原作「力」，據寬文本、大學或問改。

〔六〕看道理難　「道」，朱子語類卷九作「義」。

〔七〕莫大於春秋　「於」字原無，據柯氏本補。

〔八〕其懋戒之哉　「戒」，晦庵集卷七十五論語訓蒙口義序作「敬」。

〔九〕則其尤無意義者　「意義」，晦庵集卷七十四讀書之要作「義理」。

〔一〇〕貴王賤伯而已　「伯」，柯氏本作「霸」。

新刊音點性理群書句解卷之十七　後集

近思續録第四卷

此卷論存養

觀養説曰：先生著觀養説云。程子所謂「存養於未發之前則可」，未發之前是未與物接，用功只是操存涵養，使此心不至外馳。又謂「善觀者却於已發之際觀之」。已發之際，性之所感，爲情之正，却好隨事觀省。此持敬之功，此學者用功於敬者也。貫通乎動静之際也。静而存養，固以此敬；動而觀省，亦以此敬，是謂貫通。方其未發，方此性寂然不動。必有事焉，爲事所感。是所謂「静中之知覺」，是静而有所覺，而天理自著。復之所以「見天地之心」也。即復爲動之端，而天地生物之心可見。及其已發，及此性感而遂通。隨事觀省，隨其所感之事監觀省察。是乃所謂「動上求静」，是於動之端而求静之理。艮之所以「止其所」也。即艮爲止之道，必動而得其所止，止其所止於理也。然則静中之動，由静而見於動。非敬孰能形之？非先有此敬以涵養於静之時，未必動而形著者之皆善。動中之静，由動而求之静。非敬孰能察之？不以此敬省察於動之時，未必静而存養者益固。故又曰：又云。「學者莫若先理會敬，爲學先下手處無如敬。則自知此矣。」則自明動靜之道矣。○文集。下同。

先生與湖南諸生論中和書曰[一]：先生論中和有云。按文集、遺書諸說，據程氏文集及遺書中議論。似皆以思慮未萌、皆言心思念慮未形。事物未至之時，未有事物交接。爲喜怒哀樂之未發。喜怒哀樂無所感而發。當此之時，於此時也。即是此心寂然不動之體，此心凝寂無所感動，本然之體如此。而天命之性，而天所賦予之性。當體具焉。當初渾全之體。以其不偏不倚，無所偏倚。故謂之中。是謂在中之中，以理言也。及其感而遂通天下之故，及至有所感而動，而達諸天下之事。則喜怒哀樂之性發焉，感物而喜，感物而怒，感物而哀，感物而樂，是皆五性之發。而心之用可見。此心之大用也。以其無不中節，自無所發，無不當理。無所乖戾，無所乖悖違戾。故謂之和。名之曰和。此則人心之正，是此心所發各得其正。而情性之德然也。情之發者，性之德也。然未發之前，方其未發。不可尋覓；只是涵養，無可體驗。已發之後，及其既發。不容安排。自然形著，非有布置。但平日莊敬涵養之功至，平時用工，以敬存養。而無人欲之私以亂之，不容私欲之汩亂。則其未發也，方未發時。鏡明水止，此心虛靈不昧，如鏡之不塵、水之不波。而其發也，則已發之後。無不中節矣。自各中於理。此是日用本領工夫，是敬者操存涵養之本領也。至於隨事省察，及隨事而省己。即物推明，因物明理。亦必以是爲本。亦須此敬爲本，內無私欲以蔽之，則所知者精矣。而於已發之際觀之，苟於已發而察其所以。則其具於未發之前者，則其未發。固可嘿識。已可知也。故程子之答蘇季明，蘇季明未明中之義，且問程子，以體驗於未發之前，不知未發之前純然是理，尚未有所感而動，有何物可體驗耶。反復論辨，相與考論。極其詳密，詳悉周密。而卒之不過以敬爲言。而終不出於「敬」之一字。又曰：「敬而無失，敬則操存涵養，常在這裏，故無失。即所以中。」而中之理在是。又曰：「人道莫若敬，人之求道無如敬爲先。未有致知而不在敬者。」未有推極此心之知而不自此敬者。又曰：「涵養須是敬，涵養此心須必此敬。進學則在致知。」學之進則在於推極其知識。蓋爲此也。以有此敬也。

二先生所論「敬」字，指二程也。該貫動静。静存動察皆須此敬，故曰該貫。方其無事而存主不懈者，固敬也。未有物接之時，操存此心，不使之懈施，此静而敬也。及其應事而酬酢不亂者，亦敬也。既與物接之際，酬酢萬變，而此心不亂，此動而敬也。故曰：「毋不敬，事事皆敬也。儼若思。」心心皆敬也。又曰：「事思敬，應事而思盡敬也。執事敬。」所執之事無不敬也。豈必以攝心坐禪而謂之敬哉？吾儒之學，敬在心者敬之體，敬在事者敬之用。豈如佛氏，受攝此心於無用，坐禪入定，以此爲敬耶？

舊見李先生常教静坐。李先生，李延平也，常常教人静坐。後來看得不然，後來方知静坐而此心不運用，是即坐禪者無異。是只一個「敬」字好。只有「敬」字切己。方無事時，静而未與物接。敬於自持。但以此敬操持此心。及應事時，動而既與物接。敬於應事；但以此敬酬酢萬變。讀書時，敬於讀書。如讀書之際，心存讀書，更無它想，是讀書而盡此敬。便自然該貫動靜，動静相涵，無非此敬。心無時而不存。則此心常在腔子裏。○語録。

聖賢之學，聖賢之爲學。徹頭徹尾自始至末。只是一「敬」字。莫不本於敬。致知者，以敬而致之也；推極其知識者有此敬，則其中不昏，故能推極也。力行者，以敬而行之者也。盡力以行者有此敬，則外慾不足以蔽塞，故能力於行也。文集。下同。

學問根本，爲學之大頭腦處。在日用持敬集義工夫。只在日用，心心而持此敬，事事而集此義。

所諭敬字工夫[二]，所言用工於敬。於應事處用力爲難，應酬之際難於著力。此亦常理。此亦理之常。看聖賢説「行篤敬」、但聖賢言所行之篤敬。「執事敬」，執事之盡敬，皆是應事而用力。則「敬」字不爲嘿然無爲時設，文公嘗言敬不是閉眼静坐便爲敬。須向難處力加持守，須是隨事致察。庶幾動静如一耳。庶静存則爲静之敬，動察則爲動之敬，是動静一於敬也。

道不難於求，而難於養，求道非難，養道爲難。故程子曰：「學莫先於致知，爲學莫先於推極其知識。然未有致知而不在敬者。」未有能推極其知非有此敬，涵養其中使之不亂。邵康節告章子厚曰：子厚名敦[三]，建人。「以君之才，□其資才。於吾學頃刻可盡，於吾之學可以盡得。但須相從林下一二十年[四]，亦必相與山林之間一二十歲。使塵慮消散，俾塵埃之慮盡去，謂私欲也。胸中豁然無一事，此心通徹，不爲事累。乃可相授。」斯可有傳。正爲此也。

學問臨事不得力，學問所以廣聞見也，而臨事之際却不得力。固是靜中欠却工夫，雖是靜中用工欠闕。然欲舍動求靜，但便思去動而守此靜。又無此理。其失也有體無用。蓋人之身心，動而此身，靜而此心。動靜循環[五]，如環之轉。反復無時。無有定時。不然，但常存此心，苟不若是，只常常存此心。勿令忘失，勿使喪失。則隨動隨靜，靜而存養是靜亦定，動而省察是動亦定。無處不是用力處矣。無一處不是所用工之地也。

古人教人，古者教人之道。非獨教之，不特是有所教。固將有以養之。抑且又有所養。理義以養其心，非僻不入。聲音以養其耳，非禮勿聽。采色以養其目，非禮勿視。舞蹈降登，或舞或蹈，或降或升。疾徐俯仰，且疾且徐，且俯且仰。以養其血脈，非禮勿動。以至於左右起居，及於在左在右，其起其居。盤盂几杖，盤，沐浴之盤。盂，飲食器也。几，案屬。杖，行之所資者。有銘有戒，銘之以文，而寓其戒。其所以養之之具，凡所以養德之具。可謂備至矣。亦詳且盡矣。夫如是，故學者有成材，所以無非成德之才。而庠序有實用。而學校所養，皆有實用也。心體通有無、此心渾全之體，靜無而動有，至正而明達，故能通有無。該動靜，該貫動靜。故工夫亦通有無，其用工者涵養於静無之中，省察於動有之際，故亦通有無。該動静，該貫動静。方無透漏。始無漏綻。若必待其發而後察，如必候其既發而始加省察。察而後存，因省察而後能存此心。則工夫所不至者多矣。則無了静而涵養一段工夫，其空缺亦多矣。

人心至靈，人之一心甚靈莫測。主宰萬變，而能主持萬變。而非物所能宰。而不爲物所主持也。故有執持之意，故人纔欲執持此心。即是此心先自動了。則是此心先動，方始執□。此程夫子所以每言坐忘即是坐馳，故程子謂有意坐忘乃是外馳，方始如此。而其指示學者操存之道，故其示學者操存此心之道。則必曰「敬以直内」，「敬以直内」，是内之涵養者此敬自内出，敬立則中有所主，而理之根於内者，直上直下而無所屈。而又有「以敬直内，若言以敬直内，則敬自外來。便不直矣」之云也。是其中本無所主，已爲私欲所屈，又安能直也哉？詳味「敬以」、「以敬」四字，不無輕重之分也。非是別有以操存乎此，非是自外別有物以操存此心。存所以主宰乎一心，故心自能存，非是別有以操存乎此[六]，非是自外別有一物以操存此心，而後以敬名其理也。而後乃言以敬直内也。

明道先生言：「某寫字時甚敬，我於寫字之時甚是敬謹。非是要好，不是用工求妍。只此是學。」即此便是存心之道。因作書字銘。先生因此遂著書字銘。

君子慎言語，不輕於發也。節飲食，不過度也。養德、養身之切務。言不輕發，則心不外馳，所存自熟，所以養其德也。食不過度，則胃氣和平而無所傷，所以養其身也。○易本義。

「敬」之一字，聖學所以成始而成終也。人生八歲入小學，收其放心，養其德性，而爲大學之根本，此聖學資之成始也。十五入大學，格物窮理，必立誠意以格之，而收小學之成功，此聖學資之成終也。○大學或問。下同。

敬者，一心之主宰，敬，所以存主此心而不懈，故爲心之主宰。而萬物之本根也。心有主宰，故酬酢萬事各各當理，故爲萬事之本根。

或問：所謂敬者，若何而用力？或有問先生：「敬」之一字如何用工？曰：程子於此，嘗以主一無適言之矣，「主一」是心主此一事，更不參插第二第三事。「無適」是它無所往，常常在腔子裏也。嘗以整齊嚴肅言之矣。「整齊」如正其衣冠之類，「嚴肅」如尊其瞻視之類。至其門人謝氏之說，謝顯道良佐。則又有所謂「常惺惺法」者焉。常惺惺，常警醒也。尹氏之說，尹焞彦明。則又有所謂「其心收斂，不容一物」者焉。收斂則無放逸，不容一物則無私欲汩乎其中。觀此數說，味此數條。足以見其用力之方矣。無非用工之地也。

當其未發，方此心未有所感動。此心至虛，無事在心，故其體虛。如鏡之明，猶鏡之不塵。如水之止，水之不波。則但當敬以存之，只當敬以存養之。而不使其小有偏倚。故其理直上直下，無所偏倚。至於事物之來，及事紛紛至吾前。此心發見，酬酢之際，隨感而發。喜怒哀樂[七]，當喜而喜，當怒而怒，當哀而哀，當樂而樂。各有攸當，無不各得其當。則又當敬以察之，只當敬以省察。不使其小有差忒。不至於喜非所喜，怒非所怒，哀非所哀，樂非所樂，而不得其正者也。○中庸或問。

問：張子謂「始學之要，張横渠言初學之大要。當知『三月不違』當明顔子三月天時之小變，而此心不違去仁。與『日月至焉』，與諸子日一至此仁、月一至此仁者。内外賓主之辨」。有在内爲主、在外爲賓之異。先生曰：文公云。「不違仁」者，不違去此仁。仁在内而爲主，是此仁已先入其中而爲之主。然而未熟，但是未能無間斷。亦有時而出於外。雖亦有出於外之時，然隨失即復。「日月至焉」者，日一至此仁、月一至此仁者。仁在外而爲賓，是此仁常在於外而爲之賓。雖有時而入於内，雖亦有入於内之時，如日或一至，月或一至。而不能久也。隨出隨入，不能久居是宅，久居則是不違矣。○語録。下同。

問：程子曰有問於程先生。「思無邪，所思者無邪妄。誠也」。无妄則是誠矣。曰：答云。思在言與行之先，言者心之聲，心之所得而見之行則爲行，故思在先。思無邪思而無邪妄。則所言所行皆無邪矣，則思而後言，思而後動，亦無邪妄。惟其表裏皆然，思其裏也，言與行其表也，表裏一致。故謂之誠。此則誠之所爲也。

問「思無邪」、又問思而無邪妄。「毋不敬」。與禁止其不敬者。曰：答云。「毋不敬」，所謂禁止其不敬，是用工於敬者。是正心、誠意之事。即大學「欲正其心」、「欲誠其意」，皆是着力者也。「思無邪」，所謂思而無邪妄。是心正、意誠之意。即大學「意誠而心正」，皆是得力者也。

無事時敬在裏面，未與事物交接，則静而涵養，敬在心。有事時敬在事上。既與事物交接，則動而省察，敬在事。有事無事〔八〕，無事則静以存之，有事則動以察之。吾之敬未嘗間斷也。敬該動静，未始頃刻間斷。

伊川答或人問或有問於伊川云。未出門、未使民時如何，出門如見大賓，使民如承大祭，敬也。但未出門、未使民則又如何？曰：此「儼若思」時也。此坐思貌必儼然之時，蓋出門使民，此敬在事；未出門使民，此敬在心。即上文有事、無事，吾之敬未嘗間斷。聖人之言，夫子之言。得他恁地説也是好。得伊川發明其言外之意，真是快透也。

問：周子「一者無欲也」，一者敬也，此心收斂不容一物，安有所謂欲？比程子「主一之謂敬」，如何？主一者，心主此一事，更不參插它事，亦敬也。曰：答云。「無欲」與「敬」一般，無欲即所以爲敬。「敬」字分外分明。「敬」字比「無欲」，則「敬」字尤分明。要之，持敬頗似費力〔九〕，若以無欲較持敬，則持敬尚須執提。不如無欲瞥脱〔一〇〕。而「無欲」二字更自直截。

古人於小學中古人八歲入小學。已自把捉成了，便有涵養工夫，而爲大學基本。故於大學之道，則十五入大學。無所不可。所以收小學之成功。今人既無小學之功，今之爲學者既已闕小學一段工夫。却當以敬爲本。必當存養，以爲格物、致知、誠意、正心、脩身之本。

道理自有動時，動者道之用。自有靜時。靜者道之體。無處不是道理，靜處動處皆是道理。不可專要去靜處求。若專去靜中求，則是有體無用。伊川謂「只用敬，用敬則靜存爲靜而敬，動察爲動而敬，此敬該動靜、貫體用。不用靜」，用靜則偏了，故不用。便說得平。此說甚平穩。

「坐如尸，視貌正。立如齊」，磬且聽。「頭容直，不傾顧。目容端，不邪視。足容重，舉欲遲。手容恭，高且直。口容止，不妄語。氣容肅」，屏氣似不息者。皆敬之目也。此皆持敬之條目也。

問：存養多用靜否？存養此心，還是靜上用工邪？曰：不必然，孔子却都就用處教人做工夫。夫子教人盡是於動處著力，如出門如見大賓，使民如承大祭之類，敬之用也。

主一，兼動靜而言。敬該動靜，主一亦該動靜。方其無事，此心收斂，不容一物，是靜而主一也。及其應事，主此一事，更不參插它事，是動而主一也。

或疑主一則滯。或有疑主一則滯而不通。先生曰：所謂「主一」者，「主一」云者。何嘗滯於一事？非是拘滯於一事。不主一，則方理會此事，若不主乎一，則此心方才應這事。而心留於彼，而此心又留繫它事。這却是滯於一隅。此乃是滯於一偏也。

一者，其心湛然，謂之一者，乃其心湛然清明。只在這裏。只在腔子裏，若出此腔子裏則二矣。

人心虛靈，人之心至虛至靈。無有限量。大而無所限量。如六合之外，如上而天、下而地、東、西、南、北，雖是六合之外。思之即至，思之即到。前乎千百世之已往，謂往古也。後乎千萬世之未來，謂來今也。皆在目前爾。一思念之間，並在目前。人爲利欲所昏，但爲利欲汩亂昏濁。所以不見此理。此所以見不明也。

此心曠然，廣大此心之體。無一毫私意，苟無毫髮私意。直與天地同量，天地之大亦至公而已矣，故與之同量。便有天下爲一家、便是合天下之遠猶一家之近。中國爲一人底意思。合中國之廣而爲一人之身意。

君子心大則是天心，君子成德之稱，其心大無限量，即天之心廣大而無私也。心小則如文王之翼翼小心。

其心小，則猶文王之畏謹也。小人心大則放肆，小人之心，大則放逸縱肆，而不能充此心之妙用。心小則褊隘私吝。小則褊隘固滯，而不能盡此心之全體。

聖人之心，聖人之所謂心。曠然大公，至大而無外。了無一物。不以一物累其中，故至公而無私。

天地之心，天地生物之心。動方見。必於一陽之復動之端方始見。聖人之心，聖人此心。應事接物方見。亦於動而應酬處方始見。

古人言志帥、心君，帥以主將言也，氣則皆其卒徒也。君以人之宗主言也，氣則其臣僕也。須心有主張始得。故心不可無主宰。

心一放時，此心一有放逸，則天理亦隨之而亡。便是斧斤之伐，便是木之萌蘖方生，斧斤旦旦而伐之。牛羊之牧。牛羊又從而蹂踐之。一收斂在此，才一檢束，存而不亡。便是日夜之息，便是萌蘖日夜之生。雨露之潤。雨露之潤澤。

虛心看物，虛一心以觀萬物。物來便知是與非。則物之來便能察其孰是孰非。心不虛則先有物在心，必有所偏，而是非不得其實。

問：未應事接物時如何？有問此心未應酬之先如何？曰：未應接之時，未與事物交接。只是戒謹恐懼而已。只是戒謹乎所不睹，恐懼乎所不聞，敬以存之而已。

把心不定，凡心把捉不定。喜、怒、憂、懼四者皆足以動心。此四者皆能動摇我心。心才係於物，此心一係着於物。便是爲其所動。即爲物所動也。

持其志，此心有所操持，則無昏昧雜擾之病。則氣自清明。故其氣至清且明。

敬便是天理，敬則心存而不失，故無非天理。肆便是人欲。肆則血氣之馳騁，故無非人欲。

問「九容」、「九思」。視思明，聽思聰，色思温，貌思恭，言思忠，事思敬，疑思問，忿思難，見得思義，此九思也。足容重，手容恭，目容端，口容止，聲容静，頭容直，氣容肅，立容得，色容莊，此九容也。曰：答云。即此便是涵養本原。此即涵養大本原處。這裏不是涵養，此非涵養之道。更將甚物涵養？不知所謂涵養者是何物耶？

聖人之心如鑑。聖人之心，如鑑之明。事物之來，萬事萬物之來。若小若大，小大不一。四方八面，泛應曲當。莫不順而應之。無不順其所以然，亦猶鑑之照形，因其妍醜順應之。此心元不曾有這物。而心中元無此物，即鑑之中元無此形也。

人心惟定則明。定而明，猶水之止，則自然明生也。

學者常用提醒此心，爲學必須常常提起唤醒此心。使如日之方升，有如太陽之方升，喻心體之明也。群邪自息。則群陰自消鑠，亦猶心虛明則邪妄不能惑也。

心肅則容莊。心既嚴肅，見之容貌自然端莊。

近思續録第五卷

此卷論克己

或問：克伐怨欲不行，固不得爲仁矣。但能制此四者而不行，固不可以爲仁。然亦豈非所謂克己之事、然亦是克去己私之事。求仁之方乎？而爲求仁之術者也。曰：答云。克去己私以復乎禮，禮即天理也。克去一己之私而復其本性之天理。則私欲不留，則一毫之私不存於胸中。而天理之本然者得矣。而理之本然者自復。若但制而不行，如是制之使不行，則克伐怨欲之根尚在。則是未有拔去病根之意，未能芟去。而容其潛藏隱伏於胸中也。尚隱藏伏匿於心之中也。豈克己、求仁之謂哉？與克去己私以充本性渾全之德者自是不同。學者察於二者之間，爲學苟知不行，是制之不行，其根尚在胸中。克己是克去己私，查滓净盡，不容强同。則所以求仁之功，則見理益明，其用功於求仁者。益親切而無滲漏矣。至親至切而無滲漏之處矣。○論語集注。下同。

克己復禮，克去己私，復還天理。乾道也；乃乾之道，謂其奮發而有爲也。主敬行恕，所主者敬，所行者恕。坤道也。乃坤之道，謂其静重而有守也。顔、閔之學［一二］，顔氏、閔子之學。其高下淺深，或高或下，或淺或深。於此可見。於是盡見。然學者誠能從事於敬恕之間而有得焉，學者誠能敬以存心，恕以及物，久而自得，渾然皆理。亦將無己之可克矣。自無私己之可克也。

鍾鼓、苑囿、游觀之樂，鍾鼓所以悦耳也，苑囿、游觀所以悦目也。與夫好勇、好貨、好色之心，與夫喜戰争、貪貨利、耽女色。皆天理之所有，此亦理之所有。而人情之所不能無者。人情之不能免者。然天理人欲，但理欲並立。同行異情。感理而動則爲理，感欲而動則爲欲，皆自此性而發，故同行；理則爲情之正，欲則爲情之私，故異情。循理而公於天下者，循天下公共之理。聖賢之所以盡其性也；是聖賢所以全盡本心之理也。縱欲而私於一己者，縱一己之私欲。衆人之所以滅其天也。是衆人所以戕賊本心之理也。二者之間，一以理而動，一以欲而動。不能以髮，其差特毫髮間。而其是非得失之歸，一是一非，此得彼失。相去遠矣。其相去大相遼絶。故孟子因時君之問，孟軻氏因時君之發問。而剖析於幾微之際，幾微之際，剖判開析。皆所以遏人欲而存天理。無非遏絶人欲之私、存養天理之公。其法似疏而實密，法若疏闊，實則精密。其事似易而實難。事若甚易，實則甚難。學者以身體之，爲學而能以身體而行之。則有以識其非曲學阿世之言，知其言不流於偏而阿媚曲世。而知所以克己復禮之端矣。則克去己私，復還天理，其本原可以推尋矣。孟子集注[一二]。

人受天地之中以生，中即衷善也，人稟受此理而生。而仁義禮智之性具於其心[一三]。五常之性皆具於心。仁雖專主於愛，仁乃愛之理。而實爲心體之全德[一四]。而實爲吾心渾全之德。禮則專主於敬，禮乃敬之理。而心之所以爲規矩者也。檢束此心，使之有規矩而不放失也。然人有是身，但人有是魂魄五臟百骸之身。則耳目口體之間，耳欲聲，目欲色，口欲味，四肢欲安逸。不能無私欲之累，是皆所欲之私者爲之累。以違於理而害夫仁。則違去於理而賊害吾心之全德。人而不仁，人無此仁。則自其一身，莫適爲主，則心不能爲身之主。而事物之間，應事接物。顛倒錯亂，件件乖繆。益無所不至矣。必將沉溺而莫之反矣。此聖門之學，此夫子教人。所以汲汲於求仁。必以求仁爲先。而顏子之問，顏淵問仁。夫子特以「克己復禮」告之，夫子以克去己私、復還天理語之。蓋欲其克去有己之私欲，蓋欲其去己之私欲。而復於規矩之本然也。而復其檢束此心之理。則夫本心之全德，則吾心本然之全德。將不離乎此，而無不盡也。蓋不出於是而能全盡之也。然己者，人欲之私也；夫所謂己者，人欲之至私。禮者，天理之公也。所謂禮者，天理之至公。一心之中，人之一心。二者不容並立，欲之與理不能兩存。而其相去之間其間相去。不能以毫髮，特毫毛絲髮耳。出乎此則入乎彼，出理則必入欲。出乎彼則入於此矣。出欲則必入於理。是其克與不克、克己與不克己。復與不復，復禮與不復禮。如手反覆，如吾手然，不反則覆。如臂屈伸。如吾臂然，不屈則伸。誠欲爲之，果有爲仁之人。其機亦在我而已，其機關在己之自決。夫豈他人之所得與哉？他人豈能爲之。○論語或問。下同。

禮爲心之規矩，禮所以檢束此心，無有放失。而其用無所不在。而妙用則見於應事接物之間。以身而言，自一身而推。則視、聽、言、動，曰視、曰聽、曰言、曰動。四者足以該之矣。四者足以盡之，禮之用也。四者之間，但此四者。由粗而精，自其粗以至於精。由小而大，自其小以至於大。所當爲者皆禮也，所爲合乎理，是當爲者，即此禮也。所不當爲者皆非禮也。所爲悖於理，是不當爲者，非此禮也。禮即天之理也，禮則爲天理之公。非禮則己之私也。非禮則是人欲之私。於是四者，謹而察之，必於視、聽、言、動之四者而明察焉。知其非禮，果爲非禮。則勿以止焉，則禁止而勿爲。則是克己之私，斯能克去人欲之私。而復於理矣[一五]。而復其天理之公矣。且非禮而勿視聽者，然亦當作一截看。非禮而勿視、勿聽者。防其自外入而動於内者也；視乃目之所接，聽乃耳之所接。是欲自外入而動於内者，不容不防。非禮而勿言動者，非禮而勿言、勿動者。謹其自内出而接於外者也。言乃心之聲，動乃性之欲。是欲自内出而接於外者，不容不謹。内外交進，自外入者既知所防，自内出者復知所謹。爲仁之功，則人欲净盡、天德渾全。不遺餘力矣。至此則不待用功矣。

中庸之「强」，中庸言强，乃理義之强。非世俗之强也。非世俗血氣之强者也。蓋强者，力有以勝人之名也。蓋此所謂强，是矯强持守，所以過乎人也。凡人和而無節，和而不知節。則必至於流；則必至流蕩，非矯强也。中立而無依，中立而無所依據。則必至於倚。則必至偏倚，非矯强也。國有道而富貴，國家有道之時而富貴。或不能不改其平素；不能不變未達之所守，非矯强也。國無道而貧賤，於國家無道之時而貧賤。或不能久處乎窮約。不能不變平生之所守，非矯强也。非持守之力，自非力於持守。有以勝人者，而有以過乎人。其孰能反之？又誰能和而不流，中立而不倚，國有道不變塞，國無道至死不變，而能矯强以反於正邪？夫子以是告子路者，夫子即此數語爲子路告。所以抑其血氣之剛，蓋欲使子路克治血氣之强。而進之以德義之勇也[一六]。而充其理義之强也。○中庸章句[一七]。下同。

不一其内，内心之不專一。則無以制其外；則無以制其外貌之偏。不齊其外，外貌之不整齊。則無以養其中。則無以養其中心之善。静而不存，静而不能存養。則無以立其本；則大本之不立。動而不察，動而不能省察。則無以勝其私。則私意之難克。故「齊明盛服，故必正其衣冠。非禮不動」，非禮則是己之私，而不妄動。則內外交養，存乎中所以應乎外，制乎外所以養乎中，交相爲養。而動静不違，動與静俱。所以爲脩身之要也。是即所以脩此身也。

人無英氣，人而無英鋭之氣。固安於卑陋，則必自安於卑下凡陋。而不足以語上；不可言向上之事。其或有之，苟有英鋭之氣。而無以制之，而又不能以理義制之。則又反爲所使，則反爲英氣所轉移。而不肯遜志於學，而不能降志以就於學。此學者之通患也。此爲學之大患。所以古人設教，是以古之人立教。自洒掃、應對、進退之節，自入小學，於播洒掃室、應對言語、進趨退息之節次。禮、樂、射、御、書、數之文，六禮、六樂、六射、六御、六書、六數之文。必皆使之抑心下首，俾之抑降其心，低下其首。以從事其間而不敢忽，從而有事於此而不敢忽。然後可以銷磨去其飛揚倔强之氣，而以銷化磨治其血氣之私。而爲入德之階。而爲進德之階級。今既無此矣，今已無此等漸次之工夫。惟有讀書一事，只有讀書而窮其理。尚可以爲攝伏身心之助。而爲正心脩身之益也。○手帖。

顔子生平，顔淵一生爲學。只是受用「克己復禮」四字。其得力處只在克去己私、復還天理而已。○語録。下同。

顏子克己，顏淵克去己私。如紅爐上一點雪。有如紅爐上融化一點雪，蓋其天資剛明，勇猛著力，查滓盡化，初無留難。

「有不善，未嘗不知，顏子勇於克己，凡有過無不知。知之未嘗復行。」知則不萌於再。顏子只是天資好，是皆天資剛明。如至清之水，有如止水之清。纖芥必見。雖細微之草芥亦見。「不遷怒，怒於甲者不移於乙。不貳過」，過於前者不萌於再。此是顏子好學之符驗，此是顏淵好學，其效驗至此。却不是只學此二件事。非是學此二事而止。顏淵學處，其所學者。專是非禮勿視、聽、言、動處。則專在於四非、四勿也。

問：顏子所樂何事？或問：顏淵所樂，不知其樂何事？曰：答云。人之所以不樂者，人所以不能有此樂。有私意爾。私意纏繞於中耳。克己之私則樂矣。私欲克盡故樂，不是專樂個貧也。

問：克己之私有三樣：或問：己私之説有三。性質之偏，一也；陽善陰惡，稟陰之多則偏於惡之類。耳目鼻口之欲，二也；耳欲聲、目欲色、鼻欲臭、口欲味之類。人我忌克之私，三也。人有所長，己則忌之；己有所能，人則忌之之類。不知那個是夫子所指者？不知此三者孰是夫子所言者。先生曰：答云。三者都在裏面，此三者皆在其中。然看非禮勿視、勿聽、勿言、勿動，但觀其言，非禮勿視、聽、言、動。則耳目鼻口之欲較多，則於耳、目、鼻、口上分外克治也。聖人所以下個「克」字。夫子於己私必謂之「克」者。譬如相殺相似，正猶用兵交戰。定要克勝他。必期克敵。大率克己工夫，大凡克去己私之工夫。是自着力做底事，是自身向進着力者。與他人殊不相干。於人無預。緊緊自閉門，自就身上子細體認，若能勇猛於自己體驗。覺得才有私意，才見私意之萌。便與克去。便克治以去其根芽。故曰：「爲仁由己，故謂爲仁之道皆由自己。而由人乎哉！」豈由他人耶？

天理人欲，天理與人欲。相爲消長，互消互長。此進一步，此既進。則彼退一步，則彼自退聽。看是那個勝得。天理進則人欲退，人欲進則天理退，但視其進退而爲勝負也。

動箴伊川先生所著。「順理則裕，謂順理而行，自無不足。從欲惟危」，從欲而動，危殆難安。兩句是緊要。此兩句最是切要。這是生死路頭。順理而動，則天理生生不窮，是生路頭也；從欲而動，則欲勝理微，是死路頭也。

問：顏子地位，學至顏子地位。有甚非禮處？有何非禮所在？何待下四勿工夫？而乃用功於四「勿」字。先生曰：只心術間微有些子非禮處，只是胸中微有不中禮所在。也須用净盡截斷了。便已□除盡了。聖人教顏子克己，夫子教其克去己私。譬如賊來，進步與之厮殺。正如進步，與賊迎刃，必求克勝。教仲弓以敬恕，教仲弓以主敬行恕。是教他堅壁清野，是教他固其戎壘、清其草野。截斷路頭，限截道路。不教賊來。不與賊至。顔子是近前一刀兩斷，天理人欲判然兩途，是一刀兩斷也。仲弓是一面自守。主敬行恕，純是天理，私心不容，是一面自守也。聖人教人，夫子之誨人。因其資之高下，莫不各因其天資之淺深。要之成德則一耳。及其成德亦一而已。嘗記胡侍郎舉説文云，胡公寅舉□説文有曰。「勿」字勢似旗〔一八〕。「勿」字形似旗脚。旗是揮止禁約之物。旗者，所以揮止衆軍而禁約之也。勿者，欲人揮止禁約其私欲也。非禮而各以「勿」言，亦所以揮止禁約而勿爲也。

「克己復禮」，克去己私，復還天理。是一服藥，打疊了這病。正如一服藥，便去其病根。「主敬行恕」，敬以持己，恕以及人。是漸漸服藥，是逐旋用藥。磨銷了這病。積漸以去其病也。

凡事上便有是有非，凡事各有一是一非。是底是天理〔一九〕，其是者即天理也。非底即是人欲。其非者即人欲也。天理至公，合於天理則爲至公。人欲是私。徇乎人欲則爲至私。是則擴而充之，理之是當充廣之。非則克而去之。欲之非當克治之。

克己之功，克去己私之工。乃是知至以後事。必此心有所覺，方知己私之當克，所以爲知至後事。

克伐怨欲，克忮害、伐驕矜、怨憤恨、欲貪欲，若制之不行，是其根尚在胸中。須從根上除治。故必自其根而除去方善。

懲忿如救火，人之忿怒如火方炎，故懲治之功當如救火。窒慾如防水。人之嗜慾如水難遏，故窒塞之方當如防水。

懲忿有摧高之象，「懲忿窒欲」，此易損卦大象言也。損之爲卦，艮山居上，兑澤在下，浸盈不已，山之高者必摧，故聖人取象以懲忿言。人之忿怒奮發求伸，懲治之則有摧高之象。窒慾有塞水之象。水之流也，其始也涓涓，其終也滔天，聖人取象以窒慾言。人之嗜慾源源不已，窒塞之則有塞水之象。

遷善當如風之速，益之大象曰：「風雷，益。君子以遷善改過。」遷善貴乎速，有風之象也。改過當如雷之決。改過貴乎決，有雷之象。

見人之善見他人行一善行。而尋己之善，反求諸身有此否耶。見人之惡見他人爲一惡事。而尋己之惡，反求諸身有此否耶。如此方是有益。則能向善而去惡，其於道方有進益。

問：遇事時亦知理之是非，或問：人之遇事亦有明知其理之此是彼非。到做處又却爲人欲引去，及到爲事，却爲人欲牽引。做了又却悔。既爲後知其非，又自悔。先生曰：此便是無克己工夫。便是不能克治者。須便與克下，不得苟且放過，若或人欲牽引，須是克去。明理以先之，致知以推此理。勇猛以行之。力行以體此理。

人之氣稟有偏，人之稟氣不能無偏。則所見亦不同。故所見亦各流於一偏。如氣稟剛底人，稟陽氣之多者，則爲剛底人。則見剛處多，則所見多偏於剛。而處事或失之太剛[二〇]；故應酬之際過於剛。柔底人，稟陰氣之多者，則爲柔底人。則見柔處多，則所見多偏於柔。而處事或失之太柔[二一]。故應酬之際過於柔。須先克治氣稟偏處。故必當各隨其氣稟之偏處克將去。

【校勘記】

[一] 先生與湖南諸生論中和書曰　晦庵集卷六十四收此書，題與湖南諸公論中和第一書。

[二] 所論敬字工夫　「字」，柯氏本作「事」。

[三] 子厚名敦　「敦」應爲「惇」之訛。按：章惇，字子厚，北宋大臣。此處作「敦」應爲避宋光宗諱而改。

〔四〕但須相從林下一二十年　「一」字原無，據晦庵集卷五十答吳仲玭補。

〔五〕動静循環　「動静」二字，柯氏本無。

〔六〕存非是别有以操存乎此　「非是」，寬文本作「是非」。按：柯氏本無此句，此句疑爲衍文。又按：此條語録本自朱熹答潘叔度（見晦庵先生朱文公文集卷四十六），此句原作：「蓋惟整齊嚴肅，則中有主而心自存，非是别有以操存乎此而後以敬名其理也。」

〔七〕喜怒哀樂　「喜」原作「嘉」，據寬文本、柯氏本、和刻性理群書句解改。

〔八〕有事無事　下一「事」字原作「時」，據寬文本、柯氏本改。

〔九〕持敬頗似費力　「似」原作「以」，據柯氏本、朱子語類卷九十四改。

〔一〇〕不如無欲瞥脱　「瞥」，朱子語類卷九十四作「撇」。

〔一一〕顔閔之學　「閔」，寬文本、論語集注卷六作「冉」。

〔一二〕孟子集注　「子」字原無，據寬文本、柯氏本補。

〔一三〕而仁義禮智之性具於其心　「性」原作「信」，據寬文本、柯氏本改。

〔一四〕而實爲心體之全德　「德」原作「得」，據本條下文及寬文本、柯氏本改。

〔一五〕而復於理矣　「理」，論語或問卷十二作「禮」。

〔一六〕而進之以德義之勇也　「德」原作「得」，據寬文本、柯氏本改。

〔一七〕中庸章句　「章句」，寬文本作「或問」。按，今本中庸章句僅零星語句與此條同，中庸或問則與之基本相同。

〔一八〕勿字勢似旗　「似」，柯氏本作「是」。

〔一九〕是底是天理　「底」下，寬文本有「即」字。

〔二〇〕而處事或失之太剛　「或」，朱子語類卷十三作「必」。

〔二一〕而處事或失之太柔　「或」字原無，據柯氏本補，朱子語類卷十三作「必」。

新刊音點性理群書句解卷之十八　後集

近思續録第六卷

此卷論齊家

家人卦易之家人。九五、六二，九五，上爻之中；六二，下爻之中。外内各得其正，九五居外而得其正，六二居内而得其正。故爲家人。「利女貞」者，貞，正也。然必曰利於女之正者。欲先正乎内也，欲先正其内。内正則外無不正矣。内既正，則外自然無不正矣。〇易本義。

「威如之吉，有威可畏謂之威，而能極其善者。反身之謂也。」自反而修其身也。非作威也，非作福作威之威也。反身自治，修身而身修。則人畏服之矣。凛然難犯，人自見其有威之可畏也。

葛覃之詩，葛覃一篇。后妃所自作，文王后妃自爲之詩也。故無贊美之詞。贊詠稱美之言略焉。然於此可以見其已貴而能勤，然貴爲王后，志在女功，可見其勤德。已富而能儉〔一〕，已長而敬不弛於師傅，形已長大，知尊師傅，可見其敬德。已嫁而孝不衰於父母。身爲王后，歸安父母，可見其孝德。是皆其德之厚，而人所難也。此其德厚之極，亦人所難能也。○詩傳。下同。

卷耳之詩，卷耳一詩。亦后妃所自作，亦文王后自爲之詩也。可以見其貞静專一之至矣[二]。以進賢爲志，故專一無險詖私謁之心，故貞静。

周南篇首五詩，詩自周南訓詁篇端五詩。皆言后妃之德。無非所以紀后妃之德。關雎舉其全體而言也，關雎即是德渾全之體言。葛覃、卷耳此二詩。言其志行之在己，葛覃則言其勤儉孝敬之行，卷耳則言其輔君子進賢之志。樛木、螽斯此二詩。美其德惠之及人，樛木美其逮下之惠，螽斯美其無妬之德。皆指其一事言也。是一詩各指其一事言。其詞雖主於后妃，其詩之言雖若爲后妃發。然其實皆所以著明文王身修家齊之效也。其實則由文王身修而家齊，故后妃有此淑德也。至於桃夭、兔罝、芣苢，桃夭之國無鰥民，兔罝之賢人衆多，芣苢之天下政教和平。則家齊而國治之效。又自家齊而推，國自然治。漢廣、汝墳，漢廣之德廣所及，汝墳之道化行。則以南國之詩附焉，是皆南國之詩。而見天下已有可平之漸矣。此又國治而天下平也。若麟之趾，則又王者之瑞，麟，瑞獸，不時出也，出必有王者作。公族信厚，有似麟應之然，此又爲王者之瑞。有非人力所致而自至者，有不可以人力致。故復以是終焉，周南之詩以此而終。而序者以爲關雎之應也。序詩者謂此乃后妃關雎風教之所感，而麟趾應之。夫其所以至此，所以使之然。后妃之德，后妃淑德。固不爲無所助矣。信非無補者也。然妻道無成，但妻主順承而無所成，猶坤之承乾有爲也。則亦豈得而專之哉？人豈得自專？今言詩者，或乃專美后妃 言詩而但美后妃之德。而不本於文王，不知文王齊家所致。其亦誤矣。是未知其源也。

鵲巢至采蘋，鵲巢言夫人之德，采蘋言大夫妻能循法度。言夫人、大夫妻[三]，言夫人及大夫妻。以見當時國君、大夫，可見一時國君與大夫。被文王之化，沾被文王德化。而能修身以正其家也。故亦修身而齊其家，故國君夫人則有德，大夫妻則循法度。甘棠以下，甘棠稱召伯教明南國。此詩以下。又見由方伯能布文王之化，方伯，諸侯，猶今郡守也，自方伯皆能廣文王之化。而國君能修之家以及其國也。又是國君被文王之化，修之於家，而方伯化焉，是有以及其國也。其詞雖無及於文王者，其言雖未嘗及文王。然文王明德、新民之功至是，且文王明己之德，復推此被天下之民，使有以去其舊染之污。而其所施者博矣。則其所及者亦廣矣。

雞鳴之詩，詩雞鳴一篇。言古之賢妃 是說古者賢妃。御於君所，侍於君之寢所。至於將旦之時，及曉色欲分。必告君曰：遂與君言。「雞既鳴矣，雞唱矣。會朝之臣，覲君之臣。既已盈矣。」已盈廷矣。欲令君早起而視朝也。君王盍起而視群臣之覲也。然其實非雞之鳴也，實則雞尚未唱。乃蒼蠅之聲也。乃蠅聲也。蓋賢妃當夙興之時，妃后早起。心常恐晚，猶恐其遲。故聞其似者以爲真。聞其聲之似雞，便以爲雞。

非其心存警畏若非其心警愓畏懼。而不留於逸欲者，不爲逸欲牽繫。何以能此？何有此哉？

父母愛子之心，父母之愛其子。無所不至。其心無時不在子之身。惟恐其有疾病[四]，惟慮其有疾。常以爲憂也。故每以此爲憂。人子體此，爲子者苟能法是。而以父母之心爲心，而以父母愛子之心愛父母。則凡所以守其身者，則其持守在己。自不容於不謹矣。又豈可斯須而不敬耶？論語集注。

「古者易子而教」，己之子則他人教之，他人之子則己教之，是謂「易子」。所以全父子之恩，父子之間不責善，責善則離，故所以全其恩也。而亦不失其爲教。不失其爲教之道。孟子集注。下同。

守身，守身爲大者。持守此身，是持守吾之身。使不陷於不義也。不使之陷溺於不義之域。一失其身，不能持守則必身陷於不義。則虧體辱親，損其形體，貽辱父母。雖日用三牲之養，雖日殺三牲以養父母。亦不足以爲孝矣。恐非孝之大者也。

舜視天下之歸己猶草芥，大舜視謳歌朝覲之歸己，輕如草芥。而惟欲得其親而順之也。但欲順承其父母。得者，曲爲承順，以得其心之悦而已。得其親者，得父母之心之悦己也。順則有以諭之於道，順者，化其頑嚚之習而可曉之以理也。心與之一，惟其得，所以心與父母一。而未始有違，惟其順，所以奉承父母而無違。尤人所難也。此常人所難能。瞽叟至頑，瞽叟，舜父也。口不道忠信之言爲頑。常欲殺舜，居常以殺舜爲心。至是而底豫焉。至此而致其和。蓋舜至此有以順其親矣。皆舜盡其爲子之孝，於親無所拂也。是以天下之爲人子者[五]，所以凡爲人之子者。知天下無不可事之親，亦當知未有難事之父母。顧吾所以事之者 但恐事親而底豫。未若舜耳。未能爲舜。於是莫不勉而爲孝，自此亦勉其未至。至於其親亦底豫焉，使其父母亦致和悦。則天下之爲父者，而爲人之父。亦莫不慈，亦無不慈愛其子。所謂化焉。有以化之，則難事之親易事也。子孝父慈，子之道止於孝，父之道止於慈。各止其所，各安所止。而無不安其位之意，是亦其分位之當然。所謂定也。定，理也。爲法於天下，舜以此孝作則於天下。可傳於後世，流傳於萬世。非止一身一家之孝而已。世世慕之，人人傚之，豈待舜之身、舜之家而已？此所以爲大孝也。其孝不其大乎！

家禮　通禮第一：先王制爲士庶之家所當行之禮，而以通禮爲先。通者，通上下皆行也。祠堂，此元在祭禮篇，今以報本反始之心，有家名分之首，故冠於篇端。仿古人之廟制，以祠堂名之。深衣制度，元在冠禮後，以平日之常服，故次之。司馬温公居家雜儀。元在昏禮後，以此乃家居平日之事，以正倫理，篤恩愛，故列於首篇。

冠禮第二：冠禮則居其次。冠，男子年十五至二十皆可冠，必父母無期以上喪，可行之。笄。[六]女子許嫁，笄，母爲主。笄，簪屬。

昏禮第三：昏禮則居第三。議昏，男子年十六至三十，女子年十四至二十，身及主昏者無期以上喪，乃可成昏。納采，納其采擇之禮，即世俗之言定也。納幣，古有問名納吉，今不能盡用，止用納采、納幣之禮以從簡便。幣，束帛也。親迎，前期一日，女氏使人張陳其婿室。厥明，婿家設位於室中，女家設次於外。婿執雁往妻父母家，奠雁，拜其室，迎其妻以歸。婦見舅姑，明日夙興，婦見舅姑，禮之，次見諸尊長。廟見，三日，主人以婦見於祠堂。婿見婦之父母。明日，婿往見婦之父母，次見婦黨諸親。

喪禮第四：喪禮則居第四。初終，疾病，遷居正寢，既絶乃哭。沐浴，襲，奠，爲位，飯含，執事者設幃及牀，遷屍，掘坎，陳襲衣、沐浴、飯含之具。靈座，魂帛，銘旌，置椅上設魂帛，立銘旌，不作佛事。小斂，但括髮髻，袒，代哭。大斂，小斂之明日，死之第三日。成服，厥明，五服之人，各服其服，入就位，然後朝哭，相弔如儀。朝夕哭奠，上食，晨起，奉魂帛，出就靈，然後朝奠。食時上食。夕奠畢，奉魂帛入就靈牀。弔，奠，賻，凡弔皆素服，奠用香茶燭酒，賻則用錢帛。聞喪，奔喪，始聞親喪，哭，易服遂行。治葬，三月而葬，前期擇地之可葬者。遷柩，朝祖，奠，賻，陳器，祖奠，發引前一月。遣奠，厥明，遷柩，就轝，乃設遣奠。發引，方相等前導，如陳器之儀。及墓，下棺，祠后土，題木主，主人贈，加灰隔納外蓋，實以灰，乃實土而漸築之。祠后土於墓左，題主，使善書者。墳高四尺，立石碑。反哭，奉靈車，在塗，徐行哭。虞祭，葬之日，日中而虞，或不出是日可也。若去家經宿以上，則初虞於所館行之。鄭氏曰：「骨肉歸於土，魂氣則無所不之，孝子爲其彷徨，行三虞之祭以安之。」卒哭，檀弓曰：「卒哭曰成事，是日也，以吉祭易喪祭。」故此祭漸用吉禮。祔，卒哭而祔。小祥，期而小祥。大祥，再期而大祥。禫。大祥之後，中月而禫。

祭禮第五：祭禮居第五。四時祭，時祭用祥月。初祖，惟繼始初之宗得祭。先祖，繼始祖、高祖之宗得祭，繼始祖之宗則自初祖而下，繼高祖之宗則自先祖而下。禰，繼禰之宗以上皆得祭，惟支子不祭。忌日，如祭禰之儀。墓祭。三月上旬擇日，如家祭之儀。

問「公子荆善居室」。有問何以見公子荆居室之善。先生曰：如今人不治家，若今之人不治其家。則墻崩壁倒，土墻崩裂，壁堵不全。全不理會。全不修整，則失之忘。專去治家，專務治其家。則汲汲於致富。則速於富强之效，則失之助長。惟公子荆自合而完，公子荆則自既合而後完。完而美，既完而後美。循循有序，其漸有次序。又皆曰 然又非作意爲之，且曰。苟而已。苟完苟美。不以此累其心，未嘗求其極完極美，以累其胸中。聖人所以美之。此夫子所以深美之也。○語録。下同［七］。

叔度以正率其家，叔度先正其身以率其家人。而子弟無一人敢爲非義者。爲其子，爲其弟，無有一人敢作非義之事。

問：齊家、治國之道，或問：齊其家、治其國之道。斷然是父子兄弟足法，是以其爲父子而孝慈，爲兄弟而友恭，足爲世法。而後人法之。而後世之人始法之。然堯舜不能化其子，堯不能化其子丹朱，舜不能化其子商均。而周公上見疑於君，成王幼，周公攝政，或言不利於孺子，而王亦疑公。下不能和其兄弟，弟管叔、蔡叔流言，二弟皆不和於公。是如何？此人何哉？先生曰：聖人是論其常，聖人論人倫之常。堯舜是處其變。堯舜是處人倫之變。看它「烝烝乂，只看舜能和諧父母，進進以善自治。不格姦」，不至於姦惡。至於「瞽叟底豫」，以瞽叟之頑而致和悅。便是它有以處那變處。此便是大舜聖人而能處人倫之變也。

問：人不幸，處繼母、異兄弟不相容，人有繼母、兄弟異姓，不能相容。當何如？此當如何？先生曰：從古來自有這樣子。自古亦有此。公看舜如何。舜之弟象傲慢不恭，後母弟也，舜能和諧之，不至姦惡。後來此樣事多有，後來如此者亦多。只是「爲人子，止於孝」。只是盡其爲子之孝，能尊其所自出，自然和諧矣。問「不出家而成教於國」。又問：君子不出於家，而其教自行於國。曰：孝以事親，吾能孝事父母。而使一家之人皆孝；斯能化一家之人，皆盡此孝。弟以事長，吾能弟事長上。而使一家之人皆弟；斯能化一家之人，皆盡此弟。慈以使衆，吾能慈愛以使衆。而使一家之人皆慈，亦能化一家之人，皆有此慈。是乃「成教於國」者也。是所以成其教於一國也。

近思續録第七卷

此卷論出處義利

上蔡先生有言：謝顯道也，其言曰。「富貴利達，利，寵利也。達，榮達也。今人少見出脱得者，今世之人，沉迷於此者，誰能跳出此關。非是小事。此非事之小者。邇來學者何足道？近來爲學者何足多道？能言真如鸚鵡。」其能言似若鸚鵡，但未必能行也。此言深可畏耳。謝氏之言使人凛凛。學者須是此處立得脚定，學者必須識見之明，於此立脚甚堅，不爲富貴利達所動。然後博文約禮之工而後博學於文，約之以禮。有所施耳[八]。亦可施其工也。○文集。下同。

大抵人當有以自樂，人須自有真樂。則用舍行藏之間，用則行，舍則藏。隨所遇以安之。行藏以道，隨遇皆安。和靖先生云：尹彦明也。「如霽即行，時行則行，如遇晴明則可行。如潦即止[九]。」時止則止，如遇淫潦即止。此言有味。善譬者也。

諂，卑屈也。諂，卑屈下人也。驕，矜肆也。驕，矜肆誇人也。常人溺於貧富之中，資質凡下之人，爲富則溺於富，爲貧則溺於貧。而不知所以自守，皆無所持守。故必有二者之病。故富則至於驕矜，貧則至於卑屈。無諂無驕，貧而不至於諂，富而不至於驕。則知自守矣，是皆有守。而未能超乎貧富之外也。然猶未能超出貧富之外。樂則心廣體胖貧而至於樂，則不以貧富動其心，心既廣大，體常舒泰。而忘其貧，雖貧而不知其爲貧。好禮則安處善、樂循理，富而好禮，則不爲外物所動，安處乎善，樂從天理。亦不自知其富矣。雖富而自不知其爲富。

○論語集注。下同。

不仁之人，人而不仁。失其本心，本心全德亦已喪失。久約必濫，約，窮困也。久處困窮，必至放逸爲非。久樂必淫。久處逸樂，必至淫蕩。惟仁者則安其仁[一〇]，而無適不然；仁者之人安行此理，無往不然。知者則利於仁，而不易所守。知者之人知此理之善，利而行之，不變其持守。蓋雖有深淺之不同，安仁則一，利仁則二，其深淺自不同。然皆非外物所能奪矣。然皆循守以理，非外物可得而移矣。

君子爲仁，君子而行此仁。自富貴、貧賤取舍之間，富貴而驕矜，貧賤而卑屈，不能自守，失其本心，便不足以爲仁；取舍之際，一於利而忘其義，則人欲勝而天理微，亦非爲仁之道，故自富貴貧賤取舍之間。以至終身造次顛沛之頃[一一]，造次，急遽苟且之時。顛沛，傾覆流離之際。人於此易至於逸，而失其本心，不足以爲仁，故以至終身造次顛沛之頃。無時無處而不用力也。無所往而不盡其力。然取舍之分明，但人於所當取、所當舍，取舍分數分曉。然後存養之功密；，是其存養工夫至，到見識之明，有所分別。存養之功密，存養工夫愈密。則取舍之分益明矣。則於取舍分上愈見得分曉。

聖人之心同天地，聖人與天地同一心。視天下猶一家，視天下之大猶一家之親。中國猶一人，中國之廣猶一人之身。不能一日忘也。未嘗一日忘天下。故聞荷蕢之言，荷，擔也。蕢，草器也。荷蕢者，隱士也。聞夫子擊磬，且譏其有心於世。夫子一聞其語。而歎其果於忘世，而曰「果哉」，是以荷蕢者真是忘世之人也。且言人之出處，又曰「末之難矣」。末，無也。人之或出或處。若但如此，若但言忘世爲心，不以家視天下，一人視中國，親疏異分，疾痛不切諸身。則亦無所難矣。是亦不難也。

仕所以行君臣之義，臣事君以義，故爲仕者所以行其臣事君之義。故雖知道之不行，亦不可廢。故雖不可行其道，而亦未可便廢其道。然謂之義，凡謂之義者。則事之可否，事之有可有不可。身之去就，身之當去當就。亦自有不可苟者。亦有不可苟於可否去就。是以雖不潔身以亂倫，所以雖未至於潔其身不仕，不能盡事君之義而亂君臣之倫。亦非忘義以徇禄也。又非忘事君之義，而苟於嗜禄也。

夫子言道之將行將廢，孔子言道之行與廢。皆歸之於「命」者，皆以爲命之所致。特以曉景伯，安子路，而警伯寮耳。因公伯寮愬子路於季孫，子服景伯以告，夫子發爲此言，所以曉景伯以理，安子路以義，而警伯寮之思耳。聖人於利害之際，利之與害，聖人惟處之以理之當然。則不待決於命而後泰然也。初不以命之定而後安也。

求其志，士志於道者，隱居而求其所志。守其已達之道也［一二］。即是固守其達則兼善天下之道。達其道，達則兼善天下。行其所求之志也。即是行隱居所求之志。蓋惟伊尹、太公之流，可以當之。伊尹耕有莘之野而樂堯舜之道，太公居東海之濱而修道術，是隱居以求其志也。乃幡然而起，伊尹使其君爲堯舜之君，其民爲堯舜之民；太公股肱周室，師保萬民，是行義以達其道也。自非伊、吕，誰足當此！

直己守道，己無私曲，所守者道。所以濟時。自可利濟乎時。枉道徇人，屈道以從乎人。徒自失己。則徒失所守，無補於事。

「天民」者，以其全盡天理，民以天民言，謂其心能全上天所賦之理。乃天之民。故曰天民。必其道可行於天下，以其道乃天下所公共者。然後行之。而後有行。不然，則寧没世不見知而不悔，否則寧終身不見知於人而無所悔。不肯小用其道以徇於人也。道之體至大，若屈己徇人，則是小用之矣。○孟子集注。

或問：「用之則行，或人問：夫子言用之則行。舍之則藏」，舍則藏，惟顔子有之。竊意曾、閔、漆雕開亦能之。切謂閔子、曾子、漆雕開亦能如此。先生曰：「舍之則藏」易，君不用己則退藏於密，此猶易爲。「用之則行」難。君之用己即見於行，此事却大而難。漆雕開用之未必能行也。如漆雕開，雖用之，則亦未能有行。昔夫子嘗使其仕，開自言「吾斯之未能信」，是猶未敢自任。聖人行時，蓋聖人之所謂「行」。規摹儘大，爲天地立心，生民立命，往聖繼絶學，爲萬世開太平是也。藏之不止藏它一身，其藏也不特是聖人之一身。煞藏了事。不能有爲於天下，而天地民物之望孤矣。語録。下同〔一三〕。

人若見得道理分明，人而見識高明，義理透徹。便不爲利禄動。則得之不得是有命在，故利禄不足以動其心。

學者不於富貴貧賤上立得定，富貴不淫，貧賤不移，學者不於此立得足定。則是入門便差了也。正猶入門便錯了路徑也。

今世固有不赴科舉者，今世之人有不應科舉之試者。然苟見富貴，但見它人之富貴。未免動心，此心亦欲爲之。更是不得。是爲人欲所牽引，故不可有也。

非是科舉累人，科舉乃朝廷公法，初無累於人。自是人累科舉。人之留意科舉，則是爲科舉累。若高見遠識之士，若爲士有識見之高。讀聖賢之書，玩味聖經。據吾所見而爲文以應之，只據吾心之意見，發之文詞以應其試。則得失利害得則利，失則害。置之度外，皆棄置於意度之外。雖終日應舉，常應此試。亦不累人。亦不能爲吾累也。

專做時文底人，專一留意於舉子之文者。他説底都是聖賢説話。所□道者無非聖賢之言語。且如説廉，如講明「廉」之一字。他也會説得好，亦知求其所以爲廉之道。説義，議論「義」之一字。他也會説得好。亦知求其所以爲義之理。待他身做處，及其行之於身。只自不廉，却未必廉。只自不義[一四]。却未必義。緣他將許多話蓋其將此等言語。只就紙上説，只爲紙上長語。却不關自家身己些子事。能言而不能行，豈復知下切己工夫耶？[一五]

「脩其天爵」，仁義禮智之德，皆天之所賦予，以其至尊且貴，故以「天爵」言。自有個得爵禄道理。脩此則人爵自應，不待求而得之也。

「死生有命」，命禀於有生之初，非人所能移。富貴在天」，天莫之爲而爲，非我所能必。自是個定分。自是賦分之一定。

天下有道則見，當天下泰通之時，則出而不隱。不必待十分太平，然後出來。非必待天下太平而後出。譬如天之將曉，正如曙色欲分。雖未甚明，天光猶未大發。然自此一向明去。然由是漸至於大明矣。天下無道則隱，當天下否塞之時，則隱而不出。亦未必十分大亂。非必待天下大亂而後隱。譬如日之將暮，正如日色欲晚。雖未甚昏，猶未及大昏。然自此一向暗去，然由是漸至於昏暗矣。知其將來必不可支持，如屋之將傾，不可支持。亦須見幾而作。幾者，事之微。須必見其幾微而即勇於退可也。

或言：近見得富貴果不可求，或有言富貴非可力求。貧賤果不可避。貧賤難於苟避。先生曰：此是就命上理會，此是以命稟於有生之初，一定而不可易者言也。須更就義上看，義者，所以斷制而得其宜，更就此看。當求與不當求，則富貴之當求，是以其道得之者，義也；不當求，是不以其道得之而處，非義也。當避與不當避。貧賤之當避，是以其道去之者，義也；不當避，是不以道去之而能去，非義也。更看自家分上，所以求之避之之心如何，更看此心之求富貴、避貧賤是如何。且其得喪榮辱，求則得，不求則喪；得則榮，不得則辱。與自家義理之得失利害，人欲放肆，天理湮没，亦惟見無得而有失、無益而有害。孰輕孰重，所得者輕，所失者重。則當有以處矣。人能處此，則貧賤有命，富貴在天，但當順受，自無得喪榮辱之累，而義理得失利害甚明。「君子之仕也，君子之禄仕。行其義也。」正所以行義以達其道。義便有進退去就在裏。義乃事之宜，當進而進，當退而退，當去而去，當就而就，皆審其事之所宜，便皆在中。

論「進以禮，有人論其進也以禮。退以義」，其退也以義。曰：先生云。三揖而進，人之進也，必三次揖而後進，此禮之序也。一辭而退。於其退也，必一辭而即退，此義之道也。「進以禮」，其進也以禮。揖讓辭遜；以謙遜爲本。「退以義」，其退也以義。果決斷制。以裁制得其宜爲本。

敬之問：「義之與比」，比，從也[一六]。敬之問先生，義之是從。是我這裏所主者在義否？還是吾心所專主者在乎義耶？先生曰：答云。自不消添語言，更不必增益語言解説。只是「無適無莫」，適，可也。莫，不可也。只是無可無不可。看義理合如何區處它。但看義理之得其當即是。義當富貴便富貴，是以其道得之者。義當貧賤便貧賤，是不以道去之，不去也。當生則生，生乃氣之伸，神也。當死則死，死乃氣之屈，鬼也。只看義理合如何。只惟義理之是從也。

【校勘記】

[一]已富而能儉　此句原無，據詩集傳（中華書局本，下同）補。

[二]可以見其貞静專一之至矣　「至」，柯氏本作「志」。

［三］言夫人大夫妻　「大夫」原無，據詩集傳補。
［四］惟恐其有疾病　「其」字原無，據柯氏本補。
［五］是以天下之爲人子者　「人」字，孟子集注卷七（四書章句集注本，下同）無。
［六］自「冠禮」至「笄」　寬文本緊接於上條末，未單列。按，其下「昏禮」、「喪禮」、「祭禮」三條，同。
［七］下同　「下同」原脱，據寬文本補。按，下文語録即取材於朱子語類。
［八］然後博文約禮之工有所施耳　「文」，柯氏本作「聞」。
［九］如潦即止　「即止」，晦庵集卷三十九答魏元履作「則休」。
［一〇］惟仁者則安其仁　「惟仁」之「仁」原作「二」，據寬文本、柯氏本改。
［一一］以至終身造次顛沛之頃　「身」，論語集注卷二作「食」。
［一二］守其已達之道也　「已」，寬文本、論語集注卷八作「所」。
［一三］下同　「下同」原脱，據寬文本補。
［一四］只自不義　「自」，柯氏本作「是」。
［一五］本條語録，寬文本緊接於上條末，未單列。
［一六］比從也　「比」原作「此」，據本條正文改。

新刊音點性理群書句解卷之十九　後集

近思續録第八卷

此卷論治體

觀皋陶論「帝德罔愆」以下一節，看皋陶曰「帝德罔愆」止「不犯於有司」一段。便見聖人之心，可見舜之一心。涵育發生，包涵養育發達，生全生民之生。真與天地同德。與天地生物之生同此一德。而物或自逆於理，而民或悖理傷道。以干天誅，自干國之刑憲。則夫輕重取舍之間，則或輕或重，或取或舍。亦自有決然不易之理。正如天道，雨露潤澤固仁也，而霜露摧折亦所不免。其宥過非私恩[一]，過誤所犯，雖大必宥，非示私恩也。其刑固非私怒[二]。不忌故犯，雖小必刑，非逞私恩。罪疑而輕，非姑息；刑疑附輕，非是姑息。功疑而重，非過予。賞疑從重，非是過予。如天地四時之運，正如天地之氣順布四時。寒涼肅殺，秋則寒涼，冬則肅殺。常居其半，其半春夏之生長。而涵育發生之心，而天地生物之心。未始不流行乎其間。未嘗一日不周流也。此所以好生之德，聖人一念好生之德。洽於民心，浹洽百姓之心。而自不犯於有司，而民亦不犯上人之法。非既抵罪而復縱舍之也[三]。此皆民因君之好生自相化率，不犯於法，非是已麗於刑，悉從赦免，如唐太宗之縱囚也。

文王之化，周文王之德化。始於關雎，自周南關雎始。而至於麟趾，至麟趾而應。則其化之入人者深矣。其化之漸漬，亦已深厚。形於鵲巢，又自召南鵲巢而形著。而及於騶虞，至於騶虞而應。則其澤之及物者廣矣。其德之沾丐亦已溥矣。薰蒸透徹，薰陶通達。融液周徧，洋溢布滿。自有不能已者，自有不容不然者。非智力之私所及也。非可以力致也。○詩傳。下同。

岐豐之地，地名也。文王用之以興。二南之化，文王以此而肇周、召南之德化。如彼其忠且厚也。其習俗皆忠且厚。秦人用之未幾，而一變其風。秦用之，而其風俗漸變周之忠厚。見於詩者，見於秦之詩。大抵尚氣概，先勇力，而以尚氣、尚勇爲習。已悍然有招八州而朝同列之氣矣。其武悍之氣，已先自招八州、朝同列矣。蓋雍州土厚水深，蓋岐、豐爲雍州之地，土厚重而水淵深。雍，去聲。其民敦重質直，故民生其中，敦篤厚重，朴質勁直。不爲浮靡。不爲輕浮靡麗之習。以善導之，誘之以善。則易以興起，而篤於仁義；則易化於仁義。以猛驅之，厲之以勇。則其强毅果敢之資，則其發强剛毅、果夫勇敢之資禀。亦足以强兵力農，而成富强之業也。亦可以兵爲農，而致富强之盛。論至於此，推論及是。以見厚重者之可與有爲，見厚重而足以任事。又以見上之導民，又見人君之導其下。尤不可不謹其所之也。尚德則爲文王之忠厚，尚氣則爲秦之勇力，要不可不謹。

東山之詩序曰：東山詩序云[四]。「一章言其完也，完，全也。二章言其思也，未至而思也。三章言其室家之望女也，女，汝同。四章樂男女之得及時也。」古者男三十而娶，女二十而嫁，是謂及時。蓋「完」謂全師而歸，完者，得全其師而返。無死傷之苦。而無陣亡之兵。「思」謂未至而思，思者，思其人之未至。有愴恨之懷。而懷感愴之心。至於「室家望女」、出戍興室家之望。「男女及時」，婚姻及男女之時。亦皆其心之所願其皆人情之所同欲。而不敢言者。不敢發諸口者。上之人乃先其未發，而歌詠以勞苦之，而爲之君於人心之未發，而先形之詩歌以勞勸之。則其歡欣感激之情，爲如何哉！則彼欲發諸口，此適啓其機，其悦懌感動自不容已。蓋古之勞詩皆如此。古人勞苦之詩莫不然。其上下之際，君臣上下。情志交孚，情通志達，交相孚感。雖家人父子之相語，雖家庭之告語。無以過之。不過如是。此其所以維持鞏固是以人心固結。數百十年[五]，至八百餘年。而無一旦土崩之患。而不至一旦驟然傾覆，如土之崩裂也。

政者爲治之具，政，法制禁令也，故爲爲治之具。刑者輔治之法[六]，苟導之法制禁令而不從，則有刑以齊之，故爲輔治之法。德、禮則出治之本[七]，德，吾心所得之理也。躬行此德以率之，民有所觀感而興起，而其淺深厚薄之不一者，又有禮以一之。禮謂品節制度也。而德又禮之本也。但自躬行以率乎民，因其不一而後以禮而一之，此德其爲禮之所本。此其相爲終始，四者迭相始終。雖不可以偏廢，固不可有其一而廢其一。然政刑能使民遠罪而已，但法令刑罰可以制乎民而俾之去其惡。德禮之效，導之以德，齊之以禮，其爲效。則有以使民日遷善而不自知。又以俾民日進於善道，而不知其所以然。故治民者，不可徒恃其末，故治百姓者，不可徒尚政刑之末。又當知探其本也[八]。必當先植德禮之本也。○論語集注。下同。

馬氏謂：夏、殷、周損益，馬氏言論語「殷因於夏禮所損益」一章。所因謂三綱五常，三代相因，同此綱常之理，無損無益。所損益謂文質三統。所可損者，忠質文之異尚，天地人之建統耳。先生謂：三綱，先生言三綱者。君爲臣綱，臣以君爲綱。父爲子綱，子以父爲綱。夫爲妻綱。妻以夫爲綱。五常，五常者。仁、義、禮、智、信。此五者之常理也。文質，文質者。夏尚忠，夏之治，所尚者忠。商尚質，商之治，所尚者質。周尚文。周之治，所尚者文。三統，三統者。夏正建寅爲人統，夏建寅爲正月，是爲人統。商正建丑爲地統，商建丑爲正月，是爲地統。周正建子爲天統。周建子爲正月，是爲天統。三綱五常，綱常之道。禮之大體，是禮之大者也。三代相繼，夏、商、周之相繼。皆因之而不能變。代代相因，不容變異。其所損益，其可損可益者。不過文章制度小過不及之間。則有如尚忠、尚質、尚文不同，建丑、建子之有異，則因其過而裁損，則因其不及而增益，如斯而已。

庶而不富，人民衆多，苟不殷富。則民生不遂，則生理蕭條。故制田里、薄賦斂以富之。故制爲田産而薄其租稅，是使之富也。富而不教，然既富而無以教之。則近於禽獸，則悖理傷道，與禽獸無異。故必立學校、明禮義以教之。故先王立學明倫，謂明禮義，無非教也。

天者，理而已矣。天者，理之所出，是即理也。大之字小，大之撫育其小。小之事大，小之奉事其大。皆理之當然也。當然而然，皆此理也。自然合理，行之而安，苟當於理。故曰「樂天」。是樂乎此理者也。不敢違理，一舉一動不違乎理。故曰「畏天」。是畏乎此理者也。○孟子集注。下同。

飲食宮室 飲食以充其腹，宮室以安其身。所以養生，所以養其生也。祭祀棺槨 祭祀以安其靈，棺槨以斂其形。所以送死，皆所以送其死也。皆民所急而不可無者。此民之不可一日無者。今皆有以資之，今悉有以爲之資。則人無所恨矣。養生送死，兩無所憾矣。王道以得民心爲本，王者之道在於得人心。故以此爲王道之始。故孟子以是二者爲王道之始事。至「五畝之宅」以下，至於「五畝之宅，樹之以桑」以下。則盡法制品節之詳，法制精詳，品節具備。極財成輔相之道，財成，制其過。輔相，輔其不及。以此左右民[九]，以是道助乎民。是王道之成也。此王道之終事。

省刑罰、省，減也。薄稅斂，薄，輕也。此二者仁政之大目也[一〇]。此行仁政之大節目。

王霸之心，王者、伯者之心。誠僞不同。王者中心惻怛，懇切愛民，誠也；伯者外假尊王之名，專求智力之逞，僞也。故人所以應之者，上感下應，故民之應之。其不同亦如此。以力服人者，非心服也。以德服人者，中心悦而誠服也。

民之所欲，民心不同，誰無所欲。皆爲致之，君則因其欲而求遂其所欲。如聚斂然。使人人皆愜，正如聚其掊斂也。民之所惡，民有所不欲。則勿施於民。則一毫不施之民。晁錯所謂「人情莫不欲壽，晁錯謂人之情皆欲壽。三王生之而不傷；三王則生其生而不害其生。人情莫不欲富，人之情皆欲富。三王厚之而不困；三王則厚其生而不俾之困乏。人情莫不欲安，人之情皆欲安。三王扶之而不危；三王則遂其生而不使之傾危。人情莫不欲佚，人之情皆欲佚。三王節其力而不盡」，三王則節於用民之力而不盡其力。此類之謂也。皆是也。

服人者，欲以取勝於人；服人以力者，是欲求勝於人也。養人者，欲其同歸於善。養人以善者，是欲皆有此善也。蓋心之公私小異，以力服乎人，則其心私；以善養乎人，則其心公。而人之向背頓殊，以力服人則不得其心之服，以德服人則自然中心悦而誠服。學者於此不可不審也。是不可不察也。

「善政得民財，政之善但可得民之財。善教得民心。」教之善則可得民之心。政，謂法度禁令，政者何？凡法度之修，禁令之施，皆政也。所以制其外也；皆所以矯制在外之習也。教，謂道德齊禮，教者何？凡導之以德，一之以禮，皆教也。所以格其心也。皆所以格正其在外之非心也。得民財者，謂之得民財，非有所取於民也。百姓足而君無不足也；特在民既足，則在國無不足矣。得民心者，謂之得民心，非求服乎民也。不遺其親，人人知孝義之道，内不忘乎親。不後其君也。上不忘乎君是也。

所過者化，謂之所過者化。身所經歷之處，是此身凡所經由之地。即人無不化，人人皆化其德。如舜之耕歷山如帝舜耕於歷山之中。而田者遜畔，而耕者漸染舜德而相遜於畔。陶河濱而器不苦窳也。陶於河之濱，而河濱之人薰沐舜德，而器不苦。窳，音愈，器中空。所存者神，謂之所存者神。心所存主處，神妙不測，乃此心所存，神妙而不可測度。如孔子之立斯立、立，植其生也。道之斯行、道，引也，謂教之也。行，從也。綏斯來、綏，安也。來，歸附也。動斯和，動，鼓舞之也。和，所謂於變時雍。莫知其所以然而然也。皆其感應之妙，神速如此，自亦莫知其然。是其德業之盛，是皆德業隆[一一]。乃與天地之化，神化之妙，上下與天地同流。同運並行，並行不悖。舉一世而甄陶之，舉一世之大，盡入薰陶成就之内。非如霸者，不似伯圖之小。但小小補塞其罅漏而已。只補其欠缺處。此則王道之所以爲大，此王者之道，其大若是。而學者所當盡心也。不可不盡心也。

自身而家，自脩身而齊家。自家而國，自齊家而治國。自國而天下，自治國而平天下。雖均爲推己及人之事，雖均是推吾一己以及乎人。而勢之遠邇，以家與國而言，家近而國遠；以國與天下而言，則國近而天下遠。事之先後，如先家後國，先國後天下。所施有不同。所施不可概論。蓋必審於接物，是必致察於接物之際。好惡不偏，所好所惡而無所偏。然後有以正倫理，而後能正人倫。篤恩義，崇恩義。而齊其家。而後可齊其家。其家已齊，及家既齊。事皆可法，事事皆可法則。然後有以立標準，胥教誨，而治其國。則有以立一國之標準，胥相教誨而國以治。其國已治，及國既治。民知興化[一二]，而民莫不興禮義之化。然後可以推己度物，則以挈矩之道，推己以度乎物。舉此加彼，即此而加之彼。而平天下。使上下四方皆得其平，而天下以平。此以其遠近先後，家而國，國而天下，或遠或近，或先或後。所施有不同者也。所施之不一也。然自國而上，國而上，乃齊家之事。則治於内者，嚴密而精詳；治家之道，極其嚴密精詳。自國而下，國而下，乃治國平天下之事。則治於外者，廣博而周徧。治國平天下之道，極其廣博而周徧。亦可見其本末實一物，明德爲本，新民爲末，實同一理。首尾實一身矣。格物致知，至於正心脩身，皆此一身也。○大學或問。下同。

君子有絜矩之道，絜，度也。矩，所以爲方也。君子推己度物，使上下四旁均齊方正，此之謂「絜矩」也。故能以己之好惡，己之所好所惡。知民之好惡，即民之所好所惡。又能以民之好惡[一三]，民之所好所惡。爲己之好惡。即己之所好所惡。夫好其所好，度民心之所好而好之。而與之聚之；而與之生聚。惡其所惡，度民心之所惡而惡之。而不以施焉，而不以此施之民。則上之愛下，君子以絜矩爲心，故其愛民。猶父母之愛其子。有如其子。彼民之親其上，而民之愛其君。豈不亦猶子之愛其父母哉[一四]？豈不亦猶其父母耶？

大學篇末，言「菑害並至」、大學卒章目，言「小人之使爲國家，菑害並至」。「無如之何」者，雖有君子出而救之，亦末如之何也。蓋怨已結於民心，蓋小人之情務爲聚斂以長益國家，而結怨於民弗之恤。則非一朝一夕之可解矣。非一日之故，有不可解。聖賢深探其實而極言之，聖賢深考小人爲害之實。欲人有以審於未然，欲人察其幾之未萌。而不爲無及於事之悔也。而不待事之已形而有噬臍不及之嘆。以此爲防，防閑及此。猶有用桑弘羊、孔僅、宇文融、楊矜、陳京、裴延齡之徒[一五]，以敗其國者。尚有貨殖之徒以敗國家至仁之脈。故陸宣公之言曰：所以陸德興有云。「民者邦之本，民譬則國之本。財者民之心。財譬則民之心。其心傷則其本傷，未有木之心已蠹而本不搖者。其本傷則枝幹凋瘁，本既傷，則千枝萬葉生意枯槁。而根柢蹶拔矣。」而根柢顛仆矣。呂正獻之言曰：呂正獻亦云。「小人聚斂，以佐人主之欲，小人聚斂以奪民財，而長一人之貪欲。人主不悟，爲之君，不察其姦。以爲有利於國，將謂可以利吾國。不知其終爲害也。不知其害吾民也。賞其納忠，賞其能盡忠理財。不知其大不忠也；而不知實爲大不忠。嘉其任怨，嘉其能任怨取民。而不知其歸怨於上也。」而不知怨實歸於上。嗚呼！若二公之言，如陸、呂之言。可謂深得此章之指矣，可謂得大學卒章之大意。有國家者爲之君者。可不鑒哉！其亦當鑒於斯！

近思續録第九卷

此卷論治法

皇矣卒章，詩皇矣末章。言文王伐崇之初，謂文王伐崇國之初。緩攻徐戰，緩師而攻，徐徐而戰。告祀群神，舉祀而請諸神。以致來附者，以聽其來，則不拒也。而四方無不畏服。四方之人皆畏而服。及終不服，及其末或有梗化不服。則縱兵以滅之，而後用兵以剿絶。而四方無不順從也。而四方之人亦皆順從而無違。夫始攻之緩、戰之徐也，初然不急於攻，不速於戰。非力不足也，非是兵力有所不足。非示之弱也，又非自示以弱。將以致附而全之也。以待其歸附則全之也。及其終不下而肆之也，及其不屈下，且肆侵侮。則天誅不可以留，則征伐不容已。而罪人不可以不得也。不容不執訊獲醜也。此所謂文王之師也。此文王之行師以義，非以力也。

夏時一夫受田五十畝，有夏之世，一人得受五十畝。而每夫計其五畝之入以爲貢。而每人於五十畝中計五畝之入以爲公上之供。商人始爲井田之制，商之世，始創立井田之法。以六百三十畝之地，即田地六百三十畝。畫爲九區，畫井爲田，分爲九區。區七十畝。一區各七十畝。中爲公田，中一區爲公家田。其外八家，環於外者凡八區。各授一區，人各授一區。但借其力以助耕公田，借八家之力以耕其中之公田。而不復税其私田。八家之私田並無税斂。周時一夫受田百畝。周之世，一夫授百畝田。鄉遂用貢法，凡鄉之與遂皆用貢賦之法。十夫有溝；十夫則有溝。都鄙用助法，都之與鄙則有助法。八家同井。八家同此井田。耕則通力而作，耕之時則同力布作。收則計畝而分，收成之日，則計畝之所入而分。故謂之「徹」。名之曰「徹」。其實皆什一者[一六]，貢法固以十分之一爲常數，貢法則十分之内以一分爲公上之供。惟助法乃是九一，助之法則是以九分之一爲公上之供。而商制不可考。商之田制更無可考。周制則公田百畝，周之田制，公田凡百畝。中以二十畝爲廬舍，其中即畝二十以爲屋廬。一夫所耕公田 一人所耕公上之田。實計十畝，爲畝凡十。通私田百畝，又通私田百畝之數。爲十一分而取其一，是又十一分而取其一分。蓋又輕於十一矣。則十一之制又更輕矣。切料商制亦當似此，切疑商之田制亦是如此。而以十四畝爲廬舍，中以十四畝爲居。一夫實耕公田七畝，一夫所耕公家之田七畝。是亦不過十一也。亦是十一之制。○孟子集注。

「五家爲比，五家則謂之比。五比爲閭，五比則謂之閭。四閭爲族，四閭則謂之族。五族爲黨，五族則謂之黨。五黨爲州，五黨則謂之州。五州爲鄉」；五州則謂之鄉。「五家爲鄰，五家則謂之鄰。五鄰爲里，五鄰則謂之里。四里爲酇，四里則謂之酇。五酇爲鄙，五酇則謂之鄙[一七]。五鄙爲縣，五鄙則謂之縣。五縣爲遂」。五縣則謂之遂。此鄉遂制田里之法也。此鄉之與遂制爲田里之法。「五人爲伍，五人謂之伍。五伍爲兩，五伍則謂之兩。四兩爲卒，四兩則謂之卒。五卒爲旅，五卒則謂之旅。五旅爲師，五旅則謂之師。五師爲軍」。五師則謂之軍。此鄉遂出兵之法也。此鄉之與遂出兵之法如此。故曰：「凡起徒役，凡出征徒之役。無過家一人。」一家一人。既一家出一人，一家既各出一人。則兵數宜甚多。則兵之數目自多。然只是擁衛王室，但只是捍蔽王室。如今禁衛相似，猶今禁衛軍相似。不令征行也。不使之征戰。都鄙之法，又都鄙之所謂法。則「九夫爲井，九夫謂之井。四井爲邑，四井謂之邑。四邑爲丘，四邑謂之丘。四丘爲甸」，四丘謂之甸。然後出長轂一乘、而後出車一乘。甲士三人、甲士凡三。步卒七十二人。步軍凡七十有二。以五百一十二家，凡爲家者五百一十二。而共只出七十五人，所出人數七十有五。則可謂甚少。亦不爲多。然有征行則發 但是征伐則遣之。此都鄙之兵，此又兵出於都鄙。悉調者不用，悉調發者不用。用者不悉調。所用者不盡調發。此二法所以不同，此其爲法不同。而貢、助之法亦異。而貢、助之法亦異於是。大率鄉遂以十爲數，鄉遂之法爲數則十。是長連排去；是連續排將去。井田以九爲數，井田之法爲數則九。是一個方底物事。是四方畫井，故方。自是不同。與此不同。而永嘉必欲合之，而永嘉大儒且欲鄉遂井田相合。如何合得！恐不能合也。

「凡天下疲癃殘疾、凡天下疲懦、龍鍾、宿疾之人。惸獨鰥寡，與惸憂、無子、無妻、無夫者。吾兄弟顛連而無告者也。」無非吾兄弟之顛倒留連無告訴者。君子之爲政，君子之施其政。且要主張這一等人。且先及此等人可也。○語録。

「爲政以德」，語所謂「爲政以德」。德與政非兩事，德之與政不是二事。只是以德爲本，若一以此德爲根本。則能使民歸。則可使天下之民皆歸之。若是所令反其所好，則民不從。如是令行而反民之所好，則民不從之矣。

或問「爲政以德」。或人問先生「爲政以德」一句。先生曰：答云。「爲政以德」，謂「爲政以德」云者。不是欲以德去爲政，非是將此德去爲政。亦不是塊然全無所作爲，亦非皆無所作爲。德脩於己脩其德於身。而人自感化。而夫人自有所觀感而化。然感化不在政事上，感化之本。不在政事上，不關政事致此。却在德上。乃脩德有以致此也。

問「敬事而信」。問夫子所言敬其事而信於民。先生曰：答云。大事小事皆要敬。事之大小皆要此敬。聖人只理會一個「敬」字。聖人只於「敬」字用工。若是敬時，若能敬其事。方解信，則可信於民。與愛人、節用、使民；不害民則能愛民，不傷財則能節用，使民不以農隙之時則能使民。若不是敬，苟一有不敬。其他事都做不得。則事皆不可爲矣。

或問：爲政必當以寬爲本，或問爲政之道必當本之以寬。而以嚴濟之？而後濟之以嚴。先生曰：答云。某嘗謂當以嚴爲本，我言當本於嚴。而以寬濟之。却以寬濟其嚴。曲禮謂「涖民行法，記禮言臨民用法。非威嚴不行」〔一八〕，不是威嚴，無以行其政。須令行禁止。必須政無不行，禁無不止。若曰令不行，若謂令之不行。禁不止，禁之不止。而以是爲寬，則非也。而謂之寬，誤矣。

「居上克寬」，書云在上而能寬者。蓋有政教法度蓋於政教法度之中。而行之以寬，而所行則寬也。非廢弛之謂也。非凡事廢弛而謂之寬也。今人説寬政，今世之人説行寬政。多是事事不管，乃是萬事廢弛。某謂壞了這「寬」。是錯認此「寬」也。

爲政必有規矩，規矩所以束縛人心無放逸也。使姦民猾吏俾姦惡之民、狡猾之吏。不得行其私，不得行其害民之私心。然後刑罰可省，則刑罰自省。賦斂可薄。賦斂自輕。所謂以寬爲本，是所謂行寬政以爲本。體仁長人，體此仁以長育乎人。孰大於此者乎？莫大於此。

號令既明，居官雖明示號令。刑罰亦不可弛。但刑罰亦不可不施。苟不嚴刑罰，苟於刑罰不加嚴。則所謂號令者，則其號令。徒掛墻壁耳。但爲墻壁之虛文耳。與其不道以梗吾治〔一九〕，與其傷道以害吾之治。曷若懲其一以戒其百？寧如懲一人而使百人知所戒。與其覆實檢察於其終，與其覆驗其實，而考察於終。曷若嚴其始而使之無犯？寧如嚴其法於初，而俾之知避而無所犯。吾輩今經歷如此，吾徒經歷世故已熟。異時若有尺寸之柄，異日苟能權柄一世。而不爲斯民除害去惡，不能爲民除其爲害於民者與爲惡於民者。豈不誠可罪耶？豈不是己之過？某嘗謂今之世 自切謂處今之世。姑息不得，行姑息之政有不可。直須共他理會，必須除害去惡，有如農夫之去草。庶幾善弱可得存立。則懦弱之民可以存其生而立其足也。

法度尚可爲，法度者，所以正乎己，猶可爲也。如何得人心變易？但不得人心不變。各人將他心行法。人人只將此心行此法，則法度自然有也。

爲政如無大利害，君子爲政，若無大關利害處。不必議更張。不須議論更改。則所更之事未成，所更改者未能成就。必閧然成擾，則必閧動擾民。卒未已也。至終猶未已也。

或問：「論治便要識體」，或人問論治道須要識其體。莫是治天下有天下之體，得非治施於天下，自有天下之體。治州縣有州縣之體，治施於州縣，自有州縣之體。事事各自有體否？事事皆有體耶。先生曰：然。答云：然。且以一縣言之，且以一縣而論。則治告訐，告訐，告人之私。勸農桑，農耕、蠶桑也。抑末作，遊手不在四民之列者。皆其體也。此皆一縣之體。近臣當以蹇諤爲體，近君之臣以蹇諤敢諫爲體。遠臣當以廉退恬静爲體。遠臣，在外之臣，當以清廉閑静而不干進爲體。若不識得體時，若不能明得此體。正大體事都不管，正大體不識。所爲皆是細碎之事。所爲者不過簿書之煩而已。

諸路帥臣，諸路之有帥臣。古州牧之官也。即唐虞州十有二牧之官。國朝以來，本朝之官。置轉運使、卿監以上除使。副判官，郎官以下除判官。有提點刑獄，提刑是也。有提舉常平茶鹽，提舉是也。又有總領侍舶、坑冶、茶馬。皆財賦之官。諸司屯駐之軍諸司屯駐軍兵。又別置都統制。又有統制，是武監司也。大抵牧伯之任[二〇]，古之牧伯者一。分爲五六。今之牧伯者六。此其爲冗官也。非官冗而何！

運使本是愛民之官，監司而立運使之官，蓋欲愛乎民也。今以督辦財賦，今以財賦悉令其督辦。反成殘民之職。必至竭澤而取，是殘賊乎民也。提刑本是仁民之職，立提刑之官，恐刑罰之濫，故立一官，以提點其事，欲其以仁民爲心也。今以經總制錢，今以經總制錢，令其驅催。反成不仁之具也。必至敲朴辦事，何有於仁！

宰相擇監司，爲宰相者，必擇可爲監司而後任之。吏部擇郡守，爲吏部者，必擇可爲郡守者而後任之，則權分而二。如此則朝廷亦可無事，則朝廷之上事緒亦簡。又何患其不得人！又何憂不得其人耶！

爲守令，第一便是民事爲重，守爲州，令爲縣，上之當重民之事。其次便是軍政。次之便當重軍之政。軍民二者最爲郡縣之大目。今人都不理會。今人但爲長官之貴，豈復思及此耶！

楊至説，王詹事守泉州，詹事，訓太子官也。初到任，會七邑宰，勸酒，初到任，會泉之七邑令，酌之以酒。歷告以愛民之意。歷歷語及愛民之道。出一絶以示之：且形之歌詩，以示其意。「九重天子愛民深，言人君篤於愛民。令尹宜懷惻隱心。惻，動也。隱，痛也。言見百姓之顛連無告者，當懷惻動隱痛之心。今日黄堂一杯酒，黄堂，太守廳也。史君端爲庶民斟！」史君，太守也。言爲百姓斟此酒以勸之，冀其以愛民爲事。邑宰皆爲感動。邑令無不感動。

古者以心爲學，古人所學在心。以德爲治，其爲治以德。故風俗淳厚而事益簡。習俗無澆漓而事甚簡。後世以文章爲學，後世所學，專在馳騁文辭。以法律爲治，爲治專尚刑法律制。故風俗愈薄而事益繁。故習俗愈澆薄而事愈多。○文集。

祖宗法，催科祖宗朝立法，催督利賦。至九分止。尚有一分之寬。自曾丞相懷爲户侍時[二二]，户部職在理財，自曾丞相爲户部侍郎之時。不用此法，其用法不復寬民二分。必須催足。並要十分登足。至今如此。至今受其害也。○語録。

李揖寇廣西，李揖爲寇於廣西地。出榜約，不收民税十年，出立曉示，特放十年賦税。故從叛者如雲。故從其叛者有如雲滃。以此知今日取民太重，即此可知重取於民。深是不便。非國之福。

先生曰：先生云。某在同安時，初官爲同安主簿，所隸賦税。每點追税，每點追一名税。必先期曉示，必先出曉示。以一幅紙截三片，以一張紙剪作三截。作小牓子遍貼云：爲小榜，偏貼郭内云。「本廳取幾日點追某鄉分税，主簿廳用某日追某人税色不納。仰人户知委。」仰欠税人户通知之。只如此，只行此政。到限納者紛然。及期而納，紛紛而來。只是一個信而已。是以信遇民也，此皆大學所謂「若保赤子，心誠求之」者，今之爲官者，觀之當愧汗矣。

黄仁卿將宰樂安，黄仁卿將赴樂安縣治。論及均税錢。議論均一税錢事。先生曰：先生云。據某説時，據己見所言。而今只是教有田底便納米，田者，米之自出，有田産則令之納米。有地底便納絹，地，所以植桑柘，絹之所自出，有地則令之納絹。只作兩鈔，鈔，官司輸納之憑據也。官司亦只作一倉一場。官司交納亦只作一倉一場。如此，百姓與官司若然，民之與官。皆無許多勞攘。自無煩擾。又曰：又云。三十年一番經界方好。亦須三十年一番行經界之政，則土地始均平也。

【校勘記】

［一］其宥過非私恩　「宥」原作「宏」，據寬文本、柯氏本改。

［二］其刑固非私怒　「固」，寬文本、柯氏本作「故」。

［三］非既抵罪而復縱舍之也　「抵罪」，晦庵集卷三十七答鄭景望作「犯」。

［四］東山詩序云　「山」原作「止」，據本條正文改。

［五］此其所以維持鞏固數百十年　「百十」，詩集傳卷八作「十百」，寬文本作「百」。

［六］刑者輔治之法　「刑」原作「形」，據寬文本、柯氏本改。

［七］德禮則出治之本　「則」下，論語集注卷一有「所以」二字。

［八］又當知探其本也　「知」，寬文本、柯氏本作「深」。

［九］以此左右民　「此」字，孟子集注卷一無。

［一〇］此二者仁政之大目也　「目」原作「具」，據寬文本、柯氏本改。

［一一］是皆德盛業隆　「德」原作「得」，據本條正文改。

［一二］民知興化　「化」，寬文本、大學或問作「起」。

〔一三〕又能以民之好惡　「民」原作「己」，據寬文本、柯氏本改。

〔一四〕豈不亦猶子之愛其父母哉　「子」原作「父母」，「父母」原作「子」，均據柯氏本改。

〔一五〕猶有用桑弘羊孔僅宇文融楊矜陳京裴延齡之徒　「用」原脱，據寬文本、大學或問補。

〔一六〕其實皆什一者　此句原無，據孟子集注卷五補。

〔一七〕五鄰則謂之鄙　「五」原作「四」，據本條正文改。

〔一八〕曲禮謂涖民行法非威嚴不行　「民行法非」四字，朱子語類卷一百八作「官行法非禮」。按，禮記曲禮云：「班朝治軍，涖官行法，非禮威嚴不行。」

〔一九〕與其不道以梗吾治　「道」，朱子語類卷一百八作「遵」。

〔二〇〕大抵牧伯之任　「牧伯」，柯氏本作「伯牧」。

〔二一〕自曾丞相懷爲户侍時　「懷」原作「瓌」，據寬文本改。按，曾懷，字欽道，官至右丞相兼樞密使，事迹見宋史食貨志。

新刊音點性理群書句解卷之二十　後集

近思續録第十卷

此卷論政事

凡陽必剛，天地之間只有一陰陽之理，陽之性剛。剛必明，剛則必明達。明則易知。明達則人皆知。凡陰必柔，陰之性柔。柔必暗，柔則必暗昧。暗則難測。暗昧則難測度。故聖人作易，聖人著易。遂以陽爲君子，以陽乃君子之道。陰爲小人。陰乃小人之道。予嘗推易以觀天下之人[一]，嘗即易道以究觀天下之人品。凡其光明正大，凡其爲人光明而不昧，正大而無私。疏暢洞達，疏暢而不滯，洞達而無蔽。如青天白日，如天日之清明。如高山大川，如山川之流峙。如雷霆之爲威，如雷霆之果決。如雨露之爲澤，如雨露之公溥。如龍虎之爲猛，如龍虎之剛勁。如麟鳳之爲祥，麒麟、鳳皇之祥瑞。磊磊落落，端方正直。無纖芥可疑者，無一毫可疑處。必君子也。是必君子其人也。而其依阿淟涊，依違而不拂，垢濁而無恥。回互隱伏，回護而無私，隱伏而難測。糾結如蚯蚓[二]，回邪如蚯蚓之結糾。瑣細如蟣蝨，猥瑣如蟣蝨之爲細。如鬼蜮狐蠱，其姦狡陰害，又有如鬼蜮狐蠱。如盜賊詛呪，其貪婪譟妄，又有如盜賊詛呪。閃倏狡獪，倏來倏往，有同兒戲。□□。不可方物者，難與物相比方者。必小人也。是必小人其人也。○易説。

師，兵衆也。師者，衆也。下坎上坤，其卦上坤下坎。坎險坤順，下坎則險，上坤則順。坎水坤地。水洊至爲坎，地勢爲坤。古者寓兵於農，古者制井田之法，藏兵於農。伏至險於大順，坎水至險，而伏於坤地之大順。藏不測於至静之中。坎水不測，而藏於坤地之至静。又卦惟九二一陽，其卦九二陽爻。居下卦之中，爲下卦之中。爲將之象。則有將之象。上下五陰，初六、六三、六四、六五、上六五爻之陰。順而從之，順從無拂。爲衆之象。則有衆之象。九二以剛居下而用事，九二一陽，體剛居下而用事。六五以柔居上而任之，五，君位，與二爲正應，以柔在上而任用之。爲人君命將出師之象。五君二臣，故有人君命將出師之義。故其卦名之曰「師」。所以其卦名之曰「師」。用師之宜，但用師之道。利於得正，宜於得其正。而任老成之人，而所任者老成。乃得吉而无咎。則可以得大善而無悔咎也。○易本義〔三〕。下同。

困者，窮而不能自振之義。困之云者，是蓋處窮而不自振作。坎剛爲兑柔所揜，其卦上兑下坎，坎男兑女，故爲其揜蔽。九二爲二陰所揜，坎卦在下，中爻陽也，爲上下二陰揜蔽。四、五爲上六所揜，兑卦在上，四、五陽也，爲上六陰爻揜蔽。所以爲困。此其所以困也。坎險兑説，然坎水雖險，兑澤則説。處險而説，處險之時，而所説在心。

是身雖困而道則亨也。是此身雖困，而於道則亨通也。

嚴者，君子自處之常，嚴以持己，乃君子之常。而小人自不能近。小人有弗敢近。

人之所爲，人所作爲。如乾之易，乾健而動，故易，人而如乾之易。則其心明白而人易知；則明白洞達，人有可知。如坤之簡，坤順而從，故簡，人而如坤之簡。則其事要約而人易從。坤陰但承乎乾，無所作爲，故事要約而人皆可從。「易知」則與之同心者多，明白易知，則人之同心必多。故「有親」；是乃「有親」之道。「易從」則與之協力者衆，要約易從，則人之效力必衆。故「有功」。故「有功」之可言。「有親」則一於內，「有親」是專於內也。故「可久」；推其親所以久。「有功」則兼於外，有功是兼舉乎外者也。故「可大」。推其功所以大。此言人法乾坤者也。

至健則所行無難，故易；健則無止息，故所行無難。至順則所行不煩，故簡。順則無作爲，故所行不煩。然其於事，但於事上。皆有以知其難，无有不知其難。而不敢以易處之也。而未嘗敢以易心爲也。是以其有憂患，故一有憂患。則健者如自高而臨下，而知其險；健者必當猶由高而下，而識其所謂險。順者如自下而趍上，而知其阻。順者必當如自下而上，而識其所謂阻。蓋雖易而能知險，蓋所行雖易，而能知其險。則不陷於險矣。則必不陷落於險之中矣。既簡而又知阻，所行雖簡而又知其阻。則不困於阻矣。則必不困頓於險之中矣。所以能危能懼，是以既能憂危，又能恐懼。而無易者之傾也。而不至以易而失之也。

「吉凶悔吝」者，吉者動之善，凶者吉之反，悔者吉之未成，吝者凶之未成。易之辭也。是皆易中之語也。「得失憂虞」者，憂，患也。虞，度也。事之變者也。是又事之變也。得則吉，凡得之則爲吉。失則凶，失之則爲凶。憂虞雖未至凶，憂患虞度雖未至於凶。然已足以致悔而取羞矣。但亦可以致悔咎而取羞辱矣。蓋吉凶相對，吉與凶相對待。而悔吝居其中。而悔與吝在吉凶之中。悔自凶而趍吉，人知所爲之非而能自悔，則必趍於善。吝自吉而向凶。人之所爲苟至羞吝，則必轉移其善而入於凶險矣。

甲，日之始，凡十干之甲，乃日之所自始。事之端也。萬事之本也。「先甲三日」，辛也；先其甲之三日，則由辛而壬，壬而癸，癸而甲，是辛之日也。「後甲三日」，丁也。後其甲之三日，則由甲而乙，乙而丙，丙而丁，是丁之日也。前事過中而將壞，前所爲事已過其中而將否。則可自新，爲後事之端，辛有新之意，故必自新，以肇其已後之事。此「先甲三日」，蓋取辛之義。而不使至於大壞。如此則必不至於大隳壞。後事方始而尚新，後之作事方新。然當使致其丁寧之意，丁者，丁嚀之意。故必丁嚀戒之。此「後甲三日」，蓋取丁嚀之義。而不使至於速害。而不俾之速於壞也。

鶴鳴之詩，詩鶴鳴一篇。不可知其所由，雖不知其所自。然必陳善納諫之詞也。必是臣子陳善道、納忠諫之言。蓋「鶴鳴於九皋，其聲高亮，聞八九里。皋澤中水益出爲坎，自外數之凡九，言深遠也。而聲聞於野」，而其聲達於原野之中。言誠之不可揜也。是言其誠之不可掩没。「魚潛在淵，魚潛藏於深淵之中。而或在於渚」，而或又游泳於渚。言理之無定在也。是言其理無在無不在也。「園有樹檀，園，圃也。有樹植之檀，是可愛者。而其下維蘀」，蘀，落也。而其下落葉，是可惡者。言愛當知其惡也。是愛之又當知其惡。「他山之石，石之粗厲，雖若可憎。可以爲錯」，錯，礪石也，可以攻治其玉，是又有善處。言憎當知其善也。是憎之又當知其善。由是四者，即此四詩。引而伸之，演其義而伸之。觸類而長之，觸其類而有所長益。天下之理 則於天下之道理。其庶幾乎！不其近乎！詩傳。下同。

不茹柔，茹，飲也，於柔者而不茹。故「不侮矜寡」，則其於人之矜寡不敢侮慢，必矣。不吐剛，於剛者而不吐。故「不畏强禦」。則其於人之强禦無所畏憚，必矣。以此觀之，即是而論。則仲山甫之柔嘉，則仲山甫柔和嘉美之德。非軟美之謂也。非後世柔軟以爲柔、阿媚以爲美者比也。而其保身，其所以保其身。未嘗枉道以徇人可知矣。不屈是道以求徇乎人，從可識矣。

人之言行交際，凡人之所言所行，與人交際。皆當謹之於始，而慮其所終。必當謹其始，復計其終。不然，則因仍苟且之間，否則因其所已然，苟焉以爲之。將有不勝其自失之悔矣[四]。是始之不謹，其末也必悔其失也。○論語集注。下同。

澹臺滅明不由徑，澹臺滅明，古之賢人也。徑，小路也。其行必由大公至正之路，而不由旁蹊曲徑。則動必以正，是其動也一循乎正。而無見小欲速之意可知。不由小徑，不爲小利所動，必求遵大路，則無欲速之心。非公事不見邑宰，非是公家之事則不見縣宰。則其有以自守，是其操守之嚴。而無枉己徇人之私可見。不屈己以從人，可見矣。

自處以敬，人之守己以敬。則中有主而自治嚴，則中心有所主宰而自治者嚴密。如是而行簡以臨民，如此則所行之事自簡，以之臨涖百姓。則事不煩而民不擾。則事不煩劇，民無勞擾。若自處以簡，如先自以簡爲治，而無敬以存之。則中無主而自治疏矣，則中心無所主宰而自治者空缺。而所行又簡，而所行之事又簡。豈不失之太簡，則簡而又簡，必流清虚廢事之失。而無法度之可守乎？又安能守其治之法度耶？

毀人者，漸漬而不驟，專於毀人之短者，猶水之浸漬而入，非一朝夕。則聽者不覺其入，而聽之者爲其所入，亦不知也。而信之深矣。故信之甚矣。愬冤者，急迫而切身，愬己之冤者，急遽迫切，皆及於身者。則聽者不及致詳，而聽之者不假詢其詳細。而發之暴矣。故發之必勇。二者難察而能察之，此二者之情最難明察，而能明察之者。則可見其心之明，而不蔽於近矣。可以見其心體之高明，而不奪於近己者也。

莊以持己曰矜。持己以莊敬之道，則謂之矜。然無乖戾之心，而無乖悖違戾底氣象。故不争。故曰不争。和以處衆曰群。處衆以和順之道，則謂之群。然無阿比之意，而無阿諛比附之動。故不黨。故曰不黨。

學詩，則事理通達，人而學詩，則於天下事物之理無不通曉。而心氣和平，心和氣平。故能言。則能有言。學禮，則品節詳明，學禮，則品節之間清詳分明。而德性堅定，而德性堅確不移。故能立。故能有立。

今人獄事，今之居官者於刑獄之事。只管理會要從厚。但言當務寬厚。不務是非善惡，更不究其是與非、善與惡。只務從厚，只欲從寬厚之政。豈不長姦惠惡？是長民之姦、惠民之惡。大凡事付之無心，凡事只得以無心處之，不可先有心而處。因其所犯，但因人之所犯何事。考其情實、歷究其實如何。輕重、厚薄，當輕當重，當厚當薄。付之當然可也。以其當然之罪罪之可也。

自古救荒，自古救歲之荒。只有兩説，其説有二。一是感召和氣以致豐穰，第一必須無淫刑濫罰，民心和而感天地之心和，自可以致豐熟之應。其次只有儲蓄之計。次則當先時之蓄，以備凶荒。若待他饑餓時理會，若待民已饑饉而方區處。更有何策？則無計策矣。

或言辛幼安帥湖南，或人言辛幼安爲湖南帥時。賑濟榜文出立文榜賑濟。祇用八字，曰：有八字云。「劫禾者斬，劫奪人禾者刑之。閉糴者配。」閉藏不糴者黜之。先生曰：答云。這便見他有才。此便足見幼安有政事之才。此八字若做兩榜，便亂道。若以此八字分爲二榜，則非矣。「刊收民丁，壯者爲丁，則當懷徠。推割賦税」[五]，賦重害民，則當裁減。是治縣八字法。此縣法也。

近思續録第十一卷

此卷論教學

周禮師氏之官，周立師氏一官。以三德教國子：其教國子有三德。一曰至德，以爲道本；其一則以德之至者爲道之所本。二曰敏德，以爲行本；其二則以德之敏者爲行之本。三曰孝德，以知逆惡。其三則以德之孝者，在知其不可爲犯上陵暴之事。至德云者，何謂德之至。誠意正心，實其意之所發，正其心而不偏。端本清源之事。於本然之地而用工。道則天人性命之理，所謂道，則是天命之謂性、率性之謂道。事物當然之則，事事物物莫不皆有當然恰好底道理。脩身、齊家、治國、平天下之術也。脩於身、齊於家，及至治國、平天下之物也。敏德云者，何謂敏德。强志力行，立志自强，乾乾不息。蓄德廣業。蘊蓄其德，廣大其事。行則理之所當爲，所謂行，皆是理所當行。日可見之跡也。見之躬履者也。孝德云者，何謂孝。尊祖愛親，尊親其祖，愛養其親。不忘其所由生之事。不敢忘其所自出。知逆惡，則以得於己者篤實深固，知彼逆惡，則但觀己之所得，篤厚真實，深根固蒂。有以真知彼之逆惡，有以知彼之犯上陵暴。而自不忍爲也。而有所不忍爲之。至德以爲道本，明道先生以之。敏德以爲行本，司馬温公以之。孝德以知逆惡，趙无愧、徐仲車以之。凡此者，凡若是者。雖曰各以其才品之高下、雖云因其才品之不一。資質之所宜而教之，即其資稟所宜，遂以教焉。然亦未有專務其一，而可以爲成人者也。然亦不可但務三德之一，謂即成人之學。是以列而言之，分而言。以見相須而爲用，見其相資而用。不可偏廢之意。不容務其一而廢其一也。蓋不知至德，不知德之至。則敏德者散漫無統，則所謂敏德茫無統紀，是有行無知。固不免乎篤學力行而不知道之譏。不知篤志於學、勉力而行者何物。然不務敏德而一於至，不務德之敏而一於德之至，則有知無德。又無以廣業而有空虚之弊。而不知廣其功業，而遂有憑空駕虚之病。不知敏德，不知德之敏。則孝德者僅爲匹夫之行，則所謂德之孝者，特匹夫之所行。而不足以通乎神明。豈足以通神明之妙？不務孝德不務德之孝。而一於敏，而一於德之敏。則又無以立本則德之本不立。而有悖德之累。而有悖德害仁曰賊之累。是以兼陳備舉所以交舉互陳。而無所遺也。而無有一遺也。此先王之教，此王者之爲教。所以本末相資，本末一致。精粗兩盡，精粗一理。而不倚於一偏也。未嘗偏其一也。其又曰：「教三行：又云以三行教之。一曰孝行，其一則是孝行。以親父母；在於親其親。二曰友行，其二則是友行。以尊賢良；在於尊其賢者良者。三曰順行，其三則是順行。以事師長。」在於事其師。蓋德也者，得於心而無所勉者也。德者，有得於心而不待勉强。行則其所行之法是已。行者，即是德之行於己而有足法者。蓋不本之以其德，蓋非德爲根本。則無所自得，則心無所得。而行不能以自修；而行之修於己者何所始。不實之以其行，非行爲枝葉。則無所持循，則躬無所行。而德不能以自進。而德之進於己者何所見。是以既教之以三德，所以以三德教之於先。而必以三行繼之，而以三行繼之於後。則雖其至末至粗，雖是末者、粗者。亦無不盡，無非行之修，蓋罔有遺。而德之修也，自不覺矣。而厥德修罔覺矣。然是三者，但是此三者。似皆孝德之行而已，若皆孝德之所形。友與順亦孝所推也。至於至德、敏德則無與焉。於敏德則全無干預。蓋二者之行，蓋至德、敏德。本無常師，本無定法。必協於一，必合而歸於一。然後有以獨見而自得之，當自有見而自有得也。固非教者所得而預言也。又非教之者可以着力也。唯孝德則其事爲可指，但是孝德比之至德、敏德，則孝德可指而言。故又推其類而爲友、順之目，又以類推，爲友、爲順。以詳教之。以此詳悉而施教。使以爲學者雖或未得於心焉，爲學之士雖未得之於心。而事亦可得而勉，因末而推其本，故事爲上亦可勉力。其行之不已苟行之不息。而得於心焉，而得於心。則進乎德而無待於勉矣。則進之於德，不事勉强矣。況其又能即是而充之，況又自能充去。以周於事而泝其源，事爲周徧，自流尋源。則孰謂至德、敏德之不可至哉！則至德、敏德又寧有不可至耶！○文集。下同。

周人以鄉三物教萬民而賓興之。周之世，以鄉里之三事教民，而後以賓禮舉之。其德六：德者，得於心。其爲德凡六。曰知、仁、聖、義、忠、和；智，明也。仁，愛也。聖，通也。義，宜也。忠，誠也。和，温也。知，去聲。其行六：行者，履於身。其爲行凡六。孝、友、睦、婣、任、恤；孝謂順父母，友謂和兄弟，睦謂和宗族，婣謂親於外親，任謂信於朋友，恤謂憫於鄰黨。其藝六：藝，能也，凡六。禮、樂、射、御、書、數。禮，五禮。樂，六樂。射，五射。御，五御。書，六書。數，九數。詳見小學書立教。是於學者日用起居飲食之間，學者於日用之間。既無事而非學。既無一事而非學。於其群居藏脩遊息之地，於藏焉、脩焉、遊焉、息焉之所。亦無學而非事。亦無所學者非其事。至於所以開發其聰明，至其開其聰而發其明。成就其德業者，以成其德而廣其業。又皆交相爲用，而無所偏廢。則此數者又交互相資，不可闕一而廢一也。

先生諭學者曰：先生訓學者有云。書不記，書不能記。熟讀可記；但熟讀自可記。義不精，義不能精。細思可精。但細思亦可精。唯有志不立，獨志不能自立。直是無着力處。雖欲着力，無由着力。只如而今貪利禄而不貪道義，只如今人貪求利禄，而道義則不之顧。要作貴人而不要作好人，要爲貴人，而好人却不爲。皆是志不立之病。此皆志不能自强。直須反復思量，若能深思熟察。究見病痛起處，究其病根。勇猛奮躍，勇猛用力，奮發有爲。不復作此等人，不爲厭厭泉下之人，全無振作。一躍躍出，一跳出去。見聖賢所説歷見聖賢之所論。千言萬語，言其多也。都無一字不是實語，無一字不實。方始立得此志。則能立此之志，有如立基之立，不可動也。就此積累工夫，自是漸次用工。迤邐向上去，直可向進也。大有事在。希賢、希聖、希天，皆大事也。不是小事。此豈細事耶！

教人者，當隨其高下而告語之，教乎人者，當觀其資稟之有高有下而啓迪之。則其言易入，則其教之之言亦易入其心。而無躐等之弊。而受教者亦無凌躐之患。○論語集注。下同。

詩以理情性，詩者，既以啓發人之情性。書以道政事，書者，所以議論帝王之政治。禮以謹節文，禮者，所以節其太過而文其不及。皆切於日用之實，無非實用之所形。故常言之。故常常言此。禮獨言執者，但禮獨以執爲言。以人所執守而言，欲人有所執守。非徒誦説而已也。不特誦讀其文而已。

草木之生，植物之生於地。播種封殖，栽種培埴。人力已至，人之用其力者既盡。而未能自化，尚未能變化盛茂。所少者，雨露之滋耳。必待雨露而潤澤之。及此時而雨之，及其枯旱之時，忽得潤澤之益。則其化速矣。則其變化亦速。教人之妙，教乎人者。亦由是也[六]，蓋亦如此。若孔子之於顔、曾是已。顔子剛明，則教以克己復禮；曾子篤實，則教之以一貫之忠恕。有時雨化之者。成德、達材，德性渾至，材美著見。各因其所長而教之也。各因其材德之異而教之。成德，如孔子之於冉、閔；冉伯牛、閔子騫以德行名，夫子教之以成德之事。達材，如孔子之於由、賜。子路、子貢以言語政事稱，故夫子教之以達材之事。是有成德者，有達材者。就所問而答之，因其所問而還以語之。如孔、孟之於樊遲、萬章也。孔子之於樊遲，孟子之於萬章，是有答問者。人或不能及門受業，人不皆及其門而傳授其業。但聞君子之道於人，但聞其道德之盛。而竊以善治其身，則即以自治其身。是亦君子教誨之所及。則亦其不教誨之教誨也。若孔、孟之於陳亢、夷之是也。如夫子之於陳亢，孟子之於夷之，是私淑艾者。聖賢施教[七]，聖賢之教人。各因其材，各因材之高下。小以成小，材之小，則成就亦小。大以成大，材之大，則成就亦大。無棄人也。未嘗棄一人，以爲不可教也。○孟子集注。

脩道之謂教，脩是道而謂之教者。言聖人因是道而品節之，謂聖人即此性之道而品節之。以立法垂訓於天下，立爲之法，著爲之訓，俾天下皆知此理。是所謂教也。是爲教也。蓋天命之性，蓋天賦予人以仁、義、禮、智之性。率性之謂道，循此理而行之，則謂之道。皆理之自然，是皆自然而然。而人物之所同得者也。人與物均稟受此理也。人雖得其形氣之正，但即人對物而言，則人得其氣之正。然其清濁厚薄之稟，但有稟氣之清者、稟氣之濁者、稟氣之厚者、稟氣之薄者。亦不能不異。是人之所稟自不能不異。是以賢智者或失之過，稟氣之清且厚，則爲賢、爲智，其失也常在於過。愚不肖者或不能及。稟氣之濁且薄，則爲愚、爲不肖，其失也常在於不及。惟聖人之心，獨有聰明睿智之心。清明純粹，稟氣之至清、至明、至純、至粹。天理渾全，天理備全。無所虧闕，一無欠虧。故能因其道之所在，故能即人所同得之道。而爲之品節防範，且品節之，且範防之。以立教於天下，用以爲訓於天下。使夫過不及者，俾夫賢智之太過者、愚不肖之不及者。有以取中焉。各有以裁其太過而勉其不及，而皆有以合時措之中。蓋有以辨其親疏之殺，使之知親疏不同。使之各盡其情，各有以盡其情。則仁之爲教立矣；是脩仁之道以爲教者也。有以別其貴賤之等，貴賤有異。而使之各盡其分，而能各安其分。則義之爲教行矣。是脩義之道以爲教者也。爲之制度文爲，儀文交接。使之有以守而不失，執守不變。則禮之爲教得矣；是脩禮之道以爲教。爲之開導禁止，開發聰明，禁止邪惡。使之有以別而不差，分別不紊。則知之爲教明矣。是脩智之道以爲教。夫如是，至此。是以人無智愚，無知者，無愚者。事無大小，無大事，無小事。皆得有所持循據守，人皆操脩執守。以去其人欲之私，豁去人欲。而復乎天理之正。由行天理。推而至於天下之物，推之於物。則亦順其所欲，所欲者從。違其所惡，所惡者去。因其材質之宜而致其用，即其材爲之用。制其取用之節以遂其生，謹其用，遂其生。皆有政事之施焉。施於有政。此則聖人所以財成天地之道，此又是天地之道，□聖人財成。而致其彌縫輔贊之功也。而盡其輔相之道也。○中庸或問。下同。

教導後進，訓導後學。須是嚴毅，嚴毅則師道尊。然亦須有以興起開發之，方得。興起善心，開發德性。只任嚴，徒嚴而無誘導。徒拘束之，徒然束縛。亦不濟事。而無所進益也。○語録。下同。

教小兒，只是説個大概，小學之教，只得與言事理大概。只眼前事，目前可知可能之事。或以洒掃應對之類，如洒地擁篲、應對言語。作段子亦可。爲段子讀。每疑曲禮「衣毋撥，常疑曲禮。衣必束，帶無垂下。足毋蹶；立必正，無僵仆。將上堂，升堂也。聲必揚；語聲放大，警内人也。將入户，入門也。視必下」，不舉目視。此等叶韻處，如此音韻所在。皆是古人教小兒語。古人教訓小兒之語。列女傳，於列女傳。孟母又添兩句曰：孟子之母又益二言。「將入門，門，所以限内外也。問所存。」存，在也。問父母在何處，此反必面也。

教女子，如教女子之類。如曹大家女誡、如曹氏所著女戒。家，音姑。温公家範亦好。司馬公所作家範，皆好。

【校勘記】

［一］予嘗推易以觀天下之人　「推」原作「惟」，據寬文本改。

［二］糾結如蚯蚓　「蚯」，晦庵集卷七十五王梅溪文集序作「蛇」。

［三］易本義　「義」原作「二」，據寬文本、柯氏本改。

［四］將有不勝其自失之悔矣　「其」原脱，今據論語集注卷一補。

［五］刊收民丁推割賦稅　此句，朱子語類卷一百一十二作「開落丁口推割産錢」。

［六］亦由是也　「由」，柯氏本作「猶」。

［七］聖賢施教　「賢」，柯氏本作「人」。

新刊音點性理群書句解卷之二十一　後集

近思續録第十二卷

此卷論警戒

「過則勿憚改。」憚，畏也。有過則速於改而無所畏。勿者，禁止之辭。胡氏曰「勿」字似旂脚，行軍以此揮止衆軍而禁止之。憚，畏難也。憚者，畏其難也。自治不勇，人之自治其私而不勇猛。則惡日長，因循不改，過日益甚。故有過則當速改，必當改之之速，有如雷之決。不可畏難而苟安也。不可畏其難而不知禁止，而安於其過也。○語録[一]。

程子謂：「驕，氣盈；驕，驕矜也。人之驕矜者，其氣常滿。吝，氣歉。」吝，吝嗇也。人之吝嗇者，氣常不足。蓋驕吝雖有盈歉之殊，驕之與吝雖有一盈一歉之異。然其勢常相因[二]。但其勢之所向未嘗相離。蓋驕者，吝之枝葉；驕而滿者，常生於吝而不足之餘，故爲其枝葉。吝者，驕之本根。吝而不足者，所以爲驕而滿之次第，故爲其根本。故嘗驗之天下之人，曾以是而察凡天下之人。未有驕而不吝、驕矜之極，則必至於吝嗇。吝而不驕者也。吝嗇之極，必至驕矜。熊氏曰：驕是已形底吝，吝是未形底驕。

「樂驕樂」，則侈肆而不知節。樂，好也。好驕縱逸樂，則必奢侈放肆而不知所謹。「樂佚遊」，則惰慢而惡聞善。好放佚遨遊，則必怠惰慢侮，不喜聞人之善言。「樂宴樂」，則淫溺而狎小人。好宴安，則必浮蕩淫溺而狎近小人。君子之好樂，君子所好。可不謹哉？可不致其謹？此三者是大學所謂之所好樂而辟焉則心亦不得其正也。

畏者，嚴憚之意也。畏有憚之義。天命者，天所賦之正理也。天命之者，是上天賦予，人得之而爲此性之仁、義、禮、知也。知其可畏，知其嚴憚。則其戒謹恐懼，則戒懼乎不睹，恐懼乎不聞。自有不能已者，自不容不然。而付畀之重，則其付予於我者。可以不失矣。亦可以使之常有也。

血氣，形之所待以生者，人有此形，所待以滋養者血也，所以運動者氣也。血陰而氣陽也。但血屬乎陰，氣屬乎陽。隨時知戒，人苟爲血氣所動，則皆欲也，必於動我之時隨知所警。以理勝之，以此心之理而克去其私。則不爲血氣所使也。則理足御氣而不爲之動矣。

「君子戒謹乎其所不睹，君子戒謹乎目之所不見。恐懼乎其所不聞」，恐懼乎耳之所不聞。所以存天理之本然，蓋欲充是道於己。而不使離於須臾之頃也。不容頃刻不存也。「莫見於隱，莫著見者，隱暗之處。莫顯乎微，莫明顯者，細微之事。故君子慎其獨」，此皆人所不知而己獨知之，君子尤當加謹也。所以遏人欲於將萌[三]，蓋欲絶去私欲萌蘖之初。不使其滋長於隱微之中[四]。不容其於隱暗之地、細微之事而漸至於長也。○

中庸章句[五]。

或問：盤之有銘，何也？盤，沐浴之器。或問：湯於此盤而刻銘何耶？曰：盤者，常用之器；盤，所以爲沐浴器，人之所常用。銘者，自警之辭。銘之九字曰：「苟日新，日日新，又日新。」所以常目在之而有所警也。古之聖賢，古先聖人。兢兢業業，兢兢，戒謹。業業，恐懼。固無時而不戒謹恐懼，固無一時而忘其自警之誠。然猶恐其有所怠忽而或忘也。然猶恐有時而忘於宴安之際。是以於其常用之器，所以即其器之所常用。各因其事莫不即其事。而刻銘以致戒焉，刻其所銘之辭以示其警。欲其常接乎目，庶幾器常用，則目常見。每警乎心，目常見，則心常謹。而不至於怠忘也。而不使之至於忘也。曰：然則沐浴之盤，盤，沐浴之器也。而其所刻之辭如此，何也？而其所銘若是，何耶？曰：人之有是德，人之有此懿德。猶其有是身也。譬則人之有此一身。德之本明，人之所得於天，虛靈不昧，本然如是。猶其身之本潔也。譬則一身之本自潔也。德之明而利欲昏之，是德雖光明，一汩於欲則明者昏。猶身之潔而塵垢污之也。如此身本潔，一染於塵垢則潔者污。一旦存養省察之功，惟夫存養此心之理，省察人欲之私。真有以去其前日利欲之昏而日新焉，則盡去其昏吾德者，而能日新其德焉。則亦猶其疏瀹澡雪，亦猶此身已既澡滌。而有以去其前日塵垢之污也。自無前日塵垢之累矣。然既新矣，但吾之德已新。而所以新之之功不繼，苟以德之新爲已足，而不能續其新之之功。則利欲之交，物欲蔽之。將復有如前日之昏。其昏猶昔矣。猶既潔矣，如此身已潔。而所以潔之之功不繼，不能日日而潔之。則塵垢之集，塵垢復染。將復有如前日之污也。其污猶昨矣。故必因其已新，必也因其德之新。而日日新之，日日而使之新。又日新之，又無日而不新之。使其存養省察之功，則存養者既至，省察者愈密；省察者愈密，則存養者愈至。無少間斷，功夫接續，無間斷。則明德常明，則本明之體常常不息。而不復爲利欲之昏。而都無利欲之昏蔽。亦如人之一日沐浴，正猶人於一日之間潔其體。而日日沐浴，日復一日，常潔其體。又無日而不沐浴，又無一日不潔其體。使其疏瀹澡雪之功，則潔之功。無少間斷，連續不已。則身常潔清，則此身常常潔浄。而不復爲舊染之污也。而無前日塵垢之污矣。昔成湯所以反之而至於聖者，成湯反身修德而極於聖者。正惟有得於此。亦自此始。故稱其德者有曰　當時頌其德者有云。「不邇聲色，不溺近聲樂、女色。不殖貨利」，不崇殖資貨財利，是去其利欲之昏也。又曰「以義制事，義所以裁制事物，而得其宜。以禮制心」，禮所以檢束此心，而無所縱。是所以新其德也。有曰「從諫弗咈，有過則從人之諫而不敢違。改過不吝」[六]，於己而無吝惜，是防其利欲之昏也。又曰「與人不求備，使人必器之，不求其全備。檢身若不及」。自檢察其身，常若有未善。其待人輕以約、責己重以周者，求所以新其德也。此皆足以見其日新之實。無非所以去利欲之昏，而日新其德。至於所謂「聖敬日躋」云者，又云湯之敬日升，能敬則有主於心，所以遏人欲而存天理。日持此敬，則以德日新之所本。則其言愈約而意愈切矣。言雖簡短，意則切到。其後，周之武王，及周武王。踐祚之初，即位之初。受師尚父首師吕望。丹書之戒，曰：丹書示戒且云。「敬勝怠者吉，吉，善也。持敬以去其怠則善。怠勝敬者滅；怠心長而敬心衰，則必滅亡。義勝欲者從，義者，人心公共之理。行義而絶其私欲之累，人罔不從。欲勝義者凶。」苟逞人欲之私，而絶人心公共之理，則罔不凶。退而於几席、觴豆、几席，安身之物。觴豆，適口之具。刀劍、户牖，刀，利器。劍，刀屬。户，門。牖，窗。退而於日用器具窗户。莫不銘焉，無不銘其語以監觀。蓋聞湯之風而興起者。是聞成湯之遺風而有所興起也。今其遺語，凛凛遺訓。尚幸頗見於禮書，具在禮經。願治之君，上而爲君。志學之士，下而爲士。皆不可以莫之考也。皆當熟察也。○大學或問。

今日克念，書曰：「思曰睿，睿作聖。」苟一日之間而能思而通其微。即可謂聖；曰可以作聖矣。明日罔念，苟一日之後而忘其思，不思則不通微。即爲狂矣。則塊然此心，聽其出入，莫知其爲，此其爲狂也。聖、狂之分亦如斯而已。

敬之問「夭壽不貳」。人生自三十以下皆謂之夭，七十以上皆謂之壽，但不貳之義如何。先生曰：不貳，是不疑他。不貳者，夭壽付之定數，而無所疑於彼也。若一日未死，如一日尚生。則一日要是當；則一日所爲須合乎理。百年未死，百年尚生。百年要是當。百年所爲須合乎理。這便是「立命」。不以生死而易其守，是之謂立命。「夭壽不貳」，夭壽而無所疑。此便是知性知天之力。是知性之所稟與天之所賦皆有定也。「脩身以俟」，脩吾身以待之。便是存心養性之功。是操存此心而不失涵泳此性之渾全，數之脩短亦聽之而已。

或問「子在川上」章。或人問「子在川上」一章之義。先生曰：此是形容道體。夫子借是以推明吾道之體耳。程子所謂「與道爲體」但是體也亦有二，有體用之體，有體質之體。程子謂「與道爲體」是體質之體。蓋道無形，因物而後見，川流不息雖非道也，但所以不息，有理存乎其間，故「與道爲體」猶言爲道之骨子也。一句最妙。此一句豈不至當？某嘗爲人作觀瀾詞，先生自言其咏觀瀾。其中有兩句云：中間有云。「觀川流之不息，觀川水之流無有止息。悟有本之無窮。」因悟其所以然有道在也。又問：其要在謹獨？又問：所謂其大要在謹獨工夫，如何？先生曰：能謹獨，則無間斷，人於幽獨之地而能戒謹恐懼，則此理常存而不絕。其理不窮。故自無有止息。若不謹獨，苟幽獨不能致謹。便有欲來參入裏面，則私欲夾雜於其中。便間斷矣，理與欲分爲二。如何會如川流底意！安能如川之流無有止息耶！

損者三樂，人之好有三，皆損乎己也。惟宴樂最可畏，只有宴安逸樂可畏之甚。所謂「宴安鴆毒」也。蓋人處宴安之時，多忘警戒，則鴆毒已存其中。鴆鳥之毛用以攪酒，則毒人，此之謂鴆毒。

志是心之所向，志者，是吾心之所趍向也。意又是志之支脚。意則是志之支派根脚。志公而意私。志奮發有爲，故公。意幽隱臆度，故私。志便清，故爲志則清。意便濁；爲意則濁。志便剛，奮發屬乎陽，故剛。意便柔；幽隱屬乎陰，故柔。志便有立作意思，志則勇於作爲。意便有僭竊意思[七]。意則密於竊伺。過者，無心而爲過。「過」字無心，是誤於言動，故謂之過。惡者，有心而爲惡。「惡」字有心，喜爲不美，故謂之惡。

妄誕欺詐爲不誠，誠，真實，理也。妄，邪妄。誕，虛誕。欺，欺罔。詐，詐僞。是四者皆非真實，故不誠。怠惰放肆爲不敬。敬，所以檢束吾身者也。怠，怠荒。惰，敖惰。放，放逸。肆，縱肆。是四者皆無檢束，故不敬。

「詭遇」，是做人不當做底；詭譎者，是爲人不當爲之事。「行險」，是做人不敢做底。行險者，是爲人不敢爲之事。是皆小人之所行，若君子則惟正大自守而已。

問敖惰。敖，驕敖。惰，怠惰。或有問。敖，去聲。先生曰：敖便是惰。敖雖非惰，但敖而不事其事，即是惰。敖了，都不管他，故敖則凡皆不管。便是惰。非惰而何？

問：剛與悻悻何異？或問：剛與悻悻二者何所别？先生曰：剛者，外面退然自守，剛者，毅然有所執守於外。而其中不屈於慾。此心不肯爲慾所屈。如申棖之慾，夫子便言其不剛。悻悻者，外面有崛强之貌，悻悻者，與人小不足，便悻然見於面目。其中實懷計較勝負之心，是此心計較事之勝負。此便是慾。才計較便是動於私慾。熊氏曰：剛而不屈於慾，是稟陽氣之中，剛之著者也；悻悻而有崛强之貌，是稟陽氣之太過，剛之惡者也。

近思續録第十三卷

此卷辨異端

佛有「觀心」之説。佛氏有以心觀心之説。夫心者，人之所以主乎身，心者，所以主宰乎一身者也。一而不二者也，人只有此一心。爲主而不爲客，爲主於内而未嘗喪失而客於外。命物而不命於物［八］。能役於物而不爲物所役。故以心觀物，以吾之心察乎物。則物之理得。則物之理即吾身之理，故云得。今復有物以反觀乎心，今佛言觀心，則是别有一物以觀我之心。則是此心之外是又心之外。復有一心，而能管乎此心也。他有一心，而爲此心之管攝。聖人之學，聖人之爲學。本心以窮理，澄此心以爲窮理之本。順理以應物，順此理以爲應事之本。蓋如此也。不過如是。

莊子有言：莊周有云。「爲善無近名，爲善不可近於名。爲惡無近刑。」爲惡不可近於刑。其意以爲爲善而近名者，原其意蓋謂爲善而近於名。爲善之過也；是善之過。爲惡而近刑，爲惡而近於刑。亦爲惡之過也。是惡之過。惟能不大爲善，惟不十分爲善。不大爲惡，又不十分爲惡。而但循中以爲常，但能爲善而得爲善之中，爲惡而得爲惡之中。則可以全身而盡年矣。斯可保身而盡其天年也。夫謂之「爲善無近名」者[九]，所謂無近名。聖賢之道，不知聖人之於道。但教人以力於爲善之實，其立爲教訓，無非使人以求其爲善之實。初不教人以求名者，初未嘗誨人以求一世之名。自非爲己之學，苟所學者不務乎内。蓋不足道。是在不稱之列。若畏名之累己，如畏其名爲己之累。而不敢盡其爲學之力，而於爲善之事却不爲。則其爲心是其心之所存。亦已不公，已自偏私。而稍入於惡矣。則將進進於惡之境矣。謂之「爲惡無近刑」者，所謂「無近刑」。君子之惡惡，不知君子之惡其惡。如惡惡臭，猶惡臭之不可近。非有所畏而不爲也。非是有取顧忌而不爲。今乃擇其不至於犯刑者而竊爲之，今而曰所爲之惡，擇其不戾刑憲而可竊而爲之。至其刑禍之所在，至於刑憲者。巧其途以避之而不敢犯，尋其路脈，退避而不干犯。此其計私害理，是皆計較一己之私，而有害天理之公。又有甚焉！則又甚也。是不可不察也。此不可不精察而明辨也。○手帖。下同。

近年以來，近世之士。乃有假佛釋之似，其學有似於禪。以亂孔孟之實者。而其實非孔孟之道。其法首以讀書窮理爲大禁，其法蓋謂書不必讀，理不必窮。常欲學者注其心於茫昧不可知之地，但欲静坐澄心。以僥倖一旦恍然獨見，以期一旦超悟，自有所見。然後爲得，是爲有得。蓋亦自謂得之者矣。其意自言其所得如此。而察其容貌辭氣之間，但静而不知以理涵養，見之容貌必無見面盎背之道，出辭氣必不能遠其暴慢鄙悖之習。脩己治人之際，脩己，必不明格物致知誠意正心之理以爲之本；治人，則必不能推齊治國平天下者爲之用。乃與聖賢之學聖賢之學有體有用，若但澄心静坐以俟恍然有見，則是有體無用。有大不相似者。此其所以大相遼遠也。嗚呼！先生此言，蓋爲江西穎悟者發也。

近日又有一般學問，近日學者自務爲一等學問。廢經而治史，盡廢六經，留意史學。略王道而尊霸術，略去三王之道，崇尚五霸之術。極論古今興亡之變，甚談今古或興或亡之迹。而不察此心存亡之端。不復究自心操存舍亡之由。若只如此讀書，若是讀書。又若不讀之爲愈也。是猶不讀也。嗚呼！先生此言，蓋爲永嘉事功者發也。

大抵此學以尊德性、求放心爲本，吾儒之學在於尊崇德性，收束放心。而講求聖賢親切之訓講明聖人切己之言。以開明之，用以開其聰明者，知之性。此爲要切之務。此乃學者之先務。若通古今，若博古通今。考世變，説興説亡。則亦隨力所至，亦當隨其學力。推廣增益，經爲根本，史爲枝葉，根本既培，枝葉特發揮者。以爲補助耳。不過補其不足也。不當以彼爲重，不可專以史爲重。而反輕凝定收斂之實，而於凝定此性、收斂此心、真實用功者，却輕視之。少聖賢親切之訓也。而以聖經爲不足學。若如此説，若果若是。則是學問之道不在於己則爲學之功不在身心。而在於書，而在於文字之間。不在於經不在聖經。而在於史，而在於史氏之所述。爲子思、孟子如孔伋之中庸、孟軻之七篇。則孤陋狹劣而不足觀，淺近狹小而不足言。必如司馬遷、班固、范曄、陳壽之徒，必遷之史記，班、范之漢史，陳壽之志三國。然後可以造於高明正大、簡易明白之域也。而後可以厭飫於學也。夫學者既學聖人，學者學聖人之學。則當以聖人之教爲主。必當以其垂教者爲主。今六經、論、孟、中庸、大學之書具在，今六經尚存。彼以了悟爲高者，有專求一超頓悟之學者。既病其障礙而以爲不可讀，以其悟爲高深。此以記覽爲重者，今以記問爲重者。又病其狹小而以爲不足觀。以其書爲狹小。如此則是聖人所以立言垂訓者［一〇］，是則聖人之著書。徒足以誤人徒誤後世。而不足以開人，不能開發人之德性。孔子不賢於堯舜，孔子未必過於堯舜。而達磨、遷、固達磨、佛氏，司馬、班固之徒。賢於仲尼矣，而過於夫子者多矣。毋乃悖之甚耶！得無悖理傷道之極乎！

近來學者近世儒者。未曾理會讀書脩身，不務内也。便先懷取一副當功利之心，專務外也。未曾出門踏着正路，不行大道也。便先做取落草由逕之計［一一］。專由小徑也。

孟子不闢老莊而闢楊墨，老子清凈，莊子虛無，楊氏爲我，墨氏兼愛，孟子闢其一而遺其二。楊墨即老莊也。其所入雖不同，但所以惑世害民則一而已。

釋氏虛，佛學多是談空説妙。吾儒實，吾儒之學以窮理盡性爲本。釋氏二，佛氏心與理二。吾儒一。吾儒心與理一。釋氏以事理爲不緊要，不理會。佛絶人倫，只要空寂，無應事一段。又云：先生又言。儒、釋之異，儒學、佛學不同。正爲吾心與理爲一，儒者心涵此理，故與理一。而彼以心與理爲二耳。佛氏事理會心[一二]，不復盡此理，故與理二。彼見得心空而無理，彼但言心之空虛，而不復知有理具在。此見得心雖空而萬物咸備。此言心體虛明、萬理完備。

問佛與莊老不同處。或問：佛氏之爲學與莊子、老子不同。曰：莊老絶滅義理，莊事虛無，老事清净，義理都無。人倫未盡。於父慈子孝、兄友弟恭之理，不全滅盡。至佛則人倫滅盡，佛氏則死其形骸，不明人倫生生之道，然尚有彌近理而大亂真處。至禪則義理滅盡。佛學之禪定則爲禪，又和義理都消滅盡矣。

佛氏之學，佛之學。與吾儒甚相似處，即儒道之近似者。如云：「有物先天地，是即道先天地爲太極。無形本寂寥。即所謂無形而有理爲無極。能爲萬象主，即化生萬物而爲其主宰者。不逐四時凋。」即先天地而已存，後天地而常在也。又曰：「撲落非他物，是即所謂撲散之後別無他物，有此太極之理。縱横不是塵。人物並生，非如塵土之塊然也。山河及大地，即所謂光岳之氣。全露法王身。」人生稟此以成其形體者也。又曰：「若人識得心，有人識得此心。大地無寸土。」是即所謂方寸也。看他是甚麽樣見識。此是何等識見。今區區小儒，今世小有識見之士。怎生出得他手？宜其爲他揮下也。所以甚言必爲揮下之意。向來見人陷於異端者，舊見人陷於異端之學。每以攻之爲樂，必欲決而去之。勝之爲喜。使吾道之勝則喜。近惟覺彼之迷昧爲可憐，近來却見彼之陷溺不返，是其迷途幽昧，實可憐憫。而吾道之不振爲可憂，吾儒之道不能振起，誠可憂。誠實痛傷，使人哀痛惻傷。不能自已。有不容已。不知是年老氣衰而然耶，未知是漸入老境，血氣已衰如此。抑亦漸得情性之正而然耶〔一三〕？還是到此識見之定，得其情性之正耶？

近思續録第十四卷

此卷論人品

舜紹堯致治，帝舜繼堯之治而致泰和。武王伐紂救民，武王除紂之虐而植立民命。其功一也，其爲功則一。故其樂皆盡美。故其樂皆治世之音，故盡美。美者，聲容之盛也。然舜之德，性之也，但舜之爲德，則皆天性之自然。又以揖遜而有天下；其得天下也，乃出於帝堯之揖遜。武王之德，反之也，武王之爲德，則是脩身以復於道。又以征誅而得天下，其得天下也，乃出於伐商而受命。故其實有不同者。故舜又盡善，武王未盡善，善則美之實也。○論語集注。

「禹不矜不伐，大禹有能不矜耀，有功不誇伐。至柔也，其性禀雖若極柔。然乃見剛」之則，但却是剛而有所守。克去好勝之心，矜伐皆好勝之心爲之。克去此心。不爲功能所使，有能有功而不爲所使。所以不矜伐也。此所以無矜伐之心也。○語録。

伊尹之志，伊尹之爲志。公天下以爲心，如使是君爲堯舜之君，是民爲堯舜之民，非公而何？而無一毫之私也。是以無毫髮之私意也。○孟子集注。

六經説「學」字，六經之書説出「學」字。只是自傅説方説起來。自傅説始，如「惟學遜志務時敏」之類。○語録。下同。

伊尹、伯夷、柳下惠之行，伊尹，聖之任。伯夷，聖之清。柳下惠，聖之和。各極其一偏。各得其聖之一偏。孔子之道，惟夫子之道。兼全於衆理。萬理完備，三者皆在其中。所以偏者，三者各守一偏者。由其蔽於始，皆其氣禀之初有所偏蔽。是以缺於終。故不能全是理。所以全者，夫子之通貫全體。由其知之至，皆其生知此理而無不至。是以行之盡。所以安行此理而無不盡。三子猶春夏秋冬之各一其時，三子譬之四時，各得其一時。孔子則太和元氣之流行於四時也。孔子則如一元之氣，運行於四時，始而終，終而始，無有止息，此所謂聖之時者也。○孟子集注。

温，和厚也。温者，和厚之義。良，易直也。良者，易直之義。恭，莊敬也。恭者，莊敬之義。儉，節制也。儉者，節制之義。讓，謙遜也。讓者，謙遜之義。五者，夫子之盛德此皆聖人德盛仁熟。光輝接於人者也。輝光之發見於待人接物者如此。聖人過化存神之妙，聖人所過者化而不留，所存者妙而莫測。未易窺測，蓋難窺伺測度。然即此而觀，即是而看。則其德盛禮恭，則其德愈盛，而其禮愈恭。而不願乎外，而時君見其儀容如此，自樂問以政，而聖人初非求而得之也。亦可見矣。觀此則可知矣。○論語。下同。

「子温而厲，夫子德容温粹而又嚴厲。威而不猛，有威可畏而又不暴。恭而安」，恭而不足，隨所皆安。程子以爲曾子之言。程氏謂此乃出於曾子稱聖人之言。蓋人之德性，人性所禀。本無不備，是德充足。而氣質所賦，氣質所禀受者。鮮有不偏。則偏於剛、偏於柔，亦自不一。鮮，上聲。惟聖人全體渾然，聖人盡吾心之全體。陰陽合德，其德兩合於陰陽。故其中和之氣，得天地中和之氣。見於容貌之間者如此。故動容之間無過不及。門人熟察而詳記之。曾子熟察其容，詳記其德。

四時行，春夏秋冬，迭運不已。百物生，物盈天地，生生不窮。莫非天理發見流行之實，運行於四時者，元亨利貞之四德也。生物者，天地之仁也。故爲天理發見流行。不待言而可見。不待有言而後見。聖人一動一静，聖人於動静之間。莫非妙道精義之發，無非妙道精義之發見。亦天而已。與天道則一。豈待言而顯哉[一四]？·故曰「予欲無言」、「天何言哉」。

「孔子於鄉黨，鄉黨，父兄宗族所在。恂恂如也。」信實之貌。「與上大夫言，則誾誾；王制，諸侯上大夫。誾誾，和悦而諍也。與下大夫言，則侃侃。」卿下大夫五人[一五]。侃侃，剛直也。此理多少細密。事上接下之至精且密矣。語録。下同[一六]。

子路有愛人利物底心，子路言志，即其車馬輕裘，與朋友交敝而無憾，此便是愛人利物爲心。顔子有平物我底心，顔淵言志，願無伐己之善，無施其勞於人，此便是平物我爲心。孔子則有萬物各得其所底心。夫子之意，在於老者安、少者懷，此便是以萬物各得其所爲心。

子路資質大段高，子路天資儘是高明。但其病是有些子粗。其病痛只在氣粗。

有子想是一個重厚和易底人，重厚，謹重篤厚。和易，温和平易也。當時弟子皆服之。當時學於夫子者皆稱服之。

子夏篤信聖人。子夏篤信夫子之道。但看他言語，今觀其言。如「執德不弘，如所謂秉執此德之不廣。信道不篤」，信此道之不堅。「博學而篤志[一七]，學不博則不能守約，志不篤則不能力行。切問而近思」之類，切問以明其理，近思以推其類。便見得他有個緊把底意思。言子夏也。

「顏子明睿所照」，顏子天資剛明，故燭理甚精。「子貢推測而知」。子貢天資穎悟，故能推測而有見。此兩句當玩味，此二句極當玩索涵泳。見得優劣處。二子之孰優孰劣，可以知矣。

顏子生知之次。生而知之，聖人也。顏子亞於聖，故生知之次者。

顏子之於聖人，顏子於孔子。相去甚近，其間相去殊不爭多。只隔一膜耳。所隔者但一重膜。所謂「於吾言無所不悅」。所以夫子稱之，謂他於吾所言無有不喜，皆道之不相遠也。

顏子「瞻之在前，顏子嘆夫子之道恍惚不可名狀，故言瞻之如在其前。忽焉在後」，忽焉又如在其後。是猶見得未定。是其見夫子之道尚未親切在。及「所立卓爾」，及其學之至，真見是道如有卓立於前。則已見得定，則是見是道已定。但未到耳。但未能到聖人地位耳。

顔子居陋巷，顔淵居於陋巷之中。蕭然一寒士爾，不過一窮困之士也。乃曰：「舜何人也？舜，大德聖人也，而且云舜是何如人。予何人也？予是何如人。有爲者亦若是。」有所作爲亦當如是，是言上天賦予萬善充足，不以智愚而異，舜有此，予亦有此，吾何可不如舜。賢希聖者也。伊尹耕莘野〔一八〕，伊尹耕於有莘之野。纍然一匹夫爾，纍纍然一丈夫也。乃曰：「予天民之先覺者也！」且云天生烝民，我其先乎人而有知覺者，是上達天德也。

程子云：「曾點、漆雕開曾點言志，云「莫春者，春服既成」云云。子使漆雕開仕，曰「吾斯之未能信」。已見大意。」皆見得道理明白。曾點開闊，看二子之言，曾點上達底識見高，故開闊。漆雕開深穩。漆雕開下學底工夫密，故深穩。又曰：曾點見得甚高，曾點見處儘高。却於工夫上有疏略處。却於下學一段虧欠。漆雕開見處不如曾點，漆雕開雖未到上達地位。然有向進意。然下學不已，亦可以上達。

曾點之學，曾點之爲學。蓋有以見夫人欲盡處，真見夫人欲凈盡。天理流行，天理生生而不容已。隨處充滿，隨其所在，充滿勃鬱。無少欠缺。無欠無缺。故其動静之際，一動一静之間。從容如此。不急不迫。而其言志，自言己志。則又不過即其所居之位，又即其分位之所處。樂其日用之常，因其日用以爲樂。初無舍己爲人之意。未嘗務外而不務内。而其胸次悠然，其心胸□拓。直與天地萬物同流，上下與天地萬物同流。各得其所之妙，莫不皆得其所。隱然自見於言外。自有見於言語之外。視三子之規規於事爲之末者，比之三子志於事功者。氣象不侔矣。大不同也。○論語集注。

曾子與曾點，點，曾子父也。父子之學自相反，父子之間，學自相反。一是從下做到，曾子篤實，是就下學用工。一是從上見得。曾點開闊，是於上達有見。○語録。下同〔一九〕。

「參也，竟以魯得之」，魯，魯鈍也。曾子之學是由魯鈍而得。魯鈍則無走作。蓋惟魯鈍則篤實用工，故無走作也。

曾子之爲人，曾子人品。敦厚質實，敦篤厚重，朴質真實。而其學專以躬行爲主，其所爲學，專主於行。故其真積力久，用工之久。而得以聞乎一以貫之之妙。可以知夫子一貫之道。然其所以自守而終身者，但其自守之篤，而終其身不違悖者。則固未嘗離乎孝敬信讓之規，則不過孝與敬信讓之道。而其制行立身，而所以爲行，所以立己。又專以輕富貴、則又專在輕其富貴。守貧賤、守其貧賤。不求人知爲大。不求人之知己。○文集。

曾子之學，曾子之爲學。大抵力行之意多。於行上較重。

曾子三省，曾子一日以三事省察其身：爲人謀而不忠，與朋友交而不信，傳不習。看來是當下便省，想是遇事時便省察。有不是處便改。省察有未盡處，便去改。

孟子做義上工夫多，孟子於「義」之一字用工更多。養氣只是一個集義。事事上集此義，以此養氣，故浩然塞乎天地之間也。

管仲之德，管仲相威公，行伯術。不勝其才；故才過其德。子産之才，子産養人以德。不勝其德。故德過其才。

「子房尚黃老，張良傳尚黃帝、老子之學[二〇]。孔明喜申韓。」孔明所喜申不害、韓非之學。子房用智之過，張良過於用智。有微近譎處。則有譎而不正之患。其小者如躡足之類，言其小，則是躡漢帝之足。其大則挾漢以爲韓，言其大，則是欲挾漢室以爲韓。而終身不以語人也。雖終其身不言諸人也。若武侯如諸葛亮。即名義俱正，正名仗義，皆得其正。無所隱匿。無所潛藏隱伏。其爲漢復讎之志，扶植漢祚，鋤去寇讎。如青天白日，猶天日清明。人人得而知之，有目者皆可觀。有補於天下後世，非特天下知有正君，而後世亦知尊正統也。非子房比也。此豈張良可並言邪。蓋爲武侯之所爲則難，故知武侯之義則難。而子房投間乘隙，而爲張良之智則易，投人之有間，乘人之有隙。得爲即爲，可以爲者而即爲之。故其就之易耳。故其成就直易易耳。頃見李先生亦言孔明不若子房之從容，李侗愿中，文公師也，謂孔明勇爲義，不若子房之從容用智。而子房不若孔明之正大也。子房之隱匿，不如孔明仗義之正且大也。○手帖。

文中子論治體處，王通言致治之體。高似仲舒非董子所能及。而本領不及，而仲舒正義明道，於本原用工，有非王通所及。爽似仲舒其爽快非董子所及。而純不及。而其純正，有非王通所及。○語録。下同〔一一〕。

退之説性，韓文公論性。只將仁義禮智來説，只以五常言。便是見識高處。自是所見高妙。

若天資大段高，人之爲學，如是資稟之高。則學明道；明道渾然天成，不犯人力。若不及，如是資稟未高。則且學伊川、横渠。伊川、横渠功夫造極，可奪天功，且學伊川、横渠亦好。

明道可比顔子。明道資質深潛純粹，可以比顔淵。孟子才高，孟子剛毅雄辨，其才甚高。恐伊川未到孟子處。伊川未到此地位。然伊川收束檢制處，但其檢束身心，鞭逼近裏。孟子却不能到。孟子又未至此地位。

明道之言，明道講論。發明極致，推明是道之極。通透洒落，該貫脱洒。善開發人。俾人易於有覺。伊川之言，伊川講論。即事明理，用事以究其理。質慤精深，言質而實，義精而深。尤耐咀嚼。愈玩愈有味。然明道之言，但明道言語。一見便好，通透洒落也。久看愈好，久閲愈有味。所以賢愚皆獲其益。賢者、愚者皆有進益。伊川之言，伊川言語。乍見未好，質慤精深也。久看方好，耐咀嚼也。故非久於玩索者，若非玩味探索之久。不能識其味。焉能知其味耶。

横渠工夫最親切，如東銘述戲言戲動之戒，西銘理一分殊之分，豈不親切？程氏規摹廣大。如所謂「道通天地有形外，思入風雲變態中」，豈不廣大？

横渠做正蒙時，横渠著正蒙書。或夜裏默坐徹曉。或夜間坐思義理，以至達旦。他直是恁地勇，方做得。須是如此勇猛用工，學方透徹。

康節之學，堯夫之爲學。得於先天。得於伏羲先天之易。蓋是專心致志，蓋其心專在此。看得這物事熟了，見得陰陽消息之理深熟。自然前知。故能先事而自覺。

邵堯夫是空中樓閣，堯夫譬則虛空間楼閣然。言看得四通八達。四方八面無不通透。

范文正公自做秀才時，仲淹自爲儒時。便以天下爲己任，便自任天下之大。無一事不理會過。事事皆爲之窮究。一旦仁宗大用之，一日仁宗相之。便做出許多事業。施之事業，綽然餘裕矣。

范文正傑出之才。吕申公逐范文正諸人，至晚年復收用。范公亦竭盡爲之用，這便見范文正高處。

問本朝人物。或問本朝人品。曰：答云。韓、富規摹大韓琦、富弼其所施爲，規摹雖是大。又麤，但猶有未純處。温公差細密司馬光極是精詳。又小。其所施爲，規摹又失之小。

温公只恁行將去，温公篤學力行。無致知一段。但於知上欠闕。

尹和靖主一之功多，尹焞持敬工夫有餘。而窮理之功少。窮究道理則有未盡。

將樂人性急粗率。將樂，南劍之屬邑也，其風土多出人躁急粗厲。龜山却恁寬平，楊龜山生於其地，却寬和平易。

此是間出〔一二一〕。此乃間世而生。然其粗率處，但是其粗厲處。依舊有風土在。則又是賢者不能免也。

上蔡先生謝顯道也。學於河南程夫子兄弟之門，從二程先生學。初頗以該洽自多，初然自以其博學。講貫之間，講説義理。旁引傳説，多引經史。終篇成誦。貫串如流。夫子笑曰：二程笑云。「子可謂玩物喪志矣。」賢可謂玩物而喪失其本心。先生聞之，謝聞此。乃盡棄其所學而學。遂舍其學，而就義理之學。然其爲人，其爲人也。强力不倦，用工於學，亹亹不倦。克己復禮，克去己私，復還天理。日有程課，日爲之課。夫子蓋嘗許其有切問近思之功。二程謂其能切於所問而由近以思。所著論語説曾爲論語解。及門人所記遺語，及其講説遺言。皆行於世。見傳於世。如以生意論仁，如言仁乃生生之意。實理論誠，誠爲吾心真實之理。以常惺惺論敬，敬爲常惺惺法。其命理皆精當，其講明義理皆精密切當。而直指窮理居敬爲入德之門，又言夫即物明理，持己以敬。則於夫子教人之法，則於孔子教誨於人者。又最爲得其綱領。是爲大綱領也。○文集。

文定從龜山求書見上蔡。胡公安國也，謚文定，從楊中立求書以見謝上蔡。畢竟文定之學，則胡文定之學。後來得於上蔡者爲多。純得於謝上蔡。○語録〔一二二〕。下同。

胡致堂議論英發，胡公寅也，其立言皆英氣發越。人物偉然，儀貌秀倬。可謂豪傑之士。真一世之豪傑也。

五峰善思，胡公宏也，於理却能精思。然思過處亦有之。但思之過者亦不能免。

延平先生李侗愿中。如冰壺秋月，猶冰壺之清、秋月之明。瑩澈無瑕。瑩潔清澈，無瑕可指。

羅仲素先生延平先生師也。嚴毅清苦，殊可畏。威嚴剛毅，清修苦節，甚可敬畏。

先生因論道理，先生因講論義理之學。曰：自云。「某自十四五歲時，自十五歲來。便覺得這物事是好底物事，便知義理是好底物。心便愛了。」此心已自知好之矣。[二四]

某十六歲便好理學[二五]，先生自言十六歲已知義理之學可樂。十七歲便有如今學者見識。及十七歲時已有今世學者識見。

某當初講學，先生自言初來講明理學。也豈意到這裏？自不知其造是道之極。幸而天假之年，只是享年之久。見得許多道理在這裏，自然融會是道。今年便覺勝似去年，覺今所進又過於昨。去年便覺勝似前年。昨之所進又過於昔也。

【校勘記】

〔一〕語録　「語録」，柯氏本作：「論語集注。下同。」

〔二〕然其勢常相因　「勢」原作「氣」，據寬文本、論語集注卷四改。

〔三〕所以遏人欲於將萌　「於」，柯氏本作「之」。

〔四〕不使其滋長於隱微之中　「其」下，柯氏本有「潛」字；「滋」下，柯氏本有「暗」字；「中」下，柯氏本有「也」字。

〔五〕中庸章句　「章句」原脱，據柯氏本補。

〔六〕有曰從諫弗咈改過不吝　「有」，柯氏本作「又」。

〔七〕意便有僭竊意思　「僭」，朱子語類卷九十八作「潛」。

〔八〕命物而不命於物　「物」原作「人」，據寬文本、柯氏本改。

〔九〕夫謂之爲善無近名者　「無」原作「而」，據晦庵集卷六十七養生主説改。

〔一〇〕如此則是聖人所以立言垂訓者　「人」，柯氏本作「賢」。

〔一一〕便先做取落草由逕之計　「逕」，柯氏本作「徑」。

〔一二〕佛氏事理會心　此句難通，「事」疑爲「專」之訛。

〔一三〕抑亦漸得情性之正而然耶　「情性」，柯氏本作「性情」。

［一四］豈待言而顯哉　「待」，寬文本作「得」。
［一五］卿下大夫五人　「五」原作「万」，按禮記王制言諸侯國「下大夫五人」，據改。
［一六］語録下同　此四字原無，據寬文本補。
［一七］博學而篤志　「而」字原無，據論語、柯氏本補。
［一八］伊尹耕莘野　「尹」原作「川」，據下文及寬文本改。
［一九］下同　「下同」原脱，據柯氏本補。按：下條語録出自朱子語類卷三十九。
［二〇］張良傳尚黄帝老子之學　「傳」，疑爲「專」之訛。
［二一］下同　「下同」原脱，據寬文本補。按：下條語録出自朱子語類卷一百三十七。
［二二］此是間出　「出」，朱子語類卷一百一作「氣」。
［二三］語録　「録」原作「孟」，據柯氏本改。
［二四］本條語録原緊接於上條末，據寬文本當單列爲一條。按，前條語録與本條語意明顯有别，當分作兩條。
［二五］某十六歲便好理學　「歲」下，柯氏本有「時」字。

新刊音點性理群書句解卷之二十二　後集

近思别録第一卷

此集乃覺軒專集南軒、東萊二先生格言，以爲别録。蓋與文公生同時，學同道。皇上潛龍，嘗推尊二賢，列之從祀，是其學亦今日所宗也。

道體

南軒先生曰：張宣公云。程子曰：「論性不論氣，不備；人之生也，氣聚成形，理亦賦焉，故徒然論性而不及氣，則不能全備。論氣不論性，不明。」徒論氣而不及性，則不能明此理。蓋論性而不及氣，蓋言性而不言氣。則昧人物之分，則闕了人物化生一段。而太極之用不行矣；理無所麗而太極之妙用不行。論氣而不及性，言氣而不言性。則違夫大本之一[一]，則無了品彙之根柢者。而太極之體不立矣。氣無所本，而太極之全體不立。用之不行，用既不行。體之不立，體又不立。烏得謂之知性乎？又豈識性命之原耶？○孟子注[二]。下同。

或曰：程子謂「善固性也，或問：程氏言善者固是此性。惡亦不可不謂之性也」，然惡者亦不可言非此性。然則與孟子「性善」之説有異乎？孟子以爲人性善，程氏乃以善惡言，似有異也。曰：答云。程子此論，程先生此言。蓋爲氣禀有善惡言也。蓋爲性者理也，雖無不善，所以有善有不善，特人生而後，性麗於氣則有善有惡。氣禀之性，但氣質之性。可以化而復其初。人能消去查滓，則可以復其本然。夫既可化而復其初，既能復其本然。是乃性之本善也。則知性之本然者無不善也。

「生生之謂易」，易以生生言者。易者天理之流行變化，蓋皆天理之流動不窮。貫乎兩儀四象、吉凶大業間，通貫乎天道人事之間。在人則心之爲妙用者是也。於人謂此心之妙發見説用者也。而曰「易有太極」，又言變易之中有至定極之理。則太極云者，謂之太極。乃生生之本，乃變化不窮者之所本。天地之根，兩儀之所自出。萬物之祖，萬物之所自始。亘古今而常然者，自古及今常常如是。在人則性之爲本體者是也。於人則爲此性本然之體也。是則易之爲用，變易之爲用。可謂妙矣，其妙矣哉。然不有太極，但非有太極爲之本。則夫生生而不窮者，則夫陰陽變易、生生不息者。亦何自而生哉？又何所始邪？故謂太極所以形性之妙者，故言太極是形狀此性之妙理。可謂善名理矣。其真善於名狀矣。用中切謂極之義，静而動，北極。中而高，皇極。又爲極際無餘之義，一物之中反而推之，自有一窮極處一物之極也。而其實則一也。太極、北極、皇極、民極，皆取此義。蓋生生之本，凡爲生生之所本者。固未生者也，是未嘗生者。然謂之不生則不可。但言其終未生恐不可。天下大本，中者天命之性，皆自此出，故云大本。固未發也，固未嘗發也。然謂之不發則不可。但云其終未發則不可。以其未生，故寂然不動者，太極之體。故天下之生者生焉。生兩儀、生萬物皆自此出。以其未發，寂然不感者，中之體。故天下之未發者發焉。喜怒哀樂之中節皆自此發。若曰不生不發，如云不生者常不生，不發者常不發。則兀然而已，此理亦死矣。何以爲生生不窮之端乎？豈所謂天理生生而不息耶？

東萊先生曰：呂成公云。「易有太極，陰陽變化之中而有至定極之理。是生兩儀」，則生陰陽而爲兩儀。非謂既生之後非言已生之後。無太極也，已無此極矣。卦卦皆有太極，六十四卦皆有此極。非特卦卦，不特六十四卦。事事物物萬事萬物。皆有太極。各具此極。「乾元」者，故乾曰「乾元」。乾之太極也。元即乾之太極也。「坤元」者，坤曰「坤元」。坤之太極也。元即坤之太極也。一言一動，虽至於言動之間。莫不有之。無不有此極也。○文集。下同。

坤之初六，坤卦初六一爻。一陰始生之時，是一陰初生於下。聖人所以發明見微知著之理。聖人推闡微而能著之道。大抵善者陽之類，善屬陽。惡者陰之類。惡屬陰。凡小人、女子、夷狄，皆是陰之類。三者陰惡也。初六一陰，坤六陰，其初六一陰。初生初長之時，乃陰之初生，又是初長。在人一身論之，即人之一身而論。則邪志初萌之時；則是邪念方動之時。在天下事勢論之，即天下之事勢論。則小人、女子、夷狄初生初長之時。則是此三者驟長之時，蓋皆陰類也。當其初生初長，方其驟長。正如「九月肅霜」，恰如九月霜氣方肅。去堅冰之時甚遠，取大寒冰凍猶遠。然而履霜便知堅冰之必至，但踐霜已知堅冰之來勢必至也。須是早爲之戒。必戒之於未然。

近思别録第二卷

爲學大要

南軒先生曰：學者潛心孔孟，爲學而留意孔子、孟子之學。必求其門而入，亦須得其門而進。以爲莫先於明義利之辨。故莫如致審於義利之間爲有得。蓋聖賢無所爲而然也。聖賢所爲皆無所爲，但順其自然。有所爲而然者，凡人有所爲而見之於行。皆人欲之私，無非爲私欲所動。而非天理之所存，非有天理。此義利之分也。無所爲而然，順於義也。有所爲而然，動於利也。自未知省察者言之，或者不能致察於此。終日之間鮮不爲利矣，無不爲利所動。非特名位貨殖而後爲利也。不惟規規名位之尊顯，汲汲貨殖之豐阜，而後謂之利。意之所向，此心所趍。一涉於有所爲，才有所爲而爲之。雖有淺深之不同，虽是或淺或深不侔。而其爲徇己自私則一而已。其爲利於私己一般。○文集。下同。

學者當以立志爲先，爲學必當立此志以爲之本。不爲異端惑，異端不能惑。不爲文采眩，文采不能眩。不爲利禄汩[三]，利禄不能汩。爲之惑、爲之眩、爲之汩，則志爲所動矣。而後庶幾可以言讀書矣。不爲所奪則先立其大者，有以爲讀書之本矣。

自秦漢以來，更秦及漢。言治者汩於五霸功利之習，論治道者，則其習多仍霸者之舊。求道者淪於異端空虛之説，求道學者，多溺佛老之學。而於先王發政施仁之實，論治汩於爲利，而於三代發政施仁之治。聖人天理人倫之教，求道溺於佛老，而於聖人天理人倫之道。莫克推尋而講明之。不能推究而施行之。故言治者不能預於學[四]，故言治則未必能學。而求道者反不涉於事[五]。而求道者則未必明政。專於考索，經其根本，史其枝葉，專意考究史學。則有遺本溺心之患，則有遺棄其本者、喪溺其志之憂。而騖於高遠，驅馳高遠。則有躐等憑虛之憂。則又有凌躐等級、依憑空虛之憂。二者皆其弊也。此二者學之大病也。

二程教學者，程子之教人。不越於居敬、窮理二事。不出於持守此敬、窮究此理。蓋居敬有力，持敬者益至。則其所窮者益精；則見識明而窮理益致其精。窮理寖明，窮理益明。則其所居者益有地。則其持守此敬者益固。二者互相發也。二者不可闕一。人之性善，性即理也，安有不善？然自非上智之資[六]，但非是聖人氣質清明。其氣稟不容無所偏。或偏於剛，或偏於柔，皆爲性之累。學也者，故人之務學。所以化其偏而存其善也。所以克治其氣質之偏，而全其天性之善也。

東萊先生曰：先生云。大凡人之爲學，人之志於學。最當於矯揉氣質上做工夫。莫先於克治其氣質之偏。如懦者當强，如性之柔懦者則當自强。急者當緩，性之躁急者則當詳緩。視其偏而用力焉。視其所偏而求去之可也。○文集。下同。

知猶識路，人之有知識，如識路脈。行猶進步。知而力行，猶已識路脈而着步。若謂但知便可，如言知則足矣。則釋氏「一超直入如來地」之語也。不過佛氏但求超悟而無力行工夫也。

常以旦驗之妻子〔七〕，人之學自謂其已能力行，旦晝之間溺於妻子之恩愛，則行必能，故驗之。以觀其行之篤與否；便可見其所行之篤與不篤也。夜考之夢寐，人之心其旦晝擾亂，則其夜夢必顛倒，故考之。以卜其志之定與未也。便可知其心之定與不定也。須於此等處常常體察，能於此常體驗省察。唯此最可驗學力。可以見其學力之淺深也。

學者不進則已，爲學，不進於道則止。欲進之如欲進於道。則不可有成心，不可先有學成之心。有成心則不可與進乎道矣。若自謂其學已成，則自足心生，必不能有進。故成心存，則自處以不疑；故成心一存，則有疑者自謂無所疑。成心亡，然後知所疑矣。成心既無，虽無疑習亦自有疑矣。小疑必小進，小有所疑，則小有所進於道。大疑則大進。大有所疑，則大有所進於道。蓋疑者，不安於故而進於新也。蓋疑則必不循於舊而求新益也。

近思別録第三卷

致知

南軒先生與周子充書曰：先生與周氏書云。垂諭「禪初不知其得失，所言禪學未明其所得者何所失者何。不欲隨衆詆之。未欲隨衆人排斥其非。伊川未窺其閫奥，伊川先生理學深邃，其閫奥難窺測。不敢以言語稱道」。不敢出一言以頌其德。足見所存之忠。可以見其中心之誠。但所謂「不知其得失」者，然未知禪學之得失。要當窮究其得失果何如；必當窮竟其何所得、何所失。「未窺其閫奥」者，未能知其閫奥之深邃。要當窮究其閫奥果何如。必當究竟其道之亦淵亦浩。講論問辨，且講且論，且問且卞。深思熟復，深思其理，熟復其義。必使其是非淺深必明其此是彼非、此深彼淺。了然於胸次。洞澈於此心。此乃致知之要，是乃推極吾知識之要。入德之方也。即此亦可以進於善矣。

格物正是學者始初下工處。窮究事物之理而極其知，乃爲學第一工夫。故格物者，此所以「格物」二字。乃大學之始。居大學一篇之首。文集上。下同。

大學「誠意」，大學，實其心之所發。是下工夫要切處。乃是工夫之最緊要處。

論語日夕玩味，論語一書，日夕玩索咀嚼。覺得消磨病痛，自覺己之病痛消化殆盡。變移氣質。氣質之偏亦變移矣。

論語首篇所記，學而所記之言。大抵皆欲學者略文華，無非教人略去浮華。趍本實，事本根之學。敦篤躬行，敦厚其所行。循序而進，由次序而進。乃聖人教人之大工夫。聖人教人之大者。

學詩則有以興起其性情之正，人之學詩，讀美詩則知所慕，讀刺詩則知所戒，善心由此感發。學之所先也。其學問之第一事也。

東萊先生曰：看詩須是以情體之。觀詩必當體之以情。如看關雎，如讀關雎篇。須識得正心，須要知有正心之道。纔過便是私心。才過則便爲私心。如「窈窕淑女，窈窕，幽閑也。寤寐求之」，寤，覺。寐，寢。求二賢女。此樂也，此得樂之正也。過之則爲淫；一過則淫，非正也。「求之不得，求之既弗可得。展轉反側[八]」，展□不周，思之切也。此哀也，此哀之正也。過之則爲偏[九]。一過則偏，非正矣。天生蒸民，天之生衆民也。有物必有則，凡一物各有一則。自有準則在人心，其所準則皆在此心。不可過也。弗可踰也。

書者，堯、舜、禹、湯、文、武、皋、夔、稷、契、伊尹、周公之精神心術，尚書一經，乃古先聖賢精神心術。盡寓於中。皆在其内。觀書者不求其心之所在，讀書而不究古聖賢之心。夫何益？讀之何所益。欲求古人之心，欲知聖賢之用心。必先盡吾心，當先盡一己之心。然後可以見古人之心。而後能有見古人之用心。

讀史者須斟酌其關治體者抄之。讀史之法，當即其所關之大者，抄寫以記。君德，如漢紀高祖寬仁大度之類。君德處，如紀漢高性寬仁而有大度量。凡志傳中所説德處可類出。志傳中言及君德處皆類聚。相業，如蕭、曹爲相，宰相事業，如蕭何、曹參之爲相。大體如何，其事君之大體若何。規模如何，其理國之規模若何。措置如何；其區處當時之事又如何。盧杞、李林甫爲相，盧、李之爲相。姦邪之狀如何；其姦深回邪之體態若何。石慶、公孫賀爲相，慶、賀之爲相。委靡之狀如何。其所以委靡不振又是如何。

國勢，如君之昏明，國勢，則必究其君之孰昏孰明。國之强弱安危，國之孰强孰弱、孰安孰危。君子小人之進退消長，君子小人互爲進退消長。土地之廣狹，土地之或廣或狹。户口之多少。户口之或多或少。

看史非欲聞見該博，觀史非是要求所聞所見之廣。正是要識前言往行，以畜其德。正要熟閲前人之所言所行，則知所勉以畜在己之德也。

近思别録第四卷

存養

南軒先生曰：存養省察之功，存養一心，省察百爲。固當並進，二者所宜交相用工。然存養是本。但必須存養之熟則見理明，存養處欠工則省察少力也。○文集。下同。

學者於是心也，學者治心之道。治其亂，亂，紛擾也，當使之惟一。收其放，放，蕩佚也，當使之檢束。明其蔽，蔽，昏昧也，當使之清明。安其危，危，危殆也，當使之安静。而其廣大無疆之體，則其本然之體包涵衆理。可得而存矣。操之即存矣。

君子貴乎存養。存者所以存此心之妙理，養者所以養此心之良知。存之有素，此理常存。則其理不昧；則光明不昧。養之有素，良知常在。則物莫能奪。則私欲莫移。夫然，故當事幾之來，是以應酬萬事。有以處之得其當。無不皆當於理。

寡欲爲養心之要。人非聖人，安能無欲？寡之又寡，以至於無，此最是涵養此心之法。蓋心有所向則爲欲，人之心感於物而動，即是欲。多欲則百慮紛紜，欲之多則念慮紛擾於中。其心外馳，此心役役於物。尚何存乎？故存之時甚少。寡欲則思慮澹，苟能寡其欲，則心思之寂。血氣平，血氣和平。其心虛以寧，事無累心故虛，心不役物故寧。而不存者寡矣。若是而猶或不存者，鮮矣。

東萊先生曰：「敬」之一字，固難形容。「敬」字最難形狀。古人所謂「心莊則體舒，端莊則體自舒泰。心肅則容敬」，嚴肅則容自敬恭。此兩語當深體也。此學者所宜體驗也。〇文集。

操存則血氣循軌而不亂，心操之而存，則血氣听命於理，故無擾亂。收斂則精神內守而不浮。收拾向裏，則神全守固而不浮動。〇書說。

心在焉，則謂之敬。心常存在，方名曰敬。且如方對客談論，正如口與賓客對談。而他有所思，而心已忽動他想。雖思之善，縱是所思之當。亦不敬也。亦非持敬之道。纔有間斷，蓋敬之工夫，無有間斷。才是間斷。便是不敬。便已不是敬矣。日用間若不自加提策，學者於日用之間，苟不自加提攝警策。則怠惰之心生矣。則怠慢惰忽之心形。怠惰之心生，此心一生。不止於悠悠無所成，不特是悠悠無所成就。而放僻邪侈隨至矣。必至流蕩而忘返矣。

近思别録第五卷

克己

南軒先生曰：天理、人欲，理之與欲。不並立也。一長一消，不能兩存。操存舍亡之幾，操之則此心存，無非天理；舍之則此心亡，無非人欲。幾微之間。其間不能以毫髮。相去特一髮耳。所謂「非禮」者，禮者，天理之節文。謂之非禮。非天之理故也。蓋已越於天理之外。苟非天理，既非天之理。即人欲已。即是人之欲。「勿」者，禁止之辭，胡氏謂「勿」字如旗脚，所以揮止衆軍，故有禁止之義。收放心之要也。收其放心而不失也。學者所當於視聽言動之間，學者於此四者之間。隨吾所見，隨所見處。覺其爲非禮，則克之。一有不合乎天理，則克而去之。克之之至，克而又克。則天理純全，則能復其天理之渾全。而視聽言動，而四者之用。一循其則矣。皆有以順其當然之則。「爲仁由己，是爲仁之事皆在乎己。而由人乎哉？」豈係乎人耶？〇文集。下同。

人心易偏，人之心易有所偏。氣習難化。而氣質俗習最難變化。君子多因好事上，人多於好事之來。不覺乘快偏了。乘快爲之，便偏了。

古人衣冠容止之間，古人正其衣冠，尊其瞻視。不是要作意矜持，非是故爲矯俗。只是循他天則。亦惟順其理之當然。爲尋常因循怠弛，只爲視爲尋常，怠廢不修。故須着强於自持[一〇]。故必嚴於持己。外之不肅，外貌之不嚴肅。而謂能敬於内，可乎？則内心之必不能敬。堯夫云「衣冠嚴整，謂之外脩」，此也。

來喻克己之偏之難，所言克去己私之偏爲難。當用大壯之力，勇猛必當用力。誠然也。誠是。然而力貴於壯，用力雖貴於勇猛。而工夫貴於密。用工則在於縝密。若工夫不密，如用工不縝密。雖勝於暫，而終不能持於久而銷其端。雖可克之於一時，而不能克之於悠久而去其萌蘖也。觀諸顔子但觀顔回。沉潛積習之功，爲如何哉！真積力久爲如何。「有不善未嘗不知，所行或有毫髮之未盡善，未始不知。知之未嘗復行」，既知未嘗復行。非工夫篤至，自非用工深厚。久且熟，愈久愈熟。其能若是乎？又安能有此耶？

勇有大小：勇有大小之别。血氣之勇，發於血氣之私。勇之小也；皆勇之小者也。義理之勇，發於義理之公。勇之大者也。此勇之大者也。以血氣爲勇，血氣之勇。其勇不出於血氣之内，止於血氣，易消易沮。

勢力可勝也，若加之勢力則勝之矣。利害可絀也。臨之利害則屈之矣。義理之勇，發於義理爲勇。不以血氣，非干血氣。勢力無所加，威武不能加。利害無所絀也。利害無所□也。孟子集注［一一］。下同。

「動心」言其心有所感動也，孟子所言「動心」，動其仁義之心。「忍性」言忍其性之偏也。「忍性」，忍其氣質之性也。動心則善端日萌，動其仁義之心，則善之端日長。而良心可存；而本心可以常存。忍性則氣稟日化，忍其氣質之性，則氣稟之偏日消化。而天性可復也。而本性可以自復。此所謂「增益其所不能」也。是即不能者有所增益也。

東萊先生曰：「君子以果行育德」，易蒙卦辭也。果決其所行，果行是言所行之果決。養育其明德。育德是言明德之涵育。二者最難兼，此二者不可得而兼。果決者多不能涵養，人之果決者多欠涵養。涵養者多不能果決。有涵養者多不果決。人皆有是言也。殊不知二者本並行而不相悖，不知此二者交互相發。果決中自有涵養之理，發於外者實原於彪中之理。涵養中自有果決之理。彪中者自有發外之理。○易說。下同。

易六十四卦皆有凶，易諸卦皆有凶。惟謙卦六爻無凶，独有謙卦無凶爻。以能謙故也。蓋以其能盡謙之道也。大凡學者要看謙卦，故爲學要味謙卦。當味伊川兩句，曰：「達理則樂天而不競，達乎理，則所樂者天命而不事争競。內充故退讓而不矜。」道充於內，則謙退爲德而不事矜伐。此兩句乃人謙道之門。此二句乃人謙之蹊徑也。蓋天命所在，上天賦予。自有定分，自有一定之分。初無一毫加損。不容毫髮加益虧損。君子達理，君子之人通達此理。則知求勝者徒然耳。知求勝於人者不知天命也。要之，初無增損於其間也。要之不容有虧益也。人惟中無所有，人惟不知天命，內無所有。則必誇人以爲有。亦必誇耀它人爲有。實有者却不如此。實有所有者却不誇耀也。

君子「卑以自牧」，君子以謙卑之道自牧。須着意看此四字。此四字不可輕易看過。「牧」如牧牛馬之牧，「牧」字正如牧牛馬然。牛馬不牧，牛馬苟至不牧。則蹊人之田，則必踐踏人之田。傷人之稼。傷人之禾稼。人不以謙自牧，人苟不以謙卑之道自牧己。則矜勝之心必爲害。則矜伐求勝之心爲害多矣。

酒誥「剛制」二字最有意。酒誥言「剛制」，意甚深。當時酒之爲病甚深，蓋當其時，酒之爲害已深。苟泛泛悠悠去制它不得。若只泛然制之，必不能制。若非是用力斷然要制它，如何得？須是勇猛制之方得。○書說。

大凡天下之理，天下之理。相反處乃是相治。物之相反者却自相制。水火相反也，水與火相反。而救火者必以水。而水則可以濟火之炎。冰炭相反也，冰與炭相反。而禦冰者必以炭。而炭則可以禦冰之寒。惟其相反所以相制，此自然之理也。

近思別録第六卷

家道

南軒先生曰：先生云。父子親、父子有親。長幼序、長幼有序。夫婦別、夫婦有別。君臣義、君臣有義。朋友信，朋友有信。是五者天之所命，此五者謂之天倫。而非人之所能爲。非人自能爲之也。有是性則具是道。人生具是理於心，已有此五者之道矣。聖人能盡其性，聖人能盡此心之理。故爲人倫之至，所以能盡其倫。衆人則有所蔽奪而淪失之耳。衆人汩於欲，則倫斁者亦有之。雖然，亦豈不可反哉？然亦未有不可反而歸善之理。聖人有教焉，古之聖人立爲世教。所以化其欲而反其初也。是將去其欲而復其善。

舜之命契曰：契，舜臣也。命之云。「敬敷五教，在寬。」五教即五典之教。「寬」云者，謂之寬。漸漬涵養，漸漬涵容。使其所素有者自發也。則其職分之當然皆發於性分之固有也。而咎繇亦曰：皋陶，亦舜臣。亦云。「天叙有典，典，常也，皆天之自叙。敕我五典五惇哉！」惇，厚也。曰「敕」云者，謂之敕。所以正其綱；所以正人道之綱。而「惇」云者，謂之惇。所以厚性也。所以厚五者之性。降及三代，自唐虞而夏、商、周。

庠序之教尤詳。商之學曰序，周之學曰庠。所以爲教尤備。孟子曰：「學則三代共之，皆所以明人倫。」學以明倫爲先。「明」云者，謂之明。講明之相聚講明問卞。而使之識其理之所以然也。俾之知五倫之道，而各求盡其職分之當然也。○文集。

古人養恩於父子之際，父子以恩相養。而以責善望之師，師生以義相責。仁之篤而義之行也。養恩則仁之厚，責善則義之行。雖然，在爲人父者言之，但爲父之道。則當修身以率其子弟。正身率下。身修則將有不言而感、身既正則不待言語而自能化。不令而從者矣。不徒告令而自能從。在爲人子者言之，爲子之道。則當敬恭以承命，盡敬以承父命。致其親愛，致其相親相愛之道。勞而不厭也。雖勞而無怨。又豈可因責善而起離心，又安可因父之責以善道而反生離怨之心。以自賊夫天性也哉？以害其天性之自然？○孟子說。

東萊先生曰：正家須正之於始。治家之道，必當正之於其初。伊川言「群居必有悔」，程子嘗言群居必能生悔。夫群居相聚，群聚之久。則忌克疾害，鮮能有終，相爲忌克，相爲疾害。無所不有，無所不至。故於群居之時，故當群聚之時。最見悔處。必定有悔。若不常自檢點，苟不常常檢察。則乖爭陵犯，乖異爭奪，陵暴干犯。無所不有。無不有也。須防之於始，必須預防於初。而後悔可亡[一二]。則其悔自無也。○論說。

夫婦一體也，妻齊於己也。位雖不同，其位分虽不同。而志不可不同。心之所向則當同。求師取友，求良師，親良朋。婦人固無與於此，此固非婦人之事。而好善之志，但樂善之意。則不可不同也。宜與夫同也。崇德報功，有德尊之，有功報之。后妃固無預於此[一三]，固非后妃之事。而體群臣之志，但體臣之心。則不可不同也。宜與君同也。

男女者，三綱之本，男女乃是君臣、父子、夫婦三綱之所本。萬事之先也。萬事之最先者也。正風之所以爲正者，謂之正風。舉其正者以勸之也；是以男女之得其正者以示勸也。變風之所以爲變者，謂之變風。舉其不正者以戒之也。是以男女之不正者以示戒也。

近思別録第七卷

出處義利

南軒先生曰：夫子於公山、佛肸之召皆欲往者，公山弗擾，季氏宰，與陽虎共執威子，據邑以叛。佛肸，晉大夫，趙氏之中牟宰，以中牟叛。皆召夫子，子俱欲往者。佛，音弼。肸，音翕。以天下無不可變之人，蓋以人無不可化之氣習。無不可爲之事也。而天下亦未有不可爲之事。其卒不往者，其終召之不至。知其人之終不可變，察公山、佛肸終不可化之氣質。而事之終不可爲耳。而事亦終難爲也。一則生物之仁，其欲往而救其失，使之並生者，是爲生物之仁。一則知人之智也。其終不往，以其人之不能變化，是爲知人之智。○論語集注。

凡人所以遲回於辭受之際者，人於辭受之間，遲回而不決者。以爲外物所動故也。皆爲外物摇動。蓋於其所不當受而受，受其所不當受。其動於物故也；見物而忘義也。若於所當受而不受，受所當受而不之受。是亦爲物所動而已。其辭者僞而已，亦是動於物也。何則？以其蔽於理而見物之大也。蓋皆不知有義之公，而徒見物之大也。若夫聖賢從容不迫，惟聖賢則優容而不迫切。惟義之安，受與不受，惟一安於義。而外物何有乎？於外物乎何關。故以舜受堯之天下而不爲泰，物莫大於天下，舜受堯之所付而不以爲過。亦曰義當然爾。義所當受，聖人不苟辭也。若於義也無居，苟不以義。雖簞食豆羹，雖一竹器之飯、豆羹之微。不可取也。亦非所宜受。簞食豆羹之與天下，簞食豆羹之受與天下之受。其大小固有間矣。一大一小，較然甚明。物則有大小，其爲物雖有大小之異。而義之所在則一也。受與不受皆一本於義，初無異也。○孟子注〔一四〕。下同。

衆人不知有命，人之窮達，皆造物付予一定之理，衆人不知此。故於其無益於求者，非所當求，在我無益。强求而不止。勉强而求，而不知止。若賢者則安於命矣，如賢者則能安天命而不求。知命之不可求也，亦以上天付予之一定，不容强求也。故安之。但順其自然。若夫孔子所謂「有命」者，夫子謂之有命。則義命合一者也。是知命之不可求，惟安其義之當然，是義與命一也。故孟子發明之曰：孟軻氏又推明之云。「孔子進以禮，退以義，其進也以禮而進，其退也以義而退。得之不得曰有命。」或得或失皆付之天，無容心焉。非聖人擇禮義爲進退，非是聖人進退之間有所擇於禮義。聖人進退聖人一進一退。無非禮義。皆禮義之形見。禮義所在，禮義之當然處。固命之存也。即天命之一定也。此所謂義命之合一也。是即義與命合而一也。

帝舜於窮通之際，舜耕歷山，窮之時也；德爲天子，通之時也。果何心哉？初無容心。其飯糗茹草，糗，茹食也。草，蔬屬也。則若將終身焉。窮居在下，如終其身若是。其爲天子，及貴而爲君。若固有之。達而在上，得之不以爲泰。蓋所欲不存，窮通付之時，得失付之命，未嘗有心於其間。樂天安命〔一五〕。但知存其天而自樂，安其命之所付。窮而在下，方耕於歷山。初無一毫之虧；於我初無虧損。達而在上，及貴爲天子。亦無一毫之加。於我亦無加益。故無適而不自得也。無所往而非自得也。

東萊先生曰：易之所謂「井渫」，易井卦言「井渫」者。蓋政指汲汲於濟世者，所以言人之切於濟世者也。玩味爻象自可見。但觀爻與象之意可見。其曰「爲我心惻」，如云我心之惻憂。憂思深長矣。憂思深遠矣。又曰「王明並受其福」，爻之辭也。蓋言王者能識拔而用之，即王明也。則臣主俱泰。即並受其福也。所以未爲井之盛者，井而不至於爲井之盛。蓋汲汲亟欲施之，蓋切於有所施。與知命者殊科耳。與樂天知命者有不同也。〇文集。

「六三，觀我生，進退。」易觀卦六三爻辭也。三居上下之交，三處上卦、下卦之間。政是用力斟酌處。其進其退正當斟酌可否也。○論説。

【校勘記】

［一］則違夫大本之一　「違」，張栻癸巳孟子説（文淵閣四庫全書本，下同）卷六作「迷」。

［二］孟子注　按，張栻注孟子之書，歷來書目、書誌皆著録爲「孟子説」。

［三］不爲利禄汩　「汩」原作「汨」，據張栻南軒集（明嘉靖劉氏刊本，下同）卷九桂陽軍學記改。

［四］故言治者不能預於學　「不」原作「若」，據寛文本改。

［五］而求道者反不涉於事　「道」原作「治」，據寛文本改。

［六］然自非上智生知之資　「上智」下，張栻南軒集卷十五送方耕道序有「生知」二字。

［七］常以旦驗之妻子　「旦」，呂祖謙麗澤論説集録（浙江古籍出版社呂祖謙全集本，下同）卷十門人所記雜説二作「晝」。

［八］展轉反側　「側」原作「測」，據寛文本改。

［九］過之則爲偏　「偏」，呂祖謙麗澤論説集録卷三門人所記詩説拾遺作「傷」。

［一〇］故須着强於自持　「須」字原無，據張栻南軒集卷二十五答呂伯恭書補。

［一一］孟子集注　按，本條内容見張栻癸巳孟子説。

［一二］而後悔可亡　「悔可亡」，吕祖謙麗澤論説集録卷二門人集録易説作「可亡其悔」。

［一三］后妃固無預於此　「預」，吕祖謙吕氏家塾讀詩記（浙江古籍出版社吕祖謙全集本，下同）卷二作「與」。

［一四］孟子注　「注」原無，據寬文本補。

［一五］樂天安命　「命」，張栻癸巳孟子説卷七作「止」。

新刊音點性理群書句解卷之二十三　後集

近思别録第八卷

論治體

南軒先生曰：濟大事必以人心爲本。凡欲立大事，必當一本於人心。若未曾做得一毫事，如立事未成。先擾百姓，而百姓先受擾害。失却人心，則人心已失。是將立事根本自先壞矣[一]，而立治之本根已撥。烏能立哉？又何能立事耶？

德者，所以爲民極也。德所以爲民立極。詩曰：「予懷明德，所懷者在於有明德。不大聲以色。」不在於聲音容貌。子曰：「聲色化民，末也。」以聲音容貌而化人，特末而已，非本也。故脩己而百姓安，身脩於上，則民自安於下。篤恭而天下平。上之人篤厚敬恭，則天下自然和平。自三代以後，夏、商、周而降。爲治者皆出於智力之所爲，爲治者不以德爲治，而以智力爲之，是事聲色之化。而無復知此味矣。誰能知此味耶！○論語解[二]。下同。

爲政以叙彝倫爲先，爲政但當以人倫爲重。彝倫不叙，人之常倫，苟不得其叙。則節目雖繁，是雖條目之繁多。亦無以順治矣。必不能以順而理矣。君君、臣臣、君盡君道，臣盡臣道。父父、子子，父盡父道，子盡子道。此彝倫所以叙也。此倫之所以得其叙也。雖堯舜之治，是雖堯舜聰明，出而爲治。亦不越乎此，亦不過如此。貴乎盡其道而已。惟貴於各盡其道也。

東萊先生曰：「文王尚克修和我有夏。」周書語也。太和乃貫古今、太和一脈，流通古今。盈宇宙而不息，充塞天地。然紂爲天下宗主，商紂之爲君。窮凶極虐，凶暴慘酷。戾氣充塞，乖戾之氣布滿上下。而和則𢕸矣，而太和已桀裂矣。修而復之，修而使是和之復。實文王之責也。文王不得不任其責。「自朝至於日中昃，自早以及日之中，由日中以及日之昃。不遑暇食，一食之頃亦不暇及。用咸和萬民」，欲使萬民之皆得其和。則修和之實也。此則文王修和之實政也。○書説。下同。

「慎厥麗乃勸」者，謹其法，乃相勸率而無犯者。自然而勸也。其勸也皆民之自然。「厥民刑用勸」者，斯民睹儀刑而相勸者，其勸也上之使然。「亦克用勸」者，亦能用其勸勉者。其爲勸也，勉强而已。其勸也，乃出於勉强。每語結之以「勸」者，聖人之於民，於語之終必以「勸」之一字結之。見天下非可驅以智力，亦見天下之人有非智力所可迫。束以法制，法禁所可御。惟動化其民，惟風以動之，教以化之。使常有欣欣不已之意，使之歡欣鼓舞於德教之中。乃維持長久之道也。是乃固結久長之治。

「地上有水」，比卦坎上坤下，故象爲「地上有水」。見得比親切處，極爲親切。浸潤、滋灌、流行，水出於地，流行貫注。未嘗相離。未始相違。「先王建萬國，親諸侯」，王者體此，建國親侯。是人君比天下之綱目。乃人主親比天下之道。建萬國所以比民，建國者所以親比乎民。親諸侯所以比天下。親諸侯所以親比天下。蓋君之於民，人君居九重之上，其於天下之民。豈能家至户到而比之？勢分之隔，焉得人人而比之？惟撫諸侯，但建諸侯之職。使乎吾德意於天下，俾達吾君德意而致之民。即是比天下也。猶人君之親比乎己則一也。若只是以一人而比天下，如但欲以一人之身親比乎天下之衆。則天下不可得而比矣。則未見其能比天下也。○易說。

賢者之行非一端，賢者之操行非止一善。而卷阿之「以引以翼」，卷阿之詩誘引翼助。必曰「有孝有德」，何也？且必以孝與德居先。蓋人主常與慈祥篤實之人處，慈祥以孝悌言，篤實者以有德言。與之同處。其所以興起善端，則興起其爲善之心。涵養德性，涵養其渾全之性。鎮其躁而消其邪，鎮其輕躁之習，消其邪妄之私。日改月化，日有所改，月有所化。有不在言語之間者矣。初不在於講讀之多也。○詩記〔三〕。

人主進德之驗，人君進德效驗。它未即見，其它未得見。惟於諫者之言先見之。但於諫可見。言之委曲遷就，諫者之言回護迁就。是君德未信於人，此是人君未能信諫。而猶有所畏也；而諫者尚自忌畏而不敢盡言。言之剴切侵訐，諫者之言剴直切當。是君德已信於人，此是人君已能信諫。而既無所畏也。而諫者無所忌畏而敢盡言矣。○奏藁。

近思別録第九卷

論治法

南軒先生曰：國之所以爲國者，爲國之道。以夫天叙天秩者實維持之也。以五典、五禮之教可以維持於久長。爲國者志存乎典禮，爲國苟能心存乎此。則孝順和睦之風興，則習俗所移，必孝於親、順於長、和睦於衆。協力一心，事事叶力，人人一心。尊君親上，皆知君上之可尊可親。其强孰禦焉？國之强，誰能敵之？不然，三綱淪廢，綱常陷失。人有離心，人生離叛之心。國誰與立？國賴以存立者誰耶？○文集。下同。

所謂「不忍人之政」者，政而以不忍言。即其仁心所推，推其心之仁。盡其用於事事物物之間者也。發其用於天下，使無一而不盡其仁也。

仁心之存，仁心之存於中。乃王政之本；是乃王者發施之所本。而王政之行，政之發施。即是心之用也。乃仁心之見諸用也。〇孟子注。下同。

有天地則有萬物，既有天地，則有萬物。其巨細多寡、其大其小，其多其寡。高下美惡之不齊，高高下下、善善惡惡不能均。乃物之情，皆物之情。而實天之理也。是亦天理所付之一定也。物各付物，物付於物。止於其所，各止其所止。吾何加損於其間哉？吾無加益、無虧損也。若强欲齊之，如必欲齊一之。私意横生，是昧天命自然之理而以私意爲之。徒爲膠擾，徒自役役於物。而物終不可齊也。大不可小，高不可下，未見其能齊一也。故莊周之齊物，莊子欲齊天下之物。强欲以理齊，牽强務即理齊一之。猶爲賊夫道，是非道之自然，是害其道者也。況夫許子遂欲一天下之物，而許子且欲即天下之物而齊一之。而泯其一定之分，而昧萬物賦分之一定者，而有不可齊一。其蔽豈不甚哉？其蔽塞亦已甚矣。

善政立而後善教可行，爲國必須善政行於先、善教施於後。所謂「富而教之」也。是善政使民富，而後善教使民化也。孟子論「得民心」孟子言得民心之道。必歸之「善教」者，而歸重於「善教」。蓋至此而後，爲得民之至也。蓋既富而教，則民心之得於此已極。後世及乎善政者亦鮮矣，後世治不如古，但得如先王之善政亦希有矣。而況及於教乎？況望其善教得民乎？

後世道學不明，道學不明於後世。論治道者講明爲治之道。不過及於人才、政事而已，不出於此二者。孰知其本在於君心？誰知爲治之本在於人主之心？而孰知格君之本又誰知正君心之本。乃在於吾身乎？在於吾之一身？「惟大人爲能格君心之非」，惟有大德之人則能正君心之非僻。孟子斯言，孟軻氏此語。真萬世不可易者也。雖歷萬世不可移也。

東萊先生曰：大抵講論治道，大凡人臣推明爲治之道。不當言主意難移，不須責人君之志難挽而回。當思臣道未盡；惟當思爲臣之道未盡，未能感動人主之聽。不當言邪學難勝，不須言異端之學難於勝。當思正學未明。惟當思聖賢之學未明，未能制其邪妄之習。蓋工夫到此，及用工既熟。則必有此應，則自能回主意、勝邪學。無不在内也。皆自此中來也。○出文集。

先生宗法條目曰：先生自爲宗法條目云。晨興，詣家廟瞻敬。早起入祖宗地瞻禮，而後於尊長處問安。朔望，薦新。侑以時味。俗節則祭以時物。時物，以其時所産也。祭用分、至。如春分、秋至之類，祭饌以六貫足爲率。忌日，祭於堂。高祖以下，瞻拜而不祭。展墓，用寒食，及十月朔。檢校墻亭，修補損闕。時祭畢，合族飲福。即飲福受胙也。朔望，昆弟會食，謀家事。昆，兄也。娶婦嫁女，娶人之女，嫁己之女。給聘奩物。婚五十貫省，嫁一百貫省。生子，給羊酒。男子九貫省，女子六貫省。賓客，慶吊，送終，以家之有無、喪之大小爲節。歲終會計。内之收支不留底，處之收支並留底，宅計具收支都帳及科撥，來歲錢物時書條底𢄙号架閣。子弟不奉家廟，以不能盡敬於先也。未冠執事很慢，謂祀祭時醉酒、高聲喧笑爭閙、久待不至之類。已冠頹廢先業，謂不忠不孝、不廉不潔之類。凡可以破壞門户者皆爲不孝。凡出仕，不問官職大小，蠹國害民者皆爲不忠。凡法令所載贓罪皆爲不廉。凡法令所載濫罪者皆爲不潔。並行夏楚。夏楚，撻以記之之物也。夏，音賈。

近思别録第十卷

論政事

南軒先生曰：治獄所以多不得其平者，人之治獄皆不得其情。蓋有數説。其説不一。吏與利爲市，官吏以此市利。固所不論，固在不言。而或矜知巧以爲聰明，又欲逞其知能而欲人稱其聰明。持姑息以惠姦慝，專務姑息以愛養姦惡。上則視大官之趍向 如作縣則視州之趍向，爲監司、守臣則視朝廷之趍向。而重輕其手，而奉承其意以爲法之輕重。下則惑胥吏之浮言 其故則專听信胥吏之簧惑。而二三其心。欲是還非，心不專一。不盡其情，不復盡其情。而一以威怵之。而惟以刑威恐之。不原其初，不推其初所犯何因。而一以法繩之。而惟以刑法施之。如是而不得其平者抑多矣！於是民之事皆不能得其平。〇文集。下同。

嘗怪今之爲吏，每怪今治人官。其號爲能者，其稱爲能吏。則或以察爲明，以察察爲能明。以刻爲公，苛刻爲公。以不卹爲能任。不卹人之是非爲能任重。而其號爲賢者，至於稱爲賢者。則又或以姑息爲惠，則又委靡。專務姑息，爲能惠養。以縱弛爲寬，法令廢弛，爲能寬恤。以模稜爲善處。事無定奪，模稜兩端，而爲善處。故其能適以賈怨貽毒，所謂能者，徒召民之怨，貽毒後世。蹶害邦本，民，邦本也，而戕之。而其賢又以流弊基患，所謂賢者又失之不振，生弊端，開禍源。及於今日。以至於此。嗟乎，此豈真所謂賢能者哉？所謂吏之賢者能者，其果如此乎？

羔羊之詩，詩羔羊一篇。重言「委蛇」，委蛇，和緩之狀。言文王之時，在位之臣皆如此，且不一言而屢言之。舒泰而有餘裕也。狀其體之舒泰，綽綽有餘裕也。此獨賦其「退食」之際，至此獨頌其退食自公之時。蓋於此時而然，以其在此之時尚自舒泰。則其在公之正直可知矣。則其處在公之時必正且直。不然，有所愧於中，否則在公之時有所愧怍。則其退也，於其退。亦且促迫急遽之不暇，則自公而退亦見忙迫。寧有委蛇之氣象哉？安有舒泰之狀耶？○詩説。

東萊先生曰：與人相處，凡與人交。最當理會「降意」兩字。且當先知降下其意。不降而升，不能降下，必至起越。小則忿怒，其小則止是忿懥恚怒。大則暴戾。其大則至粗暴狠戾。

若昔聖賢之猷告，自古聖賢之以善道告其君。自源徂流，由首而末。具有條理，有條有理。未嘗置本而言末。未始棄其本而取其末。伯益論來四夷，四夷，和夷、島夷、淮夷、萊夷。儆以怠荒；儆舜修德，在於無怠無荒。召公論格遠人，召奭言致遠人之來格。首以慎德；告武王以謹其德。而仲尼爲魯患，夫子爲季孫憂。亦緩顓臾而急蕭墻。欲遲顓臾之伐，而急於防蕭墻之憂。○奏策。

近思别録第十一卷

論教學

南軒先生曰：聖人之道，聖人之所謂道。精粗無二致。精粗一貫。但其施教，所以教人。則必因其材而篤焉。各因其材質而加厚。蓋中人以下之質，下於中人之資質。驟而語之太高，倏然以道之高深者與之言。非惟不能以入，不惟不能相入。且將妄意躐等，而有不切於身之弊，則必凌躐等級而無下學受里工夫。亦終於下而已矣。則亦流於下也。故就其所及而語之，必當因其資之所及而告之。是乃所以使之切問近思，俾之切於所問，由近而思。而漸進於高遠也。可以積漸而至於高遠之地。○文集。下同。

嘗考先王所以建學造士之本意，古先聖王立爲學校，造化多士。蓋將使士者講夫仁義禮智之彝，欲使爲士者講論五常之善。以明夫君臣、父子、兄弟、夫婦、朋友之倫，推明五者之倫。以之修身、齊家、治國、平天下。即此修其身、齊其家以平天下。其事蓋甚大矣，非細事也。而爲之則有其序，而所以爲之則有次序。教之則有其方。教之則有術。故必先使之從事於小事[四]，人生八歲入小學，且先於事之小者用力。習乎六藝之節，禮、樂、射、御、書、數也。講乎爲弟爲子之職，盡乎爲人弟、爲人子之職分。而躬乎洒掃應對進退之事，躬乎播洒擁篲、應對言語、進趍退息之儀。周旋乎俎豆羽籥之間，與夫祭祀舞樂之中。優游乎絃歌誦讀之際，絃歌讀誦之事。有以固其肌膚之會、無非涵養此心，所以使肌膚之有所統會。筋骸之束，筋骸之有所檢束。齊其耳目，耳目之齊肅。一其心志，心志之凝一。所謂大學之道 則十五而入大學。格物致知者，窮物理之極而推極吾之知識者。由是可以進焉。自小學已有涵養本原之功，至是則識見充而可以進是道矣。至於物格知至，極而物無不窮，知無不至。而仁義禮智之彝五常之善。得於其性，充乎其中。君臣、父子、兄弟、夫婦、朋友之倫五者之倫。皆以不亂，有序不紊。而脩身、齊家、治國、平天下 推之修其身、齊其家以平天下。無不宜者。無有不得其宜。此先王所以教，是王者立爲大學之教。而三代之治故夏、商、周之治。後世不可以及者也。非後世道學不明之所能及也。

東萊先生曰：孟子教人 孟軻誨人。最於初學爲切，其於始學最爲親切。如第一章說「利」字，如首章卞明義利界限。自古及今，亘古及今。其病在此。其病根全在此「利」字上。

「一年視離經辨志，曉意義。三年視敬業樂群，不敢輕易。五年視博習親師，至此方可博習，未至此則非聖人之書不敢觀。前此非不從師，至此方能親師。七年視論學取友。」見得的當，方可議論是非、決擇賢否。○見學記。

先生規約云：先生自爲規約，其條具載於後。凡預此集者，凡入此集之人。以孝弟忠信爲本。孝於親，弟於長，爲人謀而忠，與朋友交而信，此其本者。其不順於父母，其有事親而不能孝。不友於兄弟，處兄弟而不能友。不睦於宗族，待族人而不能和睦。不誠於朋友，交朋友不能信。言行相反，所言與所行相悖。文過遂非，過則飾之，非則安之。不在此位。不許入此集。既預集而或犯，既已預此集，而或犯此戒。同志者規之。同志曰友，必當警之。規之不可，責之。警之不從，面責其非。責之不可，責之不從。告於衆而共勉之。遂與衆人言，而同勉其不及。終不悛者，除其籍。其終不改，則除其名而削其籍。

凡預此集者，入此集。聞善相告，聞人之善，相告而勉爲之。聞過相警，聞人之過，相警而不爲。患難相恤，人有患難，如水、火、盜、賊之類，則相矜恤。游居必以齒，與游與居，當以齒序。相呼不以丈，不以幾丈稱。不以爵，不以官爵稱。不以爾汝。不以爾汝稱。

會講之容，端而肅。箕踞、跛倚、諠譁、冗併，非肅也。群居之容，和而莊。狎侮、戲謔，非莊也。

舊所從師，舊日師範。歲時往來，歲節當與之來往。道路相遇，雖相逢於道路之間。無廢舊禮。不可忘事師之舊也。

毋得品藻長上，品藻，品論其是非。優劣，訾毁而置其高下，恣爲毁短。外人文字。他人之文字。郡邑政事、州縣之施設。鄉閭人物，鄉里之人品。稱善不稱惡。隱惡而揚善。

毋得干謁、不得干求於他人。投獻、請托。投獻，如詩詞、如餽物。有所請，有所托於彼也。

毋得自相品題，不許自相品論。高自標置，自立標榜。妄分清濁。妄分此清而彼濁。語毋褻、褻，狎也。

毋諛、阿諛也。毋妄、妄語非特以虚爲實，如期約不信、出言不情、增加張大之類皆是。毋雜。雜語，凡無益之談皆是。

毋狎非類。親戚故舊，或非士類，情禮自不可廢，但不當狎昵。

毋親鄙事。如賭博、鬥毆、蹴鞠、籠養、□□、酣飲酒肆、赴試代筆，及自投兩副卷、閲非僻文字之類，其餘自可類推。

近思别録第十二卷[五]

警戒

南軒先生曰：先生云。治亂興亡，世之或治或亂，國之或興或亡。常分於敬肆之間。敬則世可治、國可興，肆則世必亂、國必亡。使在内而每聞逆耳之規，内則逆於耳之言嘗聞於耳。在外每有窺窬之患，外則窺伺之憂常存於心。則戒懼之心存，戒謹恐懼之心常存乎内。心存則國可爲也。此心常存則國可無患矣。然後知生於憂患是知其生也以憂患而生。而死於安樂。其死也以安樂而死。生言生之道也，生即生生不絶之謂。在身而身泰，此道有於身則身自舒泰。施之天下國家，此道施之天下國家。無往而不爲福也。則天下國家並受其福。死言死之道也，死即死亡，自絶之謂。天命絶乎其躬，天之眷命止於其身。而敗於乃家、莫傳於後裔。凶於乃國者乎！而國祚隨之而短。然而繼體之君，但是繼承之主。公侯之裔，公侯之後。生而處安樂之地，生而便自安樂。無憂患之可歷，絶無經歷險阻艱難。則將如之何？又如之何？必也念安樂之可畏，必須知安樂之中禍患所萌。天命之無常，天命難諶，去留莫測。戒謹恐懼，兢兢業業。不敢有其安樂，常若禍至之無日。是乃困心衡慮之方，而此心未嘗一日自暇自逸。生之道也。此所以壽國脈而無窮也。然則所謂死於安樂者，其言以安樂而死者。非安樂之能死之也，非謂安樂果能死其身也。以其溺於安樂而自絶焉耳。謂其耽安樂，不能思患未然，必至於自損其命。故在君子則雖處安樂，君子身處安樂而未嘗溺。而生理未嘗不遂；生之道不絕。小人則雖處憂患，小人身處憂患而復忘憂患。而亦未嘗不死。死之道隨至。○孟子注。下同。

操心危，危，危殆也。慮患深。深，深沉也。危故專一而不敢肆，惟其危，則此心專一不敢放肆。深故精審而不敢忽。惟其深，則此心精審而不敢忽。專精之極，既專且精。故於事理則於天下之事理。能有所通達也。自能通達也。

東萊先生曰：先生云。書云尚書有曰。「朕德罔克」，禹自稱其德有所弗能。蓋禹親盡克艱之道，禹已克盡其艱難之道。德雖已克，其德雖是已克。而常見其不克。而常若有所弗能也。○書說。下同。

「烝民乃粒」，烝，衆也。乃粒，始得粒食也。須當看一「乃」字。此一句全在「乃」字上。自洪水滔天之勢，蓋自洪水泛濫，斯民莫能種藝。禹用力如此艱難，禹治水，胼手胝足。胼胝，粗厚也。非一手一足之力，暨益暨稷，非一手足之功。非一朝一夕之故，三年於外，過門不入，非一朝夕之勞。然後得致乃粒。斯得以收乃粒之效。「乃」之一字豈不有力歟！

畏者，不敢之心也。「畏」之一字，乃是不敢之義。殷先哲王商家諸君。持不敢之心，皆以此不敢之心。畏天畏民畏相，上畏天，下畏民，近畏相。故御事亦不敢暇逸，御事之臣亦皆不敢自暇自逸。不敢聚飲。不敢相聚沉湎於酒。內服外服，百姓里居內外官民。亦不敢湎於酒。亦不敢洶於酒。不敢之心一不敢之心。發於先王方寸之間，存於殷先哲王之一心。而風化所及，風動教化。使天下皆由不敢之心以行。使臣庶同此不敢之心。嗚呼！不敢之心是則「不敢」二字。豈不大乎？所關豈小耶？

魏安釐王魏國君也。問高士於子順，高士，道家者流。子順，孔子裔也。子順曰：答云。「世無其人也。」似非孔氏家法，故以無人絕之。

天下之事，事在天下。成於懼而敗於忽。成於有所恐懼而敗於有所輕忽。懼者福之原也，原者，以其所自出也。忽者禍之門也。門者，以其所自入也。

近思別録第十三卷

辨異端

南軒先生曰：孟子之時，孟軻氏之時。去夫子之世爲未遠，取夫子之世尚近。而楊、墨者出，楊朱、墨翟。唱其「爲我」、「兼愛」之説，楊氏之學專主「爲我」，墨氏之學專主「兼愛」。特其見之偏耳，是皆所見之流於一偏。孟子比之孟軻氏闢之，其所比倫。遽及於禽獸，何哉？甚至視之爲禽獸，何哉？蓋「爲我」則自私，專於「爲我」則但知有己。自私則賊義，偏於有己則不知有義。而君臣之分可廢也；其失必至於無其君。「兼愛」則無本，專於「兼愛」是知理一不知分殊，親之愛與人之愛自有差等，且不知厚其本始。無本則害仁，不知厚其本，有傷父子主仁之道。而父子之親可夷也。其失必至於無其父。無父無君，尊尊而無君，親親而無父。則與禽獸有異乎哉？則於人道有所未盡，非禽獸而何？○孟子説[六]。下同。

異端之於正道[七]，異端之學比吾儒之道。如黑之與白，如黑白不同色。本不足以賊德，不足以害吾之德。惟其道之不明，自夫吾儒之道不明。世俗之見而世人見識之卑陋。易以惑溺，故易以之簧惑，以至傾陷其學而不知。故以爲德之賊耳。所以爲吾德之害。經者，天下之常理。經乃理之常也。君臣、父子、兄弟、朋友、夫婦即君臣、父子、兄弟、朋友、夫婦之彝。敕而惇之，敕正而惇厚之。而其倫有序；則其倫理各有定叙。仁、義、禮、智仁於父子，義於君臣，禮於兄弟朋友，智於夫婦。推而達之，推此而達於人倫之間。而其道不窮，而其爲道，古今通行。所謂經也。是乃理之常也。惟人違而去之，衆人則背此道而違去。莫知所止，無所底止。故君子反經以爲民極。此君子反一世之所趍，而俾之各守經常之道，與民立極焉。經正則人興於善，大經既正，則人人興於理義。而邪慝自不能作。而滅五常、斁彝倫更不復有。帝王之所以治，孔子之所以教，不越於反經而已。皆不出於「反經」二字。

東萊先生曰：異端之不息，異端之學交熾。由正學之不明。皆由吾儒之學不明。此盛彼衰，此既盛則彼自衰。互相消長，交爲消長。莫若盡力於此。故欲去其學之偏，莫若盡力於吾道之正。此道光明盛大，俾此道昭昭而不可揜。則彼之消鑠無日矣。則彼之學自鑠然無光矣。孟子所謂「吾爲此懼，孟軻氏言爲此是懼。閑先聖之道」，當閑之以先聖之正道。舊說以閑爲閑習，舊解「閑」字爲閑習之閑。意味甚長。其義儘好。楊、墨肆行，楊朱、墨翟之學甚行。政以吾道之衰矣。其病症在吾道之不振。孟子所以不求之他，孟軻氏不復他求。而以閑習吾先聖之道爲急先務，但以閑習聖人之道爲先，聖道明則邪道自熄。而淫辭詖行之放，淫，放也。詖，險也。則夫淫放之辭，險詖之行，決而去之也。固自有次第也。亦可次第而施矣。

情便是性，情固非性，然情乃性之動也。波便是水，波固非水，然波乃水之動也。李翺却分作兩段看了。李翺不推所以而乃便分而二。宜乎當時釋氏之盛，皆由正學不明，故異端之學反熾。只緣吾黨無人，一時無講明吾道之人。反爲釋氏所謾。所以反爲彼所謾。〇論說。

近思別録第十四卷

觀聖賢

南軒先生曰：先生云。「堯、舜性之」者，堯、舜天性渾全。自誠而明，實理充備，故明照不遺。率性而安行也。率，循也。循其性之理，安而行之也。「湯、武身之」者，湯、武修身體道。自明而誠，推極知識以全其實理。體之於身，以盡其性者也。是由躬行以盡天性也。「性之」則不假人爲，性之則無俟修爲。天然純全；有以充其渾全之體。「身之」則致其踐履之功，身之則必須修爲之無闕。以極其至也。以至於全盡其性之理也。然而其至則一也。及其至則皆有以全其性也。此生知、學知之所以異。故堯、舜則生知之聖，湯、武則學知之功，亦無不小異。〇孟子集注。

漢高帝起布衣，漢高起於布衣。一時豪傑之士天下英豪。翕然從之，無不雲集。而其所以建立基本，但能建立漢家基本。卒滅項氏者，終至滅項羽者。乃三老董公「仁不以勇，義不以力」之説也。是當時三老董公等遮道説帝尚仁不尚勇、尚義不尚力之説。相傳四百餘年，即此傳祚至三四百年。而曹氏篡漢。至於曹操篡奪。諸葛忠武侯，諸葛亮也。左右昭烈父子，輔相先主。立國於蜀，創業於偏方之蜀。凛凛乎三代之佐也。凛然三代之遺直。侯之言曰：今觀其言。「漢、賊不兩立，賊指曹操。勢不兩立，此存則彼亡。王業不偏安。」指蜀言也。王者統業不能安於偏方之蜀，欲大一統也。又曰：「臣鞠躬盡力，又云曲致其身，務盡其力。死而後已。極至死而方止。至於成敗利鈍，事之成與敗，勢之利與鈍。非臣之明所能逆睹。」非己之見所能預知。誦味此言，深詳其語。則侯之心可見矣。則武侯之忠可知也已。

賈生英俊之才，賈誼誠一有才者也。若董相則知學者也。江都相董仲舒則是有學者也。治安之策，誼事文帝，陳治安策。可謂通達當世之務，無非通達國體之言。然未免乎有激發暴露之氣，但未免過於激發。其才則然也。是亦才具如是。天人之對，仲舒事武帝天人三策。雖若緩而不切，虽若緩而不切於事。然反復誦味，但詳味熟玩。淵源純粹，學有淵源，至醇至粹。蓋有餘意，自有餘味。以其自學問涵養中來也。無非學問涵養之功，故無賈生之激發也。

橫渠皆是身經歷做工夫，橫渠力學，並是勇猛用工。剖決至到，義理有疑處，必求剖析分曉。故於學者凝滯處故於問學凝滯而不能通處。尤爲有力[八]。其下析極有功。○文集。下同。

東萊先生曰：「昧爽丕顯，坐以待旦」，商書太甲篇文。昧爽是天之未明，天道未明，故謂昧爽。將分之際。曙色將開。成湯於此湯於此時。已大顯明，已大顯明在己之德。洗濯其心，潔□此心。澡雪其志，蕩滌此志。坐以待其大明。坐以待曉色之大分。則成湯於待旦之時，則湯於斯時。其存心養性，操存此心，涵養此性。湛然清浄，至虛至静。無一毫物累之所能容[九]，纖毫私欲不存於中。所謂同乎太虛，猶湛然太虛。蕭然出塵，了無纖翳。不啻日之東升，此心之明正如日之方升。將臨照於天下。明照無所遺也。

從容則子房，運籌帷幄之中，決勝千里之外，非從容而何！正大則孔明。仗義起兵，扶翼先主，非正大而何！

孔明寬大而縝密。治國，立經陳紀，不爲近圖，豈不寬大！用兵，正義明律，不以詭計，豈不縝密！

【校勘記】

［一］是將立事根本自先壞矣　「自先壞矣」原無，據張栻南軒集卷八經筵講議補。

［二］論語解　「解」原脱，按本條語録出張栻論語解，據補一「解」字。

［三］詩記　「記」，寬文本作「説」。

［四］故必先使之從事於小事　「小事」，張栻南軒集卷九邵州復舊學記作「小學」。

［五］第十二卷　「二」原作「三」，據寬文本改。

［六］孟子説　「説」原脱，按本條語録出張栻癸巳孟子説卷三，據補一「説」字。

〔七〕異端之於正道　「於」，張栻癸巳孟子説卷七作「與」。

〔八〕故於問學凝滯處尤爲有力　「凝」，張栻南軒集卷二十六答蕭仲秉作「疑」。

〔九〕無一毫物累之所能容　「之所能容」四字，吕祖謙增修東萊書説卷八所收此條無。

附録

近思續録序

〔清〕柯崇樸

近思續録十四卷，乃宋覺軒先生蔡模仿朱子近思録例，集朱子遺言類次之。崇樸既得而卒讀，爰校訂其字句之訛謬，因刊行之，而爲叙曰：記云「作者之謂聖，述者之謂明」，明、聖者，述、作之謂也。夫豈易言哉？六經之書尚已，孔子爲之删定贊修，而後焕焉與日月同光。此孔子之「述而不作」，功在萬世也。是後火於秦，雜於漢，支離晦翳者千五百餘年。迨宋室嗣興，名儒輩出，得不傳之旨於遺經，斯道璨然復明於天下。然周、程、張子之書，廣大閎博，若無津涯，此朱子近思録所由作。而其言曰：「四書爲五經之階梯，近思録爲四書之階梯。」則朱子之明，誠足以近述諸儒而上繼孔子也。乃朱子生平諸經之傳注，交友之書疏，同堂之講論，至精至詳，惜後世更無有如朱子者起而述之。故其廣大閎博者，猶散漫無統。惟忠憲高景逸先生集爲朱子節要，然其明或未足及之。故我師吕晚邨先生謀更爲纂輯，會疾革不就。嗚呼！豈天之無意斯文耶？何後起者之不得與於斯文也？猶幸是編尚存，崇樸獲購而讀之。夫覺軒爲九峰先生令嗣，親炙師承，爲得其要領已。間嘗論之，近世儒者之失，莫大於不循下學，妄希上達，以致知格物爲支離，以直捷了悟爲能事，未明日用，輒語性天。所謂「心性」，所謂「良知」，總不過借我儒字目，以陰行其詖淫邪遁之説。於朱子之道，怯者陽奉而陰違，黠者明攻而肆詆。嗚呼！正學不明，邪説日熾，不有朱子，誰爲正之？不有述朱子者，又誰爲翼之哉？是書雖約，然首明道之大體，以示之端，繼言爲學之要、修己治人之方，終則辨别邪異，統論聖賢，以一其向。使學者得此而潛玩焉，觸類引伸，豁然貫通，循夫擇善固執之理，裕夫明體達用之功，則於朱子之廣大閎博者，亦可得其門而入矣。由是邪説不攻而自破，正學已晦而復明，則覺軒之述，其有功於朱子，并有功於聖學，豈淺鮮哉？此崇樸所急爲刊布意也。原本有古溪先生熊剛大集解，句櫛字比，意極詳明，然朱子之書明白簡易，原可不煩辭説，故輒删去，以待學者自得焉。康熙己巳夏日，嘉善後學柯崇樸序。（録自嘉興圖書館藏康熙二十七年刻本近思續録）

寬文刻本近思續録跋

〔日〕谷勿

朱夫子挺命世之資，承濂洛之統，廣大精微，博應曲當，於聖賢之書，深淺精粗，毫分縷析，直窮其到底而止，既皆質諸鬼神而無疑，百世以俟聖人而不惑矣。聖模賢範，復粲然於世，如大明中天，凡有目者悉可得見之。於戲！盛矣至矣。斯又於周、程、張四夫子之書，而取其關於大體、切於日用者，輯爲近思録。「近思」者何謂也？程子曰「以類推之」，所謂「求端用力，處己治人，辨異端，觀聖賢」，其綱也。自六經、語、孟之後，未有如此之明且盡者也。而其躬自析理無毫釐之繆，處事無過不及之差，所以垂教於世者，蓋無與於此於斯。門人覺軒先生傚夫子之例而專輯其言行，名之曰近思續録。合二録而潛玩以有得焉，則天下豈有不可窮之理、不可爲之事哉？矧亦從之以及夫全書，以及六經，則何有不通乎？若憚煩勞，安簡便，以爲足於此，而於夫子之全書，不以沉潛反復，優柔厭飫，以致其博而反諸約焉，則其宗廟之美，百官之富，豈足以窺見乎？竊以先聖所以設教，則天命之發見於人事者，即修己治人之道也。四子所以發明者，亦此道也。朱子所以研精者，亦此道也。古今一道，千聖一揆，時雖有異，言如合符，是皆所謂「爲天地立心，爲生民立道，爲前聖繼絶學，爲萬歲開太平」，而道統之所寄者也。於呼！至矣乎！或曰：子朱子於温公、康節，其平日尊之至矣，且於他書則多取其言，而於彼録則無或取之者，何也？曰：二公之學，固非小子所敢爲言，而依夫子之言而竊窺之，其學各有所長，而於其大本處未免有少異，則已爲二本矣。其立言雖深邃，制行雖篤實，於此録論傳授之心法，義理之精微，則不得取之，至他書泛論物理，則從其所長而不得舍之。蓋不可以毫釐之差，自有不得不然矣。於呼，嚴哉！或又曰：横渠之於二程，固有高下，不可誣焉，而朱夫子於近思録取其言次於程子。吕、張之於朱子，猶横渠之於程子，而覺軒不同録而別録之者，何也？曰：竊按横渠之於程子，猶備體有生熟之分耳。吕、張之學，亦雖後生非所妄論，而亦以朱子言「二公之學皆疏略，南軒疏略從高處去，伯恭疏略從卑處去」之類而視之，則二公之高下亦可見，而共不得列於續録，不亦宜乎？然而其言行，適有與夫子同旨而切於日用者，不可亦以表之不爲用工之助，故别録之，而不雜於師説，固非有不足於斯以附之也。余昔在海南，聞有此録，而索之不能獲焉，乃不自量，而私欲傚退溪先生因不得見王魯齋之所選之朱子書，而自加損約，以爲用工之地，而凡於朱夫子之説雖略記之，而以不敏且無餘力，而未能遂其志。閒幸得此書，不勝歡賞焉。抑於其選之精粗，節之當否，則非小子所敢議矣。而又同志之輩欲廣其傳以共講之，因命剞劂氏繡梓。顧雖有先儒之注解，而妄意以爲未足爲定説，故今不專取之，而姑竢他日云爾。寛文戊申八月望日，谷勿謹題其後。（録自日本国立公文書館藏寛文八年刻本近思續録）

清光緒正誼書院刻本近思續録跋

〔清〕連春魁

按近思録，周、二程、張四子之語，朱子手輯之；近思續録，朱子之語，門人蔡覺軒手輯之。夫覺軒固九峰之子，親炙於朱子之門，學有所得而編集，非徒以類而推也。況所取皆多朱子手成之書中語，尤便於初學。凡四百三十八條，分十四卷，一依近思録例。純粹精詳，無異四子。

余與論孟集注、近思録恒並讀之，試問知言之君子以爲何如也？光緒二十五年己亥冬日，澄城連春魁梅軒謹識。（録自上海圖書館藏清光緒三十一年正誼書院刻本近思續録）

清光緒正誼書院刻本近思續録重刊序

〔清〕張　普

歲在光緒甲辰，澄城連君梅軒，以其手鈔宋儒蔡氏覺軒近思續録，屬普重鋟之木。普時方託朝邑楊君温如督刻清麓先生答問遺語，遂即以是書並委任之。竊惟先生一生酷嗜朱子之書，命門下里人劉君東初悉校梓之，不少遺漏，而此書乃獨闕如。夫蔡氏三世親炙考亭，其造詣固皆出類拔萃者，其所纂編豈尋常比而可空哉？普愧未能略紹先生之學，其亦勉述先生之一事乎！顧是鈔依天蓋樓藏板，係嘉善柯氏較訂本，而其間小注舛誤脱落殊甚，至其條段之先後離合，字句之增删移易，蔡氏固用意深微，然恐亦未必果皆其本然也。抑或柯氏刻時已失其真，而天蓋又非柯氏之的本耶？温如悉徧考朱子原文，對勘釐正，數十晝夜未遑稍懈，而猶自訟，迫於時促工催，未克研究之盡，其含糊者尚居什之二三。且曰：「覺軒受學考亭最後，其所採之粹美精確，實皆符合朱子晚年定論，概非後世選編者所可及，惟常用力於此者知之。獨其去取編次之詳審細密處，尚有未盡領略得其旨者。若十四卷不及子思、周子之類，其一端也。要之，是書之大體純正周備，直續近思原録而無愧，洵爲洛、閩之嫡派，於學術大有關係。學者正當與原録一例熟讀玩索，不可釋手者也。」因並記温如語。而郃陽賀君敬修、雷君立夫、淄川孫君仲玉、藍田牛君夢周、三原王君亮甫，咸與襄辦之役，不敢没焉。乙巳季秋望旦，會祭朱文公祠罷，三原張普謹識。（録自上海圖書館藏清光緒三十一年正誼書院刻本近思續録）

蔡仲覺名字説

〔宋〕真德秀

仲覺之幼也，文公先生命之曰「模」。及其長也，又訓之以伊尹之「覺」。先生之微指，果焉在耶？某嘗聞先生有言，爲學當識大要，程夫子發出「敬」之一字，爲學者言，欲以此收斂身心，置在模範中，既不走作，然後隨事隨物，究窮其理，則心地自然光明。嗚呼，此先生教人之要旨也。其所以名仲覺，與所以訓仲覺者，其皆以是與？蓋爲學之大本，敬與致知而已矣。伊洛君子既以此開示後學，使知表裏交進之方。文公先生推明其説，不一而足。傳中庸也，既曰非存心無以致知，而存心者又不可以不致知。其釋大學，又欲學者存此心於端莊静一之中，以爲窮理之要；窮衆理於學問思辨之際，以致盡心之功。凡此皆學者所共聞。至於親筆以命其名，援古以勉其學，則惟仲覺得之，而它人不與也。然則仲覺將何以稱此哉？必也主敬以立其本，斂然不踰於法度之中；窮理以致其知，超然有得於見聞之表，既以自覺，又以覺人，庶乎不負先生付授之意矣。仲覺之諸父，皆以明道自任者也。歸而求之，當有以啓子之未悟者。顧某何足以

辱，姑誦所聞，以塞其請云。（録自西山文集卷三十三）

蔡覺軒遺像贊

〔宋〕趙汝騰

山澤之儒，公輔之器。禀厚體莊，養深氣粹。著書滿家，有道名世。無忝考亭，所命字義。（録自庸齋集卷六）

宋元學案・蔡模傳

〔清〕全祖望

蔡模，字仲覺，九峰先生冢子也。淳祐四年，以丞相范鍾薦，謝方叔亦乞表異之，詔補迪功郎，添差本府。嘗輯文公所著書爲續近思録，及易傳集解、大學衍説、論孟集疏、河洛探賾等書行世，學者稱爲覺軒先生。（録自宋元學案卷六十七九峰學案九峰家學）

閩中理學淵源考・教授蔡覺軒先生學派

〔清〕李清馥

按宋季山長教席多爲名賢栖託之處。蓋當時遺逸傳經之儒，視此職者爲重。其在朝廷之上者，亦以此職慎擇其選，而待之不輕。余讀揆席范、謝諸公交薦覺軒先生之奏牘，可考焉。其曰：「布衣蔡某，承累世之心學，有經濟之大才。自考亭師友散亡之後，如某者未見其比，是淳祐間有學有守之儒也。」曰：「處以學職，必能倡率士風，知所嚮方，是欲責成於秉鐸者，作養人才之事也。」夫推許在大賢之列，而量才爲學校之官。當時選授教職，由撰席薦舉，其鄭重如此。故一代人才萃蔚，由此道也。延及元代，儒宗文師，此席尚磊落相望，溯學脈、稽文獻者，不禁憮然於諸賢。（録自閩中理學淵源考卷二十五）

閩中理學淵源考·蔡模傳

〔清〕李清馥

蔡模，字仲覺，九峰先生長子，操行高潔，風度夷坦，隱居篤學，一以聖賢爲師。王埜創建安書院，請任席長。淳祐中，太守王遂薦之於朝，堅以疾辭。後宰相謝方叔等薦，乞表異以勸後學。詔補迪功郎，添差本州教授，令有司録所著書，并訪以所欲言。模疏言敬義爲萬世帝王心學大旨，「价人」、「大師」等六者爲國家守邦要道，及請頒白鹿洞學規於天下。嘗輯文公之書爲續近思録，及易傳集解、河洛探賾、大學衍論、語孟集疏等書。學者稱覺軒先生。（録自閩中理學淵源考卷二十五）

閩中理學淵源考·熊剛大傳

〔清〕李清馥

熊剛大，建陽人。嘉定七年進士。少穎敏，從蔡節齋、黄勉齋遊。問學精專，操行篤至，爲建安教授。所著有詩經注解、性理小學集解。學者稱古溪先生。性理大全。閩書。蔡氏九儒書。按蔡氏九儒書載先生撰牧堂地理發微序，自言初受業於覺軒先生之門，蓋皆得蔡氏一家師承所自矣。今總附之覺軒學派焉。（録自閩中理學淵源考卷二十五）

圖書在版編目(CIP)數據

性理群書句解後集 / (宋) 朱熹, (宋) 吕祖謙,
(宋) 蔡模編; (宋) 熊剛大集解; 程水龍整理. —上
海: 上海古籍出版社, 2021.12
(東亞《近思録》文獻叢書)
ISBN 978-7-5732-0190-4
Ⅰ.①性… Ⅱ.①朱… ②吕… ③蔡… ④熊… ⑤程
… Ⅲ.①理學—中國—南宋 Ⅳ.①B244.75

中國版本圖書館 CIP 數據核字(2021)第 240460 號

題簽: 史楨英

性理群書句解後集

(宋) 朱熹　吕祖謙　蔡模　編
(宋) 熊剛大　集解
程水龍　整理

出版發行　上海古籍出版社
地　　址　上海市閔行區號景路 159 弄 1-5 號 A 座 5F
郵政編碼　201101
網　　址　www.guji.com.cn
E-mail　guji1@guji.com.cn
印　　刷　江陰市機關印刷服務有限公司
開　　本　890×1240　1/32
印　　張　16.375
字　　數　314,000
版　　次　2021 年 12 月第 1 版　2021 年 12 月第 1 次印刷
印　　數　1—1,500
書　　號　ISBN 978-7-5732-0190-4/B·1245
定　　價　76.00 元

如有質量問題,請與承印公司聯繫